U0903241

龚永辉　陈建樾　刘　泓　主编

民族理论研究

ETHNIC AND NATIONAL STUDY

（第一辑）

社会科学文献出版社
SOCIAL SCIENCES ACADEMIC PRESS(CHINA)

《民族理论研究》编辑委员会

（按姓氏笔画排列）

CONTENTS 

马克思主义民族理论中国化研究

中华民族共同体研究

民族工作研究

世界民族问题与理论政策

学术史与研究动态

马克思主义民族理论中国化研究

习近平新时代中国特色社会主义思想与民族工作

郝时远*

摘　要： 本文以党的十九大确立的习近平新时代中国特色社会主义思想为主题，围绕党的十九大报告有关“民族宗教工作创新发展”这一判断，结合2014年中央民族工作会议习近平的重要讲话精神，从民族工作涉及方方面面的广义民族工作视角，论述和举证习近平对新时代民族工作创新发展的思想内容；根据新时代我国社会主要矛盾的判断，以扶贫攻坚为例，论述了西部地区、边疆民族地区发展“不平衡不充分”的突出矛盾；着重就党对民族工作的领导、中华文化与文化自信进行了分析，并对民族工作面向历史交汇期的着力点、“两个阶段”的愿景提出一些思考。

关键词： 习近平　新时代　十九大报告　中国特色社会主义　民族工作

党的十九大报告，以“不忘初心，牢记使命，高举中国特色社会主义伟大旗帜，决胜全面建成小康社会，夺取新时代中国特色社会主义伟大胜利，为实现中华民族伟大复兴的中国梦不懈奋斗”为主题，昭示了“新时代中国特色社会主义”这一重大命题。这是中国特色社会主义新的历史阶段和发展方位，也是中国共产党“不忘初心、牢记使命”展现的时代性新境界。而迈入这一发展方位的伟大实践，是在马克思主义中国化最新成果的理论指引下实现的，也就是党的十八大以来，以习近平同志为核心的党中央在治国理政实践中承前启后、继往开来、艰辛探索形成的新理念新思想新战略，即党的十九大确立的习近平新时代中国特色社会主义思想。这一思想，既是中国特色社会主义理论体系丰富发展的有机组成部分，又是

* 郝时远，中国社会科学院学部委员，研究员。

马克思主义中国化具有划时代意义、开创性特征的思想体系，其内涵覆盖了中国特色社会主义伟大事业的各个领域，包括了党和国家的民族工作事务。

一　新时代广义的民族工作

习近平新时代中国特色社会主义思想，产生和形成于中国特色社会主义事业发展的新实践，是在解决什么是社会主义、怎样建设社会主义根本问题的理论阐释和不断改革开放的实践中，根据世界格局的新变化、中国改革开放的新时代，系统回答坚持和发展什么样的中国特色社会主义、怎样坚持和发展中国特色社会主义的总问题而形成的理论成果。

党的十九大报告指出：这一理论成果，既包括新时代坚持和发展中国特色社会主义的总目标、总任务、总体布局、战略布局和发展方向、发展方式、发展动力、战略步骤、外部条件、政治保证等基本问题，也包括根据新的实践对经济、政治、法治、科技、文化、教育、民生、民族、宗教、社会、生态文明、国家安全、国防和军队、“一国两制”和祖国统一、统一战线、外交、党的建设等各方面做出理论分析和政策指导。

如果比较党的十五大报告对邓小平理论及其内涵的阐释，并且强调邓小平理论是需要从各方面进一步丰富发展的科学体系，那么习近平新时代中国特色社会主义思想承前启后、继往开来地丰富发展了中国特色社会主义理论体系。它更加全面地覆盖了中国特色社会主义事业各个领域发展进步的实践，扩展到法治、民生、宗教、社会、生态文明、国家安全、“一国两制”等重要方面，突出了“从各方面进一步丰富发展的科学体系”的创新，体现了新时代中国特色社会主义思想全面推进中华民族伟大复兴“中国梦”的未来视野。党的十五大报告，对邓小平理论的内涵及其特点做出了如下评价：它第一次比较系统地初步回答了中国社会主义的发展道路、发展阶段、根本任务、发展动力、外部条件、政治保证、战略步骤、党的领导和依靠力量以及祖国统一等一系列基本问题，指导我们党制定了在社会主义初级阶段的基本路线。它是贯通哲学、政治经济学、科学社会主义等领域，涵盖经济、政治、科技、教育、文化、民族、军事、外交、统一战线、党的建设等方面比较完备的科学体系，又是需要从各方面进一步丰富发展的科学体系。党的十九大报告对新时代中国特色社会主义思想的内涵及其特点给予的评价，明确了坚持和发展中国特色社会主义的总目标、总任务、总体布局、战略布局和发展方向、发展方式，涵盖了更多方面，体现了承前启后、继往开来、迈入中国特色社会主义事业新时代的特征。

民族工作，历来是党和国家的重大事务之一。习近平新时代中国特色社会主义思想所涵盖的“民族”方面，以2014年习近平在中央民族工作会议上的重要讲话为标志，包括他在中央西藏工作座谈会、中央新疆工作座谈会、民族地区视察等场合发表的“理论分析和政策指导”，进而延伸到统一战线、宗教事务、生态文明、国家安全、祖国统一等方面，并与经济、政治、民生、社会、文化、教育、外交等诸多领域相互交集和融通。体现了“民族工作涉及方方面面，方方面面都有民族工作”的新时代特征，[①] 使民族工作与“第二个百年”中华民族伟大复兴的“中国梦”的宏伟目标息息相关、紧密相连，形成了广义的民族工作基本方略。也就是说，新时代广义的民族工作是服务于中华民族伟大复兴的总目标，是56个民族的“多元”熔铸中华民族“一体”的伟大事业。

习近平的民族工作论述，是习近平新时代中国特色社会主义思想体系的重要组成部分。[②] 认真学习、深化理解和坚定贯彻习近平民族工作的重要论述，不仅是民族工作领域以习近平新时代中国特色社会主义思想为引领的政治保证，也是各个领域、各条战线以习近平新时代中国特色社会主义思想为指南的题中之意。因为习近平新时代中国特色社会主义思想，明确坚持和发展中国特色社会主义，总任务是实现社会主义现代化和中华民族伟大复兴。这一总任务，对统一的多民族国家“多元一体”格局而言，就是实现国家-民族（state-nation）——中华民族——的整合；对民族工作来说，就是要为中华民族大家庭各个成员之间创造和睦向相处的“家规”、和衷共济的“家教”、和谐发展的“家风”。“铸牢中华民族共同体意识”的要求，是对全国各民族人民的共同要求，“一个也不能少”。

中华民族伟大复兴，意味着构成中华民族的各民族共同团结进步、共同繁荣发展。民族工作，正是以精神和物质的“两把钥匙”构建中华民族

---

① 本文述及习近平在2014年中央民族工作会议的重要讲话内容，参见国家民族事务委员会编《中央民族工作会议精神学习辅导读本》，民族出版社，2015。

② 参见郝时远《习近平民族工作思想述论》，《中国民族报》2017年7月7日。

共有精神家园、建设中华民族共享物质田园的责任载体。这当然不是一个工作领域、一个工作部门所能解决的问题，而是涉及治国理政的方方面面。中国作为统一的多民族国家，中华民族伟大复兴中的“多元”指向，是56个民族“一个也不能掉队”的共享共荣；中华民族伟大复兴中的“一体”境界，是56个民族“一个也不能少”的认知认同。

随着中国特色社会主义现代化事业的发展，中国各民族人民的交往交流交融发展，在空间、地域、社会、文化、职业，以及民间生活的各个场域呈现日益广泛和日益密切的互动，平等团结互助和谐的社会主义民族关系具体入微地渗透到社会各个领域，并越来越显著地体现在城镇化的进程中，各民族人民持续改变传统聚居、不断融散发展的趋势，使民族工作对社会发展诸领域和社会治理各方面提出了新时代的全面要求，广义的民族工作已融汇到“五位一体”总体布局和“四个全面”战略布局之中，这是全面理解习近平新时代中国特色社会主义思想的重要着眼点之一。

二　新时代民族工作创新推进的指导思想

党的十九大报告指出：习近平新时代中国特色社会主义思想，是对马克思列宁主义、毛泽东思想、邓小平理论、“三个代表”重要思想、科学发展观的继承和发展，是马克思主义中国化最新成果，是党和人民实践经验和集体智慧的结晶，是中国特色社会主义理论体系的重要组成部分，是全党全国人民为实现中华民族伟大复兴而奋斗的行动指南，必须长期坚持并不断发展。

作为马克思主义中国化最新成果，习近平新时代中国特色社会主义思想具有理论、范畴、概念和逻辑思维的创新性，彰显中国历史、中国国情、中华文化、中国梦的鲜明特色。在我们党的历史上，特别是改革开放以来历届代表大会的政治报告，都会对党领导各族人民取得的社会主义建设成就进行回顾和评价，也都有千头万绪、点到为止的特点，但是遣词造句的概括和确指则反映了党中央对某一工作领域总体发展的评价。

回顾党的十一届三中全会以来的历史文献，在党的十五大到十八大报告的工作成就回顾中，民族工作事务的表述多为概括性的“各民族的大团结进一步巩固和发展”，“民族区域自治制度不断完善”等。党的十九大报告在回顾十八大以来各个领域工作成就时，民族工作的表述虽然只是简洁的“民族宗教工作创新推进”一句，但其确指性的意义十分重大。这是我们深入学习十九大报告精神、深刻理解习近平新时代中国特色社会主义思想内涵，面对现实，面向未来的民族、宗教工作需要坚守的基本立场和政治定力。

党的十九大报告中“民族宗教工作创新推进”的提法，言简意赅地准确反映了党的十八大以来，以习近平同志为核心的党中央在民族、宗教工作方面形成的新理念新思想新战略。其中，既包括对国际形势深刻、复杂变化中世界范围广义民族问题形势的判断，[①] 也包括对国内社会上、党内外有关民族问题、民族工作不同认识的回应，在改革开放以来中央民族工作会议的历史上具有“极不平凡”时代意义。

诸如，在国际视野比较中做出的总体判断，即西方国家在解决民族问题上也没有什么包治百病的灵丹妙药；针对民族问题“去政治化”观点，强调指出：要坚持从政治上把握民族问题、看待民族问题；针对中国民族区域自治制度是“苏联模式”的说法，指出这是“张冠李戴”，进而针对“改省论”“取消论”明确宣示了“取消民族区域自治制度这种说法可以休矣”的坚定立场；等等。这当然不是简单的、被动的“守成”之论，而是新时代民族工作的“创新推进”，立足于尊重历史、符合国情、顺应人心的正确道路，坚守于中国特色社会主义的道路自信、理论自信、制度自信、文化自信。因此，习近平在中央民族工作会议上的重要讲话以及多种场合做出的“理论分析和政策指导”，体现了新时代中国特色社会主义思想的创新性。创新，并不意味着另起炉灶、改弦更张。创新，包括对既有的理念、制度、政策的全新诠释和与时俱进的阐发，包括针对新的问题、新的实践对中国特色社会主义理论体系的创造性丰富和发展，这集中体现在习近平新时代中国特色社会主义思想之中，包括民族工作的相关论述。

例如，在重申中国特色解决民族问题正确道路这一科学命题的基础上，习近平对民族区域自治制度作为这条道路的重要内容和制度保障的论述，把民族区域自治制度提高到党的民族政策源头，指出党的民族政策都是由此而来、依此而存的论断；对民族区域自治制度在中国特色社会主义事业

---

① “广义民族问题”包括种族、民族、宗教、语言、移民等方面的问题。

中根基作用的论述，以及这一根基动摇将产生的“多米诺骨牌”效应的警示；对民族区域自治制度“统一与自治”“民族与区域”相结合的论述，阐释所有的民族自治地方都是党领导下的中华人民共和国、全国各族人民的地方，提出实行区域自治的少数民族承担着维护国家统一、民族团结的更大责任的政治要求；指出现阶段落实好民族区域自治制度，关键是发展经济、改善民生，同时“加强对规范和完善民族区域自治相关法规和制度的研究”等，都是对中国民族区域自治制度理论与实践的新阐释、新发展。

又如，习近平对统一的多民族国家基本国情的论述，从历史上多民族互动与“大一统”王朝的关系，提出了“维护一统而又重视差别的理念，对中华民族的形成和发展至关重要”的观点，其中“形成”指向历史，“发展”则是代表现实和未来，其指向是中华民族伟大复兴的进程；对统一的多民族国家的国情，习近平指出“多民族的大一统，各民族多元一体，是老祖宗留给我们的一笔重要财富，也是我们国家的一个重要优势”，是发展的有利条件。这种“重要财富”“重要优势”，不仅体现在资源富集、水系源头、生态屏障、文化特色的优势方面，而且也反映了民族工作现实的“短板”特征，即边疆地区、贫困地区。发挥优势、消除劣势，决定了民族工作的重要性与艰巨性。因此，立足于这样一个“家底”，边疆建设、兴边富民、“一个民族也不能少”的脱贫攻坚，就成为国家建设、中华民族建设现实而紧迫的任务。而且，在新时代中国特色社会主义事业的发展进程中，中国对外开放、助力全球化的“一带一路”建设，对边疆民族地区“是一个大利好”，指出了在“一带一路”建设中边疆民族地区承担的“拓展国家发展新空间”和“收功实于西北”的历史责任。这些思想，不仅深化了对统一的多民族国家基本国情的理论认识，而且揭示了边疆民族地区对中华民族伟大复兴事业至关重要的现实和前景，体现了习近平新时代中国特色社会主义思想的辩证思维、战略眼光和中国自信。

再如，习近平对中华民族命运共同体的论述，也达到了一个前所未有的新高度。构成中华民族共同体的各民族，是一个大家庭中的不同成员，利益攸关、一损俱损、一荣俱荣，所以民族团结是各民族人民的生命线。习近平指出：“做好民族工作，最关键的是搞好民族团结，最管用的是争取人心。”这是对民族工作战略性、基础性、长远性的部署，聚焦于中华文化认同这一深层次认同的理念。因此，关于中华文化是各民族文化之集大成，认同本民族文化与认同中华文化并育而不悖，促进各民族交往交流交融要正确处理差异性和共同性，尊重差异、包容多样、创造各民族共居共学共事共乐的社会条件，牢固树立正确的祖国观、历史观、民族观、文化观，把民族团结纳入国民教育、干部教育和社会教育，反对“两种民族主义”，用法律保障民族团结等论述，以及他在多种场合对民族团结的强调和寄语，凝练地写入党的十九大报告：“全面贯彻党的民族政策，深化民族团结进步教育，铸牢中华民族共同体意识，加强各民族交往交流交融，促进各民族像石榴籽一样紧紧抱在一起，共同团结奋斗、共同繁荣发展。”习近平有关民族团结的重要论述，作为维护和发展平等团结互助和谐的社会主义民族关系的要旨，以“铸牢中华民族共同体意识”写入中国共产党的章程，等等。

习近平在2014年中央民族工作会议上的重要讲话，是党的十八大以来，以习近平同志为核心的党中央治国理政方略中民族工作思想的集中体现，是习近平新时代中国特色社会主义思想的重要内容，对民族工作的“创新推动”体现在诸多方面。其重要特点是以马克思主义的立场、观点、方法对新时代中国民族工作领域面对的重大实践问题，做出了尊重历史、符合国情、顺应人心、面向新时代的科学阐释，对做好民族工作思想方法、政策措施给予了开阔视野的“理论分析和政策指导”，以历史纵深、现实宽广和未来全局的视野，丰富、创新和发展了中国特色民族工作理论，确立了新时代中国特色社会主义民族工作的指导思想地位。[①] 需要我们在习近平新时代中国特色社会主义思想的学习中去融会贯通地深化理解。

三　社会主要矛盾与西部发展“不平衡不充分”

党的十九大报告，最重大的理论判断是指明了中国特色社会主义进入了新时代，这是我国发展新的历史方位。这一新时代最根本的特征，是我国社会主要矛盾已经转化为人民日益增长的美好生活需要和不平衡不充分的发展之间的矛盾。一个国家的社会主要矛盾，既是该国家基本国情的重要内涵，也是执政者治国理政必须准确把握的施政重心，因为它是社会的

① 参见郝时远《习近平民族工作思想述论》，《中国民族报》2017年7月7日。

总问题。正如毛泽东在《矛盾论》中所分析的，在纷繁复杂的各种社会矛盾中，主要矛盾的“存在和发展规定或影响着其他矛盾的存在和发展”。[①]其中包括受社会总问题影响的民族问题。中国特色社会主义事业的发展，经历了中国人民从站起来到富起来和步入强起来的过程，这一过程本身就是在不断判断和把握社会主要矛盾、探索和解决社会主要矛盾、实现人民生活与社会生产发生从量变到质变的进程中实现的。

党的十九大做出的我国社会主要矛盾已经转化为人民日益增长的美好生活需要和不平衡不充分的发展之间的矛盾的重大政治论断，反映了我国社会发展的客观实际，是制定党和国家大政方针、长远战略的重要依据。同时，从民族工作的视角看，既要把握我国主要矛盾中“人民日益增长的美好生活需要”这一发展趋势，又要高度重视这一主要矛盾中“不平衡不充分的发展”这一现实差距。因为民族工作的主要对象和主要区域，更突出地反映了发展“不平衡不充分”的矛盾面向。其中，作为全面建成小康社会彻底脱贫的伟大斗争，也更加突出地聚焦于民族地区。

党的十八大以来以习近平同志为核心的党中央，以“五位一体”总体布局、“四个全面”战略布局和“五大发展理念”，推进全面建成小康社会的进程，开启了中国特色社会主义伟大事业的新时代。其中以改善民生为重心的发展实践，展开了“精准扶贫”“精准脱贫”引领的扶贫攻坚战，深入到“最后一公里”的“脱真贫”“真脱贫”决胜战阶段。五年来，全国6000多万贫困人口稳定脱贫，贫困发生率从10.2%下降到4%以下。中国的扶贫事业取得了举世瞩目的成就，在世界范围的减贫行动中可谓前所未有、绝无仅有。

但是，以经济地理意义为特征的西部地区，仍属于我国经济社会发展滞后的地区，是中国少数民族聚居程度最高、分布最广、人数最多的地区，也是决胜全面建成小康社会攻坚战的重心所在。国家实施西部大开发以来，在中央持续的大力投入和区域差别化政策的支持、东部地区的对口支援、西部地区的艰苦奋斗下，西部地区的经济社会发展取得了前所未有的长足进步，各民族人民的生活水平实现了前所未有的改善和提高。但是，也必须看到，截止到2016年底，少数民族聚居程度高、人口规模大的“八省

① 《矛盾论》，《毛泽东选集》第1卷，人民出版社，1991，第320页。

区”贫困人口虽然下降到1411万，但是贫困发生率却从2011年的30.4%上升至2016年的32.55%。[①] 也就是说，随着全国范围贫困人口每年数以千万计的脱贫，民族地区贫困人口所占比重随之凸显，反映了以“八省区”为代表的民族地区扶贫攻坚战的异常艰难，因为绝大部分集中连片特困区都分布在民族地区。

这也正是习近平在2014年中央民族工作会议的重要讲话中实事求是地指出——民族地区是全国扶贫攻坚的硬骨头，力争用5～10年时间实现民族地区贫困家庭和困难群众稳定脱贫——的原因。见微知著，这是我们全面、深刻理解“人民日益增长的美好生活需要和不平衡不充分的发展之间的矛盾”必须建立的民族工作意识，“不平衡不充分的发展”仍然包括着东西部、内地与边疆经济社会的“不平衡”，包含着民族自治地方、少数民族以人为本的发展“不充分”这些基本的矛盾要素。其中既有发展的差距问题，也有发展的质量问题。

因此，党的十九大报告强调指出：我国社会主要矛盾的变化，没有改变我们对我国社会主义所处历史阶段的判断，我国仍处于并将长期处于社会主义初级阶段的基本国情没有变，我国是世界最大发展中国家的国际地位没有变。中国的经济总量稳居世界第二位，但是相应的人均水平仍处于六七十位之间。全面建成小康社会是我国第一个百年目标，近在咫尺、指日可待。但是对处于社会主义初级阶段的中国来说，即是习近平深刻指出的：全国各地、各民族同步进入全面小康不是同一水平的小康，不是每个地区、每个民族、每个人都达到同一个水平，差距总是会存在的。

例如，就教育状况而言，根据国家《高中阶段教育普及攻坚计划（2017—2020年）》的预期，到2020年我国高中阶段教育毛入学率将要达到90%，即党的十九大报告提出的普及高中阶段教育。就全国而言，2017年已达到87.5%的平均水平，其中22个省市已超过了90%，甚至达到95%以上。而9个低于全国平均水平的省区都集中于中西部地区，3个低于85%的省区都属于民族地区，其中西藏自治区高中阶段毛入学率为75.94%。[②] 就

① 参见《中国少数民族地区扶贫进展报告（2016）在京发布》，国家民委网站，2017年3月21日。

② 参见《西藏高中教育阶段毛入学率近76%，教育对口支援成果显著》，中国新闻网，2017年9月18日。

西藏自治区而言，如果与2015年已经步入快速增长高中阶段毛入学率73.37%比较，两年提高不过2.5个百分点，这已属相当不易的进步。但是，如果按照这个增长率，要在2020年达到90%的水平，年均提高则需要近5个百分点，这无疑也是难以想象的。当然，还涉及城镇化率、健康、就业等诸多方面的发展问题。

党的十九大报告指出：在我国社会主要矛盾发生变化的社会主义初级阶段，更加突出的问题是发展不平衡不充分，这已经成为满足人民日益增长的美好生活需要的“主要制约因素”。而这种“制约因素”更加突出地反映在西部，尤其是边疆民族地区。对此，需要按照习近平强调指出的：既坚持一定标准，又防止好高骛远，既考虑到2020年这个时间节点，又立足于打基础、谋长远、见成效。这是我们辩证理解社会主要矛盾变化并没有改变社会发展阶段需要确立的民族工作意识。

在国家深入推进西部大开发，以“一带一路”建设为动力，实施“兴边富民行动”十三五规划和区域性差别化政策等组合政策措施支持下，我们能够看到民族地区高起点、跨越式的发展成就，但是也不能回避脱贫攻坚所面对的“硬骨头”昭示的关涉人的全面发展的脱贫内容，即党的十九大报告昭示的目标：幼有所育、学有所教、劳有所得、病有所医、老有所养、住有所居、弱有所扶。这是新时代民族工作须臾不可忽视的重大现实问题，需要在党的十九大报告提出的“加大力度支持革命老区、民族地区、边疆地区、贫困地区加快发展，强化举措推进西部大开发形成新格局”的治国理政方略中，久久为功、坚持不懈地为“新格局”的形成付出巨大努力。“新格局”要求的“加大力度”“强化举措”，是当前民族工作、民族研究领域需要高度关注的着力点。

四　民族工作必须坚持党的领导

党的十九大报告要求全党深刻领会新时代中国特色社会主义思想的精神实质和丰富内涵，在各项工作中全面准确贯彻落实。为此，从十四个方面论述了新时代中国特色社会主义思想的基本方略。其要旨是坚持党对一切工作的领导，民族工作、宗教事务也不例外。习近平指出：民族工作能不能做好，最根本的一条是党的领导是不是坚强有力。中国共产党的领导是民族工作成功的根本保证，也是各民族大团结的根本保证。没有坚强有力的政治领导，一个多民族国家要实现团结统一是不可想象的。这是为中华人民共和国成立以来，我国各项事业的发展、进步和成就所证明的真理，也是在国际比较中证明的中国事实和中国优势。

对我们这个统一的多民族国家而言，从政治上把握民族关系、看待民族问题的根本是坚持中国共产党对民族工作领导的基本政治原则。这也是在观察世界民族问题、借鉴“国际经验”时，分清是中国特色社会主义还是西方资本主义的试金石。任何无视或刻意回避西方民主制、多党政治，脱离政治国情的比较，甚至试图抽象、普适地“就是都要给印度和美国的民族政策唱赞歌”[①] 式的所谓“去政治化”的“借鉴”，只能导致削弱中国共产党的领导和动摇中国特色社会主义制度的作用。同样，那种表象性观察西方国家出现的问题来括套中国民族事务的思想方法，及其自我绑架于他国的“危言反思”，也只能陷入缺乏自信的误区和对社会舆论的误导。

继苏联解体、东欧剧变以来，西方国家地区－民族主义分离运动高涨，从20世纪90年代比利时佛来芒的法兰德斯运动，到加拿大魁北克的独立公投，从2014年英国苏格兰合法独立公投，到2017年西班牙加泰罗尼亚违宪公投、宣布独立，以及意大利“北方联盟”发动的威尼托、伦巴第大区谋求“高度自治”的公投，其政治动员之手都是西方多党民主制产生的民族主义政党和地方主义政党，也大都有经济社会发展不平衡，尤其是富裕地区不愿意承担国家统一条件下支持落后地区发展的动因。如果要比较，就要看到：中国所有的民族自治地方，都是中国共产党领导的地方，没有任何一个自治地方的最高权力机关人民代表大会出现过有违背宪法、民族区域自治法等国家法律的动议和行为；同样，在解决区域发展不平衡这一各个国家普遍存在的问题方面，也只有在中国共产党领导下才能实施国家经济发展重心转移的西部大开发战略，才能实现东部对口支援西部、全国支援西藏、19个省市支援新疆、实行区域差别化扶持政策的共同发展、共同富裕。这就是中外政党政治、社会制度的比较优势，也是坚定“四个自信”的中国底气。

坚持党对民族工作的领导，是实现中华民族伟大复兴中国梦的政治保

① 沙伯力著，林紫薇、张俊一译，张海洋校译：《中国民族政策能否采用美国或印度模式》，《中央民族大学学报》2014年第4期。

证，是贯彻落实习近平新时代中国特色社会主义思想基本方略“纲举目张”的力量所在。党的十九大报告指出：实现中华民族伟大复兴，必须建立符合我国实际的先进社会制度。在这方面要清醒而深刻理解党的十九大报告指出的基本原则：政治制度不能脱离特定社会政治条件和历史文化传统来抽象评判，不能定于一尊，不能生搬硬套外国政治制度模式。这也正是习近平强调指出的一个国家“不能想象突然就搬来一座政治制度上的‘飞来峰’”。[①] 必须立足于国情、历史和文化传统。作为中国特色社会主义的基本政治制度之一，民族区域自治制度就是尊重历史、符合国情、顺应人心的先进制度。

因此，党的十九大报告强调的包括坚持和完善民族区域自治制度在内的我国根本政治制度和基本政治制度，体现了“坚持党的领导、人民当家作主、依法治国有机统一是社会主义政治发展的必然要求”。党的十九大报告指出，全面依法治国是中国特色社会主义的本质要求和重要保障。提出了完善以宪法为核心的中国特色社会主义法律体系，建设中国特色社会主义法治体系，建设社会主义法治国家，发展中国特色社会主义法治理论等方面的任务，其中就包括了习近平指出的“加强对规范和完善民族区域自治相关法规和制度的研究”。[②] 这是民族工作、民族研究领域，在新时代中国特色社会主义全面依法治国实践中义不容辞的责任。同时，要按照党的十九大报告严肃提出的重大政治原则——全党要更加自觉地坚持党的领导和我国社会主义制度，坚决反对一切削弱、歪曲、否定党的领导和我国社会主义制度的言行，为新时代中国特色社会主义制度的坚守和完善做出贡献。

五　中华文化一体的“要素与动力”

坚持社会主义核心价值体系，是习近平中国特色社会主义思想昭示的基本方略之一。他开宗明义地指出：文化自信是一个国家、一个民族发展中更基本、更深沉、更持久的力量。为此，党的十九大报告以“坚定文化

① 习近平：《在庆祝全国人民代表大会成立60周年大会上的讲话》，《人民日报》2014年9月5日。

② 参见郝时远《民族区域自治：中央民族工作会议讲了什么?》，《中央民族大学学报》2015年第2期。

自信，推动社会主义文化繁荣兴盛”为题进行了阐释。提出了“文化兴国运兴，文化强民族强。没有高度的文化自信，没有文化的繁荣兴盛，就没有中华民族伟大复兴”的重要论断。

党的十八大以来，在习近平治国理政的思想实践中，无论是内政还是外交，他都重视以中国5000年的历史延续性来阐释中华文化的历史基因。以此来说明中国特色社会主义的历史底蕴，以此来说明统一的多民族国家从哪里来、到哪里去，以此来说明文化是多样的、世界上没有两片完全相同的树叶，以此来说明不能想象有一天人们都穿一样的衣服、都讲一种语言，以此来说明中国尊重他国的道路选择，从而获得他国对中国道路的理解和尊重，等等。可以说，在中国共产党的领导人中，习近平对中国的历史、文化传统、基本国情论述得最多、最深刻、最有现实意义和未来眼光。他强调指出：中华优秀传统文化是中华民族的突出优势，中华民族伟大复兴需要以中华文化发展繁荣为条件，必须大力弘扬中华优秀传统文化。

新时代中国特色社会主义的总目标就是要实现中华民族伟大复兴，中华文化的繁荣发展既是实现这一目标的条件，也是中华民族伟大复兴的标志。而中华文化是中国各民族文化之集大成，也就是确立反映全国各族人民共同认同的价值观“最大公约数”，这是最深层的认同。对此，习近平在多种场合进行了论述，尤其在2014年的中央民族工作会议的重要讲话中，深刻阐释了中华文化基于各民族文化的重要性。他指出：要向各族人民反复讲，各民族都对中华文化的形成和发展做出了贡献，各民族要相互欣赏、相互学习。把汉文化等同于中华文化、忽略少数民族文化，把本民族文化自外于中华文化、对中华文化缺乏认同，都是不对的，都要坚决克服。

作为“要向各族人民反复讲”的话题，就是要深刻理解习近平关于认同本民族文化与认同中华文化并育而不悖的辩证思想。这是具有政治哲理指导和人文思辨关怀的道理。“反复讲”也意味着这一辩证思想入脑入心、付诸实践并非易事。理解这一辩证思想，必须认识到中国各民族几千年来的互动交融，在文化上相互影响、相互借鉴、相互吸收，熔铸了中华文化的历史基石。汉文化源远流长、博大精深，少数民族文化丰富多彩、交相辉映，共同构成了中华文化色彩斑斓的多样性与植根沃土的生命力。这就是习近平关于多元一体论述中“一体是主线和方向，多元是要素和动力，两者辩证统一”的认知。从这个意义上说，构成中华文化的各民族文化，是中国特色社会主义先进文化建设“一个也不能少”的要素，是铸牢中华民族共同体意识“一个也不能少”的动力。它所昭示的文化态度，如果以费孝通的名言释读，基础是各美其美的自尊自爱，机制是美人之美的互敬互赏，功能是美美以共的互学互鉴，境界是天下大同的共同繁荣，由此升华、铸就中华民族大家庭共有的精神家园，由此成就、展现中华民族共同体的文化力量。

党的十九大报告指出，中国特色社会主义文化，源自中华民族五千多年文明历史所孕育的中华优秀传统文化，熔铸于党领导人民在革命、建设、改革中创造的革命文化和社会主义先进文化，植根于中国特色社会主义伟大实践。中华优秀传统文化、革命文化、社会主义先进文化，这是习近平新时代中国特色社会主义思想文化观的基石、砥柱和旗帜，是中华民族伟大复兴进程中建设中华文化的基因、结构和模式。因此，推动中华优秀传统文化创造性转化、创新性发展，继承革命文化，发展社会主义先进文化，不忘本来、吸收外来、面向未来，更好构筑中国精神、中国价值、中国力量，为人民提供精神指引，成为新时代中国特色社会主义建设的基本方略。因为中国特色社会主义中的“中国特色”，彰显的就是包括中国政治文化、制度文化在内的中华文化。

在2014年中央民族工作会议上，习近平针对少数民族文化的价值、贡献和繁荣发展作了重要论述。他从列入《人类非物质文化遗产代表作名录》的中国项目中少数民族的名录占到三分之一，强调了少数民族文化的价值和贡献；他从少数民族传统文化包含的崇尚自然、爱惜生灵、守望相助、讲求道义等诸多价值观念中，得出“对这样的理念，要加强提炼、阐发、弘扬，为培育和践行社会主义核心价值观提供更多文化养分”；他从少数民族文化块头小，抵抗市场经济的能力弱，易于流失的角度，强调了“不能等到失去才懂得珍惜”；他以传统文化必须与现代化相适应的规律，论述了弘扬和保护各民族传统文化，不是原封不动，更不是连同糟粕全盘保留，而是去粗取精、推陈出新，努力实现创造性转化和创新性发展。不仅是少数民族文化，汉文化也是如此。立足于统一的多民族国家国情，坚守中华文化立场，这是民族工作在创新推进少数民族文化繁荣发展的着力点。关键是按照党的十九大报告提出的坚持创造性转化、创新性发展，不断铸就中华文化新辉煌。

习近平指出：创造性转化，就是要按照时代特点和要求，对那些至今仍有借鉴价值的内涵和陈旧的表现形式加以改造，赋予其新的时代内涵和现代表达形式，激活其生命力。创新性发展，就是要按照时代的新进步新进展，对中华优秀传统文化的内涵加以补充、拓展、完善，增强其影响力和感召力。[①] 2014年春节之际，习近平在视察内蒙古期间以“守望相助”为题的论述中，强调指出了“守，就是守好家门，守好祖国边疆，守好内蒙古少数民族美好的精神家园”的重要性。这是对统一的多民族国家文化多样构成中华文化的文化自信，是对构筑中华民族共有精神家园“多元是要素和动力”的深刻解读；也是对内蒙古以草原文化为标志的民族、地域文化发展，使蒙古族文化展示了从民族的到地方的、国家的、世界的升华和广泛的社会传播能力的充分肯定。这就如同一曲《鸿雁》、一个安达组合“跳出内蒙古”，唱响大江南北、海峡两岸，传唱海外华人社会、登上国际音乐舞台一样，见微知著地展现了中国各民族依托于传统文化而形成的现代中华文化力量。践行了习近平关于要使中华民族最基本的文化基因与当代文化相适应、与现代社会相协调，以人们喜闻乐见、具有广泛参与性的方式推广开来，把跨越时空、超越国度、富有永恒魅力、具有当代价值的文化精神弘扬起来，把继承传统优秀文化又弘扬时代精神、立足本国又面向世界的当代中国文化创新成果传播出去的期许。

六　新时代“历史交汇期”与“两个阶段”

党的十九大报告，集中体现了以习近平新时代中国特色社会主义思想为指南的发展成就、现实任务和未来目标。需要包括民族工作战线在内的社会各领域，结合党的十八大以来以习近平同志为核心的党中央治国理政新理念新思想新战略的实践，总结经验、深化理解、聚集能量、凝聚共识地投入决胜全面建成小康社会的伟大事业，开启全面建设社会主义现代化国家新征程。值得高度重视的是，党的十九大报告第一次就中华民族伟大复兴的奋斗进程提出了阶段性的时间表：一个“历史交汇期”和“两个阶段”。这也意味着全国各条战线、各个领域、各行各业都要去思考如何作为

① 参见《习近平系列讲话读本：创造中华文化新的辉煌》，《人民日报》2014年7月9日。

于历史交汇期、设计怎样贡献于两个阶段的战略问题。民族工作也是如此。

党的十九大报告指出：从十九大到二十大，是“两个一百年”奋斗目标的历史交汇期。我们既要全面建成小康社会、实现第一个百年奋斗目标，又要乘势而上开启全面建设社会主义现代化国家新征程，向第二个百年奋斗目标进军。这一历史交汇期的重心是2020年全面建成小康社会，这是开启全面建设社会主义现代化国家新征程的起点。虽然全面建成小康社会的重要指标之一，是在我国现行标准下农村贫困人口实现脱贫，贫困县全部摘帽，解决区域性整体贫困，做到脱真贫、真脱贫。但是，发展“不平衡不充分”的差距、质量问题依然存在，并且可以预见在全国平均水平，尤其是东西部的比较效应下，会更加突出地聚焦于西部地区、民族地区、特困地区。解决了贫困问题，稳固脱贫的发展问题、缩小区域经济社会发展和人民生活水平的差距问题，任务依然艰巨。从这个意义上说，广义的民族工作更加重要，需要以2020年这个时间节点为奋斗目标，又要实事求是地立足于打基础、谋长远、见成效，因地制宜地去巩固和充实全面建成小康社会的内涵。历史交汇期缩小的差距、提高的水平，对西部地区、民族地区步入新征程，保持与全国平均水平的同步发展，具有决定性意义。同样，历史交汇期扩大的差距、拉开的水平，将会造成未来新征程第一个阶段东西部之间、民族地区更大的发展落差。这是民族工作继续创新推进不容忽视的重要因素。

党的十九大报告提出：基于全面建成小康社会的新征程，第一个阶段，从2020年到2035年，再奋斗15年，基本实现社会主义现阶代化。对此，报告做出了一系列特征的愿景描述，诸如经济、科技跻身创新型国家前列，人民参与、平等发展权利得到充分保障，法治社会基本建成，各方面制度更加完善，中华文化影响更加广泛深入，中等收入群体比例明显提高，城乡区域发展差距和居民生活水平差距显著缩小，基本公共服务均等化基本实现，全体人民共同富裕迈出坚实步伐，现代社会治理格局基本形成，生态环境根本好转，美丽中国目标基本实现，等等。

这些特征都将以各行各业的相关发展规划、指标而形成具体化的愿景和付诸行动的实践。那么，民族工作如何设计这个阶段的愿景，怎样为实现这些特征而付诸行动和取得成效？这已经成为民族工作未雨绸缪、顶层设计的战略问题。其中既包括民族区域自治制度的完善和民族事务国家治理能力的现代化问题，也包括解决民族问题的“两把钥匙”在各民族共有精神家园、共享物质田园建设方面的成效问题。同时，也包括我国解决民族问题所面对的若干特殊斗争问题，即实现有效消除包括“台独”在内的民族分裂、宗教极端和暴力恐怖活动的威胁。这是迈入实现中华民族伟大复兴第二个阶段的重要条件之一。

党的十九大报告提出：第二个阶段，在基本实现现代化的基础上，从2035年到本世纪中叶，再奋斗十五年，把我国建成富强民主文明和谐美丽的社会主义现代化强国。其蓝图展现了我国物质文明、政治文明、精神文明、社会文明、生态文明将全面提升，实现国家治理体系和治理能力现代化，成为综合国力和国际影响力领先的国家，全体人民共同富裕基本实现，我国人民将享有更加幸福安康的生活，中华民族将以更加昂扬的姿态屹立于世界民族之林。

这是中国共产党人艰苦奋斗近130年，新中国百年华诞的中国面貌、中华民族的风貌。对此，学术界大可做出各种各样的数据设计和形象描述，民族研究、民族工作同样有畅想的空间。这是一个今天奋斗、明天奋斗达成后天成就的过程和目标的空间，其中都包括了对民族工作创新发展、民族研究繁荣进步的新时代要求。古人云：路虽弥，不行不至；事虽小，不做不成。民族问题具有长期性、复杂性等特点，21世纪中叶的中国仍会存在包括民族问题在内的各种社会问题，虽然其表现的内容、类型、场域和空间会发生重大变化。对此，民族工作、民族研究更需要立足当下、开阔视野、比较借鉴地去探索和把握人类社会民族现象的规律，服务于新时代中国特色解决民族问题正确道路的开拓创新。

党的十八大开启中国特色社会主义事业的新时代，以“五大发展”理念为引领，在“五位一体”总体布局和“四个全面”战略布局的推进中，实现了中国特色社会主义伟大事业登高望远的新境界。习近平新时代中国特色社会主义思想及其十四个基本方略，是这一新境界的理论成就和行动指南，其思想成就在《习近平谈治国理政》、《习近平谈治国理政》第二卷以及关涉各个领域的“系列讲话读本”中展现，需要我们融会贯通地学习和全面领悟。对民族工作、民族研究领域来说，这种领悟必须聚焦于中华民族，确立广义的民族工作意识，因为中华民族伟大复兴的目标是56个民族“一个也不能少”“一个也不能掉队”。

邓小平关于广泛的民族团结的重要论述*

刘　玲**

摘　要： 邓小平结合党和国家各个历史时期所面临的总任务来认识民族团结工作的重要性，集中阐释了民族团结的重要意义、中心环节、实现路径与方法论，并结合社会主义现代化建设实践赋予民族团结新的时代特征。本文回顾了邓小平民族团结思想的早期表达、集中表述与时代阐释，并在此基础上，对广泛的民族团结的基础与核心、历程与发展、涵义与层次进行分析。

关键词： 邓小平　广泛的民族团结　全国各族人民大团结　中华民族大团结　被压迫民族的团结与联合

党的十九大报告站在国家和民族的整体利益的高度上，提出牢牢把握“大团结大联合”的主题，筑牢中华民族共同体意识，号召全体中华儿女共创民族复兴的美好未来，勾勒出我国海内外中华儿女意志的最大公约数，描绘出我们全民族团结统一的最大同心圆。邓小平民族团结思想贯穿于我国革命、建设和改革的全过程，对民族团结的重要意义、关键问题、实现路径和工作方法有深刻的认识和全面的阐述。通过对邓小平民族团结思想进行进一步梳理，对于把握民族团结工作的新使命与新要求，指导新时代民族团结工作，实现中华民族伟大复兴的中国梦具有重要的意义和价值。

---

* 北京高校中国特色社会主义理论研究协同创新中心（中央民族大学）十九大精神研究专项课题（18A04S14）阶段性成果。

** 刘玲，博士，中国社会科学院民族学与人类学研究所副研究员，云南省高等学校民族团结进步理论与实践协同创新中心研究员，中国特色民族理论进步事业智库研究员。

一 “站在民族利益上团结各阶层抗日”：抗战时期邓小平民族团结思想的早期表达

1931 年，日本发动侵华战争，使我国大片土地沦失，中华民族面临严重危机。在民族根本利益和国家整体利益受到损害时，全民族团结抗战理应成为中国各阶级阶层、各政治党派及社会各界人士的最大共识。但在当时，国内阶级矛盾仍然存在甚至冲突严重，日本军国主义千方百计破坏中国抗战力量的团结与联合。在历史的危急关头，中国共产党主动担负起拯救民族危亡的重任，积极倡导和推动建立抗日民族统一战线，以团结全民族力量共同抗战救国。依靠全民族的坚强团结，我们最终取得了抗日战争的彻底胜利，实现了“近代以来中国抗击外敌入侵的第一次完全胜利”[①]，“这个战争促进中国人民的觉悟和团结的程度，是近百年来中国人民的一切伟大的斗争没有一次比得上的”[②]。

抗战前夕，邓小平以中共中央代表身份前往广西，领导党的工作，先后发动百色起义和龙州起义，分别建立了中国工农红军第七军和第八军，并在左右江地区建立了中国西南边疆最早的革命根据地——左右江革命根据地，这是中国共产党创立的第一个少数民族地区革命根据地。在随中央红军长征，经过广西北部苗族地区时，为帮助红军战士了解民族政策，以便开展少数民族群众工作，邓小平在其主编的中国工农红军军事委员会机关报《红星》上，宣传中共中央《关于瑶苗民族中工作的原则指示》，该指示提出对瑶民和苗民的基本主张[③]，并以此为基础团结与联合少数民族共同反对日本帝国主义。1936 年，作为红一军团政治部主任，在巩固和扩大西北抗日根据地的过程中，邓小平对陕、甘、宁三省交界地区的地方状况进

---

① 柯大文：《抗日战争是近代以来中国抗击外敌入侵的第一次完全胜利》，《光明日报》2015 年 8 月 26 日第 2 版。

② 毛泽东：《论联合政府》，中国共产党历次全国代表大会数据库，http://cpc.people.com.cn/GB/64162/64168/64559/4526988.html，最后访问日期：2018 年 6 月 1 日。

③ 基本主张包括：反对一切汉族的压迫与剥削；汉民与瑶民民族平等；瑶民的事由瑶民自己去决定，汉人不得干涉，并在精神上物质上给他们以实际的帮助。参见杨胜群、闫建琪主编，中共中央文献研究室编《邓小平年谱：1904—1974》（1934 年 12 月），中央文献出版社，2009，第 114 页。

行社会调查，对当地民族构成、民族关系以及影响民族团结的历史因素进行深入了解，并对团结少数民族抗战的意义有了深刻的洞察。他向中共中央报告："回民是中国比较大而且最团结的一个少数民族"，因此，"把回民从国民党大汉族主义统治之下分离出来"，"是争取最大多数回民到抗日战线上"的前提。而争取回民的重要方法就是"回民上层工作与下层工作同时并进"、"加紧培养回民干部"以及"采取各种办法巩固回汉团结"。[①]

1937 年全面抗战以来，邓小平不断总结根据地建设和对敌斗争的经验，对中国社会各阶层的团结抗战进行了深入思考。他指出，日本入侵中国后，民族矛盾上升为社会主要矛盾，"应当始终站在民族利益上，去团结各阶层来抗日"[②]。抗日民族统一战线应当是"团结各阶层一切抗日人民对敌斗争"，是"团结一切中国人对敌"。[③]"民族的团结应该是包括着各党派、各阶级、各军队和军政民之间的团结"，"不团结就无以救亡图存"；相应的，"谁破坏了民族的团结"，谁就"不知不觉地变成了民族的罪人"。[④] 在邓小平看来，民族团结是争取少数民族在内的一切中国人民共同抗日的重要方法。

二 "民族工作的中心环节是团结问题"：新中国成立初期邓小平民族团结思想的集中表述

新中国成立初期，全国尚未完全解放，邓小平同刘伯承等率部进军西南，解放川、康、滇、黔等省，邓小平作为中共中央在西南地区的最高军政首长，领导西南地区的土地改革、剿匪、政权建设、恢复和发展生产工作。[⑤] 其间，他还领导进军西藏工作，实现了西藏和平解放。在处理和解决民族问题以及具体的民族工作中，邓小平对民族团结的重要性、长期性、

---

① 杨胜群、闫建琪主编，中共中央文献研究室编《邓小平年谱：1904—1974》（1936 年 7 月 30 日向中共中央报告红一军团开展回民工作情况），中央文献出版社，2009，第 135 页。

② 邓小平：《艰苦奋斗中的冀南》（1939 年 3 月 25 日），《邓小平军事文集》第 1 卷，人民出版社，2004，第 68 页。

③ 邓小平：《五年来对敌斗争的概略总结》（1943 年 1 月 26 日），《邓小平文选》第 1 卷，人民出版社，1994，第 41 页。

④ 杨胜群、闫建琪主编，中共中央文献研究室编《邓小平年谱：1904—1974》（1939 年 1 月 21 日出席冀南行政座谈会并讲话），中央文献出版社，2009，第 243～244 页。

⑤ 《邓小平生平大事年表（1941 年 - 1950 年）》，中国政府网，http://www.gov.cn/test/2009-11/16/content_1465312.htm，最后访问日期：2018 年 6 月 1 日。

实现路径与方法论有着深刻的体察。

（一）充分认识到民族团结的重要性

我国西南地区少数民族数量多、民族成分多，长达几千公里的西南边境线上几乎全是少数民族聚居区域。因此，“西南是全国民族问题最大的地区”，“西南民族团结问题比其他地方更重要”。[①] 1950 年 3 月底，西南全境除西藏外已全部获得解放，随着战争的结束，地方政府面对的就是城市接管、改造原国民党军队以及恢复生产生活等工作。邓小平在统筹安排西南工作时，面对着“西南最复杂的又是最重大的问题——民族团结问题”[②]，从“团结各民族共同建设西南、巩固国防”的高度强调西南少数民族工作的极端重要性。[③]

民族团结是各民族共同建设西南的重要保障。西南地区工业基础较好，有较大的发展潜力，西南建设是整个国家建设的一部分。要把西南建设好，就要依靠各民族的团结努力，“没有各民族团结，就谈不上巩固社会秩序，谈不上国防，同样也谈不上国家建设”，“有了团结就能解决一切问题，没有团结什么问题都不能解决。”[④]

当时西南地区面临的斗争形势是，残余的国民党特务与帝国主义相勾结，并在邻国反动派支持之下，乘乱骚扰破坏，并企图在国界上建立所谓的“游击根据地”。针对这种情况，邓小平再一次指出民族团结对国防建设的重要性，强调“用最大的努力加强国防建设，特别是注意边界各兄弟民族的团结工作，以巩固西南国防”[⑤]。“西南国防与各个民族间团结是不能分

---

① 邓小平：《各民族共同努力把西南建设好》（1950 年 11 月 28 日），中共中央文献研究室、中共重庆市委员会编《邓小平西南工作文集》，中央文献出版社、重庆出版社，2006，第 275～276 页。

② 邓小平：《关于西南少数民族问题》（1950 年 7 月 21 日），中共中央文献研究室、中共重庆市委员会编《邓小平西南工作文集》，中央文献出版社、重庆出版社，2006，第 203 页。

③ 参见邓小平《西南工作情况》（1950 年 4 月 11 日），中共中央文献研究室、中共重庆市委员会编《邓小平西南工作文集》，中央文献出版社、重庆出版社，2006，第 127 页。

④ 邓小平：《各民族共同努力把西南建设好》（1950 年 11 月 28 日），中共中央文献研究室、中共重庆市委员会编《邓小平西南工作文集》，中央文献出版社、重庆出版社，2006，第 276～277 页。

⑤ 邓小平：《一九五一年的工作任务》（1951 年 1 月 25 日），中共中央文献研究室、中共重庆市委员会编《邓小平西南工作文集》，中央文献出版社、重庆出版社，2006，第 332 页。

开的，有了民族团结，就有了国防；没有民族团结，就没有国防。”① “团结是战胜敌人的基础”②，以此为基础，才能将侵入西南的帝国主义势力彻底驱除，才能使祖国西南地区的国防得到巩固。

（二）消除隔阂是实现民族团结的重要前提

邓小平将民族团结作为新中国成立初期西南民族工作的中心任务，并认为首先应从消除历史上长期存在的民族隔阂做起。他指出，“现在我们民族工作的中心任务是搞好团结，消除隔阂”；“搞好团结，就是工作做得好，就是成绩。”③

新中国成立初期，妨碍民族团结的因素既包括尚未肃清的敌人的破坏，也包括基于各民族间的大民族主义和狭隘民族主义残余。邓小平明确提出反对两种民族主义，他谈道，“在中国的历史上，少数民族与汉族的隔阂是很深的”，而这种隔阂的产生是由于历史上反动统治实行的大民族主义政策，尤其是大汉族主义政策。因此“团结少数民族的关键是抛弃大汉族主义”，“我们抛弃了大汉族主义，才能换得少数民族抛弃狭隘民族主义”④；“我们不能首先要求少数民族取消狭隘民族主义，而是应当首先老老实实取消大民族主义。两个主义一取消，团结就出现了”⑤。在强调首先取消大民族主义（大汉族主义）的同时，邓小平也指出，“团结是相互的事”，“一方面要消除大汉族主义，另一方面要消除狭隘民族主义，从两方面共同努力来做工作，就能搞好团结”，强调了汉族干部和少数民族干部在维护民族团

① 邓小平：《各民族共同努力把西南建设好》（1950 年 11 月 28 日），中共中央文献研究室、中共重庆市委员会编《邓小平西南工作文集》，中央文献出版社、重庆出版社，2006，第 274 ~ 275 页。

② 邓小平：《在西南各界庆祝和平解放西藏办法协议签字大会上的讲话》（1951 年 6 月 8 日），中共中央文献研究室、中共重庆市委员会编《邓小平西南工作文集》，中央文献出版社、重庆出版社，2006，第 380 页。

③ 邓小平：《关于西南少数民族问题》（1950 年 7 月 21 日），中共中央文献研究室、中共重庆市委员会编《邓小平西南工作文集》，中央文献出版社、重庆出版社，2006，第 196 ~ 197 页。

④ 邓小平：《当前西南工作的五个问题》（1950 年 7 月 31 日），中共中央文献研究室、中共重庆市委员会编《邓小平西南工作文集》，中央文献出版社、重庆出版社，2006，第 216、223 页。

⑤ 邓小平：《关于西南少数民族问题》（1950 年 7 月 21 日），中共中央文献研究室、中共重庆市委员会编《邓小平西南工作文集》，中央文献出版社、重庆出版社，2006，第 196 页。

结方面的共同责任。[①]

1957 年，邓小平在中央八届三次扩大会议的报告中重申了反对两种民族主义的重要性，指出："在少数民族中的社会主义教育和反右派斗争，除了同汉族地区相同的内容以外，还应该着重反对民族主义倾向。""在少数民族干部和上层人士中，应该指出，地方民族主义倾向和大汉族主义倾向，同样是资产阶级的反社会主义的倾向，对于社会主义祖国的各民族的团结统一同样有危险。过去我们强调反对汉族干部中的大汉族主义的倾向，这是完全必要的，今后也仍然要继续坚决反对大汉族主义。但是目前在少数民族干部中，强调反对地方民族主义倾向，是同样必要的。"[②] 这段话对两种民族主义的实质和危害进行了深刻的阐释，时至今日仍具有重要的指导意义。

（三）民族团结工作是一项长期性、基础性、制度性工作

邓小平同志对民族团结工作的长期性有着明确的认知。要进一步加强各族人民的团结合作，光靠取消两个主义是不够的，"民族间团结以及互相间的信赖，是要经过长期工作才能办得到的，一两千年来的隔阂，不能设想在一两年内就能完全解决"[③]。这就需要大民族尤其是汉族"从政治上、经济上、文化上诚心诚意地"[④]"团结、帮助、照顾"[⑤] 少数民族发展。也就是说，民族团结的实现需要包括民族区域自治在内的民族政策的贯彻落实和具体民族工作的保障。

实现民族团结的前提是消除隔阂，而民族隔阂的消除需要长期的民族工作方能实现。这就要求我们真正实行正确的民族政策，在政治、经济、文化

---

① 邓小平：《各民族共同努力把西南建设好》（1950 年 11 月 28 日），中共中央文献研究室、中共重庆市委员会编《邓小平西南工作文集》，中央文献出版社、重庆出版社，2006 年版，第 277 ~ 278 页。

② 邓小平：《少数民族地区的社会主义教育和反右斗争》（1957 年 9 月 23 日），中共中央文献研究室编《邓小平文集：一九四九——九七四年》中，人民出版社，2014，第 345 ~ 346 页。

③ 邓小平：《加强民族团结　改善人民生活》（1952 年 3 月 5 日），中共中央文献研究室、中共重庆市委员会编《邓小平西南工作文集》，中央文献出版社、重庆出版社，2006，第 494 ~ 495 页。

④ 邓小平：《关于西南少数民族问题》（1950 年 7 月 21 日），中共中央文献研究室、中共重庆市委员会编《邓小平西南工作文集》，中央文献出版社、重庆出版社，2006，第 196 页。

⑤ 邓小平：《关于审批新疆民族区域自治实施计划（草案）的两份报告》（1953 年 2 月 24 日、3 月 27 日），中共中央文献研究室编《邓小平文集：一九四九——九七四年》中，人民出版社，2014，第 75 页。

等方面奠定民族团结的基础，“团结的基础巩固一步，工作也就前进一步”[1]。邓小平谈道，在进军西南的过程中，解放军赢得了少数民族的信任，这不仅因为我们的民族政策符合少数民族的要求，“符合民族团结的要求”；而且我们的政策“只要确定了，是真正要实行的”。[2]

邓小平多次强调要真正实行民族政策，这包括政治、经济与文化等多方面政策措施的贯彻落实。政治政策的核心在于保障少数民族当家做主的政治权利。具体体现在以下几个方面。其一，要通过各族人民代表会议，选举“人民相信的人成为本民族人民的真正代表”[3]，并在少数民族地区或民族杂居地区建立区域自治或联合政府，“以便容纳各少数民族、各阶层代表人物到政府中来，并参加政府中的具体工作”[4]，这是“发扬民主，团结各民族的关键所在”[5]。其二，“必须用最大的努力培养本民族的干部”[6]，将民族干部培养作为沟通民族地区和实行改革的基础。其三，“各民族的社会改革，应当由各民族按照自己的愿望，采取适合自己的民族特点的步骤去完成”[7]。经济政策涉及粮食问题、市场问题、贸易问题和金融问题等一系列的经济问题，这些问题“如果不解决，就会动摇政治的基础。实行民族区域自治，不把经济搞好，那个自治就是空的”[8]。在处理和解决藏族经济工作的具体问题时，邓小平强调，“藏区之财经领导是争取藏民团结的基

① 邓小平：《关于西南少数民族问题》（1950 年 7 月 21 日），中共中央文献研究室、中共重庆市委员会编《邓小平西南工作文集》，中央文献出版社、重庆出版社，2006，第 196～197 页。

② 邓小平：《关于西南少数民族问题》（1950 年 7 月 21 日），中共中央文献研究室、中共重庆市委员会编《邓小平西南工作文集》，中央文献出版社、重庆出版社，2006，第 195～196 页。

③ 邓小平：《各民族共同努力把西南建设好》（1950 年 11 月 28 日），中共中央文献研究室、中共重庆市委员会编《邓小平西南工作文集》，中央文献出版社、重庆出版社，2006，第 279～280 页。

④ 邓小平：《谨慎决定在少数民族地区进行减租退押和土改》（1950 年 11 月 7 日），中共中央文献研究室、中共重庆市委员会编《邓小平西南工作文集》，中央文献出版社、重庆出版社，2006，第 270 页。

⑤ 邓小平：《在少数民族地区建立区域自治或联合政府的经验必须加以重视》（1951 年 3 月 28 日），中共中央文献研究室、中共重庆市委员会编《邓小平西南工作文集》，中央文献出版社、重庆出版社，2006，第 375～376 页。

⑥ 邓小平：《中国共产党章程——关于修改党的章程的报告》（1956 年 9 月 16 日），人民出版社，1956，第 67～68 页。

⑦ 邓小平：《中国共产党章程——关于修改党的章程的报告》（1956 年 9 月 16 日），人民出版社，1956，第 7 页。

⑧ 邓小平：《关于西南少数民族问题》（1950 年 7 月 21 日），中共中央文献研究室、中共重庆市委员会编《邓小平西南工作文集》，中央文献出版社、重庆出版社，2006，第 199～200 页。

本工作之一”[①]，“金融税收政策这不是一个简单的经济问题，而且是关系团结藏族人民的政治问题”[②]。在邓小平看来，在经济、贸易等方面采取“扶助发展的方针”[③]，在文化教育卫生等具体工作领域帮助各少数民族获得进一步的发展，是团结和争取少数民族的重要举措。

邓小平指出，要实现各民族之间的“爱国的民主的大团结”[④]，一方面，政治上要“真正实行民族平等，实行民族区域自治和民族民主联合政府”，这是“团结各民族的关键所在”；另一方面，“更重要更根本的问题，是要使各兄弟民族人民的经济生活一天天好起来”，“必须从经济、贸易、文教、卫生等方面予各兄弟民族以扶助”。[⑤] 这就对从政治、经济、文化等各方面奠定民族团结基础指明了方向。

（四）民族团结工作要坚持正确的态度、原则和方法

邓小平同志在多个场合对民族团结工作的态度、原则和方法提出具体要求。

首先，民族工作要“实事求是，老老实实”，要采取“稳当的态度”。面对西南地区复杂的民族问题以及民族问题必须解决好的形势，邓小平指出，处理民族问题要采取“非常稳当的态度”，“从一开始就把民族关系搞好”。对于民族地区的改革事宜，邓小平提出了“不盲动、不轻率”的主张，认为“不能患急性病”，“不要轻率地跑去进行改革，不要轻率地提出

① 邓小平：《应限期收兑藏洋》（1950 年 6 月 18 日），中共中央文献研究室、中共重庆市委员会编《邓小平西南工作文集》，中央文献出版社、重庆出版社，2006，第 181 页。

② 邓小平：《金融税收政策是关系团结藏族人民的政治问题》（1950 年 6 月 21 日），中共中央文献研究室、中共重庆市委员会编《邓小平西南工作文集》，中央文献出版社、重庆出版社，2006，第 183 页。

③ 邓小平：《结合实际情况做好各项主要工作》（1951 年 11 月 17 日），中共中央文献研究室、中共重庆市委员会编《邓小平西南工作文集》，中央文献出版社、重庆出版社，2006，第 455 页。

④ 邓小平：《一九五一年的工作任务》（1951 年 1 月 25 日），中共中央文献研究室、中共重庆市委员会编《邓小平西南工作文集》，中央文献出版社、重庆出版社，2006，第 336 页。

⑤ 邓小平：《加强民族团结　改善人民生活》（1952 年 3 月 5 日），中共中央文献研究室、中共重庆市委员会编《邓小平西南工作文集》，中央文献出版社、重庆出版社，2006，第 498 ~ 500 页。邓小平：《结合实际情况做好各项主要工作》（1951 年 11 月 17 日），中共中央文献研究室、中共重庆市委员会编《邓小平西南工作文集》，中央文献出版社、重庆出版社，2006，第 461 页。

主张，宣传民族政策也不要轻率”，“要稳步地做，摸准情况前进”,[①] “要坚持谨慎稳重的方针，使民族团结工作前进一步”[②]。他还强调“实事求是，老老实实”的工作态度，不仅“尊重少数民族风俗习惯方面要老老实实”，而且“做政治工作，经济工作，文化工作，都应该采取这种态度”[③]，以求得少数民族的信任、谅解和拥护。

其次，“所有这一切工作，都要掌握一个原则，就是要同少数民族商量”。邓小平同志强调民族地区的改革事宜要同少数民族商量，特别是同上层分子商量，“所有这一切工作，都要掌握一个原则，就是要同少数民族商量”，“他们赞成就做，赞成一部分就做一部分，赞成大部分就做大部分，全部赞成就全部做”；“现在一切事情都要经过他们上层，要对上层分子多做工作，多商量问题，搞好团结，一步一步引导和帮助他们前进”。[④] 在实施民族区域自治的过程中，也要求与少数民族代表人物充分协商，“少数民族问题极端复杂，我们经验很少，故对每一个细节问题都必须在反复商讨之后特别是与少数民族代表人物交换意见之后才能实行”[⑤]。

再次，“开展批评与自我批评，这是民族团结的最好办法”。针对实际工作和生活中存在的民族间的矛盾与冲突，邓小平指出，不同民族在语言、文化程度、生活习惯方面都有差异，“各民族间不应彼此歧视”，“有事可坦率地提出意见，有什么话摆在桌上来讲”，“开展批评与自我批评，这是民族团结的最好办法”。[⑥]

① 邓小平：《关于西南少数民族问题》（1950年7月21日），中共中央文献研究室、中共重庆市委员会编《邓小平西南工作文集》，中央文献出版社、重庆出版社，2006，第196～197页。

② 邓小平：《结合实际情况做好各项主要工作》（1951年11月17日），中共中央文献研究室、中共重庆市委员会编《邓小平西南工作文集》，中央文献出版社、重庆出版社，2006，第461页。

③ 邓小平：《关于西南少数民族问题》（1950年7月21日），中共中央文献研究室、中共重庆市委员会编《邓小平西南工作文集》，中央文献出版社、重庆出版社，2006，第202页。

④ 邓小平：《关于西南少数民族问题》（1950年7月21日），中共中央文献研究室、中共重庆市委员会编《邓小平西南工作文集》，中央文献出版社、重庆出版社，2006，第201页。

⑤ 邓小平：《对成立东藏自治区域人民政府的指示》（1950年8月6日），中共中央文献研究室、中共重庆市委员会编《邓小平西南工作文集》，中央文献出版社、重庆出版社，2006，第225页。

⑥ 邓小平：《各民族共同努力把西南建设好》（1950年11月28日），中共中央文献研究室、中共重庆市委员会编《邓小平西南工作文集》，中央文献出版社、重庆出版社，2006，第279页。

三 从“加强全国各族人民的大团结”到“争取整个中华民族的大团结”：改革开放以来邓小平民族团结思想的时代阐释

党的十一届三中全会做出把党和国家的工作重点转移到经济建设上来，实行改革开放的历史决策，这就需要进一步动员、团结全国各族人民和一切爱国力量，共同促进社会主义现代化建设的发展。这一时期邓小平民族团结思想从社会主义新型民族关系的特征入手，强调通过加强全国各族人民大团结与争取整个中华民族大团结，共同实现振兴中华民族的伟大目标。此外，在外交活动中，通过与被压迫民族的团结与合作，为和平稳定的发展环境奠定基础，实践着马克思主义的国际主义原则。

“社会主义的团结友爱、互助合作的新型民族关系”的形成。关于“团结友爱、互助合作”的民族关系，在共同纲领、选举法和党章中都有体现。《共同纲领》规定，“中华人民共和国境内各民族一律平等，实行团结互助”，“反对大民族主义和狭隘民族主义，禁止民族间的歧视、压迫和分裂各民族团结的行为”，“使中华人民共和国成为各民族团结友爱合作的大家庭”。邓小平在1953年做选举法草案说明时，提出：“我们的《选举法》应该把这种民族友爱团结的关系反映出来，并使之巩固起来”①；1956年在《关于修改党的章程的报告》中也将“实现各民族的完全平等，巩固各民族的团结友爱关系”② 作为共产党必须特别努力去实现的目标。1979年，邓小平在中国人民政治协商会议第五届全国委员会第二次会议上指出，经过二十余年的革命和建设，各民族在共同的社会主义道路上，结成了“社会主义的团结友爱、互助合作的新型民族关系”，“各民族的社会主义一致性将更加发展，各民族的大团结将更加巩固”。③ 这是在社会主义现代化建设新时期对民族关系特征和趋势的高度概括。

---

① 邓小平：《关于〈中华人民共和国全国人民代表大会及地方各级人民代表大会选举法（草案）〉的说明》（1953年2月11日），中共中央文献研究室编《邓小平文集：一九四九—一九七四年》中，人民出版社，2014，第63页。

② 邓小平：《中国共产党章程——关于修改党的章程的报告》（1956年9月16日），人民出版社，1956，第7页。

③ 邓小平：《新时期的统一战线和人民政协的任务》（1979年6月15日），《邓小平文选》第2卷，人民出版社，1994，第185~186页。

在新的历史条件下，既要“加强全国各族人民的大团结”，又要“争取整个中华民族的大团结”。加强和巩固全国各族人民的大团结是中国共产党解决中国民族问题一贯坚持的原则和目标，邓小平作为党的第一代领导集体的重要组成人员多次强调各族人民的大团结。主政大西南时，邓小平坚信，我们的民族政策，一定能够消除民族隔阂，实现各民族的大团结；“爱国的民主的大团结”是我们建设西南的重要保障；西藏和平解放是全国民族大团结的胜利。在社会主义现代化建设的新时期，邓小平同样强调“加强全国各族人民的大团结”，并提出争取整个中华民族的大团结。这就将民族团结与祖国统一进一步联系起来。邓小平从民族愿望和民族利益的角度来阐释国家统一与中华民族大团结的重要意义，指出：国家统一“是我们整个中华民族的愿望”①，符合“民族利益”与“人民利益”②，统一问题“首先是个民族问题，民族的感情问题。凡是中华民族子孙，都希望中国能统一，分裂状况是违背民族意志的”③；“只要站在民族的立场上，维护民族的大局，不管报什么政治观点，都要大团结”④。邓小平将实现国家统一与振兴中华民族一道，作为所有中华民族和中国人民的共同愿望：“一个是政治统一，一个是发展经济，使中华民族立于世界之林，还有继承和发扬中华民族的灿烂文化。这些是我们的共同目标。”⑤

在外交场合，团结联合世界被压迫民族打击帝国主义成为邓小平民族团结思想的重要组成部分。一方面，邓小平将我国民族团结的经验介绍给来访者，“团结和联合是你们争取国家与民族的独立和解放的保证”⑥，“要根据本国的条件制定发展战略和政策，搞好民族团结，通过全体人民的共

① 冷溶、汪作玲主编《邓小平年谱：1975—1997》（1982 年 1 月 11 日），中央文献出版社，2004，第 797 页。

② 冷溶、汪作玲主编《邓小平年谱：1975—1997》（1981 年 10 月 28 日），中央文献出版社，2004，第 781 页。

③ 邓小平：《答美国记者迈克·华莱士问》（1986 年 9 月 2 日），《邓小平文选》第 3 卷，人民出版社，1994，第 170 页。

④ 邓小平：《保持香港的繁荣和稳定》（1984 年 10 月 13 日），《邓小平文选》第 3 卷，人民出版社，1994，第 75 ~ 76 页。

⑤ 冷溶、汪作玲主编《邓小平年谱：1975—1997》（1988 年 6 月 25 日），中央文献出版社，2004，第 1238 ~ 1239 页。

⑥ 冷溶、汪作玲主编《邓小平年谱：1975—1997》（1983 年 12 月 24 日），中央文献出版社，2004，第 951 页。

同努力，使经济得到发展”①。“我们希望你们反对敌人的各个部分能够很好地团结起来，团结起来的力量总比不团结大。当然团结是有原则的，谁在谋求民族的利益，争取民族解放，反对敌人的斗争中最坚决，人民就会相信谁。”② 另一方面，表明我国支持一切被压迫民族的斗争，团结一切反对霸权主义的国家和人民进行共同的斗争的原则。“我们的外交方针就是反对帝国主义，反对殖民主义，反对种族主义，反对霸权主义，支持世界上一切被压迫人民和被压迫民族的斗争，团结一切反对霸权主义的国家和人民进行共同的斗争。”③

四　几点启示

（一）坚持中国共产党在民族团结工作中的领导和核心作用

邓小平始终坚持中国共产党在民族团结工作中的领导和核心作用。中国共产党的产生是中国革命历史发展的必然结果，一成立就与中华民族和人民的命运息息相关，并且在领导中国革命的过程中，日益成为“中华民族的救星和团结人民的核心”，“没有共产党，中华民族和人民的解放是不可能的”。④ 在日本入侵时，共产党领导全国人民坚持团结抗战到底，不仅“坚持主张抗战中要团结，要合作，而且主张抗战后还要团结合作”⑤。

“加强全国各族人民的团结，首先要加强全党的团结，特别是要加强党的领导核心的团结。我们党的团结，是建立在马列主义、毛泽东思想基础上的团结。”⑥ 在中国这样的统一多民族国家中，要凝聚十几亿人口的思想

① 邓小平：《保持艰苦奋斗的传统》（1988 年 3 月 23 日），《邓小平文选》第 3 卷，人民出版社，1994，第 289～290 页。

② 杨胜群、闫建琪主编，中共中央文献研究室编《邓小平年谱：1904—1974》（1973 年 12 月 18 日），中央文献出版社，2009，第 1992 页。

③ 杨胜群、闫建琪主编，中共中央文献研究室编《邓小平年谱：1904—1974》（1974 年 3 月 26 日），中央文献出版社，2009，第 2006～2007 页。

④ 邓小平：《内战危机面前的紧急动员》（1943 年 7 月 20 日），《邓小平军事文集》第 1 卷，人民出版社，2004，第 366～367 页。

⑤ 杨胜群、闫建琪主编，中共中央文献研究室编《邓小平年谱：1904—1974》（1939 年 1 月 21 日出席冀南行政座谈会并讲话）上，中央文献出版社，2009，第 243～244 页。

⑥ 邓小平：《解放思想，实事求是，团结一致向前看》（1978 年 12 月 13 日），《邓小平文选》第 2 卷，人民出版社，1994，第 148 页。

和理论共同建设社会主义，必须要有一个“具有高度觉悟性、纪律性和自我牺牲精神的党员组成的能够真正代表和团结人民群众的党”，这是全国各族人民在长期的奋斗实践中深刻认识到的道理。[①] 党的领导核心的团结是指导思想上的团结一致和行动上的集中统一，首先是思想观念团结统一才能一致行动。无产阶级的政党使命使其必须团结一切可以团结的力量才能不断壮大和发展，党的团结对于民族团结具有统领作用。只有经过共产党的团结，才能达到全阶级和全民族的团结，才能战胜敌人，完成民族和民主革命的历史任务。

在经历过“文革”的十年浩劫后，一个安定团结的政治局面是我们社会主义现代化建设事业必不可少的条件和保证。邓小平将坚持四项基本原则作为我国实现民族团结的基本条件，“社会主义道路是民族团结的政治基础，中国共产党的领导是民族团结的核心，人民民主专政的民族团结的政治保证，马克思列宁主义、毛泽东思想是民族团结的指导思想”[②]。

在反对两种民族主义的具体工作中，邓小平强调少数民族党组织的关键作用。“只有在各民族中形成了真正具有无产阶级觉悟的共产主义核心，才能克服本民族的资产阶级民族主义倾向，巩固民族间的团结统一。”“民族主义是资产阶级思想的一个重要方面，同无产阶级世界观根本不相容，它是一种反马克思列宁主义、反共产主义的思想。共产党决不能允许这种资产阶级思想存在。”[③]

（二）民族团结具有鲜明的时代特征

从历史阶段来看，邓小平民族团结思想在不同的历史时期具有不同的目标和任务。

在新民主主义革命时期，其内容主要是国内各族人民在党的领导下，进行反帝、反封建的民族民主革命，以求得中华民族的独立和解放。在中

① 邓小平：《党和国家领导制度的改革》，《邓小平文选》第2卷，人民出版社，1994，第341～342页。

② 金炳镐：《论邓小平同志关于民族团结、维护祖国统一的理论》，《云南民族大学学报》2004年第5期。

③ 邓小平：《少数民族地区的社会主义教育和反右斗争》（1957年9月23日），中共中央文献研究室编《邓小平文集：一九四九——一九七四年》中，人民出版社，2014，第346～347页。

国共产党的早期发展阶段，通过基于真正民族平等而制定的民族政策的宣传教育和切实执行，极大地获得了少数民族的谅解、拥护和支持，对于革命力量的保留、壮大并最终取得民族民主革命的伟大胜利，起到了重要的推动作用。在新中国成立初期，其内容主要是在党的领导下，通过疏通民族关系，消除民族隔阂；通过在少数民族地区“谨慎稳重”地进行民主改革和社会主义改造，以及政治经济文化方面全方位的支持和帮助民族地区和少数民族发展，求得各族人民在政治经济文化上的发展，动员各族人民共同建设西南。改革开放以来，其主要内容是在党的领导下，通过国内各民族和海内外整个中华民族大家庭最大范围的团结，齐心协力地推动社会主义现代化建设，振兴中华民族，维护祖国统一，并积极推动被压迫民族的独立与解放运动，将无产阶级世界革命与民族解放运动紧密结合，为和平发展的世界秩序贡献力量。

通过对不同历史时期邓小平民族团结思想的回顾，我们发现，邓小平民族团结思想贯穿我国革命、建设和改革的全过程，与社会总问题的解决，与各个历史阶段的国家的战略任务，与中华民族和国家建设的全过程紧密相关，并随着社会总问题的解决而具有鲜明的时代特征。邓小平同志在不同时期，针对不同情况，为增强民族团结提出了不同的解决办法，具有鲜明的理论性与实践性。

（三）民族团结具有丰富的内涵

通过对邓小平民族团结思想的梳理，我们发现，邓小平所谈论的民族团结，在不同的语境下具有不同的涵义，其一，基于社会主义的国内各民族的团结，“我们坚持在四项基本原则的基础上，加强全国各族人民的大团结”[①]，这里所说的民族团结是在共同的社会主义制度和道路下，全国各族人民在革命、建设和改革过程中逐渐形成社会主义一致性，并逐渐建立、巩固和加强的团结友爱、互助合作的民族关系；其二，基于爱国主义的中华民族大团结，“应当始终站在民族利益上，去团结各阶层来抗日”“争取整个中华民族的大团结”，这种意义上的民族团结是摒弃政治观点和社会制

① 邓小平：《各民主党派和工商联是为社会主义服务的政治力量》（1979 年 10 月 19 日），《邓小平文选》第 2 卷，人民出版社，1994，第 206 页。

度的差异，建立于爱国主义基础上的中华民族层面的团结，号召全世界中华民族子孙一起为抵抗外侮、维护祖国统一、振兴中华而努力；其三，基于国际主义的世界被压迫民族的团结与联合，“团结和联合是争取国家与民族的独立和解放的保证”[①]，这里的民族团结是指世界被压迫民族为反对殖民主义、帝国主义、霸权主义，维护民族独立，发展民族经济而在完全平等基础上的团结与合作。基于以上三个层次的民族团结共同构成了邓小平关于广泛的民族大团结的全部涵义。

上述三个层次的民族团结具有严密的逻辑关系。首先，基于社会主义的民族团结是基础。在我国，随着社会主义制度和道路的确立，各民族群众都成为社会主义的建设者，建设和发展社会主义事业成为各民族共同的利益和愿望，在共同的政治经济社会理想、道德标准和奋斗目标的推动下，各民族社会主义一致性更加发展和巩固，建诸社会主义一致性基础上的团结友爱、互助合作的民族关系也将更加巩固。在大陆，我们要以经济建设为中心，坚持四项基本原则，坚持改革开放，并在此基础上实现各民族的大团结。在此种意义上，民族团结思想与社会主义本质是高度统一的，其目标是实现各民族共同繁荣发展。其次，基于爱国主义的中华民族大团结是目标。抗战时期中国共产党倡导的抗日民族统一战线属于中华民族大团结的范围，已经解决或必将解决的祖国统一问题也属于中华民族大团结范围。如果说基于社会主义的民族团结是强调国内各民族内部及各民族间的团结，那么，基于爱国主义的中华民族大团结，则将大陆人民与港澳台同胞及海外侨胞都纳入团结范围。爱国主义具有强大的凝聚力，爱国和赞成祖国统一是基础，即使不赞成社会主义制度也要积极争取团结。在爱国的旗帜下，在维护祖国统一和实现民族振兴的共同意志的基础上，实现祖国大陆同胞与香港特别行政区同胞、澳门特别行政区同胞、台湾同胞以及海外侨胞的广泛团结。这是被我们革命、建设和改革过程多次证明了的宝贵经验。再次，基于国际主义的被压迫民族的团结是使命。马克思主义主张全世界无产者和被压迫民族的团结与联合，早在抗日战争时期，邓小平就认识到，“只有团结，只有国际反法西斯统一战线，只有国内抗日民族统一

---

① 冷溶、汪作玲主编《邓小平年谱：1975—1997》（1983 年 12 月 24 日），中央文献出版社，2004，第 951 页。

战线，才能使中华民族得到最后解放”[①]。在无产阶级的领导下，民族解放运动逐渐成为无产阶级世界革命的一部分。只有将民族解放运动与无产阶级革命紧密地联系在一起，确定无产阶级在民族解放运动中的领导地位，才能赢得被压迫民族的完全解放。

① 邓小平：《我们站在反法西斯的最前线》（1941 年 6 月 30 日），《邓小平军事文集》第 1 卷，人民出版社，2004，第 240 页。

毛泽东民族团结思想的历程、内涵及意义

张少春*

摘　要：本文从毛泽东有关民族团结的论著文本出发，指出由阶级联合到民族团结是毛泽东对马克思主义民族团结理论的发展飞跃，揭示了民族团结作为政治联合的本来面貌。通过分析毛泽东论著中民族团结在不同历史时期的政治基础、团结范围、组织形式和团结目标，揭示了毛泽东民族团结思想在不同时期的性质与重点。毛泽东民族团结思想中对于政治团结的强调以及“又团结，又斗争”的方法论对于新时代民族团结工作具有重要的意义。

关键词：阶级联合　政治联合　民族团结　毛泽东

民族团结既是我国社会主义民族关系的本质特征之一，也是我国民族工作的基本原则之一，是新民主主义革命、社会主义建设和改革开放各个时期民族政策背后的主轴。毛泽东作为中国革命和社会主义建设事业的主要领导人，是中国共产党民族团结思想的奠基人之一。梳理毛泽东民族团结思想的脉络，对于认识中国共产党民族团结思想的理论源流具有重要意义。但是目前部分对于毛泽东民族团结思想的研究往往将之从毛泽东思想体系中割裂出来，忽视了民族团结思想与毛泽东思想整体，特别是阶级斗争、民族革命、统一战线等方面论述的有机联系。本文尝试将毛泽东有关民族团结的论述放置回毛泽东著作的整体中，从具体的文本出发，以讨论民族团结作为政治联合的本来面貌。

---

* 张少春，博士，中国社会科学院民族学与人类学研究所副研究员。

一　从“中华民族团结”到“人民团结”

中国共产党在新民主主义革命时期就注意到民族团结的重要性。早在1925年中共就提出：“内蒙古农民中的革命工作，应竭力联合中蒙农民以反对共同的仇敌。”[①] 在1929年《中共中央给蒙委的信》中，中共提出：“我们应极力注意蒙汉被压迫民族的联合问题”。[②] 同年在《中共中央给云南省委的指示信》中，又提出“苗（或说其他少数民族名称）汉工农联合”。[③] 到1930年，中共对于民族民主革命任务的认识进一步清晰，指出“殖民地一切被压迫民族群众的联合和团结，是达到这种真正解放和平等的惟一道路”，并振臂高呼：“全世界无产阶级与被压迫民族联合起来！”[④] 毛泽东将这种民族团结理论与革命实践相结合，初步提出了具体的革命的民族政策，即：“争取一切被压迫的少数民族环绕于苏维埃的周围，增加反帝国主义与反国民党的革命力量，是苏维埃民族政策的出发点。……推翻了这个民族剥削制度，民族的自由联合就能代替民族的压迫。”[⑤] 可见在土地革命时期，中国共产党的民族团结理论仍然忠实于马克思恩格斯和列宁的民族团结思想，尚没有结合中国特殊的革命实践提出自身清晰的论述。

随着日本侵华战争逐步加剧，民族危亡的紧迫性和民族觉醒的意识空前高涨，以中华民族为基础的民族团结理论得到逐步完善。毛泽东民族团结思想也正是在这一时期形成发展起来，并构成中国共产党民族团结理论的重要组成部分。1935年，毛泽东在《中华苏维埃共和国中央政府、中国工农红军革命军事委员会抗日救国宣言》中提出“全国人民团结起来对日作战”[⑥]。次年在《中国人民红军抗日先锋军布告》中再次强调：“一切爱国志士，革命仁人，不分新旧，不分派别，不分出身，凡属同情于反抗日本帝国主义者，本军均愿与之联合，共同进行民族革命之伟大事业。……我中

① 中共中央统战部编《民族问题文献汇编》，中共中央党校出版社，1991，第39页。
② 中共中央统战部编《民族问题文献汇编》，中共中央党校出版社，1991，第102页。
③ 中共中央统战部编《民族问题文献汇编》，中共中央党校出版社，1991，第110页。
④ 中共中央统战部编《民族问题文献汇编》，中共中央党校出版社，1991，第145页。
⑤ 中共中央统战部编《民族问题文献汇编》，中共中央党校出版社，1991，第210～211页。
⑥ 《中华苏维埃共和国中央政府、中国工农红军革命军事委员会抗日救国宣言》，《毛泽东文集》第1卷，人民出版社，1993，第360页。

华最大敌人为日本帝国主义，凡属食毛践土之伦，炎黄华胄之族，均应一致奋起，团结为国。”[①] 在团结以抗外侮的觉醒与各种动员过程中，中华民族逐渐成为全国人民的共识，逐渐扮演了国家民族的角色。中华民族的团结，就是作为国家民族的中华民族如何团结起来的问题，主要是中华民族内部各阶层、政党、团体、民族之间的团结问题。但是“中华民族”的地位不是一夕取得的，而是在一次次的政治动员中形成的，其中最为重要的就是抗日民族统一战线。

此一时期的民族团结是以统一战线的形式表现出来的，又分为抗日民族统一战线和人民民主统一战线两个阶段。毛泽东在1936年同美国记者斯诺的系列谈话中，提到统一战线“团结的基点是民族解放的抗日原则”，指出了抗日民族统一战线的政治基础就是团结救国。[②]在次年与史沫特莱的谈话中，毛泽东进一步指明了中国共产党提出的统一战线是“民族的”，“包括全民族一切党派及一切阶级，只除开汉奸在外”。而非“人民的”，“这种民族阵线比起法国或西班牙的人民阵线来，范围广大得多”。[③] 之所以有这种差别，是因为在当时民族危机的时刻，阶级利益必须服从于民族利益。毛泽东解释道：“共产党人决不将自己观点束缚于一阶级与一时的利益上面，而是十分热忱地关心全国全民族的利害，并且关心其永久的利害。”[④]

在对抗侵略者的过程中，民族统一战线团结了“各党派、各阶级、各民族、各集团、各军队”。[⑤] 其中中国共产党是民族团结的核心和领导者，党内的团结一致是战胜侵略者的首要条件。而政党之间，还需要团结一切同情支持民族民主革命的国民党分子。毛泽东根据国民党中不同派别的政治立场，曾指出了不同的斗争和团结策略：对于同情民族民主革命的国民党分子要加以联合；不同情的应做解释工作使其不妨碍民族民主的革命；国民党的左派赞成和平、民主、抗战，愿意全国团结；一部分人的坚决性

① 《中国人民红军抗日先锋军布告》，《毛泽东文集》第1卷，人民出版社，1993，第383页。

② 《和美国记者斯诺的谈话·论统一战线》，《毛泽东文集》第1卷，人民出版社，1993，第408页。

③ 《中日问题与西安事变——和史沫特莱的谈话》，《毛泽东文集》第1卷，人民出版社，1993，第479页。

④ 《中日问题与西安事变——和史沫特莱的谈话》，《毛泽东文集》第1卷，人民出版社，1993，第483页。

⑤ 《反投降提纲》，《毛泽东文集》第2卷，人民出版社，1993，第219页。

不够，人民的任务在于推动他们、影响他们；亲日派为国民党大多数和全国人民所不齿，将自绝于人民。[①]

在政党合作的基础上，抗日民族统一战线还团结了国内的各个民族。在1938年10月召开的中共六届六中全会上，毛泽东在政治报告中明确地将“团结各民族为一体”作为党的任务。此时的“抗日民族统一战线，不但是国内各个党派各个阶级的，而且是国内各个民族的”。[②] 他进一步指出，为了实现各民族团结为一体，必须特别注意：“第一，允许蒙、回、藏、苗、瑶、夷、番各民族与汉族有平等权利，在共同对日原则之下，有自己管理自己事务之权，同时与汉族联合建立统一的国家。第二，各少数民族与汉族杂居的地方，当地政府须设置由当地少数民族的人员组成的委员会，作为省县政府的一部门，管理和他们有关的事务，调节各民族间的关系，在省县政府委员中应有他们的位置。第三，尊重各少数民族的文化、宗教、习惯，不但不应强迫他们学汉文汉语，而且应赞助他们发展用各族自己言语文字的文化教育。第四，纠正存在着的大汉族主义，提倡汉人用平等态度和各族接触，使日益亲善密切起来，同时禁止任何对他们带侮辱性与轻慢性的言语，文字，与行动。”[③]

在国内民族团结一致的基础上，还需要联合国际上平等待我之民族，特别是同情中国民族独立事业的民族。毛泽东在《论新阶段》中，就曾提出“建立中国与日本兵民及朝鲜、台湾等被压迫民族的反侵略统一战线，共同反对日本帝国主义”。[④] 各民族之间达成这样的团结，不仅是中华民族抵抗外来侵略的重要力量，也是世界反法西斯战争和民族解放运动的重要组成部分。1941年毛泽东在东方各民族反法西斯代表大会上指出，世界范围内法西斯的猖獗，与各民族之间的不团结密切相关，而反法西斯战争的胜利，也有赖于团结的实现和稳固。[⑤] 因此为了中国的独立和世界的民族解

① 《抗日民主与北方青年》，《毛泽东文集》第1卷，人民出版社，1993，第498页。

② 《论新阶段》，中共中央统战部编《民族问题文献汇编》，中共中央党校出版社，1991，第595页。

③ 《论新阶段》，中共中央统战部编《民族问题文献汇编》，中共中央党校出版社，1991，第595页。

④ 《论新阶段》，中共中央统战部编《民族问题文献汇编》，中共中央党校出版社，1991，第594页。

⑤ 中共中央文献研究室、国家民族事务委员会编《毛泽东民族工作文选》，中央文献出版社，2014，第10页。

放事业，必须联合日本、朝鲜、越南和印度等国家。

因此，抗日民族统一战线的政治团结，其核心是中国共产党的团结。“只有经过共产党的团结，才能达到全阶级和全民族的团结，只有经过全阶级和全民族的团结才能战胜敌人，完成民族和民主革命的任务。”[①] 各党派政治团体的团结是统一战线的政党基础；团结国内各民族为一体，以中华民族为旗帜共同抵抗民族压迫，造就了统一战线的民族基础；联合世界上平等待我之民族，则将统一战线的团结对象扩展到世界民族之林。

进入解放战争时期，民族团结又有了新的变化。民族侵略的外部压力解除后，建设联合政府以推进民主进程成为各民族各阶层各团体的共同利益。这个时期的统一战线包括了“全中国的工人、农民、知识分子、爱国青年、爱国妇女、小资产阶级、民族资产阶级、开明绅士、少数民族、海外华侨一切爱国分子”[②]，显示民族团结的对象和范围相应地产生了变化。同年在《中国人民解放军宣言》中，毛泽东指出，要“联合工农兵学商各被压迫阶级、各人民团体、各民主党派、各少数民族、各地华侨和其他爱国分子，组成民族统一战线，打倒蒋介石独裁政府，成立民主联合政府”。[③] 此时期民族团结的完整组织形式就是1949年6月召开的新政治协商会议。在新政治协商会议筹备会上的讲话中，毛泽东准确地指出了会议的政治基础是“打倒帝国主义、封建主义、官僚资本主义和国民党反动派的统治……宣告中华人民共和国的成立，并选举代表这个共和国的民主联合政府”。[④] 而其团结的对象包括了“中国共产党、各民主党派、各人民团体、各界民主人士、国内少数民族和海外华侨”。[⑤] 总之，在民族民主革命阶段，我国民族团结的理论和实践可以分为抗日民族统一战线和人民民主统一战线两个阶段，民族团结的意义也经历了从中华民族的团结到人民的团结[⑥]的转变。

---

① 《为争取千百万群众进入抗日民族统一战线而斗争》，《毛泽东选集》第1卷，人民出版社，2009，第278页。

② 中共中央统战部编《民族问题文献汇编》，中共中央党校出版社，1991，第1129页。

③ 中共中央统战部编《民族问题文献汇编》，中共中央党校出版社，1991，第1133页。

④ 《在新政治协商会议筹备会上的讲话》，《毛泽东选集》第4卷，人民出版社，2009，第1463～1464页。

⑤ 《在新政治协商会议筹备会上的讲话》，《毛泽东选集》第4卷，人民出版社，2009，第1464页。

⑥ 《中国人从此站立起来了》，《毛泽东文集》第5卷，人民出版社，1996，第342页。

二　社会主义建设时期“全国各民族团结”

以新民主主义革命所达成的人民团结为基础，为了领导全国各族人民进行社会主义现代化建设，中国共产党又进一步丰富和发展了民族团结理论和政策。新中国成立后，新政府的首要目标是：“将全中国绝大多数人组织在政治、军事、经济、文化及其他各种组织里，建设独立民主和平统一富强的新中国。”[①] 关于这个新的政治目标，毛泽东明确提出：“我们现在要团结全国人民，要团结一切可以团结和应当团结的力量，为建设一个伟大的社会主义国家而奋斗。”[②] 建设社会主义国家的总目标，毛泽东先后在多个场合重申过。在《论十大关系》中，他提出：“提出这十个问题，都是围绕着一个基本方针，就是要把国内外一切积极因素调动起来，为社会主义事业服务。”[③] 而为了实现这样的目标，正如毛泽东在1956年中国共产党第八次全国代表大会开幕式上再次强调的，必须“团结全党，团结国内外一切可能团结的力量，为了建设一个伟大的社会主义的中国而奋斗”。[④] 还需要“调动一切积极因素，团结一切可能团结的人，并且尽可能地将消极因素转变为积极因素，为建设社会主义社会这个伟大的事业服务”。[⑤] 随着政治目标的变化，人民民主统一战线也发展到了爱国统一战线的新阶段。这个阶段的团结以“爱国”为原则，“凡是一切爱国者、能够团结的人都应该团结起来，而且永远是这样”。[⑥]

在1950年6月给中央民族访问团的题词中，毛泽东写道“中华人民共和国各民族团结起来”。“民族团结”这一概念由抗日民族统一战线中的中华民族团结，发展为人民民主统一战线下的人民团结。进入社会主义建设

① 《中国人民大团结万岁》，《毛泽东文集》第5卷，人民出版社，1996，第348页。

② 《关于中华人民共和国宪法草案》，《毛泽东文集》第6卷，人民出版社，1999，第329～330页。

③ 《论十大关系》，《毛泽东文集》第7卷，人民出版社，1999，第23页。

④ 《中国共产党第八次全国代表大会开幕词》，《毛泽东文集》第7卷，人民出版社，1999，第114页。

⑤ 《关于正确处理人民内部矛盾的问题》，《毛泽东文集》第7卷，人民出版社，1999，第228页。

⑥ 《关于召开全国人民代表大会的几点说明》，《毛泽东文集》第6卷，人民出版社，1999，第259页。

时期，“民族团结”的意义进一步收窄，更多是指国内“各民族团结起来”，明确为中华民族之下的各个民族团结起来。比较有标志意义的就是解放初期流行的“中国人民大团结万岁”，发展为后来的“全国各民族人民大团结万岁”，成为国庆等其他国家级庆典仪式的常见口号。这种转变为“民族团结”赋予了我们今日熟悉的内涵。新的团结是指各个民族团结为友爱合作的大家庭。[①] 毛泽东具体描述了这种团结的关系：“这种团结是兄弟般的团结，不是一方面压迫另一方面。这种团结是各方面共同努力的结果。今后，在这一团结基础之上，我们各民族之间，将在各方面，将在政治、经济、文化等一切方面，得到发展和进步。”[②] 团结的基础是平等，“不论大的民族、小的民族都要团结”，其原则是“爱国”，“只要是中国人，不分民族，凡是反对帝国主义、主张爱国和团结的，我们都要和他们团结”。[③]

从经济层面来看，民族团结有助于统筹全国范围内的各种资源，以服务于社会主义建设。毛泽东就曾指出：“我国少数民族人数少，占的地方大……我们说中国地大物博，人口众多，实际上是汉族‘人口众多’，少数民族‘地大物博’，至少地下资源很可能是少数民族‘物博’。”[④] 少数民族地区的各种“物”，比如“天上的空气，地上的森林，地下的宝藏”都是社会主义经济建设所需要的宝贵资源。而这一切资源只有通过人的因素、人的团结，才能纳入社会主义国家的经济体系中来。[⑤] 因此，“我们必须搞好汉族和少数民族的关系，巩固各民族的团结，来共同努力于建设伟大的社会主义祖国。”[⑥] 团结的目标是发展，既是社会主义建设事业的发展，也包括各个民族的发展。毛泽东在新中国成立初期就提出了“两个共同”的理念。[⑦]

而在政治层面，民族团结是民族间的团结，但并不否定阶级。毛泽东

---

① 《给西北各族人民抗美援朝代表会议的复电》，《毛泽东文集》第 6 卷，人民出版社，1999，第 211 页。

② 《在庆祝签订和平解放西藏办法协议宴会上的讲话》，《毛泽东文集》第 6 卷，人民出版社，1999，第 168 页。

③ 《接见西藏国庆观礼团、参观团代表的谈话》，《毛泽东文集》第 6 卷，人民出版社，1999，第 311 页。

④ 《论十大关系》，《毛泽东文集》第 7 卷，人民出版社，1999，第 33 页。

⑤ 《论十大关系》，《毛泽东文集》第 7 卷，人民出版社，1999，第 34 页。

⑥ 《论十大关系》，《毛泽东文集》第 7 卷，人民出版社，1999，第 34 页。

⑦ 《接见西藏国庆观礼团、参观团代表的谈话》，《毛泽东文集》第 6 卷，人民出版社，1999，第 312 页。

在1953年中央政治局会议上讨论第一次民族政策检查总结报告时曾指出："我们有两种联盟，两种合作：一与农民小有产者合作，一与资产阶级、三教九流、达赖、班禅、巨赞、龙云、农奴主、奴隶主、大阿訇这些剥削者合作，他们还不是敌人。两个联盟，即工农联盟和同剥削者联盟，第一种联盟是第二种联盟的基础。必须做这两方面的工作，不做就孤立。"① 可见此时民族团结从对象范围来看有两个层次，一是各民族作为社会主义大家庭的成员共同团结，二是民族内部各阶层也应围绕着劳动人民的联盟团结起来，两者缺一不可。

总之，社会主义建设时期毛泽东有关民族团结的思想在新中国成立初期就已成形。这个时期的民族团结主要是指中华民族大家庭内各个民族之间的团结，其政治基础是各民族团结起来为社会主义建设事业服务，所涉及的对象包括了56个民族，在其内部则涵盖了上层人士、宗教人士、知识分子、民族干部和劳动人民等不同的阶层。团结的组织制度首先是国家层面的中国人民政治协商会议，在地方表现为各个层次的民族区域自治。这个时期的民族团结理论和实践，标志着毛泽东民族团结思想体系的成熟，也塑造了中国特色社会主义解决民族问题道路的主要面貌。

三　毛泽东民族团结思想的基本内涵

毛泽东民族团结思想是老一代政治家在领导中国革命和社会主义建设过程中发展和创造出来的集体智慧，是马克思主义民族理论中国化的结晶。毛泽东论著中的民族团结经历了"中华民族团结"、"人民团结"到"全国各民族团结"之转变。具体的团结形式和团结对象在不同历史阶段有所变化，但是其背后不变的有两点：一是对于民族团结政治性的强调，指出民族团结是各民族为了共同的目标所达成的政治联合关系；二是"又团结、又斗争"方法论的一以贯之，认为不利于民族团结的摩擦是人民内部矛盾，需要经过斗争来巩固团结。这两点是毛泽东对于马克思主义民族团结理论的重要贡献，也是中国共产党民族团结实践的重要经验。

① 中共中央文献研究室、国家民族事务委员会编《毛泽东民族工作文选》，中央文献出版社，2014，第184页。

具体地看，毛泽东论著中有关“民族团结”的直接表述并不多，也不能完全体现他有关民族团结的思想成就。需要把他对于“民族”和“团结”两个概念的使用结合起来。而在毛泽东民族团结思想的研究中，大都把重点放在“民族”上，从毛泽东的民族观出发，去整理民族团结思想的层次与体系。而忽视了“团结”，即民族团结作为一种政治关系，有其对象、组织和目标。从前者出发，毛泽东民族团结思想是不同层次的民族构成的完备体系。比如有学者指出，毛泽东的民族团结理论包括三个层次内容：中华各民族之间的团结，即“国内各民族的团结”；中华民族整体的即“全民族团结”；中华民族“联合世界上一切以平等待我之民族”。[①] 而从“团结”出发，毛泽东民族团结思想是在不同历史时期处理民族和革命问题的实践结晶。重新发现“团结”，不仅有利于我们深入认识毛泽东民族团结思想的发展历程，更可以从中汲取历史经验，贡献于处理今日的民族问题。

毛泽东论著中第一次出现“民族团结”是在1937年为中宣部起草的《为动员一切力量争取抗战胜利而斗争》的提纲中。他提出抗日救国纲领中重要的一条就是“抗日的民族团结”，即：“在国共两党合作的基础上，建立全国各党各派各界各军的抗日民族统一战线，领导抗日战争，精诚团结，共赴国难。”[②] 这个提纲也为1937年中共中央政治局洛川会议所通过，成为中国共产党抗日救国十大纲领。不难发现，毛泽东论述中的“民族团结”包含四个方面：一是政治基础，如“国共两党合作”；二是团结对象，这里包括了“全国各党各派各界各军”；三是组织形式表现为“抗日民族统一战线”；四是团结的目标，也就是“领导抗日战争，精诚团结，共赴国难”。因此，解读毛泽东不同时期民族团结的论述，认识毛泽东民族团结思想，也需要从这四个方面出发来进行理解。通过认识民族团结的政治基础在不同历史阶段的内容，以及它所决定的团结范围、形式和目标，才可以准确把握毛泽东思想中民族团结在不同时期的性质与重点。

毛泽东民族团结思想继承发展了马克思主义经典作家有关这一问题的

① 金炳镐：《毛泽东对马克思主义民族理论的伟大贡献》，中共中央宣传部、中共中央文献研究室、中共中央党史研究室、中共中央党校、解放军总政治部编《毛泽东百周年纪念——全国毛泽东生平和思想研讨会论文集（中）》，1993，第56页。

② 《为动员一切力量争取抗战胜利而斗争》，《毛泽东选集》第2卷，人民出版社，2009，第356页。

基本观点。马克思主义民族团结思想与理论的发展，不能脱离不同时期无产阶级革命的历史背景。“团结”在马克思那里是“联合”，即因为共同的政治利益，同一个阶级的人们联合起来以实现阶级斗争的目标。马克思、恩格斯在《共产党宣言》中号召“全世界无产者联合起来”[①]，指的是世界范围内的无产阶级联合起来以推翻资产阶级统治。就民族团结而言，马克思、恩格斯强调的是各民族之间无产阶级的联合，以同已经联合起来的各民族资产阶级进行斗争。而要使各民族真正团结起来，他们就必须有共同的利益。[②] 正是因为各国工人阶级的利益是相同的，因此他们就可以也应该共同战斗，“以各国工人的兄弟联盟来对抗各国资产者的兄弟联盟”。[③]

在全世界“无产者”之外，列宁进一步提出“全世界无产者和被压迫民族联合起来”[④]。这种联合是为了应对帝国主义时期世界范围内压迫民族和被压迫民族之间的矛盾日益突出。列宁在《民族问题提纲》中，延续马克思、恩格斯的观点，指出：“所有民族的工人要是不在一切工人组织中实行最紧密的最彻底的联合，无产阶级就无法进行争取社会主义的斗争和捍卫自己日常的经济利益。”[⑤] 然后进一步提出“只有联合起来的无产阶级才能领导各民族劳动群众中一切彻底民主主义的、能够进行革命斗争的人前进”。[⑥] 列宁的民族团结不仅是各民族无产阶级之间的联合，还必须联合、团结一切被压迫阶级和被压迫民族。

在中国革命和建设的实践中，毛泽东吸收了马克思主义经典作家的思想，创造性地发展了马克思主义各民族无产阶级联合和团结的思想。马克

① 马克思、恩格斯：《共产党宣言》，中共中央马克思恩格斯列宁斯大林著作编译局编译《马克思恩格斯文集》第2卷，人民出版社，2009，第66页。

② 马克思：《关于波兰的演说》，中国社会科学院民族学与人类学研究所民族理论研究室编《马克思主义经典作家民族问题文选·马克思恩格斯卷》上册，社会科学文献出版社，2015，第158页。

③ 恩格斯：《关于波兰的演说》，中国社会科学院民族学与人类学研究所民族理论研究室编《马克思主义经典作家民族问题文选·马克思恩格斯卷》上册，社会科学文献出版社，2015，第160页。

④ 列宁：《在俄共（布）莫斯科组织积极分子大会上关于租让的报告》，中共中央马克思恩格斯列宁斯大林著作编译局编译《列宁全集》第40卷，人民出版社，1992，第73~74页。

⑤ 列宁：《民族问题提纲》，中国社会科学院民族学与人类学研究所民族理论研究室编《马克思主义经典作家民族问题文选·列宁卷》上册，社会科学文献出版社，2015，第242页。

⑥ 列宁：《民族问题提纲》，中国社会科学院民族学与人类学研究所民族理论研究室编《马克思主义经典作家民族问题文选·列宁卷》上册，社会科学文献出版社，2015，第243页。

思恩格斯讲“全世界无产者联合起来”以推翻资产阶级的统治。列宁讲“全世界无产者和被压迫民族联合起来”以打倒帝国主义。而在毛泽东思想形成的时代，是我国民族民主革命阶段。既要反对帝国主义的入侵，又要打倒国内的封建主义和官僚资本主义。为了完成这样复杂的历史任务，就必须团结一切可以团结的力量。毛泽东把民族团结在阶级上扩展到支持中国革命和社会主义建设的各个阶层，包含了各民族的上层人士、贵族、山官、土司和头人等一切爱国人士和爱国力量。他指出民族上层人士具有两面性，通过团结教育可以把敌我矛盾转化为人民内部矛盾，使之成为可以团结的积极因素。他的民族团结不仅是各民族无产阶级之间的团结，也是各民族人民之间的团结，还可以是各民族一切爱国人士包括上层人士之间的团结。同时，毛泽东继承了经典作家的国际主义原则，将民族团结的范围扩展到世界范围内一切受压迫之民族，同情中华民族之民族，平等待我之民族。

由阶级联合到民族团结，是马克思主义民族团结理论的发展飞跃。正如上边的梳理，民族团结首先是一种政治联合，是各民族在一定的政治利益基础上为着共同的政治目标而联合起来。民族团结作为一种政治关系，必然有其特殊的政治基础。在毛泽东思想中，这个政治基础不一定是由阶级构成，还可以是跨阶级的政治同盟、多阶级的民族、多民族的国家、跨国家的联盟。显然，毛泽东继承了马克思主义经典作家那里有关民族联合与团结对于政治性的重视，但不局限于阶级政治，而是将阶级政治、民族政治、国家政治乃至国际政治都作为不同历史条件下民族团结的基础。

四　毛泽东民族团结思想在新时代的意义

毛泽东民族团结思想在不同阶段有不同内容，具有鲜明的发展性；针对不同的对象和问题有不同的团结方法，展现出了鲜明的实践性。不同时期的理论实践具有特定的时空脉络，所形成的话语也必然反映和受限于特定的历史情境。坚持和发展毛泽东民族团结思想，便是要正确把握其中的变迁与坚守。中国特色马克思主义民族理论是不断发展和完善的科学体系，不是写定的教条和话语。其科学性在于随着历史的发展和实践的深化能够与时俱进地发展出新的内涵，指导新的实践。

毛泽东的民族团结思想有两方面的内涵：一是作为现状和目标的“团结”，主要是民族、阶级、团体之间因为共同的政治利益而联合与团结的现状和目标；二是作为过程的“团结”，即“团结起来”，也就是民族、阶级、团体之间团结的实现，或者因为历史条件的变化重新联合起来，即团结的生成过程。前者主要是理论问题，而后者更多指向实践。正如上面对于毛泽东有关民族团结相关论述的梳理所体现的，毛泽东民族团结思想不是一夕形成的，也不是一成不变的。在不同时期，因为政治基础和政治利益的变化，民族团结的范围和形式都有不同。但是背后开展民族团结工作的方法论却是一以贯之的。毛泽东在讨论团结问题时也注意到了团结过程中的斗争，团结阵线内部的矛盾，团结对象之间的摩擦。团结不是单向的统一，而是在妥善处理政治、经济、文化、民族等领域的统一性和多样性之间关系的基础上，在不断斗争中螺旋上升为新的团结。妥善处理团结和斗争之间的关系，是毛泽东民族团结思想的重要贡献之一。早在 1939 年，毛泽东在分析抗日民族统一战线时就指出：“我们要懂得，统一战线里是一定有磨擦的。这个统一战线的名词里已经包含着磨擦的意思，因为讲统一，起码是两个以上才有可能，如果只有一个，‘孤掌难鸣’，就不会有磨擦，但一有两个，两个手掌就拍得响了，磨擦就难免的。统一战线有一万年，磨擦也有一万年，有统一战线就有磨擦存在。因为有不同，所以有磨擦，不过我们是尽一切力量使磨擦减少。”[①] 因此，在方法论上除了团结的原则，还必须注意“反磨擦”，只有不断地减少摩擦才能巩固与扩大团结。

对于不同的同盟者和对象，处理团结和斗争的关系，有不同的原则。毛泽东在 1943 年分析抗日民族统一战线时，将以斗争求团结的方法分为四种情况。“第一是无产阶级对资产阶级。要从斗争中把资产阶级提高到赞同抗日纲领的地位，无产阶级是可以领导资产阶级的。……第二是无产阶级对农民。这是与第一个范畴完全不同的范畴。农民是小生产者，是小资产阶级，是我们最可靠的同盟军，对农民要采取同志态度，以斗争求团结，把农民提高到接受共产党的纲领的水平。第三是在无产阶级自己队伍内。以斗争求团结，反对一切分裂无产阶级的落后思想，反对无产阶级队伍中

① 《关于目前战争局面和政治形势》，《毛泽东文集》第 2 卷，人民出版社，1993，第 151 ~ 152 页。

的孟什维克思想。第四是在无产阶级先锋队的共产党内。要发展批评与自我批评，反对一切机会主义思想，以斗争求团结。”[①]

在团结民族资产阶级的问题上，毛泽东具体地说明了“又团结、又斗争”的策略。“对民族资产阶级要采取‘又团结、又斗争’的政策。团结他们一起反对帝国主义，支持他们一切反对帝国主义的言行；对他们反工人阶级的、反共的反动言行，进行适当的斗争。只有一个方面是错误的：只有斗争，不要团结，是‘左’倾错误；只有团结，不要斗争，是右倾错误。这两种错误我们党都犯过，经验很痛苦。后来我们总结了这两种经验，采取了‘又团结、又斗争’的政策，必须斗争的就作斗争，可以团结的就团结起来。斗争的目的是为了团结他们，取得反对帝国主义的胜利。”[②]

民族工作领域的斗争主要体现在反对两种民族主义。毛泽东指出：“无论是大汉族主义或者地方民族主义，都不利于各族人民的团结，这是应当克服的一种人民内部的矛盾。”[③] 作为人民内部矛盾，反对两种民族主义的斗争需要坚持中国共产党正确处理人民内部矛盾的方法，也就是坚持“团结——批评——团结”。“从团结的愿望出发，经过批评或者斗争使矛盾得到解决，从而在新的基础上达到新的团结。”[④] 在1953年对新中国成立初期民族政策的检查和反思中，毛泽东指出不正常的民族关系背后，是因为一些党员和干部存在严重的大汉族主义思想。他将之定性为“地主阶级和资产阶级在民族关系上表现出来的反动思想”[⑤]，需要深刻批评和立即改正。巩固民族团结的关键是反对大汉族主义，同时也必须克服地方民族主义。在反对两种民族主义的基础上，毛泽东提出了“两个离不开的”的思想。1955年，毛泽东在中国共产党全国代表会议上指出：“不要以为只是汉族帮助了少数民族，而少数民族也很大地帮助了汉族。……现在，我们帮助少数民族很少，有些地方还没有帮助，而少数民族倒是帮助了汉族。有些少数民族，需要我们先去帮助他们，然后他们才能帮助我们。少数民族在政

---

① 《切实执行十大政策》，《毛泽东文集》第3卷，人民出版社，1996，第74～75页。

② 《我们党的一些历史经验》，《毛泽东文集》第7卷，人民出版社，1999，第135～136页。

③ 《关于正确处理人民内部矛盾的问题》，《毛泽东文集》第7卷，人民出版社，1999，第227页。

④ 《关于正确处理人民内部矛盾的问题》，《毛泽东文集》第7卷，人民出版社，1999，第210页。

⑤ 《批判大汉族主义》，《毛泽东文集》第6卷，人民出版社，1999，第269页。

治上很大地帮助了汉族，他们加入了中华民族这个大家庭，就是在政治上帮助了汉族。少数民族和汉族团结在一起了，全国人民都高兴。所以，少数民族在政治上、经济上、国防上，都对整个国家、整个中华民族有很大的帮助。那种以为只有汉族帮助了少数民族，少数民族没有帮助汉族，以及那种帮助了一点少数民族，就自以为了不起的观点，是错误的。”①

这种“又团结、又斗争”的方法论体现在具体的工作中，就是要落实商量办事的工作方法。1944 年毛泽东曾总结过抗日民族统一战线工作在解放区的开展情况，提到一个重要的经验是：“共产党人必须和其他党派及无党派人士多商量，多座谈，多开会，务使打通隔阂，去掉误会，改正相互关系上的不良现象，以便协同进行政府工作与各项社会事业。”② 新中国成立后，对于民族地区社会改革工作，毛泽东在接见西藏国庆观礼团、参观团代表时又具体地指出：“团结起来，按照各民族不同地区的不同情况进行工作。有些地方可以做得快一点，有些地方可以做得慢一点，不论做快做慢都要先商量好了再做，没有商量好就不勉强做。商量好了，大多数人赞成了，就慢慢地去做。做好事也要商量着做。”③ 商量办事的好处在于，可以“像拣破铜烂铁一样将不同意见收集起来，经过熔化，准备修正我们思想上、工作上的毛病和错误”④。从而将团结阵线内部的矛盾和摩擦转化为加强团结的新力量。

毛泽东民族团结思想中“又团结、又斗争”的方法论，是毛泽东民族团结思想体系的重要组成部分。他先后提出过“又团结、又斗争”“团结与民主”“团结——批评——团结”“又团结又改造”等不同的论述。“团结”作为中国共产党的思想资源、工作方法、制度设计，具有兼顾统一与多元两方面的优势。团结与斗争相结合的方法论中，团结就是同盟者之间建立各种形式的统一战线并不断巩固；斗争是指无产阶级对同盟者要在思想上、政治上、组织上进行持续的不流血的斗争，斗争不是分裂，而是要以斗争

① 《在中国共产党全国代表会议上的讲话》，《毛泽东文集》第 6 卷，人民出版社，1999，第 405 页。

② 《一九四五年的任务》，《毛泽东文集》第 3 卷，人民出版社，1996，第 239 页。

③ 《接见西藏国庆观礼团、参观团代表的谈话》，《毛泽东文集》第 6 卷，人民出版社，1999，第 311 页。

④ 《在西北野战军前委扩大会议上的讲话》，《毛泽东文集》第 5 卷，人民出版社，1996，第 26 页。

求团结。民族团结的过程中，对于不同的同盟者要求不同性质的联合，对于不同性质的矛盾摩擦也要有不同的斗争方式。

中国特色社会主义进入新时代，我国社会主要矛盾已经转化为人民日益增长的美好生活需要和不平衡不充分的发展之间的矛盾。实现中华民族伟大复兴成为新时代中国特色社会主义事业的新目标。新中国成立以来，中国特色社会主义事业发展的道路上，中华民族经过了站起来、富起来的历程，进入新时代还将走向强起来，从而实现民族复兴的伟大目标。56个民族围绕这一目标共同团结奋斗，共同繁荣富强，是新时代我国民族团结的政治基础。这一政治基础与社会主义建设时期、改革时期并没有根本转变。民族团结的利益基础不变，政治基础稳定，发展目标明确，这就决定了当前体现这一基础和实现这一目标的制度道路是正确的。团结的制度必须坚持，但是团结的政策和工作方法则必须与时俱进。进入新时代，我国民族工作领域面临“五个并存”的阶段性特征，民族团结理论与实践也必须与时俱进，深刻把握这一时期民族关系的复杂性，特别是要创新实现团结的方式方法。党的十八大以来，民族工作创新推进，以习近平同志为核心的党中央在民族团结工作领域发展了一系列新理念新部署。新时期继承和发展毛泽东民族团结思想，需要坚持道路自信，对于制度空间内已经形成的政策进行有效的落实；同时必须实事求是，结合新的时代特征丰富我们巩固发展民族团结的具体做法。

改革开放四十年来民族国家治理背景与前景*

陈建樾**

摘　要：民族国家是国家形态的现代发展。在具体分类上，民族国家分为单一民族国家和多民族国家；民族国家的不同类型，决定了处理国内民族问题的不同路径和不同方向。中国从历史到现实都是一个统一的多民族国家，如何认识历史国情和现实国情，是近代以来如何建构现代国家的主要争议焦点，也是选择不同的基本政治制度和民族政策的分水岭。这一争论延续至今，并成为改革开放四十年间民族研究的主轴议题，因此对于统一多民族的国家治理、民族政策和未来方向，具有重要且关键的意义和价值。

关键词：民族国家　国家治理　民族政策

就中国而言，"统一的多民族国家"既是一个历史事实，也是一个现实存在。因此如何整顿和建置治理能力并进而使之现代化，就成为多民族国家的一个重要议题。纵观改革开放以来中国民族事务和相关理论研究的四十年历程，我们发现这一问题越来越呈现出凸显的趋势，并引致多学科的知识交锋。因而在这个意义上说，如何看待国情和怎样治理，其实构成了改革开放四十年来民族研究的主轴议题之一。

一　民族国家的分类及其国族规划

在马克思主义经典作家看来，任何共同体的发展都是基于利益的驱动，

---

* 本文系中国社会科学院创新工程项目"马克思主义与中国特色民族理论与政策创新研究"（2016MZSCX002）、云南省"民族团结进步理论与实践研究"协同创新项目（16YMDXT009）成果之一。

** 陈建樾，中国社会科学院民族学与人类学研究所民族理论研究室主任，研究员。

民族和国家也概莫能外，也正是在这个意义上，列宁明确地指出“利益‘推动着民族的生活’”[①]。我们知道，民族是迄今为止人类社会当中最具稳定性的人类共同体之一；民族的出现使散布在世界各个角落的人们开始在经济发展的基础上以语言、习俗等文化的纽带联系在一起并逐步成为稳定的人类集团。民族的发展、剩余劳动的出现和公共权力的建立使那些自在的民族突破血缘和地缘的羁绊步入了国家时代。用恩格斯的话来说，国家的出现表明在民族所处的多元社会内部出现了“不可调和而又无力摆脱”的矛盾和对立，“国家是承认：这个社会陷入了不可解决的自我矛盾，分裂为不可调和的对立面而又无法摆脱这些对立面”；而为了使这些对立的集团“不致在无谓的斗争中把自己和社会消灭，就需要有一种表面上凌驾于社会之上的力量，这种力量应当缓和冲突，把冲突保持在‘秩序’的范围以内；这种从社会中产生但又自居于社会之上并且日益同社会脱离的力量，就是国家”。[②] 与其他共同体相比，国家更强调社会资源的合理配置、权威性分配和公共事务管理的专业化，也当且仅当有效地执行了这一公共管理职能的时候，国家才能够得以有效地维系和持久地存续。因此，恩格斯通过对波斯和印度历代国家政权经营管理河谷灌溉的个案研究强调指出：“政治统治到处都是以执行某种社会职能为基础，而且政治统治只有在它执行了它的这种社会职能时才能持续下去。”[③]

迄今为止的民族国家，按其内部的民族构成，可以分为单一民族国家和多民族国家两个类型。早在1926年，吴文藻先生就明确地对此进行了分类：“世倡民族自决之说，即主张一民族造成一国家者”，但“民族与国家结合，曰民族国家。民族国家，有单民族国家与多民族国家之分”；吴文藻先生进而指出，“一民族可以建一国家，却非必建一国家，诚以数个民族自由联合而结成大一统之多民族国家，倘其文明生活之密度，合作精神之强度，并不减于单民族国家，较之或且有过无不及，则多民族国家内团体生活之丰富浓厚，胜于单民族国家内之团体生活多矣”；“今之人舍本逐末，竞言一民族一国家

① 列宁：《黑格尔〈逻辑学〉一书辑要》（1914年9～12月），《列宁全集》第55卷，人民出版社，1990，第75页。

② 恩格斯：《家庭、私有制和国家的起源》，《马克思恩格斯选集》第4卷，人民出版社，1985，第170页。

③ 恩格斯：《反杜林论》，《马克思恩格斯选集》第3卷，人民出版社，1995，第523页。

之主义，而不明其最后之用意所在，宜其思想之混乱也。前谓一民族可以建一国家，却非一民族必建一国家，良有以也。吾且主张无数民族自由联合而结成大一统之民族国家，以其可为实现国际主义最稳健之途径。由个性而国性，由国性而人类性，实为修身齐家治国平天下之大道。万一无数民族，不能在此大一统之民族国家内，享同等之自由，则任何被虐待之民族，完全可以脱离其所属政邦之羁绊，而图谋独立与自由，另造一民族国家也。”①

与前现代国家相比，现代国家的出现自其伊始就与民族问题发生反应和作用。因此自近代以来，西方国家一直试图通过公民身份的制度安排将社会成员从“集群化”状态打碎到“原子化”的境地，继而通过一族一国的“国族建构”实现单一民族国家的构建：“致力于以‘民族’为单位建构‘国家’（事实上更多是以‘国家为单位’建构‘民族’），致力于创建内部共同体的个体化同一，消灭差异”②，在这种宣称具有普世意义的普遍主义的治理逻辑下，“民族国家普遍地通过破坏少数民族身上先前就存在的那种独特的民族观念而谋求建立共同的民族观念”③；由此使得“全体的人民断绝过去所有的一切地域、语言、宗教与社会的认同，而能以自由、平等、博爱的价值，缔造一新的‘民族’”④。由此可见，国家的建构与国族的建构是一个一体两面、交互推动的历史进程。国家的建构本身就隐寓并推动着国族建构的内容，而国族的构建又巩固了国家的建构并推动着国家的发展。国家建构和国族构建其对外的面向都意在完成对“他者”的揖别，而在对内的面向则依据国情不同而有不同的发展历程。就单一民族国家而言，国家建构的完成与国族建构的实现几乎是同步达致，这意味着公民身份与国族身份的同步准入与同步确认；而在一个多民族国家中，始自国家建构的国族建构则是一个贯穿于从国家建构到国家发展全程的一个持续性的包容“他者”的历史进程，这个过程既是公民身份的确认过程，也是将主体民族

① 吴文藻：《民族与国家》（1926年），《吴文藻人类学社会学研究文集》，民族出版社，1990，第24、35页。

② 关凯：《传统与现代：民族政治的中国语境》，《西南民族大学学报》2018年第1期。

③ 〔加拿大〕威尔·金里卡：《少数的权利：民族主义、多元文化主义和公民》，邓红风译，上海译文出版社，2005，第250页。

④ Luccien Jaume：*Citizen and State under the French Revolution*，转引自蔡英文《公民身份的多重性——政治观念史的阐述》，刘擎主编《公共性与公民观》，江苏人民出版社，2006，第88页。

之外的少数族裔纳入国族的确认过程。换句话说，单一民族国家与多民族国家在民族结构上有明显的不同，前者是一个民族与国家的同构，而后者则是一个“国族—民族”的双层架构。

集群且多元，是人类政治生活的一个基本样貌，但如何以及怎样组织和维系这个“集群且多元”的社会，则是一个重要的议题。根据联合国1987年的一项统计，国际上的180多个主权国家中有3000~5000个在人种、种族、宗教、语言和/或文化方面不同于其所在国家的多数人的少数人群体。[①] 在2000年，全球185个成员国中有超过7500个种族团体和“少数化”社区，6700种语言以及无数的宗教和信仰；有22亿人由于他们的思想、良心、宗教或信仰自由或由他们的种族身份成了歧视或受限制的受害者。[②] 这一统计结果，意味着全世界绝大多数国家都不得不成为多民族国家，但在事实上，迄今为止的现代国家都以“民族国家”自诩，这在客观上决定了当今世界各国在国家建构进程中如何以及怎样处理具有多元性的民族事务，就成为国家何以自处和怎样共处的重大问题。换言之，以“多数至上”为原则组织和建构的国家及其政府架构，如何在平等且不歧视的原则下对少数群体进行权益保护，不仅是任何一个多民族国家都不得不面对的问题，同时也是在国际上“自立于世界民族之林”所必须回应的正当性问题：联合国开发计划署就曾要求各国需要在其宪法、法律和机构中承认文化差异，“他们还需要拟定各种政策，确保特殊群体——不论是少数族群还是历来处于边际化状态的多数族群的利益不被多数群体或其他主宰群体所忽视或否决”。[③]

二 国民党人的民族国家观及其在多民族国家的治理逻辑

近现代中国的民族国家建构自其伊始就面临着单一民族国家的解决方案与多民族现况之间的取舍与争议；而效法欧美的“一族一国”模式建立

---

① 〔奥〕曼弗雷德·诺瓦克：《民权公约评注——联合国〈公民权利和政治权利国际公约〉》上册，毕小青、孙世彦主译，夏勇审校，生活·读书·新知三联书店，2003，第476页。

② Abdelfattah Amor：《种族歧视和宗教歧视：识别和措施》，联合国秘书长转交“反对种族主义、种族歧视、仇外心理和相关的不容忍现象世界会议”筹备委员会第一届会议《为筹备委员会和世界会议编写的报告、研究报告和其他文件》的附件，2000，日内瓦，联合国网站：http://www.un.org/chinese/events/racism/Aconf189pc1-7.pdf。

③ 联合国开发计划署：《2004人类发展报告》，中国财政经济出版社，2004，第47页。

民族国家并据以“图强保种”，则在政学两界“几成宗教”。[①] 一直到1948年，先后出任国家社会主义党、民主社会党和民盟领导人的政治活动家和哲学家张东荪还在《北大半月刊》上撰文指出，“中国自辛亥以前起，由清末以迄现在乃只是一个革命。……这个革命是隐然代表一个民族的潜伏性的根本要求。不拘有没有人知道这个要求是什么，亦不拘知道的人们究竟有多少，而这个要求本身却始终存在那里”，“据我个人的了解，这个要求……第一点可说是造成一个国族（nation-making），因为中国迄未完成为一个独立的民族；第二点可说是产业革命（industrial revolution），因为中国人今天的生活还在原始时代”。[②]

也就是在这样浩浩荡荡的“世界潮流”之下，孙中山主张将少数民族同化为一个民族，并据此建立“一族一国”的现代国家：早在1903年的檀香山演说时，孙中山已经完成了“汉族=中华民族”的国族构想，而在辛亥革命的一周年纪念日，孙中山则明确地表明多民族的中国是一个“伟大之单一国”，“中国自广州北至满洲，自上海西迄国界，确为同一国家同一民族”。[③] 在孙中山看来，将汉族改名为中华民族并借中华民族之名将各少数民族“合为一炉而冶之”是解决方案的核心：“夫汉族光复，满清倾覆，不过只达到民族主义之一消极目的而已，从此当努力猛进，以达民族主义之积极目的也。积极目的为何？即汉族当牺牲其血统、历史与夫自尊自大之名称，与满、蒙、回、藏之人民相见于诚，合为一炉而冶之，以成一中华民族之新主义，如美利坚之合黑白数十种之人民，而冶成一世界之冠之美利坚民族主义，斯为积极之目的也。”[④]而在1921年，孙中山在对“党内同志”的演讲中也指出，“本党尚须在民族主义上做功夫，务使满、蒙、回、藏同化于我汉族，成一大民族主义的国家”。[⑤]

---

① 1907年4月，杨度在致梁启超的函中说：“此‘排满革命’四字，所以应于社会程度，几成无理由之宗教也。”丁文江、赵丰田编《梁启超年谱长编》第4册，上海人民出版社，1983，第398页。

② 张东荪：《从社会学家历史学家的话说起》（1948年），转引自杨琥编《民国时期名人谈五四：历史记忆与历史解释（1919－1949）》，福建教育出版社，2011，第462页。

③ 孙中山：《中国之铁路计划与民生主义》（1912年），《孙中山全集》第2卷，中华书局，1981，第487页。

④ 孙中山：《民族主义》（1919年），《孙中山全集》第5卷，中华书局，1981，第187～188页。

⑤ 孙中山：《在中国国民党本部特设驻粤办事处的演说》（1921年），《孙中山全集》第5卷，1981，第473～474页。

深受孙中山国族思想影响的傅斯年认为“中国之有民族的、文化的、疆域的统一，至汉武帝始全功，现在人曰汉人，曰汉学，土曰汉土，俱是最合理的名词，不是偶然的”，但与此同时中国又是一个“非一族一化”且“即一族一化之中亦非一俗”的多元性国度，傅斯年认为“文化之统一与否，与政治之统一与否互为因果；一统则兴者一宗，废者万家”①。由此出发，傅斯年针对日本侵华日军策动扶持的“华北自治运动”以及矢野仁一等日本学者的观点专门撰写了《东北史纲》②，并在1935年12月15日撰文指出“中华民族是整个的”：“我们中华民族，说一种话，写一种字，据同一的文化，行同一伦理，俨然是一个家族……所以世界上的民族，我们最大；世界上的历史我们最长。这不是偶然，是当然。‘中华民族是整个的’一句话，是历史的事实，更是现在的事实。”③ 不仅如此，傅斯年还致函给顾颉刚，要求他在主持《益世报·边疆》时“当尽力发挥‘中华民族是一个’之大义，证明夷汉之为一家，并可以历史为证”；同时明确地指示：“凡非专门刊物无普及性者，务以讨论地理、经济、土产、政情等为限，莫谈一切巧立名目之民族。”④ 正是在这样一个指示之下，顾颉刚于1939年1月13日在《益世报·边疆》上以《中华民族是一个》为题撰文强调中华民族已经凝结成为一个民族实体：“凡是中国人都是中华民族——在中华民族之内我们绝不该再析出什么民族——从今以后大家应该留神使用‘民族’这二字”；“我们从今以后要绝对郑重使用‘民族’二字，我们对内没有什么民族之分，对外只有一个中华民族。”⑤

也正是在这一政学合谋的“思想工程”铺垫之下，国民党元老居正认

① 傅斯年：《与顾颉刚论古史书》（1924－1926年），欧阳哲生主编《傅斯年全集》第1卷，湖南教育出版社，2003，第469页。

② 详见陈建樾《傅斯年的民族观及其在〈东北史纲〉中的运用》，《满族研究》2012年第2、3期。

③ 傅斯年：《中华民族是整个的》，《傅斯年全集》第4卷，湖南教育出版社，2003，第125页。

④ 傅斯年：《致顾颉刚》（1939年），《傅斯年全集》第7卷，湖南教育出版社，2003，第205页。此函未具时间，《傅斯年全集》编者定为1939年。据湖南教育版《傅斯年全集》编者认为“具体日期不详”；马戎主编的《“中华民族是一个”》称，据王汎森等主编台湾版《傅斯年遗札》（台湾中研院历史语言研究所，2011），此文成于1939年7月7日（档案号III：1197），但据王汎森等主编的台湾版及大陆版《傅斯年遗札》，则原文落款时间均为“二月一日”，即1939年2月1日（档案号I：147）。王汎森、潘光哲、吴正上主编《傅斯年遗札》第2卷，（台湾）中研院历史语言研究所，2011，第853页；王汎森、潘光哲、吴正上主编《傅斯年遗札》第2卷，社会科学文献出版社，2014，第721页。

⑤ 顾颉刚：《中华民族是一个》，《益世报·边疆》第9期，1939年2月13日。

为，“历史上中华民族虽然是经过了无数次的分崩离析，可是自从辛亥革命成功，推翻满族的宰制政策以后，我们的国家，已经逐渐走到了民族的国家的境地。就现在国内的民族说，总数在四万万以上，而其中参杂的不过百余万蒙古人、百多万的满洲人、两百万的西藏人，和百余万的回族，而且这些民族，自满清推翻以后，各族和平相处，多数业已同化，所以就大体上讲，四万万人可以说是一个民族，同一血统、同一语言文字、同一风俗习惯，完全是一个民族”。[①] 这恰是蒋介石在《中国之命运》中所呈现的民族国家观念和治理思想的主旨。

孙中山、居正、蒋介石在民族国家观念上的思考，正如傅斯年所言乃是“一源一脉”；而这一脉，则来自对欧美民族国家治理经验的服膺和“亡国灭种”的恐惧：“我们现在必须把欧洲的历史作我们的历史，欧洲的遗传作我们的遗传，欧洲的心术作我们的心术。这个叫做‘螟蛉有子，蜾蠃负之’，就是说欧洲人有文明，我们负来，假如我们不这样干，结果却也是一个‘螟蛉有子，蜾蠃负之’，就是说我们有土地，欧美人负去。这是郑康成解‘言有国而不能治，则能治者将得之也’。”[②]

三　中国共产党人的国情认知与多民族国家治理逻辑

早在1925年，创党伊始的中国共产党人就注意到“一族一国”理论的重要性。在他们看来，“封建阶级及资产阶级的民族运动，乃立脚在一民族的一国家的利益上面，其实还是立脚在他们自己阶级的利益上面，这种民族主义（国家主义）的民族运动，包含着两个意义：一是反抗帝国主义的他民族侵略自己的民族，一是对外以拥护民族利益的名义压迫本国无产阶级，并且以拥护自己民族光荣的名义压迫弱小的民族，例如土耳其以大土耳其主义压迫其境内各小民族，中国以大中华民族口号同化蒙藏等藩属；

① 居正：《民族的国家与民族的政党》，《益世周报》第二卷第7、8期合刊，1939年3月3日。

② “傅斯年档案”I-433（1926年），（台湾）中研院历史语言研究所，转引自王汎森《伯希和与傅斯年》，王汎森：《傅斯年：中国近代历史与政治中的个体生命》，王晓冰译，三联·读书·新知三联书店，2012，第318页。

前者固含世界革命性，后者乃是世界革命运动中之反动行为。”[①] 而在长征途中，中共深刻地认识到了中国的多民族样貌，并在与地方党组织的互动中逐渐思考和凝练出基于多民族国情的国家建构思路。[②]

1931 年“九一八”事变后，中共中央在 9 月 22 日就结合日本国内的情况和台湾“原住民”反抗日本殖民统治的雾社事件，指出这是世界经济危机和日本国内“日益紧张和革命化”的必然结果，并认为“满洲事变对于中国事变发展的前途，将给予决定性的影响”[③]。在这样的情势下，中国共产党一方面在党内党外揭露“国民党的‘民族统一战线’”的本质[④]，另一方面从党内到党外有意识将包括少数民族在内的中国各民族统称为国族意义的“中国民族”[⑤]，这个后来改称为“中华民族”的概念，凸显出中共对于国家的多民族架构已经有了足够的思考和规划。

在《中国之命运》发表后两个月后，曾经参与“中华民族是一个”讨论的翦伯赞撰文指出：“真正的中国史，是大汉族及其以外之中国境内其他诸种族的历史活动之总和。因此，研究中国史，首先应该抛弃那种以大汉族主义为中心之狭义的种族主义的立场，把自己超然于种族主义之外，用极客观的眼光，把大汉族及其以外之中国境内其他诸种族，都当作中国史构成的历史单位，从这些历史单位之各自的历史活动与其相互的历史交流中，看出中国史之全面的运动与全面的发展。”[⑥]

在 1935 年 8 月召开的沙窝会议上，中央政治局在会议决议中专门安

① 《对于民族革命之决议案》（1925 年 2 月），中央档案馆编《中共中央文件选集》第 4 册（1928），中共中央党校出版社，1989，第 330 页。

② 详见陈建樾《互动与激荡：民族团结思想的提出与清晰化》，《西南民族大学学报》2017 年第 2 期。

③ 《中共中央关于日本帝国主义强占满洲的决议》（1931 年 9 月 22 日），《中共中央文件选集》第 7 册（1931），第 417、420 页。

④ 《由于工农红军冲破第三次“围剿”及革命危机逐渐成熟而产生的党的紧急任务》（1931 年 9 月 20 日中央决议案）、《中国共产党为日帝国主义抢占东三省第二次宣言》（1931 年 9 月 30 日），同上书第 407、426 ~ 427 页。

⑤ 《中央给苏区中央局第七号电——关于宪法原则要点》（1931 年 11 月 5 日）、《中国共产党中央委员会为目前时局告同志书》（1931 年 12 月 11 日），同上书第 493、547 页；《中国共产党对于时局的主张》（1932 年 1 月 1 日）、《中国共产党中央委员会为武装保卫中国革命告全国民众》（1932 年 1 月 27 日）、《中国共产党关于上海事件的斗争纲领》（1932 年 2 月 2 日），中央档案馆编《中共中央文件选集》第 8 册（1932），中共中央党校出版社，1989，第 5、95、100 页。

⑥ 翦伯赞：《怎样研究中国史》，（重庆）《学习与生活》第 10 卷第 5 期，1943 年 5 月。

排了“关于少数民族中党的基本方针”一节，其中指出“红军今后在中国的西北部活动也到处不能同少数民族脱离关系，因此争取少数民族在中国共产党与中国苏维埃政府领导之下，对于中国革命胜利前途有决定的意义”，并明确提出“马克思列宁史达林关于民族问题的理论与方法是我们解决少数民族问题的最可靠的武器。只有根据这种理论与方法，我们在工作上，才能有明确方针与路线，学习马克思列宁史达林关于民族问题的理论与方法，是目前我们全党的迫切任务”①。同年9月，红四方面军政治部在《红旗》附刊第一期上要求“尤其要重新严整不对的纪律，正确的执行对于少数民族的政策与肃清部队中违反群众利益任何最小的行为”②。到1937年，中共在《抗日救国十大纲领》中，进一步提出了“全国人民的总动员”和“抗日的民族团结”主张：“动员蒙民回民及其他一切少数民族，在民族自决民族自治的原则下，共同抗日”；“建立全国各党各派各界各军的抗日民族统一战线，领导抗日战争，精诚团结，共赴国难”。③1938年10月召开的中共六届六中全会根据毛泽东的政治报告提出“团结中华各民族（汉、满、蒙、回、藏、苗、瑶、夷、番等）为统一的力量，共同抗日图存”④；毛泽东在题为《论新阶段》的政治报告中将“团结各民族为一体”作为党的任务。⑤

在抗战期间，中国共产党及其领袖还对统一多民族国家的多民族架构提出了初步的厘定，并通过课本进行教育和宣传：“我们中国是一个拥有四万万五千万人口的国家，差不多占了全世界人口的四分之一。在这四万万五千万人口中，十分之九为汉人；此外还有回人、蒙人、藏人、满人、苗人、夷人、黎人等许多少数民族，组成近代的中华民族。中国是一个多民族的国家，中华民族是代表中国境内各民族之总称，四万万五千万人民

① 《中央关于一、四方面军会合后的政治形势与任务的决议》（1935年8月5日），《中共中央文件选集》第10册（1934～1935），中共中央党校出版社，1989，第534～536页。

② 《为争取南下每一战役的全部胜利而斗争！》（1935年9月10日），中央档案馆编《红军长征史料选编》，学习出版社，1996，第322页。

③ 《中国共产党抗日救国十大纲领》（1937年8月15日），中共中央统战部编《民族问题文献汇编（1921.1－1949.9）》，中共中央党校出版社，1991，第553～554页。

④ 转引自刘春《怎样团结蒙古民族抗日图存》（1940年3月20日），同上书第825页。

⑤ 毛泽东：《论新阶段》（1938年10月12－14日），同上书第595页。

是共同祖国的同胞，是生死存亡利害一致的。”[①]这一厘定的关键，在于确定了中国是一个由多民族构成的国家，这个国家的所有民族共同构成了国族意义的中华民族，由此也继1935年瓦窑堡会议之后再次厘定了多民族中国的“国族—民族”架构，这与孙中山、蒋介石为代表的国民党人关于中国的“国族=民族=汉族”的认知完全不同[②]；也正是基于这种完全不同的认知，中国共产党由此不仅建构了与国民党人完全不同的民族理论，而且在未来国家建构和制度安排上也有完全不同的路径选择和制度安排：贾拓夫在1940年以《团结中华各族争取抗战建国的胜利》为题撰文指出：“中华民族是由中国境内汉、满、蒙、回、藏、维吾尔、苗、瑶、夷、番各个民族组成的一个总体，因此中国抗战建国的澈底胜利，没有国内各个民族的积极参加，是没有最后保证的。”[③] 李维汉也撰文提出：“日本强盗的目的是灭亡全中华民族，也就是要灭亡中国境内一切民族。这样，为着挽救自己的生存，中国的各民族和各个社会阶层只有联合一致，坚持抗战……为着更进一步的团结抗战，必须具体的贯彻民族平等的原则，必须彻底根清大汉族主义，必须纠正狭隘的回族主义倾向。”[④]由此可见，中国共产党关于中国多民族架构的认知，与蒋介石的《中国之命运》完全不同：“平日我们习用的所谓‘中华民族’，事实上是指中华诸民族（或各民族）。我们中国是多民族的国家”。[⑤] 由此可见，中国共产党的国家观、国族观和民族观是建构在对多民族国家的国情认知、对多民族国家的国族厘清和关于“国族-民族”架构规划这一基础之上的，因此这一国族观和民族观，不仅有效地凝聚了全国各民族一致抗日、共赴国难的共识，也在事实上成为建立统一的多民族社会主义国家和建构多元一体的国家制度架构的指导理念。

---

① 八路军政治部：《抗日战时政治课本》（1939年12月），同上书第808页。

② 详见陈建樾《国族观念与现代国家的建构：基于近代中国的考察》，《云南民族大学学报》2011年第5期。

③ 关烽（贾拓夫）：《团结中华各族争取抗战建国的胜利》（1940年2月），中共中央统战部编《民族问题文献汇编（1921.1-1949.9）》，中共中央党校出版社，1991，第816页。

④ 罗迈（李维汉）：《长期被压迫与长期奋斗的回回民族》（1940年4月30日、5月15日），同上书第840页。

⑤ 陈伯达：《评〈中国之命运〉》（1943年7月21日），中共中央统战部编《民族问题文献汇编（1921.1-1949.9）》，中共中央党校出版社，1991，第945页。

四　单一民族国家还是多民族国家：四十年民族理论研究的焦点议题

民族理论研究在改革开放四十年中的起步，与对“文革”期间在民族工作方面的反思、思想“纠偏”和民族政策的重申密不可分，而这实际上也开启了民族理论研究的新路程。以1979年边防工作会议为标志，这些“拨乱反正”的工作自其伊始就要求回到统一多民族国家的基本国情，要求“必须坚持理论联系实际，一切从实际出发的原则”，“必须坚持民族问题长期存在的观点”。[①] 在1981年召开的云南民族工作汇报会纪要中，中共中央明确地指出“中国是一个统一的多民族的大国”，“我们党一贯重视民族问题，以马克思列宁主义、毛泽东思想为指针，从我国的实际情况出发，制定和实行了民族平等、民族团结、民族区域自治、民族发展繁荣（包括稳妥的社会改革）等一系列正确的民族政策，创造和总结了一整套做好民族工作的经验”[②]。

在1982年制定的宪法中，明确规定“中华人民共和国是全国各族人民共同缔造的统一的多民族国家。平等、团结、互助的社会主义民族关系已经确立，并将继续加强。在维护民族团结的斗争中，要反对大民族主义，主要是大汉族主义，也要反对地方民族主义。国家尽一切努力，促进全国各民族的共同繁荣”；这个多民族国家的定位，在1984年制定的《民族区域自治法》当中得以再次确认：“中华人民共和国是全国各民族人民共同缔造的统一的多民族国家。”1987年，中共中央在批转民族工作几个重要问题的报告时再次明确指出，“我国是一个多民族国家，民族问题将长期存在，民族工作是党和国家整个工作的组成部分。民族平等、民族团结和各民族共同繁荣，是一个关系到国家命运的重大问题”；并要求“党的各级组织和全党同志一定要提高对民族问题的认识，切实解决存在的问题，发展当前的好形势，推动民族工作不断前进”[③]。

---

① 转引自黄光学主编《当代中国的民族工作》上册，当代中国出版社，1993，第162页。

② 《云南民族工作汇报会纪要（节录）》（1981年4月21日），黄光学主编《当代中国的民族工作》下册，当代中国出版社，1993，第519页。

③ 《中共中央、国务院批转〈关于民族工作几个重要问题的报告〉的通知》（1987年4月17日），《当代中国的民族工作》下册，第547页。

进入21世纪以后，苏联的解体及其由此引发的思考使得人们对民族问题在多民族国家的正当性产生了疑虑，这使得中国的民族理论研究由此进入了一个长达十年的理论“对战”。在一些学者看来，民族国家就是单一民族国家，于是一个多民族国家就是“非典型”的国家，因而使这个不正常的国家“典型化”，就成为一个世界性的治理难题；进而对应于多民族的中国，“在国家形态上，现代中国并不是典型的民族国家”①，于是建议对少数民族“文化化”“去身份化”，并据此“提撕振拔”为实体民族的“中华民族”就成为“典型化”的解决方案。

2014年召开的中央民族工作会议，不仅规划了中国民族工作的未来，也明确回应了中国是什么样的民族国家这一争论。在讲话的第一部分，习近平总书记就在标题中明确指出“要准确把握我们统一多民族国家的基本国情”。首先，多民族国家的形态是我国“古今之通义”；几千年来，中华民族始终追求团结统一，把这看作“天地之长经，古今之通义”。无论哪个民族建鼎称尊，建立的都是多民族国家，而且越是强盛的王朝吸纳的民族就越多。其次，中华民族是分布上交错杂居、文化上兼收并蓄、经济上相互依存、情感上相互亲近的多元一体：一体包含多元，多元组成一体，一体离不开多元，多元也离不开一体，一体是主线和方向，多元是要素和动力；有鉴于此，习近平代表跨进新时代的中国共产党明确继承了中国共产党的“国族—民族观”：中华民族和各民族的关系，形象地说，是一个大家庭和家庭成员的关系，各民族的关系是一个大家庭里不同成员的关系。也正是根据这样一个多民族的国情和多民族的民族国家形态，习近平依据马克思主义民族理论强调指出，民族问题的存在是一个长期历史现象，相应的，处理民族问题也是一个长期历史过程。处理好民族问题、做好民族工作，是关系祖国统一和边疆稳定的大事，是关系国家长治久安和中华民族繁荣昌盛的大事。事实证明，没有各民族团结奋斗，就没有国家发展、稳定、安全；没有国家发展、稳定、安全，也就没有各民族繁荣发展。那种把多民族当“包袱”，把民族问题当作“麻烦”，把少数民族当作“外人”，企图通过取消民族身份、忽略民族存在来一劳永逸解决民族问题的想法是行不通的。习近平还在讲话中明确要求，全党要牢记我国是

① 关凯：《传统与现代：民族政治的中国语境》，《西南民族大学学报》2018年第1期。

统一的多民族国家这一基本国情，坚持把维护民族团结和国家统一作为各民族的最高利益，把各族人民智慧和力量最大限度凝聚起来，同心同德为实现“两个一百年”奋斗目标、实现中华民族伟大复兴的中国梦而奋斗。

改革开放四十年来民族理论的争论议题，其实是近代以来中国构建现代国家一直讨论和争论的焦点。改革开放四十年来的这一讨论，最为关键之处就在于如何和怎样认知国情并在此基础上如何以及怎样开放和改革的问题。国民党人的失败和共产党人的成功，在民族问题上已经有了历史的定论，但遗憾的是，在民族理论研究中却不断地“重返”那个结论未定的“历史现场”。

中华民族共同体研究

构建中华各民族共有精神家园的少数民族视域研究纲要

王希恩　方素梅　周竞红　陈建樾　杨社平*

摘　要："构建中华各民族共有精神家园的少数民族视域研究"可从五个方面推进探索：第一，构建中华各民族共有精神家园的少数民族视域研究的理论预设；第二，中华各民族共有精神家园构建过程的少数民族"五观"实况研究；第三，少数民族文化与中华民族共有精神家园建设的历史资源研究；第四，构建中华各民族共有精神家园的少数民族视域多维拓展研究；第五，构建中华各民族共有精神家园的少数民族"中和位育"路径探索。各方面之内还可从若干重点深入展开，圈点起来，大致涉及24个重点。

关键词：构建　中华各民族　共有精神家园　少数民族视域

作为国家社科基金重大项目，"构建中华各民族共有精神家园的少数民族视域研究"内含的总体问题是：如何在我国各民族共有精神家园构建战略中进一步切合少数民族生活实际，充分发挥少数民族及其优秀文化的特殊重要作用，从而真正建立健全长期有效并有利于少数民族同胞全面参与、深度融入的中国精神与中华民族共同体意识培育机制。围绕主题展开，子课题负责人各自侧重于一个方向，分别就自己关注的问题提出若干重点。为凸显整个课题的一体性，每个方向的重点不独立成篇，而是依子课题顺序分列小标题，在该题正文开头处署名陈述。

* 王希恩，中国社会科学院民族学与人类学研究所研究员；方素梅，中国社会科学院民族学与人类学研究所研究员；周竞红，中国社会科学院民族学与人类学研究所研究员；陈建樾，中国社会科学院民族学与人类学研究所研究员；杨社平，广西民族大学教授。

一　少数民族视域共建中华家园研究的理论预设

王希恩：进行“构建中华各民族共有精神家园的少数民族视域研究”，首先要解决的主要问题，是探明总课题研究的概念内涵、基本内容、目标任务，预设研究的理论前提。这个任务要求从基本概念的确定出发，对论题的基本内涵做出阐述。因此，重点应该体现在以下4个方面。

（一）中华各民族共有精神家园建设的基本内涵

“中华各民族”，在民族工作话语体系里是中华民族多元一体历史格局的现实表达，具体指我们统一国家历史上形成并经过中华人民共和国政府依法确认的56个当代民族。中华各民族共有精神家园实际上就是中华民族全体同胞的共有精神家园。“中华各民族”也就是“中华民族”。在中华民族多元一体格局里，“各”字的有无分别表明对于“多元”或“一体”的不同侧重。本课题使用“中华各民族”，跟后面的少数民族视域贯通，强调了中华民族概念的多元结构或者形态多样性。

共有精神家园，就是共同的心理归属。我（们）是谁，我（们）来自哪里的正常心理探究都会有一个或明或暗的答案，人们都会从这个答案中寻求慰藉。不同的人有不同的群体，也有不同的答案，从而形成不同的心理归属。当不同的人有了共同的答案，有了共同的心理归属之后，也便类似于有了共同的精神家园。共有精神家园本是一个群体内部成员的共同感受，而当不同群体有了共同的感受之后，也便使他们原有的不同精神家园之间形成了同一的感觉，成了不同群体之间的共有精神家园。这就是我们讲的中华各民族共有精神家园建设的意义所在。中华民族是多元的，这种多元表现在心理归属即精神家园上原本也是多元的。为此她需要在这个多元的精神家园之内建立起更多的共有纽带，使其形成一个共有的精神家园。中华民族又是一体的，也就是说，在56个不同民族各自的精神家园之间还有超越其上的中华民族层面的共有精神家园。我们之所以还要构建各民族共有精神家园，是讲我们各民族之间的共有性还不够，还有不足和缺陷，需要通过构建或建设使这种不足和缺陷得到弥补，使原有的共有性得到增强，从而服务于中华民族共同体建设，服务于中华民族伟大复兴。

精神家园是相对于也是依傍于物质家园而存在的。中华各民族共有精神家园建设的物质基础是各民族共同开发建设的伟大国家。中国作为56个民族共同的祖国是大家共同创建的。那里有我们赖以生息发展的山山水水，有我们闻之者亲看之者近的父老乡亲。我们的先人为我们留存了历史、创造了文化，积攒了财富，我们仍然要在这块土地这个国家延续生命、创造未来。所以，中华各民族共有精神家园建设的基础是共同建设好维护好各民族共有的祖国。中华各民族共有精神家园建设与中国特色社会主义五大文明建设息息相关，或说，是贯穿于五大文明建设之中的“灵魂建设”。

共有精神家园集中表现于共同的文化，人们的心理归属总是通过具体的文化认同表现出来。所以，文化认同是最根本的认同。必须大力发掘和弘扬中华各民族的共有文化。要坚决摒弃中华文化只是汉族文化，少数民族文化自外于中华文化这两种错误观念，树立中华各民族共建共享共荣的大文化观。

（二）少数民族在构建共有精神家园中的特殊地位

“少数民族”是我国民族工作和社会生活中的一个常用概念，特指与十多亿人口的汉族相区别的55个兄弟民族。我国宪法规定，民族不分人口多少、历史长短、发展程度高低，一律平等。中华各民族共有精神家园必须各民族共建共享共荣，56个民族一个也不能缺席。因此，少数民族的认同和参与，实质上是各民族共有家园建设的关键环节。在共有精神家园建设中必须正视中华民族多元一体的历史格局，必须尊重各民族的文化特点和相互间的客观差异。少数民族人口偏少、文化多样、特点突出，构建共有精神家园的具体任务、重点要求和实现路径都与汉族不尽相同，从而构成共有精神家园建设中需要特别进行研究的领域。

第一，少数民族人口少，在社会生活各领域的文化特殊性、心理认同和应有权益容易被忽视。尤其是，当代中国的现代化、市场化、城镇化、国际化程度越来越高，国家之间、民族之间、文化之间的交融度越来越大，少数民族的特殊性及其应有权益等更容易被忽略。这在不断走向散居化和杂居状态的少数民族人口中更为突出。

第二，少数民族之间也有很大不同，一些民族间的差异性较小，而另一些则差异性较大，尤其在宗教、语言和风俗习惯上与汉族主流文化有很大的不同。实践证明，与主流文化差异越大的民族在中华民族共同体意识的培育或共有精神家园建设中遭遇的困难越大。因为中国的历史和社会发展形成了以汉族为主体的多民族结构和文化格局，汉文化及其相关的思想意识很容易成为中国和中华文化的“标准”。与汉文化差异较大的民族在整个中国社会的认同度上就会有较大的差异，成为共有精神家园建设的障碍。

第三，少数民族地区大多山川秀美，同时又生存条件和自然条件恶劣，形成了与汉族集中聚居区域的发展差距。改革开放以来这种差距不但依然存在，而且在新的历史条件下延续和扩大，这对不同民族之间事实上平等的实现造成了很大困难，也为缩小民族间，尤其是少数民族和汉族之间的心理差距形成了障碍。

第四，少数民族大多地处边疆地区，与相邻国家形成了诸多的“跨界民族”。这些民族所处的特殊地理环境和文化环境，很容易造成在国家认同、民族认同和文化认同上的模糊和混乱，因此相比内地民族的中华文化认同和各民族共有精神家园建设就会面临更多的问题和困难。

第五，利用民族问题从来就是外部势力渗透和分化中国的常用策略。近代以来中国分裂局面的形成，当代中国边疆局势的不稳定和民族关系上存在的诸多问题，都与外国列强和周边势力利用民族问题的侵略、干涉和渗透有着直接的关系。当今世界正在发生急剧的变化，中国的国际地位和影响力得到了极大提高，但国际斗争总的战略格局并没有改变，游离于正常国际关系之外的民族分裂主义、宗教极端主义和暴力恐怖主义三股势力方兴未艾。这些国际因素对我国民族问题的影响是长期的，继而对我们的国家认同、各民族共有精神家园建设的挑战也将是长期的。

上述五点情况的存在，使得少数民族问题成为中国特色社会主义现代化建设中必须面对的重要环节，在中华各民族共有精神家园建设中占有特殊的地位。这也是本课题研究的价值和意义之所在。

（三）构建中华各民族共有精神家园的现实基础研究

中国共产党是中华民族的先锋队，是中华人民共和国的缔造者和中华民族复兴伟业的领导核心。中国共产党创立以来，在领导各族人民谋求解放、振兴中华的百年征程中重铸了中国精神和中华民族的共同体意识，为新时期构建中华各民族共有精神家园奠定了坚实的基础。

中国进入近代以来，中华民族便陷入亘古未有的历史变局之中。古老帝国的崩溃、西方列强的欺凌、各路军阀的混战，物质家园的破败连带了精神家园的混乱。中国共产党在血与火的考验之中熔铸了“红船精神”“二七精神”“韶山精神”“井冈山精神”“古田精神”“长征精神”“遵义会议精神”“抗联精神”“新四军精神”“南泥湾精神”“延安精神”“抗战精神”“抗大精神”“地道战精神”“吕梁精神”“太行精神”“沂蒙精神”“北大荒精神”“刘胡兰精神”“西柏坡精神”“愚公移山精神”“红岩精神”“抗美援朝精神”“新疆生产建设兵团精神”“两路精神”“‘两弹一星’精神”“红旗渠精神”“雷锋精神”“大寨精神”“大庆精神”“焦裕禄精神”“九八抗洪精神”“抗击‘非典’精神”“载人航天精神”“青藏铁路精神”“抗震救灾精神”，等等。近百年来，一代代共产党人牢记宗旨、不忘初心、前赴后继、勇于拼搏，领导各族人民用人民战争的胜利奠定了人民共和国的国基，用社会主义建设和改革开放的辉煌成就筑成了独具特色的中国道路，用统一国家各族人民和睦相处、和衷共济、和谐发展的共同事业凝聚了中国力量，用中华民族和平统一、伟大复兴的历史趋势弘扬了中国精神。这种国基、道路、力量和精神打造了新时代中华各民族共有精神家园的骨架、筋骨和灵魂。党的十八大以来，中国共产党站在新的历史起点上，带领人民向中华民族伟大复兴的目标发起了最后冲刺，为中华各民族共有精神家园建设提出了更高的要求、增添了新的动力。

在国内民族领域，中国共产党从长征时期动员少数民族同胞参与革命，经抗日战争时期组织最广泛的抗日民族统一阵线，到解放战争年代确立民族区域自治，奠定了统一多民族国家人民共和的政治基础。中华人民共和国成立以后，废除了几千年来的民族压迫制度，通过开展民族识别、全面推行民族区域自治、消除历史遗留的民族隔阂、歧视和事实上的不平等，建立了平等、团结、互助、和谐的社会主义民族关系。使各族人民在互相尊重、互相理解、互相学习、互相帮助的基础上实现大团结，在共同当家作主、共同团结奋斗、共同繁荣发展的基础上增强认同感，在汉族离不开少数民族、少数民族离不开汉族、各少数民族之间也相互离不开的生活实际中，具体培植和养护着血肉相连的中华民族共同体意识。

中国精神和中华民族的共同体意识，是中华各民族共有精神家园不可或缺的基本构成要素。这两大构成要素的历史形式，在中华民族多元一体历史格局和中华文明传统中早已有之，但又在近现代历史转型过程中由中华民族的先锋队领导各族人民齐心合力实现了更新和重铸。中国精神和中华民族共同体意识的更新和重铸，与马克思主义中国化的过程息息相关。一代代中国共产党人沿着实事求是、解放思想、与时俱进、求真务实的思想路线，在革命、建设和改革开放的实践中创立了包括民族理论在内的中国特色社会主义理论体系。新时期的中华各民族共有精神家园建设，是中国精神弘扬和中华民族共同体意识培育的伟大工程，是用正确思想占领民族领域思想阵地的伟大斗争，是民族团结进步的伟大事业的重要组成部分，是实现中华民族复兴的伟大梦想的必然要求。今后依然要沿着马克思主义中国化的思想路线，在中国特色社会主义理论指导下切实推进。关键是要按照党中央构建中华各民族共有精神家园的新思路、新理念、新战略绵绵用力、久久为功，统筹推进“五位一体”总体布局，协调推进“四个全面”战略布局，坚持“四个自信”、增强“五个认同”，进而通过正确民族观、祖国观、宗教观、文化观和历史观的综合培育，实现对中国精神和中华民族共同体意识的系统涵养。

（四）民族意识调控视角中的共有精神家园建设

构建中华各民族共有精神家园，从学理上看，也是一项进行民族意识良性调控的社会系统工程。

从社会系统来看，民族意识应该定义为一种具有民族性的社会意识。这种具有民族性的社会意识，是一个包括而不仅限于民族自我意识的反映控制系统。民族意识的反映面大体可以概括为“三观”：“我族观”、“他族观”和“民族观”。

民族意识生成于民族的社会存在，反过来又作用于社会存在。民族意识与社会存在之间的矛盾构成民族范畴的基本矛盾。无论民族意识的哪一层面，也无论民族存在的哪一系统，凡属民族范畴的矛盾因素，都受这组矛盾的支配。民族过程的变化依据，在于民族范畴的内在动因，即贯穿民族范畴全过程的民族意识与民族存在的矛盾。这组矛盾的持续运动，就是贯穿民族范畴全过程的民族意识调控规律。

基于民族意识调控的客观规律，直接针对民族意识或通过民族意识对民族社会实施调控，则为相应的主观方略。直接针对民族意识，影响其观念因素的排列组合，促成或改变其主观能动性的某种倾向或趋势，属于务虚的民族意识调控方略。通过民族意识进行社会调控，因势利导民族意识主观能动性的倾向与力度，干预民族问题的演变和民族社会的发展，则是务实的民族意识调控方略。无论务实还是务虚，导致的调控效果都有可能分成良性或者恶性的不同性质。关键是方略的设计是否切合民族社会实际，是否符合各族人民的共同心愿；方略的实施是否遵循客观规律，是否代表了人民的根本利益。是，即为良性调控；否，则为恶性调控。构建中华各民族共有精神家园，在促进各民族交往、交流、交融的基础上确保亿万人民同心、同德、同梦，涵养中国精神和中华民族共同体意识，这样的方略无疑为中华民族意识的良性调控。

从少数民族视域着眼，这项伟大的良性调控工程应该立足中华民族共同体的多元实际，在国家宪法和法律的统一构架里最大限度地尊重差异、包容多样。社会主义时期是各民族共同繁荣发展的时期，各民族共同因素会因交往、交流、交融而不断增多，但民族特点、差异和发展上的差距将长期存在。国家在不断努力缩短各民族发展上的差距的同时，也主张对各民族基于历史、地理和文化传承等原因造成的现实差异给予足够的尊重，对于各族人民在宗教信仰、风俗习惯和语言文字等方面的不同给予足够的包容。我们的国家是各族人民共同缔造的统一国家，各族人民都是国家的主人。尊重差异、包容多样落到实处还是各族人民之间的相互尊重与包容。只有真正做到这一点，才会形成“各族人民一家亲，同心共筑中国梦”的局面，我们的祖国也才能成为各族人民和睦相处、和衷共济、和谐发展的共有家园。因而本课题需要努力探索如何在维护统一的前提下实现尊重差异、包容的有效途径，以求持续不断地凝聚中国力量、彰显中国精神，从而全面巩固和提升中华民族的共同体意识。

二　少数民族“五观”实况考察分析

方素梅：构建中华各民族共有精神家园，需要教育和引导各民族人民以马克思主义的立场、观点和方法去认识国家、民族、宗教、历史和文化的现象和本质，树立起“五观”科学的态度和认知，从而为正确地认识和分析社会生活中遇到的民族和民族关系相关问题，并能做出正确的价值选择。这项工程的实效，直接反映于各族人民的国家观、民族观、历史观、宗教观和文化观。这“五观”不仅是中华各民族共有精神家园最主要、最基本的构成部分，也是增强各民族对伟大祖国、中华民族、中华文化、中国共产党、中国特色社会主义的认同的前提和条件。“五观”端正，“五个认同”方能不断增强；“五观”不正，“五个认同”必然受到削弱。因而，需要从“五观”入手，对中华各民族共有精神家园构建过程的少数民族参与和融入实况进行系统调查和分析。以这“五观”的具体要求为标准，对现实少数民族社会实际达标或未达标的表现及其原因进行考察与分析，是落实总课题预设目标必须完成的一项基本任务。只有完成了这五个方面的调查研究，才可能真正从少数民族视域把握各民族共有精神家园建设的实效，从而进一步拓展探寻提升或改良的目标与路径。

（一）构建工程启动以来的少数民族国家观研究

少数民族国家观应然分析。从少数民族视域构建中华各民族共有精神家园，树立正确的国家观，最重要的是必须理清有关于“民族自决权”、关于人权问题、关于国家利益与民族利益的关系。正确认识民族自决问题、人权问题、国家利益与民族利益关系问题，有利于少数民族形成正确的祖国观，维护国家统一，反对民族分裂；有利于少数民族增强对伟大祖国、中国特色社会主义和中国共产党的认同，激励他们为实现中华民族的伟大复兴而奋斗；有利于增强少数民族对国家自豪感和国家发展的自信心，更加坚定拥护中国特色社会主义发展道路；有利于广大少数民族用历史的眼光从发展的角度看问题，真正认识到只有社会主义才能救中国，只有社会主义才能发展中国，才能发展本民族，把本民族的命运与社会主义祖国的命运紧密相连。

对于少数民族国家观的实然分析，可以从国家认知、国家情感、国家评价三个维度进行调查分析。国家认知方面具体表现为目前广大少数民族同胞是否知道中华人民共和国国土面积960万平方公里，祖国领土神圣不可分割；广大少数民族同胞能否充分认识到维护祖国统一和民族团结是各民族的最高利益。国家情感方面，具体表现为广大少数民族同胞是否对于代表国家的符号国旗、国歌等充满认同心理，在重大活动场合，当听到国歌或看到国旗升起时会为之激动；能否充分认识到每个民族的前途和命运都同中华民族的前途与命运紧密相连；如果有机会，是否有极大积极性、主动性参与国家组织的各项体育、文化、经济、外交等重大活动；是否会为祖国的发展成就而高兴、自豪，会因祖国遭遇苦难挑战而难过。国家评价方面，具体表现为少数民族同胞对新中国成立以来，我国的国际地位、国家综合实力的评价，是否认为中国特色社会主义道路是民族复兴的必由之路；少数民族同胞对于新中国成立以来，党的民族工作成就的评价；对于社会主义核心价值观、构建中华各民族共有精神家园意义的认知；少数民族同胞关于民族区域自治政策对促进民族地区社会经济文化的繁荣、民族团结进步的感知，是否拥护民族区域自治制度；广大少数民族同胞认为“3・14事件”“7・5事件”是否对民族关系、民族感情是一种伤害，能否反对宗教极端势力、民族分裂势力、恐怖主义；对于中国政府在地震、洪水等突发事件中的应急处理能力的评价等方面。

少数民族国家观的未然分析。在发展社会主义市场经济和实行改革开放的条件下，在民族工作面临“五个并存”的条件下，从少数民族视域构建中华各民族共有精神家园，引导广大少数民族同胞树立正确的国家观，坚定对伟大祖国、中国特色社会主义和中国共产党的认同，面临着多重挑战，例如：达赖集团的“大藏区”主张、“中间道路”骗局在极端主义、分裂主义和国际恐怖主义的影响下，中国境内外部分“东突”势力转向以恐怖暴力为主要手段进行分裂破坏国家的活动。

少数民族国家观的所以然分析。造成少数民族国家观建构的严重挑战因素有很多，概括起来打算从如下几点进行分析：一是国情家底的教育仍有疏漏，仍有一部分少数民族同胞不能认识到统一的多民族国家是各族人民最值得引以为豪的事情；二是民族间发展差距大，尤其是少数民族相比汉族经济社会发展水平普遍低，经济基础决定上层建筑，少数民族本民族发展滞后，直接导致对于国家的评价偏低，形成了反对国家的隐患；三是对于国家与民族关系的认识，仍有一些少数民族群众虽然承认了二者的差异性，但是把它们放在非此即彼的矛盾对立的角度来看待；四是境外分裂势力亡我之心不死，仍旧想尽一切办法用“大藏区”“东突”“人权”等概念迷惑少数民族群众，煽动他们进行分裂国家活动。

（二）构建工程启动以来的少数民族民族观研究

少数民族的民族观应然分析。从少数民族视域构建中华各民族共有精神家园，树立正确的民族观，需要厘清几个有关于民族问题的认识。首先，民族是一个历史范畴。民族是人类社会发展到一定历史阶段的产物，民族不是从来就有的，也不是永恒存在的，民族形成、发展和消亡有其自身的规律。其次，民族问题是社会总问题的一部分。从根本上说，我国的民族问题已不再是阶级问题，而基本上是各族劳动人民之间的关系问题，属于人民内部矛盾。再次，民族平等、民族团结和共同繁荣是解决我国民族问题的基本原则。另外，需要特别提出民族分裂主义及其危害。少数民族群众树立正确的民族观，有利于少数民族群众增强对中华民族的认同感，增强民族自豪感和责任感；有利于少数民族正确认识民族问题，同各种分裂势力和分裂活动作斗争，维护民族团结和国家统一；有利于少数民族自觉维护社会稳定，积极投身社会主义现代化建设。

对于少数民族民族观的实然分析，可以从民族认知、民族工作评价、民族情感三个维度进行调查分析。民族认知方面，广大少数民族群众是否对于党的民族理论政策有基本认知，并具有强烈的认同；是否对其他民族有基本了解，知晓中华民族多元一体的历史格局；对于中华民族是一个大家庭，各个民族是家庭成员关系的认知；对于平等、团结、互助、和谐的社会主义民族关系认知；对于地方大民族主义、狭隘民族主义危害的认识。民族工作评价方面，是否积极拥护和热烈响应西部大开发战略、兴边富民行动、民族地区精准扶贫工作等发展民族地区经济、改善民族地区群众的生活的国家决策，是否认为自己的生活水平得到明显改善，对于党的民族工作成就是否认同；对于民族区域自治制度的落实和实施的评价，对于自身政治权利得到实现和保障程度的评价；对于民族干部政策落实情况的评价；对于城市民族工作成绩的评价，是否认为自己已经融入城市新生活。民族情感方面，广大少数民族同胞是否对于本民族充满认同感、自豪感，是否为自己的民族身份骄傲；是否认可中华民族，认为自己是中华民族一分子，会否致力于实现中华民族的伟大复兴。

少数民族的民族观未然分析，主要从民族对立情绪呈上涨态势展开研究。

少数民族的民族观所以然分析。在党的民族理论政策的掌握方面，虽然少数民族群众对于党的民族理论政策有基本了解，但是由于宣传教育不到位等原因没有能够深入掌握和领会，造成一些少数民族群众知其然而不知其所以然，对于一些具有迷惑性的思想观点，辨别能力不足，很容易被引入歧途。由于民族地区发展程度普遍较弱，因此国家给予少数民族以及民族地区一些差别化政策，目的是助力少数民族、民族地区加快发展，脱贫致富，与全国各族人民一道实现小康。但也正因为这些差别化政策，引起了社会上一些人士的争论。由于历史、自然等原因，少数民族发展较为落后，建构稳固的民族观的基础不够牢固。

（三）构建工程启动以来的少数民族宗教观研究

少数民族宗教观应然分析。从少数民族视域构建中华各民族共有精神家园，树立正确的宗教观需要厘清有关于宗教问题的几个方面的认识：宗教的本质、宗教的发生和发展、宗教存在的根源和消亡的条件、宗教的社会功能和马克思主义政党对待宗教的态度。少数民族群众树立正确的宗教观，有利于少数民族群众正确认识宗教、处理与宗教有关的问题。能否科学地认识宗教并正确地处理宗教问题，是事关社会全局的大问题。树立马克思主义宗教观，可以使少数民族群众掌握马克思主义关于宗教的基本理论，了解党和国家的宗教政策以及有关宗教问题的法律法规等。有利于少数民族群众认清宗教的本质和特征，从而使他们能够正确对待宗教和宗教信仰等问题。

对丁少数民族宗教观的实然分析，可以从宗教认知、宗教工作评价两个维度进行调查分析。根据现有调研成果，少数民族宗教观呈现以下几个特点。①少数民族群众对宗教有众多不同的理解，呈现出看法多元化趋势。比如：有的认为宗教是使人心灵得到净化的手段；有的认为宗教是一种荒诞的说教。②有的把宗教与封建迷信等同起来。③有的则认为是一种崇高信仰。④很多少数民族群众信仰宗教，却说不出信仰宗教的目的和原因是什么，这折射出了少数民族信仰宗教具有一定的盲目性，表明他们还没有真正认识宗教的本质和内涵。⑤很多信教群众缺乏对于宗教知识的基本了解，甚至对于自己所信仰的宗教的教义、教规、文化内涵也缺乏基本认识。⑥宗教信仰自由理解偏差，很多少数民族群众把宗教信仰自由理解为绝对自由：信教绝对自由、传教绝对自由、宗教活动绝对自由。⑦党和政府实行宗教信仰自由政策，积极引导宗教和社会主义社会相适应，满足各族群众的宗教信仰需求，保障宗教信仰的基本权利，对此广大少数民族群众认为党和政府的宗教工作是卓有成效的。

少数民族宗教观未然分析。从少数民族视域构建中华各民族共有精神家园，在树立正确的宗教观方面面临着如下挑战：民族和宗教是一体的观念在很多少数民族群众的意识中根深蒂固，分不清二者的本质区别；信教人士利用宗教干涉不信教群众的世俗生活；信教人士借口宗教信仰自由权利不被尊重，围攻党和政府机关；校园传教活动猖獗；宗教诈骗活动十分猖獗；各种民间宗教死灰复燃，迷信活动盛行；宗教中国化遭到肆意歪曲。

少数民族宗教观所以然分析。造成少数民族正确宗教观建构的严重挑战因素有很多，概括起来有如下几点。少数民族群众马克思主义宗教观没有树立起来，是少数民族群众宗教观念混乱的根本原因。民族经济落后，科技不发达，导致文明不倡，愚昧盛行，因此宗教存在发展壮大肥沃的土壤。改革开放和社会主义市场经济给少数民族带来了发展机会，但也造成了新的挑战。随着民族经济的转型与快速发展，外来文化涌入民族地区，一定程度造成了少数民族传统价值观的崩溃，而新的价值观一时又未能建立起来。于是在信仰缺失、价值混乱的时代，宗教成了人们精神的寄托与向往。境外敌对势力利用宗教在民族地区和少数民族群众中间假借赞助宗教活动之名，行民族分裂和瓦解活动之实。

（四）构建工程启动以来的少数民族历史观研究

少数民族历史应然分析。少数民族视域构建中华各民族共有精神家园，树立正确的历史观，重点是做到“四个牢记”：牢记是各民族共同开拓了祖国的疆域：牢记是各民族共同发展了祖国的经济：牢记是各民族共同创造了祖国的文化：牢记是中华民族是一个命运共同体。正确的历史观，对于建立对中国历史、中华民族、伟大祖国、社会主义、中国共产党的认同具有重要意义。有利于少数民族正确认识中华民族的发展史；有利于增强少数民族的国家认同感和自豪感；有利于增强少数民族的民族向心力和凝聚力；有利于民族关系的和谐稳定。

少数民族历史观的实然分析主要从民族历史认知和民族历史事件评价两个方面展开。根据现有研究成果，少数民族历史观呈现以下认知：各少数民族群众基本认可多元一体的中华民族历史格局，认为统一多民族始终是中国国家的基本形态，追求团结统一始终是中国各民族的共有价值理念，更是中国历史的主流；历史上，各民族，无论大小，无论强弱，都做出了重要贡献，共同缔造了我们伟大的祖国，不断增强了中华民族凝聚力和向心力；各少数民族群众普遍认为，中华民族在近代完成了自觉的伟大觉醒，这是社会历史长期发展的必然结果，是各民族的一致追求和共同心愿，符合最广大人民群众的根本利益。

少数民族历史观未然分析。从少数民族视域构建中华各民族共有精神家园，在树立正确的历史观方面面临着历史虚无主义思潮泛滥，无视历史、割裂历史、假设历史、否定历史的挑战。

少数民族历史观所以然分析。造成少数民族历史观建构的严重挑战因素有很多，概括起来有如下几点：历史宣教不到位；历史争论问题没有定论，思想混乱；境内外反动势力发起历史虚无主义思潮攻击，歪曲、捏造中国历史、中国民族历史。

（五）构建工程启动以来的少数民族文化观研究

少数民族文化观应然分析。从少数民族视域构建中华各民族共有精神家园，树立正确的文化观，需要各族人民充分认识到中华文化是各民族文化的集大成。少数民族文化是中华文化不可分割的重要组成部分，各民族都对中华文化做出了重要贡献。

针对少数民族文化实然分析，可由文化自信、文化工作评价等方面展开。根据前期调研结果分析，目前少数民族文化观呈现以下特征：①各少数民族群众能够知晓本民族的特色文化，众多少数民族能够讲本民族语言、书写本民族文字、懂得本民族的传统艺术形式；②对于本民族的文化充满感情，以本民族的文化为荣，能够捍卫本民族的文化尊严，对于伤害本民族文化的行为充满愤慨；③能够欣赏其他民族的优秀文化，能够以开放的心态学习其他民族的优秀文化；④对于中华文化充满认同，认为本民族的文化是中华文化的组成部分，并且是不可或缺、不可分割的一部分；⑤对于西方文化有很大热情，西方的价值观、西方的生活方式在民族地区以及在少数民族群众中间的影响力很大，影响很深；⑥对于党和政府的民族文化保护与传承工作非常满意，认为本民族的优秀传统文化得到了拯救、保护、传承和弘扬。

少数民族文化观未然分析。少数民族视域构建中华各民族共有精神家园，建构正确的文化观，确立对于中华文化的认同，面临着如下挑战："非遗”保护泛滥现象突出；歧视少数民族文化现象时有发生。

少数民族文化观所以然分析。造成少数民族文化观建构的严重挑战因素有很多，概括起来有如下几点：民族经济发展滞后，经济实力不足，那么发展本民族文化后劲乏力；各民族之间的交往交流交融程度不深，彼此了解和认知不够，对于不了解的民族充满随意的想象性认识。

三　少数民族传统文化创造性转化历史资源研究

周竞红：中华各民族共有精神家园的建设是现代主权多民族国家的文化自觉，这个自觉基于丰厚的历史基础。深藏于各民族的历史典籍、史诗与传说、仪式与信仰、习俗与礼节、格言与谚语等文化成果之中的优秀历史文化，标志着各民族的传统文化信息和历史文化特征，同时也随着社会政治、经济、文化等环境的变迁而不断超越各具体民族影响范畴，成为奠定并丰富中华民族多元文化格局的历史基础。

习近平总书记指出：“民族文化是一个民族区别于其他民族的独特标识。要加强对中华优秀传统文化的挖掘和阐发，努力实现中华传统美德的创造性转化、创新性发展，把跨越时空、超越国度、富有永恒魅力、具有当代价值的文化精神弘扬起来，把继承优秀传统文化又弘扬时代精神、立足本国又面向世界的当代中国文化创新成果传播出去。”① “中华文化是各民族文化之集大成”，“要向各族人民反复讲，各民族都对中华文化的形成和发展做出了贡献，各民族要相互欣赏、相互学习”，“把汉文化等同于中华文化、忽略少数民族文化，把本民族文化自外于中华文化、对中华文化缺乏认同，都是不对的，都要坚决克服”。② 因此，各民族文化繁荣发展的过程，成为各民族相知、相亲、相惜的过程，各民族文化作为中华文化的有机组成部分，其优秀传统文化同样是涵养社会主义核心价值观的重要历史资源，也是中华民族共有精神家园建设的宝矿，中华民族共有精神家园的建设离不开各民族优秀传统文化资源的继承、创造性开发和创新利用。需要特别注意的是，各民族传统文化所承载的中华民族共有精神家园建设的

① 《习近平总书记在省部级主要领导干部学习贯彻党的十八届三中全会精神全面深化改革专题研讨班开班式上的讲话》，http://pic.people.com.cn/n/2014/0218/c1016-24387045.html。

② 丹珠昂奔：《切实增强中华文化认同》，《中国民族报》2015年2月6日第5版。

历史资源有正负两个面向，只有那些切实有助于本民族繁荣发展且有利于中华民族共有精神家园的建设和巩固的历史资源才具有可传承性，并会实现创造性转化。因此，需要充分梳理各民族传统文化演变、保护和传承状况，深化研究少数民族历史文化内容、特点及其传承下来的价值理念和道德规范，为实现少数民族优秀传统文化涵养社会主义核心价值观的目标，达到巩固和发展中华民族共有精神家园提供科学支持。为此，重点要做好以下六个方面的工作。

（一）少数民族历史典籍中所承载的历史资源研究

民族文字的历史典籍是承载民族历史文化信息的重要载体，目前分为两类：一类为民族文字或民族古文字书写的典籍；另一类则为已译写为汉文或由少数民族著作人用汉文写作的典籍。比起汉文典籍，少数民族文字典籍数量相对较少，但是，其所承载的该民族社会关于人与自然、人与社会、人与人之间关系认知、观念和知识体系等信息则弥足珍贵。要讲清楚中华优秀传统文化的历史渊源、发展脉络、基本走向，讲清楚中华文化的独特创造、价值理念、鲜明特色，就需要深入挖掘和研究这些历史典籍，在历史回声中寻找中华文化传统博大精深的密码。少数民族文字典籍可分为两类：一类是有相应特定民族文字的典籍，使用此文字的族裔群体已融散于周边民族群体之中，或在生活中并不使用此文字而是使用汉字，这些文献已有的研究成果应成为进一步研究中华民族共有精神家园重要的基础内容，其中包括曾经在西域产生影响的佉卢字、龟兹文、于阗文、粟特文、突厥文、回鹘文等文献，契丹、西夏、女真等文献，古壮字及其文献、回族和布依等民族的汉语文献；另一类是民族文字仍在相当范围内得到使用，如藏语文典籍、蒙古语文典籍、维吾尔语文典籍、彝语文典籍、傣语文典籍等。深入研究这些民族文字的文献典籍，揭示其中所包含的政治、经济、文化和观念信息，一探历史上“五方之民”共存互动的历史状况、文化基础等，可洞悉中华民族共有精神家园不断凝聚的历史动力，为中华民族共有精神家园自觉提供历史根据。

（二）少数民族地区古迹所承载的历史资源研究

历史中国大多数时间运行于“大一统”王朝中国政治之中，每个一统江山的朝代，维护的都是辽阔的疆域，“五方之民”在“王土”之上共为“王臣”，形成了极具吸纳力和包容性的文化氛围，历经迭代的累积，各民族地区都留存有大量的古迹名胜，承载了中华民族共有精神家园丰富的历史信息。其中，有地方性知识和智慧的表达，也有服从王朝中央政治文化的符号，更揭示着多样性文化传播、互动与演变的历史轨迹。古镇、古寺、古塔、古城墙、古墓等，不同时代的文化遗存以此类形态广泛散布于民族地区，其所标识的丰富文化内涵不仅仅引发人们的怀古之思，通过系统的研究亦可揭示在大历史的洪流中，民族地区借助了什么样的制度机制、地缘环境和文化交汇条件，为中华民族文化缔造贡献了智慧和力量，同时通过这一研究，明确需要剔除哪些不利于中华民族共有精神家园建设的思想观念。不同时代的古代遗迹都承载着不同的历史文化信息，成为揭示中华文化传播凝聚的重要信息源。充分梳理这些信息，寻求中华历史文化凝聚和律动的文脉，是推动中华传统文化创造性转化和发展的重要步骤，也有助于理解中华民族共有精神家园建设进程中少数民族的历史角色和作用。

（三）少数民族民间文学所承载的历史资源研究

少数民族民间文学成果丰富，呈现方式多样，其中最常见的包括史诗或长诗、传说和故事、歌谣、格言、谚语等。民间文学中所包含的精神文化内容丰富，常常在叙及族源或民族迁徙、重大历史事件、英雄人物故事、人们日常生活规范等中，表达各民族的世界观、是非观、道德观等。最著名的英雄史诗有《格萨尔王传》（藏族）、《江格尔》、《格斯尔传》（蒙古族）、《玛纳斯》（柯尔克孜族），而创世史诗则有《苗族古歌》（苗族）、《盘瓠王歌》（畲族）、《崇班图》（纳西族）、《侗族的祖先哪里来》（侗族）、《开天立地》（水族）、《开天辟地歌》（白族）等，这些英雄史诗或长诗都含有丰富的思想内容。比如，《格萨尔王传》不仅有理想国的想象，还有神性化的英雄格萨尔，以及以他为中心展示的关于善与恶、是与非等的社会观念和伦理。缘起于卫拉特部的《江格尔》也同样形塑一众英雄和勇士，他们勇敢坚毅，忠诚有担当，有着明确的是非善恶观。《真理入门》（维吾尔族）、《传扬歌》（壮族）等则描述不同时期人们的道德观和行为规范，具有重要的史料价值，含有各民族重要的精神文化资源。深入比较和研究民族民间文学成果，挖掘其中各民族人民追求的根本目标，是认识中华民族共有精神家园的重要途径。在各民族歌谣、格言、谚语中更为集中表现了人们的生活智慧和思想成果，比如成书于15世纪的《萨迦格言》（藏族）对于社会政治、个人品德等提出规范，涉及为政治政之道、为人处世之理、治学求学之方等内容；各民族的谚语往往生动形象、言简意赅，在识字率低或缺少普遍识字的社会则具有强大的传播力和影响力，是各民族思想智慧的结晶。比如，蒙古族谚语内容就涉及真理与光明、道德修养、勇敢坚强、谦虚谨慎、忠诚信任、尊老爱幼、人情事理、团结友爱、荣誉声望等，是处理人与自然、人与社会、人与人之间关系的重要指导。那些为人们所喜闻乐见的传说故事则对民族地区的社会大众产生着重要的影响。这些谚语、传说故事等曾承载了历史上人们最朴素的观念和情感，有着丰富的思想内涵，且对大众各种社会观念的形成产生过重要的影响，需要系统地研究和挖掘，揭示不同群体基本社会观念间的异同及相互之间的影响，正是这些影响不断推动中华民族多元一体文化格局的形成并使其日益向前发展。

（四）少数民族传统礼俗所承载的历史资源研究

不同民族由于所处自然环境和发展阶段差异，社会生活礼俗表现形式也有着相当大的差异，透过万千差异的表象，后人不难从价值层面和精神生活层面看到“大一统”王朝政治的影响以及周邻群体间的相互影响。文化的传播和流动冲破了地理的阻隔和文化样式的隔离，人们追求基本目标一致并为未来的充分合作创造着历史条件。传统上，人们总是围绕各类各级权威政治，经济和文化成果为权力核心及其阶层所享有，不同程度的“压迫”和个体缺少主体性是历史中国社会关系的普遍特征，现代化进程事实上就是破除权威、共享社会权力的过程，人们在个人生活中有求稳、求富、求平安等等意向，在社会生活中服从权威、倡导团结，等等。历史上，各民族社会政治结构有一定的差异，社会文化资源和文化成果以统治阶级为主要服务对象，大众文化生活往往贫乏且缺少选择性。各民族社会都有特定的人群或角色承担传统礼俗维护角色，或借此影响人们的精神生活。他们以适于本民族社会的特定方式或方法在人们婚丧嫁娶节庆等生活环节中借礼俗等规范人们的行为、思想观念。比如纳西族的东巴、摩梭人的达巴、彝族的毕摩、尔苏藏族的沙巴等，他们的社会角色和功能相近，都是适应了这些民族传统社会生活的需求。因此，后人需要深入研究少数民族的传统礼俗及其影响机理，揭示在缺乏印刷媒介支持的条件下人们的精神文化认同形成路径，以及哪些认同能够超越人们日常生活得以升华，经由什么力量上升为区域的或王朝国家的认同。清末民初以后，在主权多民族现代中国建构中，少数民族传统礼俗不断演变，与各民族社会生活共性的增加相伴随，中华民族共有精神家园建构的历史资源创造性转化业已起步，学界需要对此展开深入的研究，以系统准确的判断这一进程及其所面临的问题。

（五）少数民族传统艺术承载的历史资源研究

各类艺术形式是各民族观念形态亦即精神文化传承传播的重要载体之一，其艺术表现形式往往成为一个民族历史和现实最生动的联系媒介，反映一个民族演变、发展历史的全过程。因此，研究普遍存在于各民族和民族地区的独特、丰富、古老的传统艺术，甚至那些在汉族地区已经消失的内容，则是中华民族多元一体文化溯源必须深入开展的工作。少数民族传统艺术形式以现代艺术分类方法分类，主要包括以下几类：造型艺术（包括岩画、壁画、布卷画、鱼皮画、桦皮画、雕塑、工艺美术、建筑艺术、演艺美术、书法），音乐艺术（包括声乐、器乐二类或加上歌舞戏剧、说唱曲艺），戏剧艺术（包括藏戏、维吾尔剧、壮剧、白剧、傣剧、侗戏、布依花灯剧、彝剧等），舞蹈艺术等。每一种艺术形式都是一种艺术语言，传达着特定的思想和精神意义，表达着不同时期具体民族的最普遍的思想和情感，以及该群体处置人与自然、人与社会、人与人之间关系的知识、认知和规范等丰富信息，而且，随着不同时期各民族交往互动的产生，不同民族群体间在艺术形式上的相互借鉴、相互影响业已发生，梳理艺术脉络的历史演变也会更为生动地呈现中华民族多元一体文化格局历史上的面貌，以及对当前中华民族共有精神家园建设的价值和意义。尽管少数民族传统艺术形式历史上也主要服务于统治阶层，但是其智慧和创造却源于广大人民群众，是中华民族共有文化财富，也是中华传统艺术保持绚丽多形、异彩交辉的灿烂容姿的历史资源。历史艺术脉络的梳理将有力地证明中华民族文化的丰富性和多元性源于历史上便已在特定条件下存在的包容性，差异与包容正是中华民族共有精神家园进一步建设不可或缺的条件。

（六）少数民族传统生计方式承载的历史资源研究

不同的生计方式与特定的自然环境技术条件及知识密切相关，人们在谋求生存和发展中必须要处置与自然、社会和人的关系，这些关系形成了特定的制度机制，从而保障群体和个体生存、发展目标的实现。可将各少数民族传统生计方式分如下几大类展开研究。

第一，渔猎生计方式及其相应的文化成果。渔猎生计方式主要是指那些邻江河和山林而居的群体形成的自然经济，传统上以此为主要生计方式的主要有分布于东北的赫哲族、鄂伦春族、鄂温克族，还有云南的傈僳族、独龙族、基诺族等，他们在生产中形成的自然观、岁时制度、传统智慧和工具、利益分享机制，以及他们对周遭动植物的充分利用等，都是中华文化多元一体格局的基础及多样性的来源。充分挖掘和认识这些文化成果，关系到这些民族群体的根本，也关系到中华传统文化资源的继承。

第二，游牧生计方式及其相应的文化成果。游牧业在中国北部草原曾是最为普遍和主要的生计方式，蒙古族、哈萨克族、藏族、裕固族等民族都有马背好手，他们因着特定的自然环境而发明了游牧业适应草原资源并对其加以充分利用的生计方式，在处置畜群与草原及牧人之间的关系上，有一套称得上精致的机制，利用人与畜的流动性，使人和社会生产与自然环境处于良性循环状况，根据草原基本情况安排畜群结构、形成与草原自然气候条件相适应的生产节奏等，使游牧文化获得了其独有的特性，也给中华民族多元一体文化贡献了其特定的文化成果。对游牧业生产规范的深入研究，将会进一步启发草原文化现代化之路，为中华文化繁荣提供物质保障。

第三，山地耕牧生计方式及其相应的文化成果。在西南山区的苗、瑶、侗、彝等民族，利用山地自然环境，亦耕亦牧，发展出山地耕牧农业并形成了调节各类社会关系的制度体系，如苗族凭“议榔”制在族老的带领下，共同协商形成寨规民约，有效调节土地、山林、水资源保护、财产保护、村寨关系、婚姻家庭关系等；布依族则借助设置“护林碑”，规范人们乱砍滥伐树木的行为，保护村寨生态；瑶族则发展出“石碑制”，调整生产关系，维护社会秩序；等等。

第四，丘陵稻作生计方式及其相应的文化成果。稻作文化成果可分南北西路观察，主要是分布于西南山区的傣族、壮族、侗族、布依族、水族、仫佬族、毛南族、黎族等为南路稻作文化的主体，东北的朝鲜族则是北路稻作文化的主体。西南山区各族在生计方式相近的情况下，生产规范具有颇多相似性，且不失本民族特性，各民族文化间的独特性保持和共性生成均成为中华民族优秀传统文化生长的重要条件；朝鲜族更适于东北地区的气候特点，生计方式规范，内容丰富并有其特殊性。

第五，绿洲农业生计方式及其相应的文化成果。绿洲农业指分布于干旱荒漠地区有水源灌溉的地方的农业，中国传统的绿洲农业主要分布于新疆，其中吐鲁番最具典型性。绿洲农业其实也是古代的设施农业，其中最关键是处理水的问题，在技术条件和水源均严格受限的情况下，人们靠智慧发明了举世闻名的坎儿井，坎儿井把来自不同水源的水连接起来，输送到大大小小的绿洲，并且具有防止蒸发和保水等特别功能，正是坎儿井这一设施使沙漠变成农田，养育了绿洲上乐观、豁达的农人。

四　少数民族融入共有精神家园问题的多维拓展研究

陈建樾：我们既要确保中华各民族共有精神家园建设的全面性、系统性，又要为以社会主义民族团结进步事业为基础的共有精神家园建设提供少数民族融入方式的多维借鉴。因此，必须超越前边本体工程实效与少数民族及其优秀文化研究的层次，指向更加广阔、更加深入、更加务实的应用性研究目标，从以下五个方面展开对少数民族融入共有精神家园问题的多维探索。

（一）历史上各民族共有精神家园的经验教训研究

我国是四大文明古国之一，又是其中能够保持文明传统5000年薪火相传的唯一国家。在我国5000多年文明发展史上，曾经有许多民族登上过历史舞台。这些民族经过诞育、分化、交融，最终形成了今天的56个民族。各民族共同开发了祖国的锦绣河山、广袤疆域，共同创造了悠久的中国历史、灿烂的中华文化。秦汉雄风、盛唐气象、康乾盛世，是各民族共同铸就的辉煌。

几千年来，中华民族始终追求团结统一，把这看作“天地之常经，古今之通义”。无论哪个民族建鼎称尊，建立的都是多民族国家，而且越是强盛的王朝吸纳的民族就越多。无论哪个民族入主中原，都把自己建立的王朝视为统一的多民族国家正统，强调“舟车所至，人力所通，天之所覆，地之所载，日月所照，霜露所坠”，都是大一统的组成部分。我国历史演进的这个特点，造就了我国各民族的多元一体格局。

在中华民族多元一体的历史格局里，历代少数民族不断融入中华民族的物质家园，也不断融入中华民族的精神家园。这样的融入过程十分复杂，它是在各族人民漫长的交往、交流、交融中实现的，也是在各民族文明同化、异化、涵化的基础上实现的。这样复杂的历史过程，必然带来许多奇妙的演变。比如，汉族承接着先秦的华夏民族像滚雪球似的不断扩大，而四方的蛮、戎、夷、狄及其后裔则在渐渐变成“少数民族”；同时，少数民族与汉族形成了你中有我、我中有你、谁也离不开谁的涵化关系。与此相关，初衷是出于南方汉族抵御北方少数民族的万里长城，最终也转化成中华民族共有精神家园的一个见证历史的标志性符号。

这样的复杂演变是由具体的历史条件决定的。这些决定因素有历朝历代的政策法令，也有当时各族人民的生产生活，还有随着生产生活演变的“三教九流”大小传统。这些元素在具体的历史环境下发挥了具体的民族意识调控作用，而这些历史作用的具体发挥给当时各族人民带来的感受与体验很不一样。北魏孝文帝改革带来的融入过程，对当时出于“帝王家”的部分鲜卑族人或许是一种美妙的体验和感受；而常常处于弱势的少数民族普通百姓，融入过程感受到的往往是一场灾难。我们今天构建中华各民族的共有精神家园，是要给各族人民带来家园的温馨与和谐，在温馨和谐的前提下增强认同感、凝聚精气神。追求的是一种民族意识良性调控，必须防止出现民族意识恶性调控。因而，对历史上少数民族融入过程中民族意识调控的经验教训，都有必要做一番仔细的研究。

（二）台湾少数民族问题与共有精神家园建设研究

构建中华各民族共有精神家园的少数民族视域研究，不能不考虑到在“一国两制”框架下的港澳台地区，而且首先要考虑到这些特别行政区的少数民族同胞。当然，在港澳台地区，这一研究还应该进一步拓展，关注那里所有的两千多万同胞。这些同胞生活在另一种制度下，跟生活在社会主义制度下的十多亿各族人民客观上存在着一定的群体差异。本课题既然可以拓展到历史上封建制度乃至奴隶制度下的少数民族融入中华民族共有精神家园问题，也就应当顺理成章拓展关注当代资本主义制度下的港澳台公民融入中华民族共有精神家园问题。港澳台的少数民族融入问题，与这些地方其他同胞的融入问题不在一个层次，然而这些不同层次、各有特点的问题又都有共同的历史根源和解决出路，故而这样的拓展研究实际上要作多层面的混合探析。这种混合探析必须从整体上把握一国两制的关键：祖国统一是“最大公约数”。在这个前提下，还应该作以下考虑。

首先，港澳居民并不按大陆的民族识别结论区分民族。无论殖民地时代留下来的英裔、葡裔，还是新入我国国籍的原外籍公民；无论回归前香港、澳门的原居百姓，还是回归后从大陆来的哪个民族人口，都只有香港或者澳门的居民身份。因而，港澳台地区的少数民族融入问题，主要是指台湾的少数民族融入。

其次，“原住民”概念和原住民运动在台湾的出现和“入宪”，是世界范围内土著人运动在台湾岛内的反映，这首先是原住民群体对国民党当局以“山地同胞”将其视为“汉人支系”的反抗和政治运动结果，也是李登辉及台独势力通过原住民的“原住”概念操弄“台湾自古不属中国”的结果，同时也是岛内学术界知识建构的结果。我们认为，国民党当局将少数民族视为“汉人支系”的大汉族主义和同化政策，是这一问题的肇因；原住民要求恢复其固有族称有其合理性，但这一过程不断被独派势力所利用和操控。

祖国大陆的现行宪法明确规定，我国是一个统一的多民族国家，海峡两岸虽然仍处于分离状态，但对台湾岛内的民族问题特别是原住民问题，仍必须坚持“一个中国原则”和现行宪法关于多民族国家的国家定位。本专题将从台湾少数民族的历史称谓变化和“原住民运动”的诉求入手，通过具体而深入的历史文献分析和两岸处理民族问题的不同路径，分析和研究如何以及怎样促进台湾少数民族融入中华民族共有精神家园的对策。

（三）周边国家与跨界民族融入家园的复杂性研究

我国有2.2万多公里的陆地边界线，其中约有1.9万公里在少数民族地区，分别与周边14个国家接壤；136个陆地边境县（旗、市、市辖区）中，有107个在民族地区；在2300多万边境地区人口中，少数民族人口占有将近一半；全国 55 个少数民族中，有朝鲜族、蒙古族、哈萨克族、景颇族等 34 个民族与境外同一民族毗邻而居，形成跨界民族，其中有 8 个建立了独立的民族国家，4 个民族在周边邻国建有一级行政区。我国边疆跨界民族地域大、数量多、分布广，语言和宗教信仰复杂，经济文化发展相对落后，受宗教思想和泛突厥主义、大哈萨克主义、大蒙古主义等泛民族主义思潮影响大。而且，跨界民族虽然处于不同的国家，但是他们使用同样的语言，信仰同样的宗教，具有相同或相似的风俗习惯，再加上邻近疆界的地缘条件，与国外的亲戚、朋友有着扯不断的联系，使得跨界民族问题具有高度复杂性。

在具体的国家概念下，跨界民族同时具有族群身份和国家的公民身份。双重身份构成了跨界民族对本族群与国家互补性的认同。随着全球化的推进，人们可以更容易地将两个国家的经济发展水平、政治稳定性、政府部门的管理效能、法律体系的健全程度进行比较，人们在身份界定上更强调个体的感受，不再依赖传统和权威。因此，个体文化素质、信仰层次等个体因素和所处国家的民族政策、具体情境等情境因素，还有国家的全球化水平、国际贸易等宏观因素都会影响到跨界民族的国家认同。在现实中，跨界民族因其分布格局的文化多样性、地区差异性等特点，以及越来越频繁的人口流动、迁移的趋势，使得散杂居地区与边疆聚居地区民众的国家认同有着明显的差异。边疆聚居地区的底层民众家族或血缘意识较强，地域认同意识浓厚，他们更多关注血亲、姻亲以及族群观念，国家认同和国民身份认同淡漠。另外，跨界民族地区远离国家权力中心，国家在边民的意识中只是一个抽象的概念。跨界民族因同一民族跨界而居形成了与他国同族居民的社会文化网络，使以地缘为基础、以族缘为纽带的跨国流动便利而频繁，致使跨界民族的国家认同极不稳定。

我国周边国家绝大多数是多民族国家，跨界民族问题十分复杂，各国采取的一系列政策往往会给我国跨界民族问题带来更加复杂的影响。以中亚国家为例，中亚五国均存在跨界民族问题，这使得族际纠纷易于上升为国家间争执和领土纠纷，并进一步推动主体民族主义的复兴，如“主体哈萨克民族主义”“主体乌兹别克民族主义”等均有不同程度的抬头。哈萨克斯坦大力推动散居在世界各地的哈萨克人“回归”自己的“历史祖国”，专门制定了《哈萨克人重返历史祖国的构想》《哈萨克斯坦人口迁移法》等相应官方文件和一系列优惠政策，包括为“回归者”解决土地、住房，补贴搬迁费，奖励专家级或具备高级职称的“回归者”并为其解决工作，孩子就学一律免费并补助一定的生活费等。截至2015年，在“回归”的近100万名哈萨克族人中，有14.3%来自中国，成为“回归”的第二大来源国(第一是乌兹别克斯坦)。此外，乌兹别克斯坦也将民族复兴政策定为国策，隆重纪念布哈拉、希瓦建城2500周年，帖木儿诞辰660周年等活动，大力颂扬乌兹别克民族的历史文化。吉尔吉斯斯坦也举办“全世界吉尔吉斯人代表大会”等活动，号召境外吉尔吉斯人（包括我国境内的柯尔克孜族）“回归”。塔吉克斯坦、土库曼斯坦两国也采取了类似的政策。

跨界民族问题是关系我国国家安全、社会稳定与民族发展的重要问题，尤其随着全球化的深入扩展和地区主义意识的不断上升，跨界民族问题在国家与地方治理中的重要性更加凸显。跨界民族的民族认同、国家认同、民族主义、宗教问题、政策工具多元化等与跨界民族问题的产生都存在着必然的关联性。而跨界民族问题的本质实际上是国家与民族的关系问题，是“传统民族向心力”与“国家向心力”失衡的产物。因此，在构建我国各民族共有精神家园的战略过程中绝不能忽视复杂多变的跨界民族问题，如何以中华文化为精神纽带，增强我国跨界少数民族的中华民族认同，将中国跨界少数民族与整个中华民族连为一体，培养他们树立中华民族共同体意识，有效地促进我国跨界少数民族更好地融入中华民族共有精神家园建设是本专题拟解决的主要问题。

（四）世界宗教影响与少数民族融入的相关性研究

在世界范围内，据盖洛普国际调查联盟的“全球宗教信仰和无神论指数”2011年数据统计，全球有61%的人口信仰宗教，12%的人口为坚定的无神论者，27%的人口处于中间或潜伏状态。在全球化的背景下，宗教复兴获得了难得的契机，各种宗教教徒普遍增加，宗教移民数量逐步增长，教派组织日益扩展，宗教思想渐入人心。全球宗教复兴不仅意味着宗教人口或组织在数量上的增长，而且包括宗教在公共领域地位的提升（即从数的扩张转化为质的飞跃）。在可预见的将来，世界宗教的生命力与适应能力依然较强，不会出现世俗主义所言的“宗教老化”现象，宗教对于世界各国政治、经济、文化、社会的影响依然是十分巨大的。

全球化背景下，宗教信仰对中国人的影响在进一步加强。目前地球上绝大多数民众信仰宗教。随着中国国门的打开，我们在很多方面越来越同国际接轨，经济发展、文化传播、社会治理等在交互影响。随着留学海外及出国工作、旅游人数的增加，有宗教信仰国家的人们对我们民众的宗教观念、宗教信仰的影响在增强。在互联网时代，宗教传播的内容更趋个性化、生活化、大众化、国际化，传播的方式更加广泛、灵活、隐蔽，渗透性日益增强，对民众特别是青少年的影响在加深；加之一些“西化”、分化中国的敌对势力利用各种方式进行的宗教渗透和影响，我们面临民众受宗教信仰影响的趋势在不断增强。宗教“五性”之中的“国际性”在今天比以往任何时候都更直接地影响着中国社会。在构建中华各民族共有精神家园的伟大工程中，必须直面世界宗教对于我国的影响，并能积极有效地加以应对。在世界上任何一个国家，对于宗教事务的管理都处在国家治理的重要地位。国外一些国家在处理宗教与政治、宗教与社会、宗教与民族文化关系，反对宗教极端主义、防范并打击宗教极端势力方面也积累了经验，同时也有不少的教训。这些经验与教训对于我国少数民族视域构建中华各民族共有精神家园也有重要借鉴意义。

他国宗教事务治理的经验为我国构建中华各民族共有精神家园提供了他山之石。第一，政教分离，把宗教事务管理纳入法治化轨道。当今世界，宗教事务管理已成为现代国家社会事务管理的重要组成部分，通过立法进行社会事务（包括宗教事务）管理，弄清各自在社会中的地位、权利、义务和职责，这已成为大多数现代国家普遍接受的原则。第二，坚决取缔各种邪教组织。邪教组织危害巨大，各国政府都致力于从突出法律层面的立法工作、强化官方组织职能、发挥民间组织作用、密切国际协作等层面打击邪教、取缔邪教组织。

他国宗教事务治理的教训为我国构建中华各民族共有精神家园提供了前车之鉴。宗教冲突使得社会不稳定，暴力活动加剧。宗教与政治、宗教与社会关系密切，一旦处理不好就会酿成社会动乱，严重威胁政治稳定和经济发展，人民生活也会因此而遭殃。为此，必须认真开展本专题研究。

（五）现代国家建设史上少数民族问题的文明互鉴

多民族国家是当今世界最基本的国家形态，民族问题是世界各国普遍面临的政治难题，世界各国根据国情的不同，处理民族问题的政策也是各有千秋。对于同为多民族国家的我国而言，通过借鉴其他多民族国家治理民族问题的政策经验，吸取他国教训，积极探索新时期新形势下加强我国少数民族同胞融入中华各民族共有精神家园的有效模式与途径，是本专题主要的研究内容。

历史上，西方殖民主义和帝国主义国家对于弱小民族推行了一系列的民族歧视、民族压迫政策，例如民族等级制度、种族隔离制度、种族灭绝政策，等等。这些民族歧视和压迫行径无不遭到被歧视被压迫民族的反抗，最终或导致执行此类政策的执政党、政府的垮台，或迫使其改弦易辙，调整其政策。苏联时代强调究民族平等，为消灭历史遗留的事实上不平等做了许多努力。但是，在斯大林模式影响下的民族理论政策还有相当大的疏漏，尤其是在民族自决基础上建立联邦制而后急转弯，在“跑步进入共产主义”的过程中宣布已经形成“苏联人民”共同体，一劳永逸地解决了“民族问题”。事实上在斯大林时代就以阶级斗争手段解决民族问题，造成相关民族之间出现新的事实上的不平等，最终导致联邦分裂为十五个独联体国家，粉碎了“苏联人民”共同体的想象。

通过吸取这些失败的民族政策的教训，外国一些国家调整了民族政策，推行相对温和的民族政策，解决国内少数族裔融入的问题。主要有民族同化政策模式、多元文化政策模式、民族整合政策模式，等等。从世界各国的情况看，温和类型的民族政策在缓和民族矛盾、改善民族关系、促进民族群体和落后地区经济社会发展、保证民族国家社会安定等方面具有较多积极正面的影响。然而，时至今日，世界各地的种族问题、少数族裔问题还非常敏感，许多国家因种族问题、移民问题引起的争论、抗议、骚乱从未停息，殖民地时代留下的“原住民”问题、“代理人”问题依然不时给相关地区各族人民带来祸患，伴随着宗教纠纷的文化冲突还在到处形成热点，尤其是国际恐怖主义还在披着“民族”的外衣，不时向世界反恐联盟以及期盼和平的人们发出恐怖危害与威吓。这一切，都是应该深入研究的内容。

五　共有家园的少数民族“中和位育”路径探索

杨社平：路径探索必须系统回应总课题的理论预设，为总课题收官。

首先要在“云治理”背景下总括主体工程的研究体会，确立坚持中国特色解决民族问题正确道路、推进民族意识良性调控的“中和位育”路径；其次分别从民族意识良性调控的不同视角，研究国家确保各民族共建共享的社会调控体系和少数民族共建共享的角色担当；最终还要结合团队成员工作岗位展开“从我做起、从本职做起”的局部实验，通过民族意识良性调控的微观成效将“中和位育”路径探索落到实处。概要地说，应该把握四个重点。

（一）中华民族历史格局与共有精神家园的“中和位育”研究

建设中华民族共有精神家园是在他国实践当中未曾有的，是具有中国社会主义特色的构建各民族和谐家园的伟大实践。我们需要开拓创新，但必须从实际出发，做到既尊重我国国情和传统又不囿于历史、故步自封，既借鉴国外经验教训又不照抄教条、照搬外国。我们必须立足于中华民族多元一体的历史格局，把握民族交往、交流、交融与同化、异化、涵化多维一体的族性发展大趋势，坚定不移地走中国特色社会主义解决民族问题的正确道路，通过民族意识良性调控理顺民族观领域的精神秩序，搞好中华各民族共有精神家园的中和位育。

中和位育是一个出自古典儒家文化中的概念，最初是《中庸》里的一段话：“致中和，则天地位焉、万物育焉”。20 世纪二三十年代，潘光旦先生用来对译生物学的“适应”概念，阐发当时半殖民地半封建社会的中华民族复兴之路。他认为“社会的位育有两方面：一方面是位，即是秩序，秩序的根据是社会分子间相当的‘同’；一方面是育，即是进步，进步的根据是社会分子间适当的‘异’。‘同’而过当，社会生活便日趋保守，甚至于腐朽以死；‘异’而逾量，社会生活的重心不定，甚至消失，演成一种无政府的状态，二者都是不相宜的。为社会秩序计，‘同’非不可欲，然而不宜‘尚’，中国史实早已昭示于我们了。为社会进步计，‘异’当然可欲，然窃以为也不宜‘尚’，尚则也不免有流弊”。

今天，我们在中华民族走向伟大复兴的新的历史时期，在实现中国梦理想目标越来越近的时候，在对中华各民族共有精神家园建设工程从少数民族视域做了多维探索之后，重新使用“中和位育”概念，其内容已经被重新定义：“中和位育”作为一个缩略语，包含十六个字：“中国正路，和顺通衢；位安心诚，共享共育”。再展开来，就是：坚定不移走中国特色解决民族问题的正确道路，确保各族人民和睦相处、能帮就帮，和衷共济、合力致壮；在各美其美、美美与共、共建共享、不离不弃的大家庭里共同涵养中华民族共同体意识，在各安其位、同心同德的基础上共同培育中国精神。

位育概念运用到实际生活中，涉及的领域很宽、接触的问题也很多，如家庭、人口、教育、民族、精神文明建设等，小到每一个人的位育，大到整个民族的位育。个人层面的位育，核心在于培育健全的人格。家庭与家族介于个人与社会之间，家庭问题就是各个家人的位育问题，归根是一个家人之间的关系问题，也是各个家人的地位问题，地位适宜，关系也就得当。家庭之中，人人能安所遂生，问题自然解决。民族的位育，则放在一个大的自然与文化的环境之中。环境、民族、制度相互影响，因此民族的位育一方面要考虑具体的自然环境与文化环境，另一方面又要主动地去改造自然环境、创造新的制度文化。

按潘光旦的认识，位育之路便是致中和；用我们今天的话语，就是要坚定不移地走中国特色社会主义解决民族问题的正确道路，通过民族意识良性调控理顺精神秩序，确保中华各民族共有精神家园的和顺。

（二）少数民族共享中华各民族共有精神家园的社会调控体系研究

理顺各民族共有家园的精神秩序，必须遵循民族意识规律，实现以国家为调控主体对全社会进行系统干预的民族意识良性调控。这种调控，需要通过国家启动三大社会调控系统：经济关系、政治制度和意识形态，确保少数民族在中华民族的幸福家园里“共和齐壮”。

发展是解决民族地区各种问题的总钥匙。构建中华各民族共有精神家园，首先要启动经济关系调控系统。经济关系调控系统，就是通过国家经济战略部署以及具体经济政策和法规，对民族经济活动进行调控，促进民族体系中的个体与个体、个体与群体以及群体与群体之间在物质资料的生产、分配与消费过程中彼此合作或相互交叉的程度。启动经济关系调控系统应该重点落实到两个方面：①发挥好中央、发达地区和民族地区三个积极性，实行差别化的区域政策，优化扶贫工作体制机制，把政策动力和内生潜力有机结合起来，形成强大合力，实现民族地区、各少数民族的全面小康；②实行最严格的生态保护制度，保护好民族永续发展的本钱。

构建中华各民族共有精神家园，必须启动政治制度的调控系统，完善民族工作的各项体制机制，为中华各民族共有精神家园提供制度和政策保障。启动政治制度的调控系统，就是通过国家的政治设置以及关于政治生活的政策和法规，对社会政治生活进行调控，增加民族成员对公共事务或民族社会体的管理运作的了解与影响的可能性。启动政治制度调控系统重点落实到六个方面：①提高党和政府的民族工作能力；②坚持和完善民族区域自治制度；③拓宽少数民族政治参与途径；④完善民族法律体系；⑤建立城市民族工作制度；⑥建设一支高素质民族干部（队伍）。

构建中华各民族共有精神家园，必须启动意识形态调控系统，加强意识形态领域工作，旗帜鲜明反对各种错误思想观念，引导各少数民族树立正确的国家观、民族观、宗教观、文化观和历史观，增强各族干部群众识别大是大非、抵御国内外敌对势力思想渗透的能力。启动意识形态的调控系统，则是通过国家政策、法律对文化意识领域的调控，提高民族成员在价值取向、民族理想、思维方式、艺术审美等方面的共享程度。特别值得注意的是宗教与教育。宗教作为一种传统的意识形态，对民族意识的影响往往有两面性，搞得好会促进民族和谐，搞不好就会引发民族意识的恶性调控；现代教育作为传播文化、沟通观念的社会调控系统，对提高民族素质、优化民族意识也有极为重要的意义。此外，文化意识领域的许多因素，如风俗、道德、礼仪、时尚、理想、艺术、新闻、舆论等，都可能起到一种非正式或非制度化的作用，在民族意识调控中亦不可忽视。意识形态系统调控需要落实到八个方面：①在全社会、各民族中大力培育和践行社会主义核心价值观；②爱国主义教育从小抓起，让社会主义核心价值观在祖国下一代的心田中生根发芽；③实行宗教信仰自由的政策，坚持独立自主自办的原则，坚持“保护合法、制止非法、遏制极端、抵御渗透”，依法管理宗教事务，积极引导宗教与社会主义社会相适应；④弘扬和保护各民族传统文化，去粗取精、推陈出新，努力实现创造性转化和创新性发展；⑤在一些民族地区推行“双语教育”，既要求少数民族学习国家通用语言，也要鼓励在民族地区生活的汉族群众学习少数民族语言；⑥新形势下要做好党的民族理论政策研究，阐释好中国特色解决民族问题的道路；⑦适应新形势，在全社会不留死角地搞好民族团结宣传教育；⑧要充分利用大数据等现代技术，进一步加强信息技术、网络舆情监测系统和信息管理服务平台的研发。

（三）少数民族共建中华各民族共有精神家园的自身角色担当研究

民族意识调控的主体是国家，但是构筑中华各民族共有精神家园，少数民族的民族意识自调控作用也不能忽视。中华各民族共有精神家园是在各族人民自我位育的基础上形成的，55个少数民族同样是中华各民族共有精神家园的创造主体和成果享受主体。因此，中华各民族共有精神家园同样是一个民族也不能少。少数民族在构筑中华各民族共有精神家园实践中的角色担当研究，可以从以下四个方面展开。

民族自治地方作为自治主体的少数民族，在当地负有维护国家统一和民族团结的更大责任：拥护中国共产党的领导，拥护中国特色解决民族问题的道路，拥护民族区域自治制度；对一切违背和危害党的领导、危害我国社会主义政权、危害国家制度和法治、损害广大人民利益的行为，必须旗帜鲜明地反对；各族人民都要强化国民意识，要把维护祖国统一和加强民族团结作为自己的神圣职责，旗帜鲜明地维护国家利益和祖国尊严，同一切分裂祖国行为作坚决斗争；各民族增强中华民族共同体意识，强化中华民族一员的意识，牢固树立各民族水乳交融、唇齿相依、休戚相关、荣辱与共的观念和中华民族利益高于一切的思想，始终把中华民族的共同利益摆在首位；各民族包括宗教人士和广大信教群众，都要坚持以现代文化为引领，以开放的态度对待各民族文化，尊重差异、包容多样、相互欣赏。

目前，我国少数民族流动人口已经超过3000万，其中大部分都流向东部沿海发达地区。构建中华各民族共有精神家园，少数民族流动人口也肩负着重要责任与义务：①积极适应城市生活，了解城市管理规章，适应城市管理；②增强自身法治观念和市场观念，全面理解国家民族政策；③积极维护国家统一和民族团结，反对任何分裂国家和破坏民族团结的事情。因此，少数民族城市流动人口应该坚决同这种行为做斗争，负起维护民族团结和社会稳定的义务。

少数民族代表人士主要是指与少数民族有着密切联系，在少数民族群众中有着较高威望和影响的少数民族人士，主要包括少数民族爱国人士、宗教界有影响的少数民族人士、少数民族英雄模范人士和社会各行各业中的少数民族精英人士。少数民族代表人士在构建中华各民族共有精神家园的伟大工程中肩负以下几项重要责任。①少数民族代表人士要拥护与爱戴中国共产党，坚定跟着共产党走社会主义道路的信念与决心。积极投身于中国特色社会主义建设，在经济建设、社会各项事业发展、协调民族关系、维护民族团结等各个方面，应该发挥自己特殊的作用。新时期、新形势下，宗教界少数民族人士在反分裂防渗透方面的特殊作用。②少数民族代表人士应该利用自己的特殊身份，化解、调解影响民族团结的矛盾纠纷，处置涉及少数民族群众的突发事件，为维护民族团结发挥“四两拨千斤”的杠杆作用。③少数民族人士发挥在宣传国家方针政策中的桥梁作用，积极宣讲自己对党和国家方针、路线、民族政策的正确理解，引导本民族的群众增强对于中国共产党、中国特色社会主义、中华民族、中华文化的认同。④少数民族代表人士应该做好党和政府与少数民族群众之间情感联系、思想沟通、政策解释和协调各种关系的事情，发挥好密切联系少数民族群体的纽带作用。

此外，28 个“人口较少民族”，也应该各自担负起中华民族共有精神家园一个基本成员的责任。人口较少民族构建中华各民族共有精神家园，最重要的是实现本民族的文化自觉，树立起本民族的文化自尊、自信。民族主体的文化意识是民族文化发展的内在动力。民族只有对自己的文化充满自信，才能从中获得自尊，才对本民族的文化产生强烈的认同感，才会在文化变迁中积极主动寻求调适发展之路。唤醒民族主体意识，就是费孝通所说的“文化自觉”意识的唤醒，有了文化自觉，就能对本民族文化的历史有所了解，知道自己的特色及优势并努力传承它，从而实现与人口较多民族文化的和谐对接，极大推动本民族传统文化的发展。

（四）“云治理”背景下的“和壮－壮和”家园生态位育实验

随着大数据技术对各个领域的深刻嵌入，人类社会进入了大数据时代。大数据发展正改变着我们的生活、工作和思维，对国家治理产生了巨大的影响和全新的挑战，也为民族治理工作提供了新视角。在各民族共建共享的民族文化服务中所需要及所产生的数据，这些数据经过持续不断的大量积累之后，已经逐渐形成了中华各民族精神家园大数据的雏形，在深度和覆盖面上产生足以揭示民族文化发展规律和影响运作的效应。在这样的背景下，构建各民族共有精神家园的社会系统工程，必然会进入共有家园精神秩序的“云治理”阶段。

“大学是民族的灵魂”。在我们这个统一的多民族国家，高校开设“民族理论与民族政策”课程是进行民族意识良性调控的重要形式。一直以来，我们大多数成员都坚守在这门课的教学岗位上，沿着“中和位育”路线推进民族意识良性调控，以国家精品开放课程为基点，推动意识形态领域的“和壮中华壮和家园”建设。实际上是定位在课题主持人的可控范围内，实施一个从属于“云治理”战略的民族意识培育实验。

这个实验拟为构筑中华各民族共有精神家园设计一个精神秩序治理工具：“和壮－壮和”家园共建共享平台。“和壮－壮和”的概念，分别取“家和万事兴”的“和”，与“气正山河壮”的“壮”。“和壮”，就是各族人民守望相助、能帮就帮，因和成壮；“壮和”，则是伟大复兴壮志凌云、国富民强、长安永和。

“和壮－壮和”网上家园建设将按照“中和位育”路线图推进，沿着中国特色解决民族问题的正确道路，通过“八个坚持”促进“三交”“三和”，让各族人民因“和”成“壮”，倚“壮”永“和”，各自安所遂生，共同守望相助。具体要求是：从我做起，诚意、正心、修身、齐家；从本职做起，敬业、诚信、友善、爱国；从现在做起，确立“四个自信”，加强“五个认同”，同心协力弘扬中国精神，最大限度维护中华民族共同体意识。

综上，是我们就本课题范围从不同侧面初步勾画的研究重点。概括得不一定准确，谨提请课题组同仁和学术界同好关注，以供参考、思辨乃至争鸣，最终协力搞好这一重大课题的研究。

帮成壮和：南宁民族团结进步经验的典范意义

郭　亮　梁　鑫　邓小飞　王希恩*

摘　要：本文基于对南宁三年“创范”实践进行的系统描述，结合南宁的城市精神对“创范”前后进行对比研究，从而将南宁民族团结进步经验概括为：“能帮就帮，敢做善成，因和致壮，以壮养和。”“帮成壮和”的南宁民族团结进步经验，在广西、全国范围具有明显的典范价值。

关键词：南宁　民族团结进步　创建　和壮　壮和

2016年9月，南宁市被国家民委正式命名为“全国民族团结进步创建活动示范市”①。我们于2016年10月开始，就南宁“创范”经验的基本内容进行了系统考察，并结合南宁城市精神做了“创范”前后的拓展观察与深入思考，从而在同全区各市以及区外相关州（地、市、盟）民族团结进步创建活动比较中，进一步探索这一经验的价值和意义。

研究表明：南宁民族团结进步经验可以概括为“帮成壮和”四个字。前两个字取自700多万南宁市民在共有家园建设中弘扬的城市精神，后两个字取自南宁民族团结进步事业的实践内涵。这四个字的内在逻辑是：能帮就帮，敢做善成，因和致壮，以壮养和。南宁民族团结进步的四字经验，与广西民族团结进步经验一脉相承，与全国民族团结进步事业息息相通，是新时代中华民族共有精神家园建设中的位育典范。

---

* 郭亮，广西民族大学民族学与社会学学院讲师；梁鑫，广西民族大学民族学与社会学学院讲师；邓小飞，中央民族大学图书馆原馆长；王希恩，中国社会科学院民族学与人类学研究所研究员。

① 详见《国家民委关于命名南宁市为“全国民族团结进步创建活动示范市”的决定》，2016年9月5日，http://www.seac.gov.cn/art/2016/9/20/art_144_273361.html。

一　南宁“创范”实践的内容概述

2013年8月，南宁市被定为创建全国民族团结进步示范州（地、市、盟）试点；到2016年9月正式命名为“全国民族团结进步创建活动示范市”，历时三年。这三年，南宁“创范”工作从全局制高点出发，形成了生动活泼的新局面；立足地区及社会发展实际，牢牢把握民族工作主题，一手抓发展，一手抓稳定；坚持居正守常，绵绵用力，久久为功；根据南宁民族社会发展情况因地制宜，打造亮点；评选各行各业在创范过程中的突出典型，充分发挥其引领示范作用；遵循分形迭代规律，逐层建立自相似递推机制，从而保障全市民族团结进步创建活动的深入展开。本部分依“数序”设四个专题，陈述对南宁“创范”实践的六方面印象。

（一）一“活”两“全”三年一贯

这个标题浓缩了三句话：“一盘活棋应天时”，“两全其美聚地利”，“三年一贯秉传统”。三句话各概括了南宁“创范”印象的一个方面，因篇幅需要而归入一题。具体行文还要分别陈述。

1. “一盘活棋应天时”

在发展社会主义市场经济和实行对外开放的历史条件下，我国的民族工作面临着“五个并存”[①] 的新阶段特征挑战，必须努力提升民族工作水平。南宁市长期以来积极推进民族团结进步事业，取得的成效十分显著。2013年国家民委将南宁确定为创范试点，既是对南宁民族团结进步工作既有成绩的充分肯定，更是对南宁民族团结进步工作的巨大鞭策。而南宁也正好借助国家的战略部署进一步巩固既有基础，使自身民族工作水平登上一个新台阶，为全国民族团结进步事业提供可以借鉴的成功经验。

市委市政府抓住这一大好机遇，成立了最高规格的创范领导小组。组长、副组长由市委、市政府主要领导和分管领导担任，成员由44位市直有

① 五个并存：改革开放和社会主义市场经济带来的机遇和挑战并存、民族地区经济加快发展势头和发展低水平并存、国家对民族地区支持力度持续加大和民族地区基本公共服务能力建设仍然薄弱并存、各民族交往交流交融趋势增强和涉及民族因素的矛盾纠纷上升并存、反对“三股势力”斗争成效显著和局部地区暴力恐怖活动活跃多发并存。

关部委办局组成，负责指导各级各部门开展创范工作。领导小组在民委下设办公室，分别通过督查指导组、活动协调组、综合材料组、宣传组、档案组等6个具体责任单元负责创范的日常工作，建成了主要领导亲自抓、分管领导具体抓、职能部门牵头、相关部门密切配合的良好机制。

经过精心设计，市委市政府联合下发了《关于创建全国民族团结进步示范市的意见》（以下简称《意见》），提出要努力在民族工作创新、民族关系和谐、民生改善保障、发展少数民族聚居区经济、发展少数民族文化教育、培养选拔和使用少数民族干部、生态文明建设等7个方面取得突破，起到示范作用。《意见》要求加强领导、完善机制、落实责任、广泛动员、加强宣传，形成创范的强大合力和浓厚氛围，力争通过验收，成为名副其实的全国民族团结进步示范市。

随后，市本级、各县区、市直有关部门相继动员，制定了详细的创建措施。把创范工作列入市委年工作要点和市政府年度重点工作任务，并进行分解落实。任务落实情况纳入对各县区、开发区和市直各部门的绩效考评体系，由市委、市政府督察室定期进行督促检查。考评从领导班子重视程度、人员经费措施落实情况、民族团结宣传教育、城市民族工作等方面进行，主要涉及对民族团结工作的重视情况；少数民族群众民生改善，积极为少数民族聚居区群众办实事、做好事、解难题；开展民族团结、宗教政策法规宣传教育；重视民族文化、民族体育工作；重视少数民族干部培养和培训工作，建立少数民族干部数据库，组织开展少数民族干部培训班或组织参加各级各类少数民族干部培训班；积极维护民族宗教领域的团结和谐稳定，对涉及民族宗教的有关问题能够及时研判、妥善处置；积极参加各级“民族团结进步示范单位”命名活动；认真贯彻执行《南宁市壮文社会使用管理办法》等内容。各级各部门在严格的考评和督查下，积极采取措施，扎实落实工作任务，各项工作稳步推进。

市人大常委会为了加大推进开展创范工作力度，召开了专题汇报会，相关职能部门参加汇报会，市部分人大代表听取汇报。市政协也就创范工作组织政协委员进行专题调研，形成了同心同德共同创范的巨大合力。南宁市各县（区）人大、政协积极参与投入民族团结进步示范点建设工作，对县区民族工作示范点建设情况进行调研、座谈，收集相关意见和建议。

与此同时，社会各界人士广泛参与到南宁民族团结进步创建工作之中，其中不乏台湾同胞的倾情加入，促进了民族地区的经济发展与文化交流。2014 年 8 月举办的桂台南宁少数民族交流活动周，台湾花莲县、苗栗县参访团分别到横县、隆安进行民族文化交流和社会发展参观，还到了沛鸿中学开展交流活动。同年 12 月，台湾台南市善化区交流团到南宁市宾阳县进行民俗考察，与南宁市县有关部门及炮龙协会进行两地文化交流。这些交流活动增进了两岸同胞的相互了解，也为南宁民族团结进步建设增色。

党委政府抓住历史机遇，牵一发而动全身，给南宁创范注入了经天行地的正能量；通过政府落实、人大监督、政协助推、社会各界广泛参与，南宁创范工作的棋局通盘皆活。

2. “两全其美聚地利”

按照《国家民委关于创建全国民族团结进步示范州（地、市、盟）试点的决定》要求，南宁的创范牢牢把握各民族“共同团结奋斗，共同繁荣发展”的民族工作主题，结合正在急速成长的壮乡多民族共生的自治区首府城市发展实际，确立了民族过程实际与社会发展目标两头兼顾、民族团结进步与社会和谐发展全面兼容的两全其美创范策略。把创范与当前南宁经济社会发展的总体战略结合起来，聚和谐发展的“地利”为得天独厚的创范立足点。

南宁从古邕州算起已有 1690 多年的建城历史，发展最快的是作为广西壮族自治区首府以后的这半个多世纪。撤地改市以来，南宁的广西城市首位度不断提升，正在向区域性国际城市迈进。列入全国创范试点之后一个月，第十届东盟博览会又在南宁召开。在十二五规划里，南宁的城市发展目标已确立为加快建设区域性国际城市和广西首善之区，拟在自治区内率先建成全面小康社会。

列入创范试点的 2013 年，南宁少数民族人口 416.73 万，无疑为全国十三个创范试点州、盟、市之最。南宁市人口规模相当于呼和浩特、银川、乌鲁木齐、拉萨这四个自治区首府城市少数民族人口之和的 2.5 倍，超过上述四个自治区首府与西宁、贵阳、昆明三个民族省省会少数民族人口之和，还超过北京、天津、上海、重庆四个直辖市的少数民族人口之和。如此巨大的少数民族人口基数，凸显了南宁民族事务的重要性。当年南宁户籍注册 49 个民族成分，少数民族人口约占全市总人口的 58%。如此之高的少数民族人口比例，决定了南宁创范建设目标必须与社会发展战略保持高度一致。

南宁 416.73 万少数民族人口之中，有 255.36 万居住在城区之外的六个县。六县当中有三个是国家级贫困县，还有不少贫困人口集中在各县的边远村镇。这决定了南宁创范的一个基本立足点还在广大“待城区化”的世居民族乡镇村屯，也决定了改善边远乡村的世居民族生产生活条件、帮助“待城区化”居民同步实现小康依然是南宁创范必须重视的一个基本点。同时，南宁城区常住的少数民族人口也有 161.37 万（六个城区中有一个是自治区级贫困城区），城市民族工作又是南宁创范的一个基本立足点。而且，南宁市区每年流动人口百来万，其中 1/3 是少数民族。这每年几十万的少数民族流动人口，给南宁城市民族工作带来了一个不可忽视的热点，也是南宁创范必须不断加强的一个着力点。

南宁壮族人口 401.46 万，占全市总人口的 55.37%。壮族是我国人口最多的少数民族，在全球数以千计的民族之中，壮族人口数量也排在前 30 位。国际上一些势力妄图利用壮族人口多、分量重的特点，挑起族际摩擦与冲突，给我国造成更大的麻烦。随着“三股势力”在其他相关地区遭受“严打”高压，一些试图逃向国外的极端分子混杂在流动人口之中经由南宁出境，也为南宁创范增添了更加复杂的因素。因此，南宁创范必须发展稳定两手抓，严防和谐稳定形势受到破坏。

面对如此复杂的民族市情，南宁市委市政府把创范工作融入全市经济社会发展大局，部署实施了从“民族团结宣传教育”到“生态文明建设”等十项重点工作①，奋力提升南宁在广西经济社会发展中的首位度，加快南宁建设中国面向东盟开发合作的区域性国际城市的步伐，在促进少数民族和民族地区经济又好又快发展、切实改善和保障民生、努力维护民族团结和社会稳定等方面都做到两全其美。

两全其美的创建策略，如同把“两个共同”的民族工作主题作为焦距，确定了这片热土上的两个焦点，充分凝聚了和谐壮乡首府与东盟区域城市的“地利”，从而以连接两个固定焦点的长线控制画笔，最大限度地画出了有效巩固发展民族平等团结、社会文明进步的标准椭圆。

① 详见中国南宁－南宁市政府门户网站：《中共南宁市委南宁市人民政府关于创建全国民族团结进步示范市的意见》（南发〔2014〕7 号），2014 年 2 月 26 日，http://www.nanning.gov.cn/Government/zcwj/nnzb/nnzb2014/2014ndlq/201404/t20140416_159438.html。

3. “三年一贯秉传统”

确定为试点以来，南宁创范过程体现的一贯作风是居正守常，朝着既定目标绵绵用力、久久为功。体现了“重在平时、抓常抓长，重在交心、以心换心”的工作准则，弘扬了“带着感情、带着责任，争取人心、凝聚人心、温暖人心”的优良传统。不妨抽取一些工作文献进行观察。

首先看一看南宁市民族工作领导小组副组长、市民委主任苏志刚在民族工作领导小组第五次全体会议上的讲话①。这份讲话由两部分构成，第一部分是关于2014年民族工作回顾，汇报了四个内容：（一）稳步开展全国民族团结进步示范市创建工作；（二）努力推进少数民族聚居区经济社会发展；（三）民族文化“三进”活动取得新成效；（四）成功举办了上林县镇圩瑶族乡、马山县古寨瑶族乡成立30周年乡庆活动。在我们看来，这四方面都是南宁创范的题中之意。汇报中将创范单独设为第一项，强调的意义在于“稳步开展”。把其他三点纳入创范视角之中，这种稳步开展的风格也一气贯通。

第二部分是关于2015年重点工作安排。汇报中把这一年的民族工作概括为“110”思路：

> “1”就是围绕“一个目标”，即围绕创范来开展民族工作，确保建成全国民族团结进步示范市。“10”就是推进“十项工作”：一是抓好城市民族工作，进一步完善“13456”“南宁模式”少数民族流动人口服务体系；二是建设好“三支队伍”，抓好民族关系监测评价处置工作；三是实施解决上林、马山、隆安三个国家贫困县20户以下10户以上少数民族聚居村屯不通路、不通电、饮水难“三难”问题；四是继续深入开展民族团结进步创建“五比五争”评比活动；五是进一步开展丰富多彩的民族文化“三进”活动；六是开展壮文“进村入街”行动；七是出版一批民族团结系列丛书；八是开展全市小学生民族团结书画大赛；九是抓好民贸民品工作；十是抓好宗教工作。

① 苏志刚：《主动作为 敢做善成 不断推进全市民族团结进步事业上新台阶》，《南宁市民委2009年至2015年综合材料汇编》总结补充内容第50号。

无论该年的“110”工作思路还是头年工作成效的四方面概括，其稳步展开的风格一脉相承。这种一脉相承的稳健作风，体现了坚定不移的志向，也体现了继往开来的传统。为了从历史的视角观察这方面的传承脉络，不妨再回到国家民委确定南宁为创范试点的一个多月前，看看同一位主任在民族工作领导小组第四次全体会议上的讲话①。

这份讲话将2013年安排的南宁市民族工作概括为“总结深化三个亮点”、“深入推进三项难点”和“突出抓好八项重点”。

> 其中八项重点一是组织开好全市第十届少数民族运动会，二是开展好一年一度的民族团结宣传月活动，三是启动上林县镇圩瑶族乡、马山县古寨瑶族乡乡庆筹备工作，四是组织好少数民族干部培训工作，五是出版民族文化系列丛书，六是下大力气改变民族信息工作落后面貌，七是召开民族团结进步创建活动进企业、进社区现场会，八是完善民族专项资金管理制度，抓好民族专项资金项目建设和规范化管理。

比较起来，尽管2013年安排的这八个重点与2015年安排的十项重点工作名目多有不同，但主题思想却完全一致——都集中在把民族工作主题作为焦距确定的两个焦点，都在画巩固和发展民族平等团结、社会文明进步的标准椭圆。

再看看2013年强调的两个“三”，与2015年重点工作安排之间这种历史传承性就更加明显。

> “总结深化三个亮点”——总结民族事务服务体系建设成功经验，深入开展全国少数民族流动人口服务管理体系建设试点城市工作；总结民族关系监测评价处置机制建设成功经验，及时排查化解涉及民族因素的矛盾纠纷；总结民贸民品生产优惠政策落实成功经验，推动民族经济工作再上新台阶。

---

① 苏志刚：《2012年南宁市民族工作报告》（2013年7月4日），《南宁市民委2009年至2015年综合材料汇编》总结补充内容第32号。

这三个亮点实际上又成了2015年重点计划当中的第一、第二和第九点：

> “深入推进三项难点”——深入推进民族团结进步创建活动；深入推进民族文化“三进”活动；深入推进壮语文社会应用管理。

这三项难点实际上还体现在2015年重点计划当中的第四、第五和第六点。

可见，2013年工作的“三三八”要点与2015年的“110”思路是一气贯通的。2015年的实际工作继承了2013、2014年积累的业绩和优势，从而在新形势下稳步推进、发扬光大。南宁创范的“三年一贯制”，就是居正守常、保持和发扬自身民族团结进步事业的传统优点。

至此，简要概述了前三个方面的印象，以下依序具体陈述后三个方面的印象。

（二）“四角飞檐”亮点纷呈

南宁创范因地制宜，打造了四个独特的亮点：全方位立体化的少数民族流动人口服务平台；多渠道大功能的民族关系监测评价处置机制；卓有成效的民族乡帮扶政策；以及跃入全国先进行列的民贸民品产业。

（1）少数民族流动人口服务平台。基于全市统一的少数民族流动人口服务中心，贯通市、城区、社区的三级服务网络，凭借民族之家、服务中心、法律援助，以及结对联系的四项基本服务制度，依托民族干部、联谊会员、“民族之家”、志愿者，加上专家顾问等五支常设性队伍，在经商就业、住房租赁、子女入学、法律援助、困难补助、清真食品等六个方面给予到位、贴心的服务。这个“13456”服务平台，多角度开展关爱联谊行动、深层次实施权益保障的过程中，保证了外来少数民族流动人口的尊严感和幸福感。让他们进得来、留得住、有发展，从而切实提升了对这座城市的归属感。

（2）民族关系监测评价处置机制。基于拥有成员200余名的民族工作信息员、民族关系协调员、民族工作专家顾问队伍，依托1200多名少数民族知名人士、少数民族社团和少数民族聚居地区在邕的信息资料库，在重点街道、清真饭店、少数民族流动人员聚居地设立的53个民族关系监测点，每年定期对全市民族关系状况进行测评，并形成评价报告供市委、市政府决策依据。南宁市在推进民族关系监测评价处置工作方面的主要做法：一是坚持完善监测协调机制，落实专项工作经费、领导重视，充分发挥民族关系协调工作领导小组的协调作用；二是进一步优化“三支队伍”，提升“三支队伍”能力水平；三是健全四级民族关系监测体系；四是完善规章制度，如建立健全《南宁市民族关系监测评价制度》《南宁市民族关系监测信息工作制度》等 14 项覆盖监测评价、队伍管理、信息报送等方面的工作制度，探索了一条把握民族关系、预防和处置涉及民族因素矛盾纠纷、维护民族团结和社会稳定等工作的新途径；五是寓监测于平时服务中；六是加强研究与成果的作用。此外，加上跟内蒙古、宁夏、新疆、西藏四区首府城市的社会和谐稳定工作区域合作，形成完整把握民族关系、预防和处置涉及民族因素矛盾纠纷、维护民族团结和社会稳定等工作的有效机制。近年来，这项机制在涉及民族因素矛盾的数十起纠纷事件的处置工作中发挥了关键作用，切实防范并大大减少了涉及民族因素矛盾纠纷事件的发生，有效维护了民族团结和社会稳定。

（3）民族乡帮扶政策。2013～2015 年共投入三个民族乡基础设施建设资金超 3.4 亿元，建设（升级）屯级道路 1103 条 1193.24 公里，独立桥、涵洞 33 座等。实施村屯道路、人饮工程、水利灌溉等基础项目 300 多个，解决了马山县古寨瑶族乡、里当瑶族乡和上林县镇圩瑶族乡 6.7 万名瑶族、壮族群众的行路难、饮水难、用电难、就医难、入学难等诸多问题。

民族乡加大新型农业经营主体培植力度，依照“建基地、重示范、促带动”的发展理念，大力引导和支持农民成立农村专业合作社及种养协会，充分发挥龙头带动和市场沟通桥梁纽带作用，各种种养特色产业规模不断壮大，走出来一条“一户带多户、多户带全村、一村带多村”的农村发展新路子。至 2015 年底，镇圩瑶族乡有牛肉养殖、黑山羊养殖等合作社 7 个，里当瑶族乡共有金银花种植、里当鸡养殖等合作社 7 个，古寨瑶族乡登记在册的从事金银花、中草药、无公害蔬菜种植以及生态养殖等产业的农业合作社 8 家。其中，古寨瑶族乡本立村古朗屯连片种植金银花面积达 1500 亩，年产金银花干花 1.5 万斤，收入 120 多万元，销售金银花种苗 100 多万株，收入达 40 多万元，金银花单项收入 160 多万元，昔日“石头缝里的贫困村”变成了堆满“金山银山”的富裕新瑶乡。在古朗屯成功经验带动下，古寨瑶族乡随后又相继成立了2家金银花农民合作社，全乡金银花种植面积达到3.5万亩，金银花干花年产量达30多万斤，产值3000多万元。

2014年，专项划拨给古寨、镇圩两个民族乡乡庆资金1000万元，各级各部门筹集资金6500万元，全市上下落实资金1亿多元。民族乡发生了翻天覆地的变化，从全市交通条件最为落后的乡（镇）变成交通条件相对发达的乡（镇），形成了一批有竞争力的特色产业，少数民族群众生产生活水平得到极大提高①。同时，继续将帮扶延伸到20户以下少数民族聚居村屯的行路难、饮水难、用电难问题，优先消除10户以上20户以下的“三难”，2014年底专门印发《南宁市实施上林马山隆安三县20户以下少数民族聚居村民生改善帮扶工程工作方案的通知》。对于部分户数较少、实施难度大，当地有条件实施移民的，则通过建立移民新村、异地安置等方式予以解决。

（4）助推民贸民品企业发展。2013～2015年投入专项资金1700万元，用于民族特需商品展示室建设扶持、民族成药产品宣传推介、边销茶宣传推广扶持、清真食品产业发展扶持、少数民族文体用品发展扶持等方面。2014年，南宁市民贸民品生产企业共获民贸民品生产优惠利率贷款46亿多元，获中央财政贴息1.12亿元。“十二五”期间，全市共有48家企业通过国家民委、财政部、人民银行总行的审核，认定为民族特需商品定点生产企业比“十一五”时期多21家，增量居全国地级市第一位、总量居全国第二位，总量和增幅均居全区第一。48家生产民族特需商品定点生产企业和106家民族贸易企业，在2013～2015年间共获中央财政贴息3.09亿元，贴息数位居全区第一位，居全国先进城市行列。南宁民族医药、清真食品、民族针纺织等特色产业逐步兴起，直接安排少数民族就业人员2万人以上。

为贯彻落实好民贸民品生产优惠政策，2014年南宁市民委举办了民贸民品工作培训班，指导民贸民品企业和各县区用好民贸民品生产优惠政策。同时，组织25家民品企业向自治区申报2014年度民族贸易网点改造和民族

① 更详尽的情形，可参阅邓崇专等2016年5月完成的调研报告《南宁市民族乡少数民族权益保障的成效与经验》，南宁市民委《创建全国民族团结进步示范市“南宁经验”研讨会论文汇编》，第33～65页。该报告称：由于多种方面的原因，全国多数民族乡除了“一个牌子”“一个位置”“一个章子”之外，与其他乡没有区别，而南宁市民族乡却呈现出“一枝独秀”的景象。

特需商品定点生产企业“以奖代补”资金，推荐11家企业申报国家民委开展的民贸民品企业“千家培育、百家壮大”工程扶持企业。[①]

如果把创范中的南宁比喻为一座具有自身特色的大厦，这四大特色亮点就如同四角具出的大厦飞檐。

（三）“五比五争”沸点连连

创范三年来，南宁每年都在全市持续开展以“比稳定发展，争当民族团结进步模范县（区）、模范乡（镇、街道）；比重视支持，争当民族团结进步模范单位（企业）；比团结和谐，争当民族团结进步模范村（社区）；比文明守法，争当民族团结进步模范家庭；比互助友爱，争当民族团结进步模范个人”为内容的“五比五争”活动。通过“身边人、身边事”不断影响和带动广大干部群众，弘扬民族团结主旋律，传递民族团结正能量，在全市形成了争当先进、争做典型的良好氛围。2013年12月，在自治区第七次民族团结进步表彰大会上，南宁市共有18个模范集体、25名模范个人获得表彰。

2014年第一批“五比五争”考核命名活动在全市各县区、开发区铺开。2月开始在全市县（区），乡（镇、街道）、村（社区）全面开展“五比五争”考核评比活动，上半年第一批创优争先“五比五争”活动考核命名工作在全市12个县区和3个开发区先行铺开，采取市、县（区、开发区）、乡（镇、街道）三级考评命名方式。[②] 第一批“五比五争”考核命名活动的乡镇（街道）、学校、企业、村（社区）等单位覆盖率达30%，评出市级6个模范县区、56个模范乡镇（街道）、53个模范村（社区）、133个模范单位（企业）、194个模范家庭、247名模范个人。县区、乡镇两级共考核评选出86个模范乡镇（街道）、892个模范村（社区）、1866个模范单位（企业）、2588个模范家庭、3290名模范个人。当年9月，在第六次全国民族团结进步表彰大会上，南宁市良庆区大沙田街道办银海社区居民委员会等3个单位被授予全国民族团结进步模范集体称号，杜丽群等4名同志被评为模范个人。

---

① 南宁市民委党组书记、主任苏志刚：《南宁市民委2014年总体工作情况汇报材料》，2014年12月1日。

② 南宁市民委：《当前民族工作汇报》，2014年5月21日。

2015年进行了第二批“五比五争”考核命名活动，2015年进行了第二批“五比五争”考核命名活动。通过“五比五争”载体，市本级涌现出2099个民族团结进步创建“五比五争”活动模范县（区）、模范乡（镇、街道）、模范单位（企业）、模范家庭和模范个人；县（区）一级共命名4319个民族团结进步创建“五比五争”活动模范乡（镇、街道）、模范单位（企业）、模范家庭和模范个人；乡镇（街道）一级共命名9867个村（社区）为民族团结进步创建“五比五争”活动模范单位（企业）、模范家庭和模范个人。市、县、乡镇三级共评比命名民族团结进步“五比五争”模范达16285个。“五比五争”将各级机关、企业、社区、乡镇、学校、家庭、商业街区、宗教场所参与创建活动覆盖面大大提升，成功地贯彻落实全市民族团结进步工作开展的常态化。通过各行各业为民族团结进步事业做出突出贡献的典型代表的示范引领，不断形成比学赶超的社会氛围，把创范的热潮保持在沸点。

（四）“六进”分形　化为“八进”

2014年7月，国家民委正式下文《国家民委关于推动民族团结进步创建活动进机关、企业、社区、乡镇、学校、寺庙的实施意见》（以下简称《实施意见》），南宁市县、区、开发区等各级单位便积极推进民族团结进步创建活动，广泛深入推开“六进”实践。市民委第一时间组织学习《实施意见》，领会文件精神，严格按照要求开展民族团结进步创建活动进机关、企业、社区、乡镇、学校、寺庙。6月南宁市民委一行六人到横县调研，横县即以南宁市创建全国民族团结进步示范市为契机，对照“六进”要求展开机关、企业、社区、乡镇、学校、寺庙（军营）的定点示范工作。8月青秀区民族局党支部召开党的群众路线教育实践活动专题组织民主生活会上进一步强调做好民族团结进步创建“六进”以及“六进”示范点的亮点打造工作。马山县以教育局等14个单位作为示范点进行建设，与此同时，下达相应的工作指标，进行工作部署。11月邕宁区召开“六进”示范点工作布置会，城区政府办、民族事务局和城区11个“六进”示范点分管领导参加会议。

南宁市的“六进”活动层层递推，呈现出层层嵌套的“六进”分形状态。先以“进学校”为例——实践中细化为进大学、进中学、进小学，还要求进课堂、进教材、进师生头脑，这就出现了新一层的“六进”。这一层

“新六进”，南宁的学校有不少可以为范。南宁师范学院附小、沛鸿民族中学、南宁职业学院，都在进课堂、进教材、进师生头脑①方面做出了实效。

“新六进”并不止于“进学校”。无论“进机关”“进企业”“进社区”，还是“进寺庙”，都有可能形成各自的“新六进”。仅凭《南宁市民族团结进步创建活动示范单位成果展》一书，就可以发现不少这样的例子：《坚持团结进步两大主题，促进税收事业和谐发展——南宁市国家税务局民族团结进步工作纪实》一文的六个标题，就是“进机关”里的“新六进”②；上林大染坊蚕丝绸有限公司围绕“六大主题”实施的民心工程，则是“进企业”的“新六进”③；中华社区的“六到位”④，又是“进社区”的“新六进”。

不同层次的各种“新六进”，是在分形迭代中出现的奇异性自相似点。按照分形迭代规律⑤，随着这些精细化的自相似点不断呈现，“新六进”又会在各自的新节点出现交织。因此，2015 年 3 月，南宁市创建全国民族团结进步示范市领导小组办公室发文《关于推动示范市创建活动“六进”增补为“八进”工作的通知》（市创建办发〔2015〕1 号），南宁民族团结进步创建活动增加了“进家庭”“进商业街区”的要求。

“进家庭”，既可从学校进入，又可以从社区、乡镇、企业等单位进入，还可以在“进家庭”之后推向市内外更广泛的社会领域。比如，新兴民族学校让学生带“给家长的一封信”和《民族团结宣传册》回家，对家长进行“三个离不开”思想教育，进行反对民族分裂、反对学生入教信教的宣传教育就是由学校“进家庭”。又如：镇圩瑶族乡排红村的韦世仁家庭的山歌传承。韦世仁从小爱唱民歌，从父辈那里继承了不少瑶山歌，和家人一起推陈出新，联系当下的生活，以社会主义好、民族团结进步为题材，创作了一百多首歌曲在群众中教唱，不仅丰富了农村文化生活，而且让群众明白创建和谐社会，搞好民族团结，就要从小事做起，从身边事做起，做

① 详见雷德《民族团结花在校园盛开——南宁市民族团结教育活动进校园情况》，南宁市民委《创建全国民族团结进步示范市“南宁经验”研讨会论文汇编》，第 136 ~ 174 页。

② 详见《南宁市民族团结进步创建活动示范单位成果展》，第 1 ~ 4 页。

③ 详见《南宁市民族团结进步创建活动示范单位成果展》，第 55 页。

④ 详见《南宁市民族团结进步创建活动示范单位成果展》，第 22 页。

⑤ 分形迭代规律反映分形复杂现象的成因以及背后的简单逻辑：每一次对过程的重复即为一次迭代，而每一次迭代得到的结果会作为下一次迭代的初始值；分形元依照分形序反复迭代，从而形成层层嵌套自相似的分形系统。

到能帮就帮。金湖社区民族团结示范户何光民家庭积极发动小区居民自筹资金修建了一个露天灯光排球场，仅2014年，他们就在这里组织开展了气排球比赛80多场，联谊活动4场，百家宴2次，播放投影电影1次，活动人数超过2000多人，深受社区居民的欢迎和爱戴。何光民还经常到区内外少数民族地区摄影采风创作，每到一处都与当地的少数民族同胞打成一片，他的摄影作品，多次获得国际、国家级奖项；他捐助25000元给河池市金城江区六圩镇兴洞村农民开展养羊扶贫项目；多次向靖西、上林以及贵州省加榜小学、云南省磨盘卡小学等少数民族山区学校捐赠文化体育用品和书架、书柜，向山区小朋友们赠送书籍、文具、书包、毛巾等学习、生活用品。他十几年如一日资助良庆区那陈镇壮族女孩韦玉芬走上求学路直至成家立业的事迹，被拍成电视专题片，作为先进党员的典型在全区播放。

同样，“进商业街区”也是“六进”分形成“八进”的自相似交汇点，也都体现了南宁“八进”的复杂精细状态。“进商业街区”以“诚实、守信”为核心，发挥人员密集、流量大优势，开展民族文化展示和宣传教育活动。其发挥重大项目带动就业作用，为少数民族群众提供就业创业岗位。江南水街民族特色街区是一个多民族聚集的商业街区，少数民族经营户占80%以上，通过把民族团结进步创建活动和街区特色商业发展紧密结合，依托广西少数民族传统文化，将民族特色元素融入整个街区建筑风格中，经常性举办民族传统节庆、民族文化展示、民族风情演出等活动，营造民族团结浓厚氛围。同时通过租金减免、免租期延长、装修补贴等扶持政策，为广大少数民族经营户提供了一个低门槛的产业平台，使江南水街成为一个民族团结进步的示范街区，营造了民族团结浓厚氛围，影响力大，效果好。事实上，可以将“进商业街区”作为“进企业”“进社区”“进乡镇”相交汇。

无论“六进”还是“八进”，南宁实践中的交汇状态是普遍的。不妨再看看“进机关”：民族团结进步创建活动进机关工作调动了市直各机关单位参与创建民族团结进步示范市的积极性，提升了创建全国民族团结进步示范市的质量和水平。2016年5月，南宁市在全市市直各机关单位开展了第二批民族团结示范岗、民族团结科室流动红旗评选命名活动。经市创建全国民族团结进步示范市领导小组、市直机关工委、市民委对申报对象进行综合评议，决定命名周其安等120人为市直机关单位民族团结示范岗，授予市委办公厅第四秘书科等90个科室民族团结科室流动红旗，下发了《关于命名南宁市第二批市直机关单位民族团结示范岗、民族团结科室流动红旗的通报》[①]，并为命名的个人、科室颁发了牌匾。

“进机关”的成效同样不止于机关，而是通过多维度的渠道传递并推出更大的积极效应。以西乡塘区为例，西乡塘区教育局成立了局机关民族团结工作领导小组，局长、书记任组长，局班子成员为副组长，局各科室负责人为成员，形成干部职工带头，科室联动的民族团结进步创建。这一过程中加强对全局干部职工民族理论政策学习宣传，增强民族团结进步教育，把创建活动与教育工作结合，与重大民族节日相结合，开展于此内容相关的主题实践活动。每学期对民族教育工作进行周密部署，加强全面协调，促进落实。如各科室深入学校开展教研、检查工作时要督查学校民族团结教育工作开展情况。西乡塘区教育局围绕“学校、家庭、社区、网络”为主题，成立“家长学校”，组建“家长委员会”，构建学校、家庭、社区、网络“四位一体”的严密家庭教育网络。与此同时，联手学校家委会、社区服务站，共同构筑民族团结教育工作的多元平台。可见，民族团结进步在西乡塘区教育局的“进机关”与“进校园”“进家庭”“进社区”密切相连。

事实上，由机关、由企业、由乡镇、由社区等推动的各种民族团结进步创建活动，有许多也都已经“进家庭”。而“八进”迭代的最终交汇点，是每一个人的头脑和心灵。

2015年10月17日，全国民族团结进步示范市创建单位“互观互检”工作座谈会在南宁召开。南宁市因地制宜，将规定动作和自选动作相结合，扎实开展进机关、企业、社区、乡镇、学校、家庭、商业街区、宗教场所“八进”活动，全体“互观互检”代表对南宁在创建全国民族团结进步示范市方面的工作成绩给予充分肯定。国家民委监督检查司宋全副司长说：南宁市在注重创新方面，把民族团结进步创建“六进”活动拓展为“八进”，很好地关注到了家庭这个社会细胞在民族团结进步创建工作中的基础性作用[②]。

---

① 市创建组发〔2016〕2号。

② 引自南宁市民委《2009－2015年大事记》2015年10月15～18日，另可参阅广西民族网2015年10月20日报道《真重视真用心真尽力——国家民委宋全副司长充分肯定南宁民族团结进步创建工作》。

前述六方面的实践，反映“南宁市的民族团结进步创建工作做到了真重视、真用心、真尽力”，“走出了一条符合中央精神、自治区要求、具有南宁特点的创建民族团结进步示范市之路，交出了一份出色的成绩单”①。

二　南宁“创范”前后的联系对比

调查表明，南宁创范前后的民族团结进步实践与三年的“创范”实践具有明显的自相似性联系。从“一盘活棋”到“六进分形”，各种亮点都在“创范”三年的前后遥相呼应、相映生辉，构成了独具特色、一气贯通的“和谐壮美”壮乡首府风景线。

（一）“活、全、一贯”前后自相似

跨越“创范”过程观察，2013 年 8 月之前和 2016 年 10 月以后的南宁民族团结进步事业相关实践存在明显的自相似性：与创范实践经验对比，前后几年的创建活动同样是“一盘活棋”；前后几年的民族工作策略，同样具有“两全其美”的性质；这“三年创范”实践的优良传统，同样也在前后几年“一以贯之”。

南宁三年创范这盘活棋的关键，在于成立了全市统一的“创范”工作领导小组，建立并完善了民族工作领导体制和工作机制。顺此查阅有关工作文件，发现列入试点之前也有同一性质的领导小组和工作机制，只是具体名称有所不同。2009 年 4 月 22 日，市委、市政府印发《中共南宁市委、南宁市人民政府关于成立南宁市民族工作领导小组的通知》，该小组虽称“民族工作领导小组”，但跟 2011 年成立的“创建活动领导小组”和 2013 年成立的“创范工作领导小组”结构基本一致：成员单位包括市委办公厅等市直几十个相关部门，组长为市委分管副书记，副组长为市委常委、市委统战部部长和市人民政府分管副市长、市民族事务委员会主任。尤为典型的是，在这三个领导小组中，民委主任苏志刚都担任副组长。我们把一般意义上的民族工作和包括“创范”在内的民族团结进步创建工作看成不

① 这两句分别为国家民委监督检查司监督检查处处长张爱民和广西壮族自治区民委主任卢献匾在南宁验收现场的讲话，详见新华网 2016 年 5 月 28 日报道《南宁创建全国民族团结进步示范市工作接受考核验收》。

同的标度，这三个领导小组依然具有“标度不变的自相似性”。

在这种标度不变、层层嵌套的自相似当中，南宁市“创范”前的“创建活动”和“民族工作”，实际上都体现了“两全其美”的工作原则。南宁市在三年“创范”之前一直坚持“共同团结奋斗、共同繁荣发展”的民族工作主题，把发展作为增进民族团结的关键，优先发展经济，着力提高各族人民生活水平，全力促进各民族和睦相处、和衷共济、和谐发展。2005～2013年，南宁市生产总值年均增长13.9%，2013年比2005年翻了1.95番；2013年，全市财政收入473.66亿元，是2005年的4.7倍；城镇居民可支配收入达到24817元，是2005年的2.7倍；农民人均纯收入7685元，是2005年的2.9倍。“创范”成功后，南宁扎实推进民生建设和脱贫攻坚，人民群众获得感幸福感不断增强。2017年，全市城镇居民人均可支配收入33217元，农村居民人均可支配收入达12515元；财政民生支出500.73亿元，占一般公共预算支出达77.48%；在全区首创了职工医保“家庭共享”；城乡居民基本养老保险和基本医疗保险参保率分别达到95%、98.95%。经济的持续快速发展人民生活水平的不断提高，夯实了南宁民族团结的物质基础，稳定地支撑了民族团结大局。进入新时代，南宁积极践行创新、协调、绿色、开放、共享的发展理念，大力实施“六大升级工程”，不断增创首府新优势。

南宁经济社会的发展以及城市建设的进一步提升，为民族团结进步工作提供了良好的发展空间。民族团结进步工作与南宁创建全国文明城市、创建国家森林城市等工作互动整合，形成强大合力。继2009年首次获得“全国文明城市”称号后，南宁市于2011年、2015年、2017年先后四次获此殊荣。“民族团结进步”作为“全国文明城市”测评的一项重要内容，南宁市在创建全国文明城市的过程中，严格按照测评体系的要求，广泛深入开展民族团结进步创建活动，积极推进民族事务服务体系建设，注意防范涉及民族因素的突发事件发生，成功实现创建“全国文明城市”四连冠，提高了广大市民的文明素质，同时为南宁市创建全国民族团结进步示范市提供了坚实基础。

2005年起，南宁市启动国家森林城市建设，2011年10月，正式获得“国家森林城市”称号，到2012年，全市森林覆盖率43.65%，极大地改善了各民族居住区域的生态环境。生态文明建设是南宁创建全国民族团结进步示范市的一项特色内容，南宁特别重视生态村镇、城市建设。从2008年开始，南宁市全面组织开展生态乡镇规划的编制工作，全市所有102个乡镇都编制完成了生态乡镇规划。2011年后，全市持续建成国家级生态乡镇、自治区级生态乡镇、自治区级生态村、市级生态村等。南宁市重视城市生态建设，坚持“生态立市”“环境立市”，着力打造中国绿城、中国水城，全力打造生态宜居城市，城市生态环境持续改善。到2013年底，城市建成区绿化覆盖率40.36%，绿地率35.10%，人均公园绿地面积12.95平方米，各项绿化指标在全国省会城市均居前列，先后获得联合国人居环境奖、中国人居环境奖、国家森林城市等荣誉。南宁在创范活动的深入开展中，重视生态环境，巩固深化了其作为“国家森林城市”的成果。[①] 2017年4月，习近平总书记视察广西时强调“广西生态优势金不换”，其中包括对“中国绿城”南宁的赞赏与鞭策。南宁人民则在总书记视察讲话精神鼓舞下坚持“治水、建城、为民”相统一，深入推进邕江综合治理，扎实开展海绵城市建设，深入实施“绿满南宁”“绿满邕江”“中国绿城”提升工程。

这些正是对民族关系实际与社会发展目标两头兼顾、让民族团结进步与社会和谐发展全面兼容的“两全其美”思想，并且这种思想在南宁市日常民族工作中早已成为一以贯之的优良传统——下文所述事实将持续为此做证。

（二）“四角飞檐”遥相辉映

“四角飞檐展特色”概括的亮点，全都是在“创范”以前就已经闪亮，“创范”成功之后光彩依然，前前后后相映生辉。

1. 全方位立体化的少数民族流动人口服务平台

2010年9月即已作为我国民族事务服务体系建设“南宁模式”，在《中国民族报》上与北京牛街模式、上海模式、广东模式、武汉模式并称五个模式[②]。同年11月4日，新华网广西频道发表专文报道南宁市“13456”少数民族流动人员管理立体服务平台[③]。事实上，“13456”立体服务体系兼备

① 参见《南宁市创建全国民族团结进步示范市经验研究》。

② 王成高、张勇：《我国的民族事务服务体系模式》，《中国民族报》2010年9月3日第6版。

③ 张莺：《广西南宁构建立体服务平台发展和谐城市民族关系》，新华网广西频道，2010年11月4日电。

管理功能，其构建全程伴随着民族关系监测评价处置机制的建设和完善，两者的联动从 2009 年就已经开始。

2009 年 3 月 12 日，南宁市民委印发《南宁市民委开展民族关系状况监测评价工作方案》，在全区率先启动民族关系监测评价处置工作。同年 5 月，自治区民委印发《关于建立民族关系监测评价处置机制试点方案的通知》，确定南宁市为民族关系监测评价处置机制试点城市。7 月 30 日，南宁市民委举办首期全市民族关系监测评价处置工作培训班。市民委及各县（区）民族局全体在职干部，各城区全体民族工作信息员、民族关系协调员及各县部分民族工作信息员和民族关系协调员约 160 人参加了此次培训。8 月 6 日，南宁市处置涉及民族方面群体性事件应急指挥部成立，修改完善《南宁市涉及民族关系群体性事件应急预案》。

2010 年 6 月，自治区民委充分肯定南宁市试点工作，随即在全区推广。2011 年 3 月，南宁市与内蒙古、宁夏、新疆、西藏四个民族自治区首府城市就“共同建立少数民族地区首府城市社会和谐稳定工作区域合作机制”达成共识，建立情报信息资源共享、建立不定期协作交流和互访制度，加大因民族问题引发的影响社会稳定的突出问题的调处力度，对推动及时妥善处理民族关系和民族矛盾纠纷，为区域性经济和社会发展创造民族团结、和谐平安的大环境起到积极的作用。2011 年 6 月，国家民委在内部工作简报介绍了南宁市这一成功经验①。7 月，国家民委下发《关于开展城市少数民族流动人口服务管理体系建设试点工作的通知》，在哈尔滨、上海、宁波、青岛、南宁、兰州、昆明 7 市启动城市少数民族流动人口服务管理体系建设试点工作，南宁是唯一的首府城市及边疆省区城市。11 月，新华社发文总结和肯定了南宁市在推进民族关系监测评价处置工作方面的做法②。南宁市率先建立健全 14 项覆盖监测评价、队伍管理、信息报送等方面的工作制度，探索了一条把握民族关系、预防和处置涉及民族因素矛盾纠纷、维护民族团结和社会稳定等工作的新途径。同时，也培养锻炼了“五支常设性队伍”，优化了“13456”平台的服务功能。

---

① 《南宁市以服务为平台推进民族团结进步创建活动》，《民族团结进步创建活动工作简报》第 9 期。

② 《南宁市探索民族关系评价处置工作》，新华社在《国内动态清样（第 4687 期）》2011 年 11 月 1 日。

2. 卓有成效的民族乡帮扶政策，早在三年前就打下了雄厚的基础

南宁市所辖有上林、马山、隆安3个国家扶贫开发工作重点县，邕宁区1个自治区扶贫开发工作重点城区，贫困村224个、贫困户26.45万户、贫困人口99.2272万人。3个国定和1个区定贫困县区，少数民族人口占比例均在83%以上，其中隆安县更是高达97%。这一情况下，南宁市加大扶贫力度，进一步改善贫困地区基础设施条件、培植扶贫产业项目，增强贫困群众自我发展能力。

2009年开始，南宁市将“民族乡基础设施完善工程”列入每年20件市人民政府为民办实事项目之一，并连续三年累计投入财政资金1亿多元，帮助三个民族乡实施村屯道路、人饮工程、水利、文化、教育、卫生等项目300多个，用于解决三个民族乡基础设施薄弱、生存环境恶劣、持续发展能力差问题，解决6.7万少数民族群众行路难、饮水难、用电难、就医难、入学难等困难。

下文以《南宁民族工作大事记》为索引，稍作了解。

2009年：4月15日，南宁市2009年为民办实事项目——民族乡帮扶工程项目开工启动仪式在上林县镇圩瑶族乡三冬至北怀防洪排灌工程现场举行。市委副书记岑可成、市政府副市长温守荣出席。11月5日，黄方方市长到马山县古寨瑶族乡就民族乡经济和社会事业发展情况开展调研，就加强民族工作、加快民族乡经济社会发展提出了要求，决定连续两年从财政拿出1个亿资金基本解决民族乡基础设施建设和经济、教育等问题，将民族乡帮扶工程列为市政府为民办实事项目。12月8日下午，市十二届人民政府第七十八次常务会议原则通过《南宁市三个民族乡农村基础设施建设方案》，将三个民族乡农村基础设施建设列入后两年的为民办实事项目分步实施。

2010年：南宁市政府将民族乡基础设施完善工程列为为民办实事项目，市财政安排3000万元扶持三个民族乡实施村屯道路硬化、人饮安全、生态家园等项目96个。此外，自治区财政厅、自治区民委两度下达南宁市少数民族发展资金369万元，实施37个少数民族聚居村屯道路、人饮、民族特色村寨等项目。市财政局、市民委下达少数民族发展资金300万元，实施48个项目；中国红十字基金会援助项目资金100万元实施民族乡人饮项目。

2011年：南宁市财政安排7180万元扶持三个民族乡实施村屯道路硬

化、人饮安全、生态家园等项目224个。此外，自治区财政厅、自治区民委两度下达南宁市少数民族发展资金490万元，实施44个少数民族聚居村屯道路、人饮、民族特色村寨等项目。还有中国红十字基金会援助项目资金100万元实施民族乡人饮项目①。

同样，跃入全国先进行列的民贸民品产业的根基可以追溯到2009年。

2009年12月，南宁市民委向自治区民委汇报：与国内先进地区相比，南宁市民族特需商品生产还存在比较明显的差距。一是定点企业数量少、规模偏小。二是民品企业享受流动资金贷款利率优惠数量少。主要原因是：优惠政策宣传工作还不到位，部分企业落实政策存在畏难情绪；部分民品企业规模小、自身经济实力不济；执行优惠政策承贷银行范围过小及市场经济条件下金融体制改革增加了民品优惠政策落实的难度。最后，向上级部门提出了六条建议：一是建议自治区民委多与自治区国税局沟通协调，落实民贸优惠政策；二是建议自治区民委向国家民委反映，对于民品企业流动资金贷款应不规定基准利率；三是建议自治区民委对于申报民品企业资格审核应向区外先进地区学习，利用好优惠政策，服务好地方经济发展；四是建议自治区民委将扶持我区民族药业发展作为一个重点产业加以扶持发展，会同有关部门组织学习考察，提出加快发展的意见和建议；五是建议自治区民委在本级工作经费或发展资金或向自治区财政申请，安排民贸民品发展专项扶持经费，促进我区民贸民品生产工作发展；六是建议自治区民委多组织到民贸民品工作先进地区学习考察，以增长见识，拓宽思路。②

2010年3月，民委主任苏志刚在南宁市2010年民贸民品工作座谈会上宣布："2010年，我市民贸民品生产工作力争在2009年的基础上有新的突破，力争全年获生产流动资金优惠利率贷款3亿元，获中央财政贴息1000万元"。并号召各县区民族局会同各方认真总结"十一五"期间落实国家民贸民品生产优惠政策的经验、做法和效果，分析存在的问题，提出"十二五"期间具有可操作的相关优惠政策的意见和建议。

---

① 详见《关于做好中国红十字基金会"央企援助基金"援助项目的通知》（南红〔2011〕7号）。

② 详见《南宁市民族特需商品生产优惠政策贯彻落实情况汇报》，南宁市民委《民族团结进步创建活动文件汇编》。

2011年民族团结宣传月，《南宁日报》专题报告了南宁市推进民贸民品生产发展工作步入良性轨道的“416”工程经验：“4”即：民委、财政、人民银行、商业银行等4个部门加强协调，建立定期沟通机制，协调解决优惠政策贯彻落实中存在的困难和问题。“1”即每年至少召开一次全市性的民贸民品工作会议。由市政府分管领导出席，研究部署做好全市全年的民贸民品工作。“6”即重点抓好六项优质服务。一是抓好优惠政策的宣传服务。及时将国家的民贸民品生产优惠政策向企业进行宣传。二是抓好协调服务。及时帮助企业协调解决落实优惠政策中存在的困难和问题。三是抓好跟踪反馈服务。定期回访了解政策的贯彻落实。四是抓好监管服务。积极引导企业抓好产品质量，推进规范化生产，严格按照有关规定进行生产经营，防微杜渐，寓监督于服务工作中。五是抓好产业培育发展服务。市财政安排专项资金，重点培育民族药业、清真食品、民族工艺品、针纺织品、少数民族文字印刷等产业发展。六是抓好创新发展服务。加强与上级部门沟通，及时跟踪学习国内其他城市发展民贸民品生产的先进经验，结合实际，指导加快推进民贸民品生产创新发展。

2012年12月24日至29日，国家民委在北京举办全国民族贸易和民族特需商品生产优惠政策研讨班。研讨班上，南宁作为8个特邀城市之一参加，在会上作的经验介绍得到国家民委和与会人员的充分肯定。

2013年6月，申报全国民族团结进步示范市试点材料《近年来南宁市民族团结进步创建活动情况》写道：

> 十二五期间，我市共有48家企业通过国家民委、财政部、人民银行总行的审核，比十一五时期多21家，增量居全国地级市第一位、总量全国第二位，总量和增幅均居全区第一。2011年我市率先在全国地级市设立民族特需商品生产发展专项扶持资金300万元。2009年以来，我市民贸民品企业共获中央财政贴息达1.4亿多元，连续多年稳居全区第一。其中，2013年第一季度，我市有70家民贸民品企业获民贸民品生产优惠利率贷款29.09亿元，获中央财政贷款贴息1559.25万元，获得贷款贴息的企业数量较去年同期增加25家，获得的优惠利率贷款额和贴息额分别增长96%和53%，继续居全区第一。

毫无疑问，“四角飞檐”概括的亮点，全都在三年以前就已经闪亮。所查2009年以来的相关民族工作，都体现了这些骄人成就的“老根底”。这些“老根底”为南宁创建民族团结进步示范市奠定了扎实的基础，在建成“示范市”之后，“四角飞檐”的优势，依然十分突出。

从少数民族流动人口服务平台角度上看。2017年，南宁市少数民族流动人员服务中心工作以提高少数民族流动人口的就业技能，拓宽就业渠道为中心，组织开展少数民族电商创业、少数民族人员糕点制作、“手工丝网花制作”等三期就业技能培训班，免费培训少数民族流动人员200多人次。据不完全统计，2017年，该中心为城市少数民族流动人员提供优生优育服务、法律咨询、就业帮助、解决住房问题等6000多人次。

从乡村扶贫方面上看。2017年5月中旬，南宁市民宗委主任、副主任带领有关科室人员到两个定点帮扶村——上林县镇圩瑶族乡排红村和澄泰乡高顶村走访调研，详细了解扶贫工作进展情况、下一步产业发展计划和村集体经济发展项目安排等，并督促乡村两级加快民族专项资金项目实施进度。同年8月，民宗委主任带领皇氏集团股份有限公司、广西南宁百洋食品有限公司、广西金陵农牧集团有限公司等三家企业的代表，到上林县澄泰乡高顶村开展产业扶贫调研。企业代表与村委干部进行座谈，了解贫困状况以及产业发展需求，随后企业代表向村委介绍了各自企业的发展方向，并结合实际条件提出了帮扶建议。9月南宁市完成历时3年的“上林、马山、隆安三县20户以下少数民族聚居村民生改善帮扶”工程。该民生改善帮扶工程共实施道路、供电、人饮项目109个，投入资金3532.72万元，受益自然屯138个，受益人口6120人次。其中：实施通屯砂石道路项目48个，修建里程84.82公里，投入市级财政专项资金1510.8万元，项目受益人口3061人；完成供电项目5个，投入资金282.81万元，受益人口383人。实施人饮建设项目59个，投资1739.11万元，受益人口2676人。

从民品民贸工作方面上看。2016年11月末，南宁市民宗委在上林县举办年度民贸工作业务培训班，民宗委苏志刚主任做开班动员讲话，南宁市民宗委副主任黄露为参训人员介绍了国家现行的民贸民品生产优惠政策，并就民贸企业认定申报工作、民贸企业台账式管理等工作进行相应的知识培训。三个民贸县民宗局局长、业务骨干以及全市75家民贸企业的业务人员共计100人参加。

可见，四个方面的工作均未因创范成功而稍有松弛，“四角飞檐”的优势在南宁创范前后一气贯通。

（三）“五比五争”来龙连去脉

与“四角飞檐”同样，“五比五争”也具有深厚的本土根源，也在创范成功之后继续深入开展。

2013 年 3 月，南宁市民族团结进步创建活动工作领导小组印发了《南宁市民族团结进步创建“五比五争”活动考核评比暂行办法》①。这份文件之前，《广西壮族自治区民族事务委员会关于加强和创新民族事务服务与管理的意见》②（以下简称《意见》）已经要求积极开展民族团结进步的“五比五争”活动，但那份文件还不是南宁“五比五争”的最早文件依据。

2011 年 3 月 7 日，《中共南宁市委、南宁市政府关于南宁市进一步开展民族团结进步创建活动的意见》就已经在“指导思想”一段明确指出：

> ……以“五比五争”活动为载体，广泛组织各族群众，凝聚全市各方面力量，采取多种形式，深入开展民族团结进步创建活动……

该《意见》专款强调“五比五争”，不仅要求将加强民族团结工作的内容纳入文明城市、文明县（区）、文明单位、文明乡（镇）、文明行业、军（警）民共建等创建活动和社会主义新农村建设内容中，并且以括号注明落实路径（责任单位：市民委，配合单位：市委宣传部、市文明办、市妇联、市绩效考评办）。

该《意见》下发之前，“五比五争”活动文件的酝酿还有一个过程。这一过程，可以通过两份领导讲话了解。

一份是 2010 年 12 月 22 日，市委常委、统战部长胡建华在市委中心组学习会上发言《深入学习宣传贯彻党的民族理论政策，不断推进首府南宁民族团结进步创建活动》。其中谈道：

---

① 南民创组〔2012〕1 号。

② 桂族发〔2012〕105 号。

今年以来，为贯彻落实自治区党委、自治区人民政府《关于进一步开展民族团结进步创建活动的意见》（桂发〔2009〕38号）及自治区民族团结进步创建活动工作座谈会议精神，由市民委代市委、市政府拟定的《关于进一步开展民族团结进步创建活动的意见》，提出了《民族团结进步“五比五争”考评标准》，并征求12个县区和52个市直部门的意见和建议，已报市政府常务会、市委常委会讨论通过。

另一份是2010年8月17日，民委主任苏志刚在南宁市民族工作领导小组第一次全体会议上的发言《切实抓好民族工作，维护首府民族团结》。讲到当年重点推进十一项工作当中的第二项时，苏志刚说：

《关于进一步开展民族团结进步创建活动的意见》和《南宁市民族团结进步“五比五争”活动的实施方案》已通过市政府常务会议，近期报市委审定。

“五比五争”活动文件起草之前，最初酝酿还有一个调查研究环节。这个环节的典型文献，是2009年6月23日报自治区民委的《南宁市“各民族共同团结奋斗、共同繁荣发展”主题教育长效机制调研报告》，其中提到：

建议市委、市政府每年在全市开展县区、乡镇（街道办事处）、村（社区）民族团结“四争四比”评比活动（比稳定，争当民族团结进步县〈区〉，比团结协作，争当民族团结进步乡镇，比文明互助，争当民族团结进步村〈社区〉，比服务创新，争做民族团结进步个人），或授权市民委开展评比活动。在评选5年一次的全市、全区、全国民族团结进步先进集体和先进个人时，从每年评选的“四争四比”先进集体和先进个人中评选或推荐。

对比三年创范中一直保持沸点的“五比五争”，这里的建议的确还有不少差异。且不说比和争的位置颠倒带来的形式差异，也不管总量上比和争都少了一项，只从具体内容和用词上看，这种差异都十分明显：“四争四比”未包括家庭和单位（企业），“五比五争”却把县区、模范乡（镇、街道）放在一起；用词上“争当”的概念有无“模范”，还有“比”的内容多种不同。但是，这些差异并不能彻底隔断两者的本质联系。2009 年那份调研报告所提的“四争四比”，无疑是“五比五争”的最初萌芽。

（四）“六进分形”“八进”带“三劲”

“六进”作为国家民委 2014 年提出的“规定动作”，无疑起源于南宁“创范”过程。但作为南宁“创范”的一项成功实践，其本土依据同样跟以往的民族团结进步建设实践一脉相承。只是，这种本土传承因势象形，在“六进”分形成“八进”的前后，还伴随着具有南宁实践特色的“三进”与“三劲”。

早在 2011 年，南宁市民委就制定了《南宁市民族文化“三进”活动方案》。该方案由南宁市民委牵头，联合南宁市直机关工委、南宁市教育局、南宁市体育局、南宁市旅游局组织开展了以民族歌曲进酒店、民族风情进校园、民族传统体育健身项目进机关为内容的南宁市民族文化“三进”活动，探索民族团结进步与社会生活相结合。

2012 年 2 月 14 日，南宁市举行，“民族歌曲进酒店”培训班开班仪式，计划在全市三星级以上宾馆酒店开展“民族歌曲进酒店”活动，以《门前喜鹊叫喳喳》《壮族敬酒歌》《送你送到十里坡》《歌浓酒浓情更浓》等 10 首重点推荐的民族歌曲为突破口，组织开展民族文化培训，通过推动民族服饰、民族歌舞、民族礼仪语言在宾馆酒店的应用，帮助市内部分三星级以上宾馆酒店营造民族文化氛围。培训班要求负责迎宾接待的服务员要会唱这 10 首重点推荐的民族歌曲、会说民族礼仪语言、会跳民族舞；宾馆酒店内要用反映南宁民族风土人情的风光摄影、绘画作品和民族手工艺品做装饰；酒店和宾馆服务员的工作服要体现民族特色；各宾馆酒店要进一步推出具有地方特色、民族特色的风味餐饮，把“传承民族文化，弘扬民族精神”贯穿于酒店的各项经营活动中，成为民族文化的传播载体。

先行的民族文化“三进”，在创范三年中随着“六进”分形成“八进”的实践不断发展。2017 年初，经南宁市民族文化“三进”活动领导小组审定，决定授予秀安小学、南宁市师范学校附属小学等 20 个学校为南宁市民族文化进校园示范基地。“三进”伴着“六进”乃至“八进”的持续展开，综合体现了南宁民族团结进步建设中的“三劲”：燕子垒窝的恒劲、蚂蚁啃骨的韧劲、老牛爬坡的拼劲。

燕子垒窝的恒劲，可从“六进－八进”中的“进家庭”去体会。“六进－八进”的迭代，必然要进入家庭。家庭与家园的天然联系，可以引导“进家庭”活动顺理成章地跨越层层嵌套的差序格局，切入各族人民的共有家园位育。我们在南宁的社会细胞层面，看到了别具一格的“安琪之家”。

“安琪之家”起源于两个不同民族成员的苦难家史。汉族妇女王芳是一位脑瘫孩子的母亲，壮族记者李绿江青年丧妻。不幸的经历没有击垮两人，反而将两人的命运衔接在了一起。共同的善良与坚韧支撑他们携起手来，于2002年创办了这个民间慈善机构。在如燕子垒窝一样经营“安琪之家”的过程中，也构筑了他们和谐美好的小家庭。“安琪之家”已为全国多个省、自治区、市超过5000位脑瘫儿童提供了各种形式的康复教育服务。其间，因感动而认王芳为妈妈的维吾尔族姑娘阿依努尔，还在新疆移植“安琪之家”模式，办起了“母亲之家”。当王芳的爱心接力者阿依努尔荣获新疆“五四青年奖章”之后，王芳本人在人民大会堂受到了习近平主席、李克强总理的亲切接见，王芳家庭荣获2015年“中国最美家庭”称号。

用大爱打造的“安琪之家”，是南宁民族大家庭的一个缩影。“南宁是我家，和谐你我他”的活动一直在持续，这样的观念正在成为各族人民的共识。人类学家徐杰舜曾说：南宁是“中国民族团结最好的自治区首府”；“如果你爱他，就把他送到南宁，因为南宁是和谐的天堂”①。我们在这里补充：南宁的天堂是营造出来的，就像燕子垒窝一样。

蚂蚁啃骨的韧劲，可从“六进”分形的推手去观察。南宁市民族团结进步创建的具体推手，实际上是民族工作机构。南宁是广西经济、政治、文化、社会等方面活动的中心，在国家新型城镇化发展战略指引下，南宁市城区人口持续增长，城市民族工作越来越重要，城市民族关系的发展对民族团结全局的影响越来越大。民族工作服务半径和服务人口逐年增长，工作任务越来越重。与此形成鲜明对比的是，南宁市民族工作机构设置不够健全，工作人员偏少。从人员编制上看，南宁市民委机构编制22人，七个城区的民宗局中，江南区1人，良庆区2人，邕宁区、兴宁区各3人，西

① 徐杰舜、孙亚楠、刘少莹：《大象——中国民族团结南宁经验研究》，民族出版社，2017，绪论。

乡塘区4人，青秀区、武鸣区各5人。由于人员偏少，往往一个人当几个人用。甚至，连城市少数民族流动人口服务中心主任都由市民委主任兼。在这样的情况下，他们还把南宁市民族团结进步工作干得风生水起、有模有样，曾四次荣获全国民族团结进步模范单位称号。正是在这种“蚂蚁啃骨头”的精神作用下，南宁市的“六进”活动，才会演变成“八进”的生动局面。

“老牛爬坡”的拼劲，还要从“六进－八进”乃至整个创建工程的行为主体上去观察。无论“进县区”“进乡镇”“进机关”“进企业”“进学校”“进寺庙”，还是“进家庭”“进商业街区”，南宁民族团结进步创建工程的行为主体都是各族人民。是各族干部、群众响应党和政府的号召，工农兵学商乃至党政军各界齐动员，在“五比五争”“四角飞檐”“三年一贯”“两全其美”“一盘活棋”中协同保持老牛爬坡的拼劲，才拼出了今天南宁这种大好局面。南宁先后荣获联合国人居奖、全国民族团结进步模范集体、中国优秀旅游城市、全国文明城市、国家森林城市、国家卫生城市、国家节水型城市等国家级以上荣誉，享有“中国绿城”“天下民歌眷恋的地方”等美誉。每一种荣誉、每一项成功都来之不易，都来自奋发拼搏，来自这种老牛爬坡的拼劲。

至此，我们已探及南宁民族团结进步事业的根骨和底气。无论燕子垒窝、蚂蚁啃骨头，还是老牛爬坡，南宁各族人民团结进步的伟大实践全都体现了“能帮就帮，敢做善成”的南宁精神。

三 “南宁经验”的内涵及其价值

结合南宁精神探索南宁民族团结进步经验，可以在中华民族共有精神家园建设的伟大事业中寻得这种成功经验的位育价值。本部分依序抓住首善品格、精神实质、八桂风骨、典范意义等关键词，对南宁民族团结进步实践经验在社会主义新时代的共有家园位育价值进行必要的探索与阐述。

（一）南宁实践的首善品格

南宁民族团结进步实践经验的首善品格，可以简要概括为十六个字：平稳平实、稳扎稳打，壮美似锦、和谐如家。

这里，不妨先从另一个角度观察我们的主题——电动车管理方面的“南宁经验”（参考依据是，新华社南宁2015年10月26日电）。

> 广西南宁市拥有电动车自行车多达146万辆、人均拥有率达50%，但一些电动自行车随意横穿马路、占道、抢行导致交通事故屡见不鲜，成市民担忧不已的“马路杀手”。为遏制有关违法行为，今年4月以来，这里采取强化源头管理、“以学促管”等措施，使立案、死亡人数大幅下降，初步形成电动自行车管理的“南宁经验”。

南宁曾被称作“骑在摩托车上的城市”。2002年“禁摩”后，摩托车数量得到有效控制，电动自行车数量却急剧上涨。2015年8月底，南宁城区范围内登记在册的电动自行车146万辆，仍以每天1600辆左右的速度增长，平均每两人就拥有一辆电动自行车，出行比例达到33.98%，多项指标位居全国同类城市前列。电动自行车管理的“南宁经验”一经推出，立即受到老百姓的赞扬，也被各地同行效仿。

这样的“南宁经验”虽然不能与民族团结进步的“南宁经验”直接画等号，但这种经验正是在南宁创建民族团结进步示范市的热潮之中形成并得到推广的，而且打造这一电动自行车管理成功经验的交通局也是南宁创建全国民族团结进步示范市的责任单位。下面的公文恰好佐证：

> 2013年以来，南宁市交通运输局认真贯彻落实市委、市政府相关要求，紧密结合交通运输行业实际，加快推进创建全国民族团结进步示范市工作建设，积极为民族地区的人民群众办实事，办好事，有力地推进了全市民族地区经济社会的发展。①

可见，电动车管理方面的“南宁经验”也是创建民族团结进步示范市工作推动社会和谐发展与进步的具体体现。这也同时说明：正是真正的修身齐家、真正的善治善理，才使得南宁成为真正适宜各族人民居住的美好城市。

---

① 《南宁市交通运输局关于报送民族团结进步创建活动情况的函》2016年3月2日。

南宁的“创范”之所以成功，是因为一开始就在学习的基础上建立了完善的机制、始终保持并弘扬了优良的民族工作传统。

2013年9月3日，国家民委在新疆昌吉自治州召开全国民族团结进步示范州（市、盟）试点启动会议，南宁就已经开始学习昌吉自治州的创建经验。

随即联系南宁实际，加强顶层设计。首先是升格创建工作领导小组，组长原本由市统战部部长担任，从此改为市委书记、市长联合担任，充分发挥统筹协调职能，进一步健全创建工作机制。一是联席会议制度：每季度定期组织成员单位或有关部门研究示范市创建重大工作。二是督查机制：由市委、市政府督察室以及创建办督察组定期或不定期到县区、乡镇等基层单位进行督促指导。三是汇报通报和约谈制度：要求各成员单位和各创建示范点每季度汇报创建工作情况，对存在的突出问题面向全市通报，要求定期整改，并适时进行约谈。四是加大创建活动的人、财、物等各项保障：先后设立民族文化发展资金、民族教育资金等6项民族专项资金，2013年以来共计投入民族专项资金3100万元。

在操作层面，除了前文已述的“13456”“五比五争”，还有“关爱联谊6必访”“民贸民品416”“村村寨寨种文化”等许多成功模式。

“六必访”制度由市委、市政府领导带头，民族工作干部、工作队伍结对联系少数民族流动人口，做到少数民族流动人口及其家庭有矛盾纠纷的必访、有重大疾病的必访、有重信重访的必访、有生产生活困难的必访、有家庭重大变故的必访、有重要节日和重要活动必访，使走访慰问成为密切干群关系、增进民族感情的重要渠道。

“416”机制，是由民委、财政、人民银行、商业银行等4个部门加强协调，建立定期沟通机制，协调解决民贸民品优惠政策贯彻落实中存在的困难和问题；每年至少召开一次全市性的民贸民品工作会议，由市政府分管领导出席，研究部署做好全市全年的民贸民品工作；抓好优惠政策的宣传服务，抓好协调服务，抓好跟踪反馈服务，抓好监管服务，抓好产业培育发展服务，抓好创新发展服务等六项优质服务。这一机制有效推进民贸民品生产发展步入良性轨道。

“种文化”则是从“送文化”转变过来的。这种服务模式着眼于挖掘民族文化、激活基层民族文化、发挥群众积极主动性，主导开展乡村社区和谐文艺大展演活动。每年的大展演活动，在全市 12 个县区、3 个开发区、102 个乡镇、24 个街道办、1300 多个村委会和 300 多个社区委员会广泛开展，从初赛到复赛再到决赛，全市各级共开展各类文艺演出活动 10000 多场，参与群众超过 600 万人次，形成了村村有阵地、乡乡有舞台、月月有活动、季季有赛事的良好格局。“种文化”模式满足了各族群众日益增长的精神文化需求，激活了基层的“文化细胞”，推动了基层文化事业的蓬勃发展，成为丰富群众业余文化生活、改善城乡旧俗陋习、弘扬传播民族文化的有效载体。“种文化”的效应使得文化软实力大幅度提升。随着深入挖掘民族文化精髓，南宁成功打造了《百鸟衣》等一批优秀民族文化精品，摘取国家级奖项 134 个，文化产业增加值总量居全区首位。

在实践中，有大量的民族团结进步模范个人和模范集体作为榜样。

以中华社区谢华娟为例，她在社区支部书记的位置上勤勤恳恳、兢兢业业，为少数民族流动人口在火车站边安下“民族之家”。在将社区打造成全国民族团结进步示范单位的同时，自己也成了全国民族团结进步模范个人，还当选了十八大代表。

再说杜丽群，她怀着“为生命站岗”的崇高信念，在艾滋病临床护理第一线坚守了 2500 多个日日夜夜，参与及指导护理艾滋病人 4000 多人次，被艾滋病患者亲切地称作“邻家大姐”。2014 年获得国务院第六次民族团结进步模范个人的荣誉，受到习近平总书记的亲切接见。而今她一如既往地用勇气为生命站岗，用爱为患者守护尊严，用真心温暖冰封的心灵。这种温情、仁心、博爱、厚德如同永不消散的花香，温润着壮乡各族人民的心田。

的确，在南宁创建经验里，榜样的力量是无穷的。这些榜样、模式、传统、机制，都是在长期不懈的创建活动中形成的。事实上，其中的不少在列入试点之前就已经涌现。这些人和事——包括曾四次荣获全国民族团结进步模范单位的南宁市民委在内——代表着南宁经验的根与骨，支撑着宝贵的南宁经验。

据此，再次聚焦南宁民族团结进步实践，不愧为壮乡首府的首善品格，可以这样概括：

家园壮美、社会和谐，真齐真治真宜居；
机制完善、传统优良，有模有样有根骨。

（二）南宁经验的精神实质

南宁经验的实质，就是“能帮就帮，敢做善成”的南宁精神。

能帮就帮，来源于南宁望州南社区，是望州南社区的互助精神。向每个需要帮助的人伸出援手，“能帮就帮，帮别人就是帮自己”。传统美德润物无声，“尽自己的能力，能帮就帮”，是这个社区的一大特点。

敢做善成，来源于南宁市峙村河水库管理所主任朱传波的干一行爱一行的高尚品格——一座水库的主任，一个普通的南宁市民，15 年里三次临危受命，让三个经营不善、连年亏损的单位起死回生，并实现盈利，让职工笑逐颜开。

2008 年 6 月 30 日自治区党委常委、南宁市委书记车荣福在慰问党员时说：“能帮就帮”的望州南精神，体现了南宁市的城市品质，建设和谐南宁就是需要这种精神。2010 年 6 月 29 日，朱传波同志被授予“南宁市优秀共产党员”“敬业守责、敢做善成的模范基层带头人”的荣誉称号，市委号召全市向朱传波同志学习。2010 年 11 月，车荣福在市委十届十二次全会上正式提出，“能帮就帮，敢做善成”是南宁的城市精神。至此，南宁精神成形——“做人能帮就帮，做事敢做善成”。

2011 年 3 月 7 日，市委、市政府印发《关于南宁市进一步开展民族团结进步创建活动的实施意见》，把民族工作纳入各级各部门的重要议事日程，将民族团结进步工作指标列入南宁市创建全国文明城市测评体系，形成党委统一领导、各部门紧密配合、全社会共同参与民族团结进步创建活动的工作格局。于是，南宁精神就在创建中生了根，逐渐弘扬光大，终于成为南宁经验的灵魂。

“能帮就帮”精神，体现的是南宁人团结协作、互助互爱、和谐共处的品质。不妨再看看一些社区反映在民族关系上的“能帮就帮”现象。

江南水街是一个具有广西民俗风情的特色商街，也是一个多民族聚集的民俗街区。除汉族经营户外，还有壮、瑶、苗、侗、维吾尔族等少数民族经营户在这里投资经营，少数民族经营户占 80% 以上。为让广大少数民族经营户进得来、留得下、能致富，江南水街为少数民族贫困家庭出台了各种优惠政策，降低创业平台的门槛。比如“风情夜市”，以免租方式接受贫困家庭进场摆摊，成为贫困家庭增收的一个有效措施。在风情夜市基础上建设的“金花市场”，首创南宁市特色的“周末圩日”，使更多的少数民族贫困家庭得到了更多收益。对于少数民族特色经营户如新疆维吾尔族帕米尔餐厅、广西壮族姆乜民俗酒店等，江南水街投资方、管理方尊重他们的民族习俗和宗教信仰，并多次深入少数民族经营户中，关心他们的家庭生活和经营情况，给予租金减免、租期延长、装修补贴等扶持政策，让他们在这里放心地、安心地投资经营，实现共同繁荣、共同发展。

兴宁社区位于繁华的朝阳商圈核心地段，日人流量最高在30万人次以上，流动的各族群众密集众多，来自新疆、甘肃、西藏、宁夏、青海等地的少数民族商人在此经商。社区内新华街25号的南宁市伊斯兰教协会更是西北少数民族人员最为集中的地方，每天都有不少穆斯林在这里活动，每周五大概有500多人次在这里举行朝拜。社区围绕少数民族群众在生活、生产、就医、就业、文化等方面上的需求，提供生活、宣传、网络、文化等服务，带动少数民族同胞融入社区家园。从而形成“资源共享、优势互补、双向服务、相互给力”的良好局面。常住社区的一千多位少数民族同胞通过双向服务获得“家”的责任感，从而增强“家”的亲切感、“家”的认同感和“家”的归属感。

良庆区银海社区居民少数民族比例达80%，以壮族为主，还包括瑶族、苗族、回族、侗族、仫佬族、毛南族、京族等。基于该社区少数民族比例高、外来务工人员多的特点，2009年9月银海社区成立了“民族之家”和“少数民族流动人员服务站”。银海社区以此为服务平台，为社区少数民族流动人员及本地居民提供全方位的服务，同服务、同管理、同享受，实现社区居民“家”的归属感。此外，该社区“民族之家”在帮助少数民族就业、乐业方面也发挥了很好的作用。辖区内的“马路市场”原本交通不畅、环境杂乱，“民族之家”人员走访调研、了解情况，对该市场进行规范管理，将其改造成为优先安排下岗失业人员、困难家庭的“创业街”。2009～2010年，社区共发布张贴各类招聘信息631份、用工岗位1980个，成功推荐就业人数达874人。与此同时，组织250名少数民流动人口参加技能培训。银海社区民族之家尽可能地将工作做到细处、实处，解决少数民族外来人口的实际困难。

由于“能帮就帮”形成了风尚，各社区外来少数民族人口都和当地常住人口一样，实实在在地感觉到“南宁是我家”。这种“能帮就帮”的精神体现在社会生活的方方面面，体现在南宁城市各处，体现在各族同胞之间。

“敢做善成”精神，体现了南宁人与时俱进、勇于创新、争优创先的“敢干、能干、干成、干好”的胸襟气魄。这种胸襟气魄，同样在不同层面的南宁民族进步事业中显现。

北湖街道万秀村位于南宁市西乡塘区北湖街道辖区，面积约1平方公里。全村户籍人口4973人，外来流动人口多达52274人，其中外来少数民族流动人口23497人，分别有24个少数民族，是南宁市少数民族流动人口最密集的城中村。近年的创建活动中，万秀村实行网格化管理，以“四联”机制、建设“五微”平台为抓手服务少数民族群众，有效促进了万秀村的民族团结和进步。

网格化管理：以村网格管理站为依托，将全村划分为50个网格单元，将少数民族人员纳入网格化管理，通过70名网格员手持信息终端机走街串巷，全面收集和掌握少数民族流动人口变动以及教育、医疗、就业、诉求和矛盾纠纷等信息，及时将各类矛盾纠纷、困难和安全隐患解决在基层、消除在萌芽状态，确保少数民族流动人口服务管理工作区域无盲点，服务对象不遗漏。

“四联”机制：依托村干部与网格员包片负责机制，系统把握居住地址、家庭成员、收入状况、爱好特长、实际困难；依托民族信息联络机制，保持与少数民族流动人口沟通联络；依托互动联谊机制定期开展联谊活动，为少数民族同胞提供沟通交流的平台；依托协调联动机制，实现多部门有机联动：矛盾联调、服务联合、管理联抓。

“五微”平台：整合司法、综治、妇联、群团等部门力量，建立少数民族权益维护“微组织”；在村委开通电话专线，为少数民族群众的诉求表达、问题咨询、困难求助提供“微热线”；在“少数民族之家”设立面向少数民族的绿色服务通道“微窗口”；通过党员帮助少数民族同胞实现一个个“微心愿”；村内搭建为少数民族群众就业创业、生产经营提供支持的“微平台”。

通过网格化管理、“四联”机制和“五微”平台的全方位服务，万秀村少数民族流动人口服务水平不断提升，服务的触角延伸到少数民族流动人口家门口；政策法律宣传成效不断提升，惠民政策、法律条例人人知晓；少数民族流动人口综合素质不断提升，认同意识不断加强，主动提供信息、反映诉求，配合网格化；公安、司法、消防、工商、城管等单位部门联动配合不断提升，民生问题第一时间得到回应和解决；少数民族流动人口安全感、满意度不断提升。这五个方面的明显提升，体现了该村民族团结进步创建工作“敢做善成”的风范。

南宁锦虹棉纺织有限责任公司为国有全资企业，现有员工总数为1264人，其中壮族、瑶族、回族、侗族、彝族、苗族、仡佬族、毛南族、仫佬族等各类少数民族员工873人，占公司员工总数69.07%。十多年来，“锦虹人”积极践行“创造价值、服务社会、成就员工”的使命，努力实现“行业领先、基业长青”的愿景，在平凡的岗位上挥洒热情、倾注汗水、奉献才智，使公司保持了稳步发展。被国家民委、中国人民银行总行、财政部认定为“十五”“十一五”“十二五”“十三五”期间的少数民族用品定点生产企业。

公司不断加大技术升级和进步力度，积极弘扬少数民族文化，着力打造少数民族用品精品工程。生产的少数民族用品主要有壮族线毯、白棉布、少数民族彩条布、瑶族长纱布、包夹布等。近年来，公司充分利用广西茧蚕丝的资源优势，大胆引入时尚元素，将少数民族传统图案设计与现代纺织生产技术、新型纤维原料的应用相结合，将壮锦织物应用在床上用品、工艺品、旅游产品及家纺产业等消费领域，开发了“锦虹家纺”系列产品，培育的品牌得到区内众多消费者的认可。目前，“锦虹家纺”已研制开发生产壮锦图案的真丝、纯棉面料品种18个，生产真丝、纯棉壮族文案被单、被套、蚕丝被、真丝领带、壮锦壁挂、壮锦背包等八个系列128个品种。

公司曾荣获广西优秀企业、广西“五一劳动奖状”、广西“实施卓越绩效管理模式”先进企业、广西区劳动关系和谐优秀企业、广西区民族团结进步先进集体、全国纺织企业利税百强企业、全国纺织工业先进集体、全国纺织和谐企业建设先进集体、全国厂务公开民主管理先进单位、中国棉纺织行业经济效益指标排序中“社会贡献率”前100名、中国纺织品牌文化创新奖、全国“三八”红旗集体、全国“模范职工之家”。这些荣誉和成就的后面，凝结着四个大字：“敢做善成”。

南宁“敢做善成”的精神也体现在南宁区域经济发展过程中不同文化的交融上。

2017年12月8日下午，肯德基广西民族文化主题餐厅联合南宁民族文化艺术研究院、南宁博物馆、广西非遗文化研究中心举行了肯德基·繁花似锦广西民族文化主题餐厅启动仪式。这是首家广西肯德基民族文化主题餐厅，作为广西文化遗产传承与发展的公益项目，目的是打造民族文化展示与传播新平台，零距离展示广西本土民族文化，提升市民对本土文化的认同与自信。当天的活动以壮锦的“锦”字为主题，既有唱出锦瑟年华的广西非物质文化遗产侗族大歌现场演唱、锦上添花的广西壮族乐器天琴表演，又有持续两个月的广西著名民族服饰摄影师梁汉昌先生的作品微影展和特色山歌互动环节。活动期间，主办方还专门介绍了本次活动的背景板、领导嘉宾台卡、肯德基创意明信片上使用的壮文，引起极大关注。对于这家广西民族文化主题餐厅未来的规划，百胜餐饮（深圳）有限公司公共事务和政府关系副总监李婷表示，将以肯德基餐厅为平台，打造一系列广西民族文化特色活动，推广和传承民族文化。根据不同的民族文化特点，通过形式多样的活动形式，例如筹划举办壮文小课堂，广西民族器乐、声乐体验，少数民族服饰鉴赏和广西民族神话故事阅读等，积极传播广西民族文化艺术、普及非遗文化的知识；让消费者重新认知、传承本土民族文化艺术，帮助消费者增强对广西本土文化的认同与自信。①

经济发展、民生改善、社会和谐稳定充分体现了南宁精神的“敢做善成”。

正是由于“能帮就帮、敢做善成”这一城市精神的支撑，南宁才能成为全国民族团结进步创建的示范市，真正体现出“首府首善、和壮壮和”的独特风范。综合首善品格与南宁精神，概括南宁民族团结进步实践的成功经验。可以归纳为四句话：“能帮就帮，敢做善成，因和致壮，以壮养和。”进一步简化，那就是四个字：帮成壮和。

（三）南宁经验的八桂风骨

“帮成壮和”的南宁经验，其核心支撑为“能帮就帮，敢做善成”的精神元素，整体风貌为“和谐壮美、壮美和谐”的社会生态。无论内在的精神支柱，还是外在的社会风情，都与“和壮－壮和”的八桂壮乡息息相关。

① 韦尹璇：《壮文走进首家广西肯德基民族文化主题餐厅》，南宁市民语委，2017 年 12 月 15 日。

南宁作为广西壮族自治区的首府，壮族同胞占全市总人口的58%。“能帮就帮”的传统美德，植根于和谐壮乡世世代代守望相助、薪火相传的“和壮”文化；“敢做善成”的时代风貌，展现于壮族自治区首府人民团结奋斗、砥砺前行的“壮和”伟业。“能帮善成，和壮壮和”的民族团结进步经验，是通过首府南宁700多万各族人民体现出来的八桂风骨。

南宁经验植根于南宁的十二个县区，“和壮－壮和”的南宁风景缘起于“和”、归属于“和”，我们借助具有千年传统和广西特色的“十二和”概念，反映首府南宁与整个广西和谐壮乡的共同风貌。从百色、河池到钦州、北海，从柳州、桂林到贵港、崇左，无论广西十二个自治县还是十二个世居民族，无论世居壮乡还是嵌入壮乡的各族同胞，一年四季十二月，都在共同传承和共同享有壮乡“十二和”[①] 的“五彩七韵”。

“五彩七韵”的概念在数字上对应南宁的五县七区，“五彩七韵十二和”也可对应南宁的“和壮－壮和”。作为一个完整概念，“五彩七韵十二和”最先应用于跟南宁毗邻的百色。百色有十县一区和一个县级（代管）市，十二个县区（市）生活着壮、汉、瑶、苗、彝、仡佬、回等七个世居民族，各族人民的“根、骨、精、气、神”在民族团结进步事业中得到充分展示，呈现出“五彩七韵”的和壮美景。我们曾结合百色实际，以“五彩七韵十二和”为题解读以中央十二条为标志的中国特色社会主义民族理论政策体系[②]。这里借助这个概念反映南宁的“和壮－壮和”经验，在一定意义上也反映了这两个壮乡城市的精神亲缘。这种亲缘，直接体现于包含百色精神与南宁精神的“八桂精神”。

20世纪末，我们曾组织一千多名在校大学生进行了一次“八桂精神扫描”，经过跨世纪的提炼，最后以100个分册的《相思湖文龙》呈现出他们心中的“八桂精神”：

> 八桂精神是根植于八桂大地的人文精神，是一代代八桂儿女品格精髓的积淀，是中华民族优秀文化在八桂大地的灿烂结晶，是具有广

① 详见龚永辉主编、杨社平副主编《民族大义十二和建导纲要》，广西民族出版社，2012。

② 详见广西壮族自治区百色市民族事务委员会主编，广西民族大学“民族大义十二和”教学团队著《五彩七韵十二和——结合百色实际解读中国特色社会主义民族理论政策体系》，广西民族出版社，2013。

西特色的中华民族的时代精神。

在每个分册都用的通稿《八桂精神》之中，这样谈及百色精神与南宁精神：

如果说，70年前冲天而起的百色精神是精神世界的独秀峰，那么，7年前抗洪热潮中焕发出来的南宁精神就可视为同一领域的伏波山。在百色精神伴着天生桥水电站、平果铝厂、南昆铁路及其他建设成就，搭起右江革命老区崛起的整体支架，让红七军的故乡以"老、少、边、山、富"的新姿迎来了百色起义70周年和中国共产党诞生80周年的同时，"南宁精神"实实在在地作为首府意识的中心支柱，推动着自治区首府建设的蓬勃发展。正因为有了这样的精神支柱，南宁才能连续几年创城夺杯，迎来了"全国文明城"的金匾、树起了"全国双拥模范城"的形象。而当北京申奥成功的喜讯在全球传播的时候，南宁又在抗击88年未遇特大洪灾的斗争中取得全面胜利。面对"中国绿城"历尽劫波后特别灿烂的笑脸，我们都会向邕江大堤上那数十万军民用血肉之躯构成的伏波山致以崇高的敬意！

那个时候，南宁精神是这样概括的：

顾全大局、团结奋斗、无私奉献、敢于创新。①

这十六个字与当时的历史直接相关。当年在抗洪救灾的关键时刻，南宁在内涝十分严重的情况下，坚持不向邕江泄水排涝，以减轻下游城市梧州的压力，体现了首府人民顾全大局、无私奉献的品格；面对88年未遇的特大洪水，南宁市人民团结一心奋力拼搏，千方百计排险取胜，也凸显了南宁人民团结奋斗、敢于创新的形象。

在不同的范围或层面，南宁精神还有更多的自相似元素。比如："勇争

---

① 徐凌：《汇绿都神韵，铸南宁精神》，《相思湖文龙》南宁分册，中央民族出版社，2001，第103~108页。

排头，共创和谐”的青秀精神，“崇德尚义、实干争先”的良庆精神，“团结奋进、实干图强”的邕宁精神，“友爱共融，务实善行”的西乡塘精神；以及“诚信务实，创新争先；武略文韬，鸣于天下”的武鸣精神，“奋进似马，坚韧如山，自强似鼓，和谐如歌”的马山精神。还有上林人彰显的海外创业精神，宾阳人“敢想、敢干、敢闯而又吃苦耐劳、百折不挠的创新精神”，锦虹人崇尚的“团结、奉献、求实、创新”精神，文龙人铸就的“爱国、开放、创新、和谐”精神，以及沛鸿中学弘扬的“沛鸿精神”，中华社区焕发的“中华精神”……林林总总、美美与共，和而不同。

南宁精神这种和而不同的韵味，在“八桂精神”层面表现得更加生动。我们再接着看一段《八桂精神》通稿：

> 既然百色精神是独秀峰，南宁精神是伏波山，那么，八桂精神就是整个的桂林山水。支持这一判断的，是《相思湖文龙》各个分册初步勾画出的一些来自不同层面的八桂精神元素。比如：“让心灵与山水同美”的桂林精神、腾龙奔马贯长虹的“柳州精神”、潮起潮落浪淘沙的“北海精神”、鸡尾酒般调出来的“贺州精神”、葡萄酒般酿出来的“永福精神”、巍巍边关的“擎天树精神”、贯通八桂的“红水河精神”、红八军故乡的“打鬼精神”、相思湖畔的“文龙精神”，以及“煤炭精神”、“石头精神”、“花山精神”、“矮马精神”，等等。

透过这些清新而未免稚嫩的描述，我们不难看出其中的地方特色：和谐壮乡的“五彩七韵十二和”。就是这种特色，使得十年之后，自治区党委概括的“广西精神”就是兼具“和气”与“壮风”：

> 团结和谐、爱国奉献、开放包容、创新争先。

这里的概括，不仅形式上跟当年的南宁精神概括语都是十六个字，而且在内容上也跟当年的十六字南宁精神相当接近。再联系今天的南宁精神概括语对比，更能够看出这种接近有其内在的规定性：广西精神的“团结和谐”“奉献”“包容”，与当年十六字南宁精神的“顾全”“团结”“无私奉献”接近，用如今南宁精神的八个字去比较，则两者都接近“能帮就帮”。广西精神的“爱国”“开放”“创新争先”，与当年十六字南宁精神的“大局”“奋斗”“敢于创新”比较接近，用如今南宁精神的八个字去比较，则两者都接近“敢做善成”。

无论八个字还是十六字的南宁精神，无论南宁精神还是广西精神，无论八桂精神还是百色精神，乃至“百折不挠、实事求是、依靠群众、团结奋斗”的百色起义精神或“逢山开路、遇水搭桥”的河池革命老区精神——无论出自哪个时代哪个层面的反映，无论以什么形式概括，这些“五彩七韵”的八桂大地人文精神体系，都离不开和谐壮乡壮勇和善的“和壮－壮和”文化。

“和壮－壮和”的“和”，出自家和万事兴的和，代表着和睦亲善、和顺安宁、和气致祥；与之相连的“壮”，原为壮族的壮，却又不仅代表壮族，还代表壮乡各族，代表着波澜壮阔、雄伟壮观与勇猛精壮。壮乡各族的文化血脉里，不只有传家的温良和善，更有报国的忠勇壮烈。这种“和壮－壮和”的文化精神，在南宁、在广西，与气贯长虹的家国情怀交相辉映、融会贯通，源远流长。

位于广西南宁市宾阳县与南宁市昆仑镇交界处的昆仑关，距今已有一千多年的历史。距离首府南宁市50公里，地势险要、易守难攻，历史上是南宁的门户和天然屏障，有“一夫当关，万夫莫开”之势，是兵家必争之地，被历代军事家所重视。根据史料记载，宾阳昆仑关曾发生过数次大规模的战斗，1939年中日昆仑关之战则是近代该地最为重要的一次战役。1939年12月18日，参加过台儿庄战役被称为“钢军”的日方主力坂垣旧部第五师团同杜聿明将军率领的国民革命军第五军在昆仑关交战。中国军队在当地群众的支援下，血战十余天收复宾阳昆仑关，歼灭日军5000余人。这场战役也称桂南战役，是中国军队在抗战相持阶段取得攻坚战的首次胜利。百色起义创建的红七军，一半以上是壮乡少数民族青年。他们在敌强我弱、敌多我少、敌大我小的历史环境里，极大地动摇了西南地区的封建反动统治，推动了全国革命形势的发展。后来，主力奉命转战七千里，经历120多场战斗，牺牲了5000多名将士，终于在1931年7月与中央红军胜利会师；继而，作为中央红军的一支劲旅，在中央苏区第三、第四次反围剿中持续重创敌军；在长征途中，红军整编后的百色将士参加了强渡乌江、四渡赤水、攻占娄山关、抢渡大渡河、激战吴起镇等著名战役；在抗日战争中，百色起义的红军将士编入八路军，激战平型关、黄土岭、曹冈坝、石门子、张家口，并在“百团大战”、反“扫荡”、破“囚笼”前线累建奇勋；解放战争期间，百色将士千里跃进大别山，而后分别参与太原战役、淮海战役、平津战役、张家口战役，参与渡江战役解放南京，挺进云贵川解放大西南，参加开国大典接受毛主席检阅，不断弘扬着百色起义精神，彰显壮乡儿女的家国情怀。

这样的家国情怀，在壮乡世世代代薪火相传，瓦氏夫人率狼兵抗倭，就是壮乡儿女家国情怀的古代典范。

明朝嘉靖年间，倭寇侵略东南沿海，朝廷降诏征调狼兵抗倭。田州土司岑猛及其儿子早年受诬冤死，孙子岑芝也与数百名狼兵在抗倭阵前殉国，遗孀瓦氏以57岁的老迈之躯请命代替重孙挂帅，亲点女兵40余名及侄儿岑匡等24名勇猛家将随身，田州、南丹州、归顺州、东兰州和那地州等地狼兵总共6853人，奔赴东南沿海抗倭前线。

扭转东南沿海抗倭战局一役临敌数万，瓦氏一马当先，狼兵冲锋陷阵，“舞戟如飞，倭寇畏之”，抱头鼠窜。瓦氏部下“一兵年甫弱冠，独奋身冲锋，连杀七贼，众兵乘势追击，斩获数十，贼皆溃逃”①。“贼分兵二万余人突出金山、独山，往嘉兴，俞大猷率瓦氏尾击……总督乃会同浙抚胡宗宪追贼至王江泾。”② 此战歼敌3000余人，史称“王江泾大捷”。

在一系列艰苦征战之后，随着“花瓦家，能杀倭”的民谣，“宝髻将军”瓦氏夫人誉满江南。至今田阳、靖西一带，还有瓦氏夫人的演兵场和瓦氏夫人的墓；而当年抗倭总督胡宗宪幕僚徐文长借隋代《木兰辞》改编的剧本《雌木兰》，则将瓦氏夫人原型创造成“花木兰”的形象，世代传颂着植根于明代壮乡田州的这股爱国精神。

壮乡儿女忠勇精壮的家国情怀，甚至可以追溯到传说中的壮族始祖“布洛陀”。“布洛陀”壮语意为智慧的老祖公，传说当年混沌未开，是布洛陀造天、造地、造太阳、造日月星辰、造火、造谷米、造牛等，才有了壮乡人心目中的人类世界。“布洛陀”胸怀天下、敢做善成的形象，如同万世不朽的“敢壮山”，世世代代受壮乡人民敬仰。在“布洛陀”崇拜的影响

---

① （明）清玉垒山人：《金山倭变小志》。

② （明）清玉垒山人：《金山倭变小志》。

下，一代代壮乡儿女精忠报国、英勇无畏，“和壮 - 壮和”风范与家国情怀薪火相传、融会贯通。

中国共产党带领各族人民推翻三座大山、中华人民共和国设置了广西壮族自治区，区内各族同胞长期和睦相处、和衷共济、和谐发展，在共同当家作主、共同团结奋斗、共同繁荣发展的伟大事业中“团结和谐、爱国奉献、开放包容、创新争先”，成功树立了“平稳平实、守正创新、敢做善成、和壮 - 壮和”的民族团结进步八桂风范。

（四）南宁经验的典范意义

国家民委选定的创建全国民族团结进步示范州（市、盟）试点，除了南宁市之外，还有新疆维吾尔自治区伊犁哈萨克自治州、吉林省延边朝鲜族自治州、湖北省恩施土家族苗族自治州、湖南省湘西土家族苗族自治州、云南省西双版纳傣族自治州、云南省大理白族自治州、甘肃省临夏回族自治州、青海省海北藏族自治州；西藏自治区拉萨市、宁夏回族自治区吴忠市、贵州省铜仁市、内蒙古自治区兴安盟。这八州三市一盟十二个单位，有的先于南宁通过验收、有的后于南宁通过验收，到 2016 年底，已全部被命名为全国民族团结进步示范州（市、盟）。从 2017 年起，全国民族团结进步示范州（市、盟）不再试点，全面纳入民族团结进步示范区建设。因此，我们把这十二个全国民族团结进步示范州市（盟），与南宁市一道看成我国民族团结进步示范州市（盟）的第一方阵。

在这个方阵中看南宁经验，既跟各示范单位存在民族团结进步的自相似，也有南宁市自身的特殊价值和意义。限于条件，我们未能对其他十二个示范单位进行同南宁经验一样深入、系统的考察，仅仅以对南宁实践经验的观察所得为前提，在各示范单位的实践中做一些联系观察。比如：“一盘活棋应天时”“两全其美聚地利”“三年一贯秉传统”，这些情形，在各创范单位大体上都是一致的：任何一个示范单位的创范实践都是在州、盟、市党委政府领导下，乘着国家民委将本单位选定为试点的天时，全方位动员、各民族协力，形成生动灵活的大好局面；都是在紧紧扭住“共同团结奋斗、共同繁荣发展”的民族工作主题，结合本地实际创造性展开；都是从 2013 年列入试点名单开始，就在本土民族工作优良传统基础上一气贯通整个创建时期。有的地方不到三年就已经创成示范单位（比如，伊犁哈萨克自治州2015年9月就已经确认为示范单位），之后“再接再厉，为谱写大美新疆精彩篇章再创佳绩，为民族团结进步事业再立新功”。2013～2016年，依然是“三年一贯秉传统”。

与此相关，各地在“四角飞延”“五比五争”“六进分形”等方面实际上是“八仙过海，各显神通”。然而，这些创新内容都以各示范单位自身特色优势为前提。不妨举例观察。

先看看“中国回族之乡”吴忠。吴忠市居住着28个民族，其中回族人口占53%，是全国回族人口比例最高的地级市。辖区五大宗教俱全，共有宗教场所2014处，其中伊斯兰教1373处，是全国伊斯兰教工作重点地区之一，每年跨省区大型宗教活动20余次，参与信教群众50余万人次，信教群众多、教派门类多、宗教场所多、大型宗教活动多。民族地区、宗教重地特征突出的市情，决定了吴忠民族宗教工作在全市乃至全区工作中的重要位置。

列入试点后，他们坚持“六个聚焦”：聚焦战略全局抓创建；聚焦繁荣发展抓创建；聚焦增进福祉抓创建；聚焦文化引领抓创建；聚焦服务群众抓创建；聚焦宗教和顺抓创建。在“聚焦宗教和顺抓创建”这一点上，吴忠市党委政府不断强化“民族宗教工作无小事”的思想认识，坚持寓管理于服务，牢牢把握工作主动权，积极引导宗教与社会主义社会相适应。在宗教人士中开展了以回乡吴忠与党同心、慈善吴忠携手同行、和谐吴忠聚力同建、小康吴忠你我同享“四同行动”专题教育，引导宗教人士争做法律法规普及员、党群关系联络员等“八大员”，形成宗教人士人人争当“维稳器”，宗教场所个个都是“维稳墙”的局面。此外，创新开展民族法治、民族认知、民族平等、民族互信、民族互助“五项特色教育”，深入实施民族团结宣传教育、民族地区经济振兴、社会事业全面提升、民族地区文化繁荣、少数民族人才培养、民族政策法规落实、宗教事务依法管理、宗教人士教育引导“八大工程”，健全完善组织协调、系统推进、监督检查、考核评价、条件保障“五项机制”，确保了创建工作路径清、抓手实。在健全市、县、乡、村四级工作网络，层层落实创建责任制的基础上，走出了一条具有吴忠特色的民族团结进步之路。

吴忠民族和睦、宗教和顺、社会和谐发展的壮丽画卷，与壮美似锦、和谐如家“和壮壮和”的南宁一样，内在支撑都是自己的城市精神。吴忠精神也是八个字："爱国、包容、和谐、奋进"。在祖国大家庭里，爱国离不开奉献，和谐更讲究包容，团结则表现在各族一家、"能帮就帮"的亲和，奋进以爱国、包容、和谐为前提，是各族人民并肩携手，逢山开路、遇水搭桥，最终体现为"敢做善成"的壮美。因此，在和睦和顺和谐发展、壮美壮丽壮志凌云的吴忠，民族团结进步创建实践与"能帮善成、和壮壮和"的南宁经验完全相通。

再看看我国西北反恐维稳最前沿的示范典型伊犁、塔城、阿勒泰三地。伊犁哈萨克自治州位于新疆西北部，边境线长 464.1 公里，加上塔城、阿勒泰，边境线长 2019 公里，占全国陆地边境线的十分之一。这片与 3 国接壤的疆土，历来是新疆反恐维稳的最前沿和主阵地，也是我国向西开放的桥头堡。创范面临着"7·5"事件重挫民族感情、经济发展与反恐维稳进入双重"三期叠加"的特殊形势。在自治区党委和民委指导下，伊犁与塔城、阿勒泰两地区合力创建，联手推进，共同强边固防、稳边兴边，维护祖国统一、反对民族分裂，打造丝绸之路经济带核心支点。伊犁州党委、政府，塔城地委、行署，阿勒泰地委、行署，以及三地各县市党委、政府，着眼于社会稳定和长治久安总目标，牢牢把握"各民族共同团结奋斗、共同繁荣发展"主题，坚持"民族团结是生命线、是基石、是最长远的群众工作"的政治理念，合力创建，联手推进，在深入细致上用劲、求实求效上发力，推动创建工作纵向到底、横向到边展开，开创了在推进社会稳定和长治久安中不断增强各民族大团结的根基、在不断增强各民族大团结活力中筑牢社会稳定和长治久安屏障的格局，有力促进了伊犁团结稳定、改革发展取得喜人成就，民族团结进步事业再创佳绩。

伊犁一州两地联合示范区以"黄牛精神加天马步伐"持之以恒推进民族团结进步事业，创范实践也和吴忠、南宁一样，以本土精神为内在支撑。吴忠、伊犁等地与南宁经验相通之处，是我国民族团结进步创建伟大工程内部的自相似表现。比如，"六进分形"，根子自然在国家民委的统一部署。国家民委不仅对"六进"的内容有具体规定，还颁发了统一的检测标准。虽然各地都会结合本土实际进行创新，但无论怎样创新也还是在千差万别的表现形态中体现出无数"奇异性自相似"的细节。伊犁根据实际创造性开展民族团结进步创建进军（警）营活动，切实将"六进"拓展为"七进"，但实践中还是存在"六进分形"的精细嵌套："六进农家"（爱心温暖进农家、相互学习进农家、文体活动进农家、传统美德进农家、法规政策进农家、环境优美进农家），“六互”（互吃一次饭、互送一件小礼品、互办一件小事、互教一项小技术、互提一个醒、互学一句话），“六送”（送政策引路、送技术创业、送信息创收、送文化增智、送医药强体、送资金帮困）；若在南宁，这些都是“六进分形”的“新”“细”“微”或者“精”表现。至于吴忠，则在整体上与南宁一样，将“六进”扩展成“八进”。

事实上，示范方阵与南宁经验的自相似性并不仅仅在“六进分形”，而在于整个民族团结进步事业的共同性。方阵的共同经验，都在于准确认识区位环境，聚天时地利人和于创建，以家国情怀理顺精神秩序，以本地民族团结进步的成效滋养中华民族共有家园。而最根本一点，就是坚定不移走中国特色社会主义解决民族问题的正确道路，弘扬具有本地区特色的中国精神，夯实中华民族共同体意识的本土根基。

在 13 个示范州、盟、市里，南宁市的少数民族人口几乎占了整个示范方阵的 1/3，大约为延边朝鲜族自治州的 9 倍、海北藏族自治州的 25 倍。这就意味着南宁的民族团结进步创建工作中牵涉面特别广、事务性特别强，从而创建成效就特别难能可贵。

按照这个方阵的验收标准，示范单位的确立底线有一条：“三年内发生影响民族团结重大事件的，不得推荐。”南宁不仅自打成为自治区首府以来从未发生，甚至以南宁作为首府的广西壮族自治区也从未发生。联系广西壮族自治区的实际来考虑方阵里的南宁经验，人口因素的意义则更为凸显：广西壮族自治区是我国少数民族人口最多的省区，全区五千万各族人民数十年如一日共同守护“平稳平实，和壮壮和”的八桂家园。2017 年 4 月，习近平总书记视察广西时指出：“广西各族人民长期以来亲如一家，民族关系十分融洽。希望你们总结好、运用好、发展好民族团结进步的成功经验，深入开展民族团结进步创建活动，使各民族心连心、手拉手的好传统代代相传。”习近平同志对广西民族团结进步经验的看好由来已久，十八大以前就曾经视察广西，并为这个壮族自治区点赞：“堪称我国民族团结进步的典范。”联系前文所述八桂风范乃至首善品格，回顾示范方阵中的南宁经验，其价值和意义就体现于习近平同志点赞广西的“典范”二字。

分形混沌思想与百色共有家园位育的探索门径

杨社平*

摘　要：分形迭代观与混沌控制论都是研究非线性系统的复杂性思维工具，百色民族家园是一个混沌与分形交织的复杂系统。将混沌与分形思想引入百色民族家园位育探索过程，可以更加切实地顺应族性发展规律，探索百色民族家园的中和位育之道。

关键词：分形　混沌　百色　民族家园　中和位育

为了全面、细致、系统地解读从而科学把握民族家园的位育规律，需要借助复杂性思维的相关工具：分形迭代观和混沌控制论。混沌与分形是数学概念，两者的研究对象都是复杂的非线性系统。非线性研究的目的在于从看似“无序、混乱”的复杂系统中提炼出简单的行为规律，并进一步通过这些简单规律以可预测的方式对复杂的非线性系统进行控制与调节。民族社会的混沌控制是基于民族社会历史格局和现实态势，遵循民族意识调控规律，运用复杂性思维做出的对策选择与程序安排。建设各民族共有家园，就是要遵循中华民族意识良性调控的轨迹，推动中华民族的伟大复兴。从混沌与分形结合的视角来解读民族家园位育的学理内涵，把握古往今来的族性演变与民族发展历史规律，应可借助根据混沌控制论切入新时代百色各民族共有家园的中和位育之道。

一　由简单元素生成复杂系统的分形迭代观

分形迭代观是基于分形几何学的一种世界观和方法论。分形几何学是

* 杨社平，广西民族大学教授。

定量刻画和描述自然界中复杂的形状和结构的一种全新的方法，它的研究对象是不规则的无特征长度的几何形体。随着分形几何学的自相似在具体应用中已经超出几何学范围，显示其广泛的科学意义，因而推动了分形几何学的研究从空间几何形态扩展到结构、功能、信息等方面，应用研究更为系统、深入地发展到数学之外的众多学科，逐渐发展成为一门独立的学科。这门科学与计算机技术结合，有力支撑了具有探索与创新精神的分形迭代观。

分形思想的根源可以追溯到公元 17 世纪。1872 年，卡尔·魏尔施特拉斯给出一个具有处处连续但处处不可微的函数例子，其图像在现今被认为是分形。1883 年，格奥尔格 - 康托尔给出一个实直线上具有不寻常性质的子集——康托尔集，如今也被认为是分形。1904 年，海里格·冯·柯克用几何化的定义给出一个类似的函数，今日称之为柯克曲线。1915 年瓦茨瓦夫·谢尔宾斯基造出了谢尔宾斯基三角形；隔年又造出了谢尔宾斯基地毯。1938 年，保罗·皮埃尔·莱维在他的论文 Plane or Space Curves and Surfaces Consisting of Parts Similar to the Whole 中将自相似曲线的概念更进一步地推进，他在文中描述了一个新的分形曲线——莱维 C 形曲线。复平面的迭代函数在 19 世纪末 20 世纪初被儒勒·昂利·庞加莱、菲利克斯·克莱因、皮埃尔·法图和加斯东·朱利亚等人所研究，但直到有了计算机技术的帮助，他们所发现的许多函数才显现出其绚丽多彩的图案。

20 世纪 60 年代，美籍法国数学家曼德尔布罗特（B. B. Mandelbrot）写下一篇题为《英国的海岸线有多长？统计自相似和分数维度》的论文。1973 年他在法兰西学院讲学时正式提出了分形几何的概念，并以显著的电脑绘制图像来描绘这个数学概念，这些图像征服了大众的想象；它们中许多都基于递归，使大众形成了对术语“分形”的通俗理解。1975 年，他创立了分形几何学（Fractal Geometry），他的法文专著《分形：形状、机遇和维数》的出版，标志着分形几何作为一个独立的学科正式诞生。在此专著中，他第一次系统地阐述了分形几何的思想，它的内容、意义和方法。20 世纪 80 年代他又推出了《自然界的分形几何》等著作，给分形这一学科的发展以持续的推动力。分形几何的出现可以看成是数学史上的一次重大变革，是 20 世纪数学科学的最重要发现之一。

曼德尔布罗特曾经给出两种分形的定义：

> （1）满足下式条件 Dim（A）>dim（A）的集合 A，称为分形集。其中，Dim（A）为集合 A 的 Hausdorff 维数（或分维数），dim（A）为其拓扑维数。一般说来，Dim（A）不是整数，而是分数。（2）部分与整体以某种形式相似的形，称为分形。

然而，经过历史的检验，人们发现这两个定义过于狭窄，很难包括分形的广泛性。到目前为止，还不能给出一个确切概念。正如人们常常通过列举生命体的一系列特性来对“生命”这一概念加以描述一样，我们通过描述以下几点特征来勾勒出“分形”概念的大致轮廓①：分形集都具有任意小尺度下的比例细节，或者说它具有精细的结构；分形集不能用传统的几何语言来描述，它既不是满足某些条件的点的轨迹，也不是某些简单方程的解集；分形集具有某种自相似形式，可能是近似的自相似或者统计的自相似；一般分形集的“分形维数”，严格大于它相应的拓扑维数；在大多数令人感兴趣的情形下，分形集可由非常简单的方法定义，可能以变换的迭代产生。

通俗地说，以上分形特征可以概括为：（1）结构的精细性；（2）形态的复杂性；（3）自相似性；（4）分维性；（5）迭代性。事实上，有的分形整体能十分显著地体现出上述的全部性质；有的分形整体可能在部分性质上并不明显；甚至对于某些特殊的分形整体而言，它们可能并不具备上述某一特征。但就总体而言，这不影响我们把它们统称为分形。此外，严格意义上绝对标准的分形体只存在于理论研究之中，自然界和各门应用科学中涉及的分形体绝大多数并不典型。因此，就分形理论的现实应用意义而言，我们在利用分形理论研究实际时，不必太在意是否严格符合分形定义，而应该把重心放在对分形具体特征的研究和利用上。

上述分形的五点特征，又以后三点为典型和根本。可以说，正是后三点特征的存在导致了前两点外在特征的产生。因此，下面将分别针对自相似性、分维性和迭代性三点，展开具体的分析。

（一）分形系统兼有自相似性和奇异性

分形理论的自相似性概念，最初是指形态或结构的相似性。也就是说

---

① 〔英〕肯尼斯·法尔科内：《分形几何的数学基础及其应用》，曾文曲译，东北大学出版社，1991。

在形态或结构上具有相似性的集合对象。自相似性一般可以分为三类。

严格自相似：局部经过相似放大（沿各方向放大率相同）后与整体重合。表现为分形在任一尺度下的形状与整体都一样。根据迭代函数系统定义得到的分形通常会展现出严格自相似来。严格的自相似分形是数学上的抽象模型，通过迭代生成无限精细的结构。如科克（Koch）雪花曲线、三分康托集、谢尔宾斯基（Sierpinski）地毯等。这种分形只是少数。

准自相似：这一类集合的任意小的部分经过放大，然后再经光滑扭曲可与该集的某一更大部分重合。这样的相似称为准相似性。[①] 表现为分形在不同尺度下会显得大略相同。由递推关系式定义出的分形通常会是准自相似，但不会是严格自相似。

统计自相似：分形的任意部分放大，与整体具有相同的统计分布规律[②]。表现为分形在不同尺度下都能保有固定的数值或统计测度。这类分形则是大量存在的，比如曲折连绵的海岸线。

随着一批新学科，如系统论、信息论、控制论、耗散论、结构理论和协同论等相继涌现，自相似的概念得到充实和扩充，把信息、功能和时间上的自相似也包含在自相似性概念之中。于是，把形态（结构），或信息，或功能，或时间上具有自相似性的客体称为广义分形。广义分形体系可以在形态、信息和功能各方面同时具有自相似性，也允许只在其中某一方面具有自相似性。自相似有层次或级别上的差别。级别最低的为生成元，级别最高的为分形体系的整体。级别越接近，相似程度越高，级别相差越大，相似程度越低。

在现实世界中，严格自相似的分形体是几乎不存在的，绝大多数情况下的分形都属于后两种。对于非严格自相似的分形体而言，虽然自相似性揭示了由分形系统局部与整体之间的关联性，但我们还需看到，分形元与分形体之间的差异也是客观存在的。对于这些差异的部分，我们姑且将其称为奇异性。奇异性本身并不属于体现分形特征的一种性质，它甚至可以是对分形重要特征自相似性的牵制，但矛盾的是现实世界中几乎所有的分形现象都不可避免地或多或少具有奇异性。事实上，要理解自相似性与奇

① 文志英、井竹君：《分形几何和分维数简介》，《数学的实践与认识》1995 年第 4 期。

② 文志英、井竹君：《分形几何和分维数简介》，《数学的实践与认识》1995 年第 4 期。

异性之间的关系，不妨利用分形思想中的“分维”思想：如果把严格的自相似性和奇异性比作两个不同的整数维度，那么现实世界中分形现象的自相似性和奇异性共存的现象就是它们之间的分维，即非严格意义上的自相似，又非完全的自相异。因此，对于现实世界中分形现象的研究，奇异性也有着十分重要的意义。

（二）分形结构具有复杂精细的分维性

传统几何学主要利用欧氏几何、解析几何以及微积分等方法实现对物体形状的描述。然而它们仍然具有局限性，只能研究那些处处可微，或者至少是分段可微的、形状规则的物体（曲线、曲面、立体等），这些物体都具有整数维数和特征长度。对于那些处处不光滑处处不可微的、形状极不规则的物体，它们却无能为力。由于不具备特征尺度，这些所谓的“病态形状”“魔鬼形状”，基本上被排斥在传统几何学的研究范围之外。

直到分形几何学的出现，这些被排斥的“魔鬼形状”才终于得到了合理的解释，而解释的途径正是分维性。分形几何学认为，传统几何学之所以无法解释不具备特征尺度的图形，正是因为传统整维观念对维数的理解上存在偏差，维数不应该被限定在整数范围内，而应该是连续的。这些图形之所以不具备特征尺度是因为它们自身的维数并非整数，因而当传统几何学用整数维度的“尺度”去衡量具有分数维度的图形，其实就是用 A 维度的“尺”去量 B 维度的图形，如同试图用尺子去测量立方体的体积一样无奈。

对于维度连续性的理解，曼德布罗特曾做过这样一个描述：从很远的距离观察绳球，可看作一点（零维）；从较近的距离观察，它充满了一个球形空间（三维）；再近一些，就看到了绳子（一维）；再向微观深入，绳子又变成了三维的柱，三维的柱又可分解成一维的纤维。那么，介于这些观察点之间的中间状态又如何呢？显然，并没有绳球从三维对象变成一维对象的确切界限。

对于分形维度的计算，比较复杂，在此仅简单介绍一下豪斯道夫维数。

为了便于理解豪斯道夫维数，我们从欧氏几何维数说起，即把一条直线称为一维，一个圆定义为二维，一个立方体定义为三维。如果取一个立方体，将它的每一个边长放大 2 倍，放大后的图形正好是原来立方体的 8

倍，则用数学公式表达为 23 = 8。

同样，对于一个 D 维的物体，若将它每一维的尺寸放大 L 倍，则就会得到 K 个原来的物体，这时有：$L^D = K$

对它取对数，得到 $D = \frac{\ln K}{\ln L}$。

这个体积与长度的关系式可以作为空间维数的定义。上式能毫无困难地推广到非整数的范围。这就是 1919 年数学家豪斯道夫引入的空间维数概念的计算方法。[①] 这个定义直观地表现出了分形维数的显著特征：既可以是整数，也可以是非整数。

从整数维到分形维数，代表着人类对自然界的认识由宏观向微观过渡的一个跨越，标志着人类在局部与整体关系的科学认识上的一次重大的进步。分形维数概念的出现为认识复杂现象提供一种新的尺度，因此在分形学界，有些人将维数理解为刻画物体在空间中的复杂程度，将传统几何学中对维度变化的理解从离散拓宽到连续，使之成为一种能细致地描述物体空间复杂程度的定量分析工具。

（三）分形过程具有持续不断的迭代性

在分形系统内部错综复杂的细微结构中，隐藏着某种分形序，分形序往往表现为具体的迭代规则。这些规则一般都非常简单，但经过无穷次的反复迭代，便可生成复杂精细的分形系统。每一次对过程的重复被称为一次“迭代”，而每一次迭代产生的结果都可以作为下一次迭代的初始值。分形系统的任何整体和局部，都是生成元依规则迭代而演化生成的。因此，只要掌握了迭代规则，就能够化繁为简，从局部入手把握分形整体的内在本质。

“迭代”思想是分形理论的核心思想之一，但它并非分形理论独创的。事实上，许多传统学科对“迭代”思想也都十分重视。因此，通过“迭代”思想作为桥梁，分形理论能够与它们形成互补互助的联系。

在传统数学中，“迭代”思想由来已久。函数迭代是指函数运算不断自我重复的过程，即反复地执行如下过程：输入自变量；代入函数计算；输

① 黄昀：《分形维数和分形凝聚》，《物理》1986 年第 5 期。

出因变量并将其作为下一次迭代的自变量。很多时候，即使是非常简单的函数，在经过迭代之后也可能产生十分复杂的结构。因此，函数迭代也是分形学深入研究的对象之一。

在计算机科学中，“迭代”思想体现在递归调用和循环调用上，即程序中对一组指令（或一定步骤）的不断重复执行。迭代算法是用计算机解决问题的一种基本方法。由于计算机运算速度快、适合做重复性操作，迭代算法在计算机上执行十分有效率。故而现代分形理论的研究在很大程度上也离不开计算机科学的技术支持。

总体上说，分形中的迭代利用了分形体局部和整体在尺度上的对称性，借助分形元，通过不断重复的方式，从局部反映并刻画整体特征。尽管分形系统外在表现十分复杂，但若理解了它的生成元和迭代规则，对其总体特征的把握和运用就会变得简单。

综合以上三点特征可以得出：从分形元向分形整体不断演化的过程中，体现迭代性的迭代规则起着至关重要的作用，它使分形整体向上或向下突破整数维度，达到非整数维度，体现其分维性；此外，它使分形整体与局部、局部与局部之间保持一定程度上的相似，体现其自相似性。

二　在复杂之中把握简单规律的混沌控制论

混沌控制论由包含分形思想的混沌理论构成。混沌理论在整个数学体系中属于新兴学科，对于混沌现象的研究也正处于百家争鸣的阶段，因此对”混沌”的定义目前科学界还没有达成共识。但是，作为一种有先进思想方法支撑并已得到众多成功实践验证的学说，我们还是可以从混沌现象、混沌特征以及混沌思想的历史概貌去做一个大致的了解。

（一）复杂运动过程的混沌现象

要理解什么是“混沌”，不妨先从传统意义下的“混沌”概念来看。在汉语词典中，“混沌”解释为：我国传说中指宇宙形成以前模糊一团的景象，或形容糊里糊涂、无知无识的样子。从中我们不难看出，传统意义中的“混沌”其实就是在传达一种复杂、交错、融合、无序的事物状态。事实上，这种理解可以说十分接近现代混沌理论中对“混沌”的解释。

现代科学理论中，我们通常将被研究对象视为一个系统。研究水流的运动，这些运动的水分子的集合就是系统；研究列车的行驶，这列列车就是研究的系统。如果这些系统遵循线性变化规律，则我们称为线性系统，否则为非线性系统。而“混沌”就是非线性系统中较为特殊的一部分。这一部分非线性系统呈现出“无规”的特性，似乎其变化是随机的、无序的。但是，在这种随机与无序的表象之下，它们的变化又暗藏着一定的规律性。对于这样的系统，我们就称其出现了混沌现象。

简而言之，“混沌”可以理解为：看似无序的复杂系统亦遵循某些特定的简单规律。类比来说，“混沌”就好比一个特别的无限数列，例如“14142135623……”这个数列看起来就是一个没有什么规律的复杂系统，下一位上出现的数字似乎是随机的、无序的。如果用常规的数列分析方法分析，去研究前后位置上数字之间的规律，甚至运用更高级的数列研究手段去分析，这个数列的内涵规律都是难以被找到的，下一位上出现的数字永远无法被预测。然而，正是这样一个“随机的、无序的”数列，却服从于一个极为简单的规律。

学术界对混沌现象的研究还处于对混沌现象的个例单独研究的阶段，普适性的、成熟的理论体系还未成型，其研究主要分为以下三大方向。

第一，通过对特定的混沌现象个例进行具体研究，试图寻找该特定条件下，混沌系统所遵循的简单规律。

第二，通过对特定的一个或几个简单规律进行迭代，研究在什么条件下、什么时间段会出现混沌现象。

第三，在以上两个方向的基础上，研究如何通过对过程中微小扰动等方式在混沌系统内实现一定程度的控制与调节。

（二）混沌系统的三大基本特征

虽然对混沌理论的研究还停留在“各自为战”的局面，但混沌现象的基本特征已经得到明确，大致有以下三点。

第一，敏感性。混沌系统的一个最显著特征就是对初始条件的敏感性，对初始条件的一个微小扰动，就会在后续系统的变化中呈几何级数式的放大，在一段时间后甚至会导致几乎截然不同的运动轨迹。这一特性最有名的例子就要属“蝴蝶效应”了。1961 年，美国科学家爱德华·洛仑兹在他建立的气象计算机模型上做实验的时候，为了验证一个预测结果，他决定重新输入一次初始条件并计算，但为了省时间，他仅将上一次运算中的一个中间值作为初始变量代入其中。结果大大出乎了他的意料，最后的预测结果与之前的结果相比几乎完全没有相似之处。最后他发现了原因：那个中间值本来是一个精确到小数点后六位的数，但他输入的时候仅仅输入小数点后三位，而正是这千分之一都不到的初始条件误差导致了最后的预测结果的截然不同。这种结果对初值极强的敏感性，正是我们所知道的“蝴蝶效应”。

第二，长期不可预测性。有一部分学者认为，混沌系统具有随机性、内随机性或不确定性。事实上，这种说法是有失准确的。混沌理论的研究对象并非局限于随机系统或是不确定系统，其研究对象通常是呈现出“伪随机性”的确定系统。“伪随机性”的说法并不准确，严格来讲应该是系统的长期不可预测性。对于这一特性，作为混沌理论早期奠基人之一的洛仑兹是这么总结的：知道现在可以预测未来，但知道大概的现在却无法预测大概的未来。这句话应该这么理解：在确定系统中，一个精确度100%的初值可以预测100%精确度的未来，但是99%精确度的初值却无法得到99%精确度的未来，甚至可能10%的精确度都达不到。

第三，这种混沌系统的长期不可预测性源自其敏感性。对于混沌系统而言，由于误差和扰动不可避免，对混沌系统长期的预测是几乎不可能实现的。然而，长期不可预测是否就意味着短期是可预测的呢？答案是肯定的。尽管其误差比例呈几何级数式增长，但在短时间内仍然在可接受范围内。事实上，天气预报之所以只能在一两周内做精确预报正是基于混沌系统的这个分维特性。通常情况下，混沌系统伴随着相空间的高复杂度。而对这种空间复杂度我们通过豪斯道夫维数来衡量。具体有关分数维度的解释，前节对分形的介绍中已具体展开，这里不再赘述。

（三）混沌思想史与混沌控制论

混沌思想的学理根源，在科学意义上大约可以追溯到1890年。法国数学家、物理学家庞加莱在研究了单纯万有引力作用下的三物体的运动问题，即“三体”问题。庞加莱发现其运动轨迹非常复杂：根据初始条件不同，其轨迹可以是非周期性的，并且既不是发散，也不趋近于固定点。这种对于运动轨迹的长期行为不确定性，当时的数学家、物理学家们称为 chaos，即“混沌”。

随后，对混沌现象的研究围绕非线性微分方程展开。第一个进行非线性动力系统研究的是纯数学家，其他对混沌理论研究的几乎都是物理学家：有人研究了三体问题中的混沌现象；有人在对湍流和天文运动的研究中发现了混沌现象；更有人在对无线电工程的研究中遭遇了混沌。

到了 19 世纪中后期，混沌理论的发展更为迅猛。一些科学家发现传统的线性理论和系统理论根本无法解释某些在实验中所观察到的显而易见的行为。而真正大幅促进混沌理论发展的催化剂是电子计算机。混沌理论中的许多问题都涉及对简单的数学公式的反复迭代，这对手工计算来说是不现实的，而电子计算机的出现使得这些极度依赖于大量重复计算的研究得以实现。最早的电子数字计算机就曾用于运行简单的天气预报模型。

运用计算机研究混沌理论的早期先驱是洛仑兹，他对混沌的兴趣源自“蝴蝶效应”的偶然发现。这一发现让洛仑兹意识到：特定的非线性确定系统在某些条件下可出现非周期的不规则行为，并且这种运动模式对初始条件极为敏感。于是他在 1963 年发表了著名论文《确定性非周期流》，以后又陆续发表了 3 篇论文。这组论文是混沌研究的重要里程碑，揭示了一系列混沌运动的基本特征，如确定系统的非周期性、初值敏感性、长期不可预测性，以及发现了第一个奇异吸引子——洛仑兹吸引子，为后续混沌理论在耗散系统中的研究拓宽了道路。

此后，混沌理论的发展更是日新月异，被广泛应用于科学、数学、微生物学、生物学、计算机科学、经济学、工程学、金融学、气象学、哲学、物理学、政治学、人口力学、心理学、机器人学等学科。此外，更多的混沌行为在各种系统被科学家观测到，包括电路、激光器、振荡化学反应、流体力学、机械和电磁机械设备，以及计算机模型的混沌过程；还包括大量对自然界中的混沌行为的观察：天气变化、太阳系中的卫星运动、人口增长、神经元的动作电位的动态、分子振动。

20 世纪 80 年代以来，混沌理论研究的重点转向了系统从有序进入混沌的过程，以及对混沌系统的控制上。有人根据拓扑嵌入定理提出了重构动力学轨道相空间的延迟法。有人运用这种相空间重构法，从实验数据时间序列计算出实验系统的奇怪吸引子的统计特征，如分维数、指数和熵等混沌特征量。1990年美国马里兰大学的物理学家提出了著名的OGY混沌控制方法。同时期有人提出了混沌自同步方案，还有人进行了电路系统混沌现象的控制实验，有人进行了控制激光系统混沌的实验，有人进行了由混沌同步化进行保密通信的实验。

现在，混沌研究已取得了长足的发展。对混沌现象特征、产生机理、演变规律、控制理论的研究均取得了突破，相信随着相关理论的不断完善，有关混沌的研究也会更加深入。

混沌控制理论是对混沌现象研究的重大突破，使得人们对混沌现象有了实际操控的可能，亦使得对混沌理论的研究正式进入了实用化阶段。目前混沌控制理论主要分为两个方向：一是通过降低系统的李雅谱诺夫指数（该指数反映了初始值差异随着时间放大的程度）的方式减小混沌系统的混沌程度，该方法无法具体控制系统的终态行为，有一定局限性；二是通过对系统参数添加微小扰动等方式将系统尽可能稳定到期望的周期上，这种方法难度更大，但效果更好。

OGY控制方式就是混沌控制第二种方向的经典例子：OGY控制方法是一种反馈控制策略，通过在一些系统参数中添加微小扰动的方式，来稳定镶嵌于混沌吸引子中的无穷多不稳定轨道。这种方法的好处在于不需要知道系统的具体数学方程，并且能通过添加微小扰动来达到明显的控制效果。然而该方法所需时间长，较为依赖人为因素，并且参数调整方式没有形成固定明确的模式，仍有待提高。

除OGY控制方式外，DFC方法和参数自适应方法等，均能对混沌系统起到不错的控制效果。总之，混沌控制已经得到了长足发展，对混沌的初步控制也已经能够做到，相信在不久的将来，人们能够做到对混沌系统的更精确控制。

总而言之，混沌理论的发展进一步完善了我们对复杂事物的认识。过去，研究复杂事物的方法通常以简化、规则化为主，主动忽略微小量，化不规则为规则，再通过简单模型去解释与模拟。但是混沌理论指出了新的方向，即大胆拥抱这些不规则，试图在不规则的复杂事物中探寻简单规律。虽然现代混沌理论还处于方兴未艾的阶段，但已经有一小部分的混沌现象被解密。而也正是这一小部分被解密的混沌现象让人们知道了这一理论的威力，促使人们不断探索混沌、利用混沌。

三 民族社会的分形发展及其混沌控制规律

民族范畴是混沌与分形交织的一个复杂系统，混沌与分形结合的思想方法有助于理解民族范畴的复杂性。民族的产生、发展乃至消亡都跟族性的转换生成规律有关，族性的生成与转换直接对应民族意识调控规律。这种民族意识调控规律普遍存在于民族范畴，其实就是民族领域的分形发展与混沌控制规律。

（一）民族范畴的复杂性与民族过程的族性演化

民族不是原初集团。最初的民族是在原始民族部落社会瓦解的基础上、在阶级、国家等社会共同体的强力作用下，伴随思想文化的对流、认同意识的转换而在“对他而自觉为我”的基础上生成的。

“对他而自觉为我”的动态性，决定了相关民族总是互为生存和发展的环境。因此，共生民族之间的交往交流与交融就成了必然。这种交往，包括相关民族以物质为基础的全部经济、政治、思想文化上的接触；交流，则是在接触的基础上发生人员、物资乃至精神文化元素的互换；交融，更是在交往交流的基础上相互融合、融洽乃至族性上的融通。相关民族的交融大致上是一个递进过程，融合、融洽乃至融通的线性发展目标就是族性的融合，其最初形式是同化（如图 1 所示）。

然而，民族过程是在多元素、多层次、多变量、多方向、多规则的复杂性作用下推进的。这种复杂性，决定了交融必然带有非线性的特征。在非线性的视角里，交融的结果往往是同化、异化、涵化“三化”并存。就民族同化而言，这是一个渐进拓展的过程，既有同化程度与同化范围的差别，也有完全同化与部分同化之分。部分同化是最常见的现象，既可以表现为民族的某些特征已同化而其余特征还未同化，也可以表现为某部分人员已同化而其他同族成员还未同化；既可以表现为某些民族或其部分成员被同化为另一民族的组成部分，也可以表现为被同化者与同化者主体组成新的次生民族。民族异化与部分同化息息相关，但某一部分趋向族际同化的时候，那一部分就与原先族内的其他成分发生了异化。同化与异化并存的不同民族作为一个复杂系统，总体上构成涵化关系（如图 2 所示）。

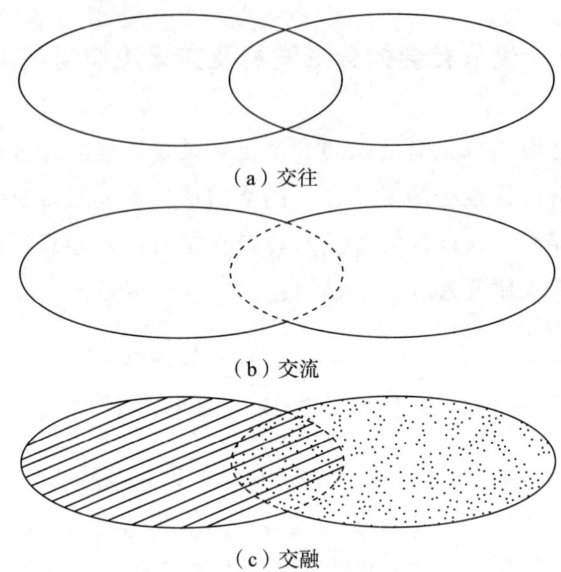

图 1　交往交流交融关系

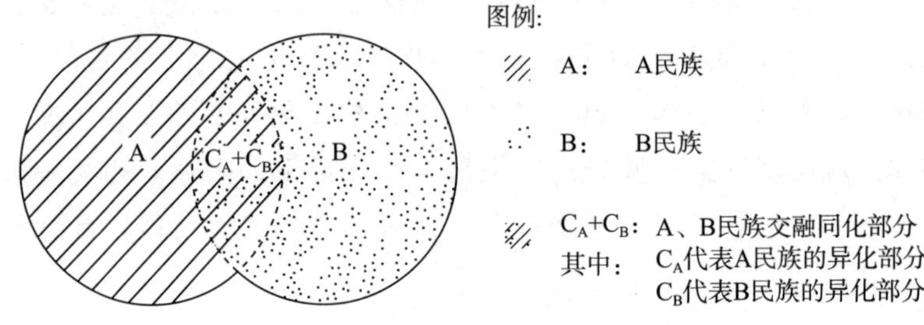

图 2　民族涵化关系

异化发展的线性目标是分化，即原有民族的解体（如图 3 所示）。

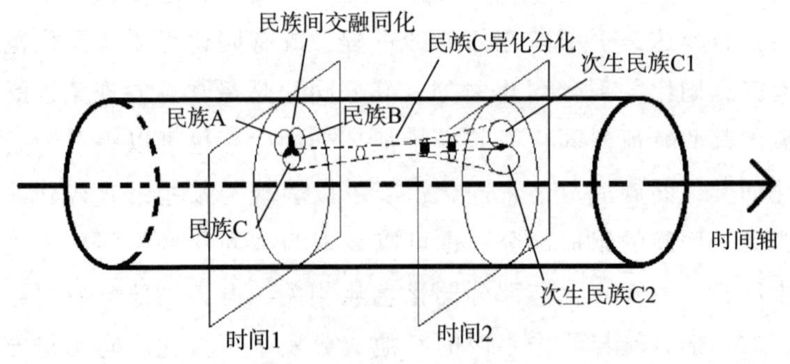

图 3　民族异化过程示意

假设人类进入民族范畴之初，有 A、B、C 三个民族在相关民族部落瓦解的基础上转换生成。它们既是在交往交流交融的基础上形成的，也是在交往交流交融的过程中发展的。发展的结果是原生民族的消亡和次生民族的产生。图中的原生民族 C 在异化的基础上最终分化为次生民族 C1 和 C2。

事实上，原生民族分化形成次生民族的情况非常复杂。除了 C1、C2 之外，还有可能产生许多次生民族，该图所示的次生民族结构，起码还应包含以下两种情况：从 A、B、C 三个原生民族各自内部的异化开始，逐渐增加差异性，最终各自分化成不同的民族；此外，在 A1、B1 之间，在 A1、C1 之间，在 B1、C1 之间，乃至 A1、B1、C1 之间，都会因为交融同化而形成次生民族。

事实上，绝大多数民族分化也不是线性发展的。在交往交流交融的大环境下，民族分化必然与同化并行，带来相关民族族性的涵化：你中有了我、我中也有你，同时我还是我、你也还是你，但我已不是原来的我，你也不是原来的你，各自依然离不开“三交”“三化”的族性规律。为理解这种规律，我们不妨基于前面的假设，为人类社会族性发展全貌建立一个助思模型（如图 4 所示）。

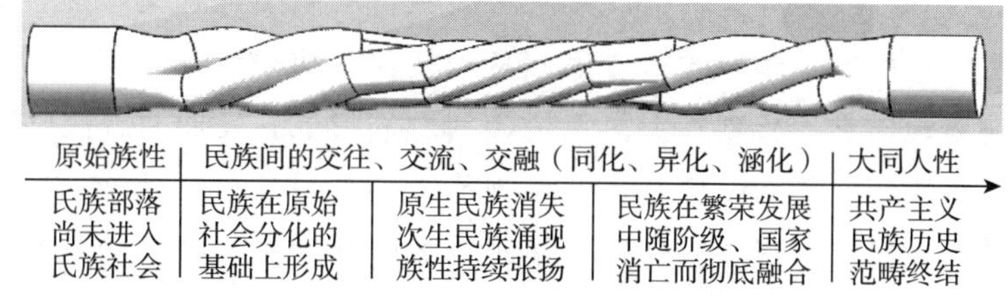

图 4　人类社会族性发展全程模型

（二）民族过程的族性演化与民族意识调控规律①

民族过程“三交”“三化”的族性演变，与民族意识调控规律息息相关。无论是民族的交往、交流、交融，还是同化、异化、涵化，都受制于民族意识与民族存在之间的相互调节和控制。

民族意识是社会对民族存在的主观能动反应，是意识到了的民族存在。

① 参阅龚永辉《民族意识调控说》，广西民族出版社，1998，第 346 ~ 362 页。

民族意识的发生和演变都受制于民族存在，同时，民族意识又会反过来对民族存在发生主观能动作用。这种主观能动作用，又成为民族运化过程的一个基本动因。民族意识可以引导、促进民族认同体趋向分化，也可以阻碍、延缓这种分化；还可以引导民族社会存在相互结合，也可以妨碍这种结合。民族意识的主观能动性还表现在旧民族的消失、新民族的形成过程中。归根结底，民族意识与民族存在之间的相互调节和控制决定了民族过程交融涵化的族性规律。

民族意识与民族存在之间的相互调节和控制是一组复杂而系统的矛盾，这组矛盾是民族范畴的基本矛盾。无论民族意识的哪一层面，也无论民族存在的哪一系统，凡属民族范畴的矛盾因素，都受这组矛盾的支配。诚然，任何民族发展过程，都有具体的历史环境，都受到客观、复杂的社会矛盾的具体影响。但是，这些影响都发生在民族性之外，是一种外在因素，必须转化成为民族性的因素，以民族存在因素或民族意识因素的形态参与民族内部矛盾的运动，才能真正作用于民族过程。因此，民族意识与民族存在这组矛盾的持续运动，就是贯穿民族范畴全过程的民族意识调控规律。

在民族意识调控规律作用下，民族意识是一般社会问题转换生成民族问题的思想基础或条件，也是民族问题演变与发展乃至解决的思想基础和条件。相关层面的具体问题沿着民族意识调控规律发生演变，从而以超循环的轨迹体现出它的长期性。由于民族问题的形成、发展和解决均与民族意识调控规律相关，而民族意识调控规律贯穿于民族社会始终，因而民族问题也就会在民族意识调控作用下呈现出始终伴随民族社会的长期性。这些生生不息的民族问题不一定是“麻烦”，但一定是动力——它将不断推动民族发展过程随着民族意识调控规律演进，直到阶级、国家相继消亡。

（三）民族意识调控规律与有限范围的混沌控制

民族意识调控规律表明：由于民族范畴的复杂性，民族过程的族性发展态势不可长期预测，但只要自觉运用混沌分形思想方法，即可在分维条件下实现民族领域有限范围的混沌控制。

从民族过程的族性演化上看，长期不可预测性主要体现在两方面。一是族性变迁过程并没有明确统一的长期发展方向，局部的融合与分化时时都在发生，整体亦然，既没有明显的趋于同化，也没有明显的进一步零散化。即使经历巨大扰动（如王朝更替、外强入侵等），这种族性发展的混沌状态亦没有改变，总体呈现既有多元性又有一体性的“多元一体”格局。二是即便在“多元一体”的格局之下，其“多元”的部分亦在不断地相互交融、转化，形成新的民族习性，不同民族个体成员间的交流亦会导致类似的交融效果，使得“多元”的民族格局在不断交融、涵化的演变中仍然保持其多元性不衰减。

回到民族分化线性过程图中，族性演化的混沌性一方面体现在民族交融使得民族 A、B、C 之间难以准确划分，另一方面还体现在分化形成次生民族 A1、B1、C1、A2、B2、C2 的时间节点不易确定。

正是这种混沌规律，使得古往今来的同化政策或者分裂活动往往最终都不以相关人员的个人意志为转移，而和谐包容、互通互化却成为族际历史的常态。

再从民族社会的问题生成上看长期不可预测性：一些民族关系敏感领域的“事端”往往表现为“累积——突发——扩展——变异——沉淀——累积”的怪圈；从民族自身发展领域看，则可常见“贫困——掠夺式开发——环境退化——进一步贫困”的“贫困陷阱”。“事端怪圈”和“贫困陷阱”分别代表着民族问题两个方面的长期态势不可预见性，都表明试图一劳永逸解决民族问题的想法是行不通的。

结合混沌分形思想方法审视，在民族意识调控规律作用下，民族领域除了族性演化与问题生成的长期态势不可预测这一混沌现象特征之外，还有诸如敏感性、自相似性、迭代性、分维性等分形与混沌特征。只要抓住了这些特征，就可以遵循民族意识良性调控的原理，通过降低混沌系统的混沌程度或者通过对系统参数添加微小扰动等精准方式“小有可为”，实现符合民族意识调控规律的混沌控制，将具体的民族社会演化系统尽可能稳定到期望的和谐发展周期上。如果抓不住这些特征，或者不能清醒地认识和了解这些特征，则可能因为关键环节的失策而陷入民族意识恶性调控的泥潭，造成社会失控出现更大的混沌。

四 从混沌分形探索百色民族家园位育之道

百色民族家园位育问题具有典型的混沌与分形特征，因而需要从混沌与分形的视角进行探索。分别立足于百色七个世居民族各自的实际，同时保持百色民族家园位育探索的整体目标。在各自进行而且曲径通幽的探索中，只要把握好分形的自相似性、迭代性、分维性、敏感性，把握好长期不可预测性与关键环节精确控制性，就可以“条条大路通百色”，在混沌控制论的原则上寻找百色各族共有家园的中和位育路径。

（一）百色民族家园位育问题的混沌与分形特征

百色民族家园位育问题十分复杂。既有“老、少、边、山、穷”与“根、骨、精、气、神”各自五位一体的区域个性，又有“壮、汉、瑶、苗、彝、仡、回”交往交流交融与涵化的族情特色。仅此百色七个世居民族而言，就各不相同。三百多万人口的百色壮族，与六百人的百色回族，情况的反差就特别明显：壮族作为广西壮族自治区的主体民族，又处在壮族人口压倒多数的百色，是聚居于壮乡腹地的主体民族成分。回族人口不及百色总人口的万分之二，是远离回族聚居区的散杂居回族成分。百色壮族在壮学研究中占有重要地位，因此有大量的专题论文和专门著作；百色回族在回族研究中几乎处于“被遗忘的角落”，此前不仅没有一部专著，甚至连一篇专题论文都难以找到。即便如此，百色回族和百色壮族的物质家园与精神家园都是相同或者相通的，百色回族农户生活上已经完全融入壮乡习俗——农村壮族与回族通婚的事实大约比回族内部婚姻事实超出三倍。因而，各自的家园位育问题也有相似之处。至于百色苗族和百色瑶族，虽然同属苗瑶语族，同为十五六万人，同占百色少数民族的百分之四点几，同样分成若干支系，但一如瑶族崇尚铜鼓、苗族喜欢芦笙，各自文化差异也很大。而且，瑶族在百色还是典型的散杂居民族，苗族却作为隆林各族自治县的主体民族存在。同苗族一样是隆林自治主体的彝族和仡佬族，合起来人口不及苗族的十分之一，即便在自治县范围之内，这两个民族也事实上散杂居于壮、汉、苗族之间，而且内部支系差异也非常之大，这种差异往往不亚于民族之间的差异。至于百色汉族，则是少数民族环境里的“少数”民族，其家园位育问题跟其他世居少数民族也有许多反差和相似之处。总之，纷繁复杂的百色民族家园位育问题，既有古往今来的历史烟云，也有前后左右的客观实际，具有典型的混沌特征。这种混沌的典型表现，是七个世居民族过程相互纠缠、难分难解。混沌的历史现象，各有其清晰的生成原因。从分形的视角来看，假若百色世居民族的关系“扭”成了一股混沌历史之绳，这也是在千百年间持续不断的族性分形中依序迭代出来的。“扭”成这股绳的任何一段民族历史都离不开交往、交流、交融（同化、异化、涵化），这正是百色七个世居民族关系螺旋式发展的迭代规则。

根据分形系统层层嵌套的自相似原理，将人类社会族性发展全程模型用透视图画出来，再从其代表族性张扬的某一阶段，选取一组螺线放大，就可以得到在人类民族范畴里的百色七个世居民族分形发展螺旋图（如图5）。

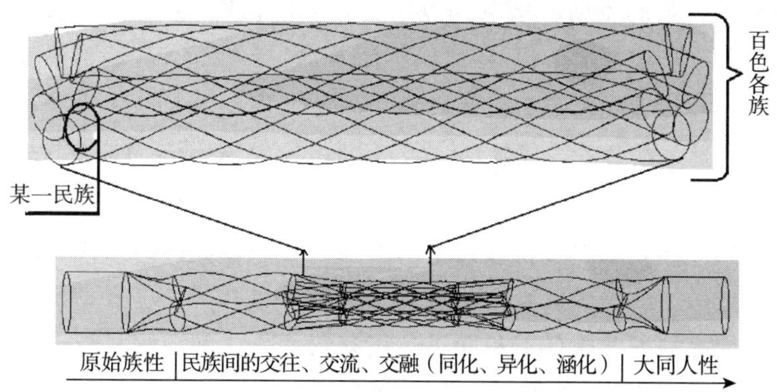

图5　基于人类社会族性发展全程模型的百色世居民族交融发展分形

正是百色各族家园位育建设问题的混沌与分型特征，需要我们从混沌与分形的视角进行探索。

（二）百色各族家园位育探索的基本环节和要素

百色各族家园位育探索的基本环节，需要从壮、汉、瑶、苗、彝、仡、回各族社会历史与现实当中落到实处。每个民族都需要搞清楚各自的中华族性定位，都需要通过古代位育钩沉、当代位育纪实、当下的位育挑战等环节进行专题梳理。在这些各自进行而且曲径通幽的探索中，必须努力把握分形的自相似性、迭代性、分维性、敏感性和长期不可预测性，这些都是位育探索中必须特别关注的要素。

分形中的局部与整体自相似特性，在民族的社会发展与族性演化中有广泛的体现。民族发展的实质其实可以归结为民族个体成员发展的集合，并且个体成员的发展形态与民族局部乃至整体的发展形态是极相似的：民族个体成员之间、局部之间、整体之间均在时刻不停地同时进行着同化、异化过程。个体间的交往、交流引发个体间的同化、异化；而个体间的交往、交流又组成了局部地区不同民族间的交往、交流，从而引发局部不同民族乃至民族整体间的同化、异化。这种局部与整体的自相似性，在各民族的中华族性定位部分需要特别关注，在往后的环节里也要给予足够的关注。

迭代是分形的核心，也是自相似性的根源。如果说自相似性体现形态在空间上的重复，那么迭代性则体现规则在时间上的重复。民族的发展是永不停息的，其间不断有旧的民族消亡，新的民族产生，这正是“三交”“三化”反复迭代的结果。民族之间不断同化、异化，产生新的民族并继续不断同化、异化，再次演变成新民族。这一过程周而复始，体现了分形的迭代性。因此，在各族古代位育钩沉、当代位育纪实等环节需要特别关注。

民族发展与族性演变中的分维性，往往表现在模糊的民族边界上。不同地域的同一民族之间可能会出现的差异，同一地域的不同民族之间可能会出现的交融。这种族际交融与族内差异发生的领域、涉及的元素、致变的动因、变异的程度等各不相同，必然导致民族之间各种成分或者元素的相互嵌入与兼容。我包容你、你包容我，我变成你、你变成我，我丰富你、你丰富我，这是民族边界最常见的形态，也是各族古代位育钩沉、当代位育纪实等环节需要特别关注的要素。

敏感性是民族问题混沌现象的一大特征。但凡涉及民族利益的局部问题，在民族意识作用下极容易上升到民族整体的层次。在诸如语言、文化、风俗习惯、宗教信仰等方面，一些具体的民族成员在一定场合感受到某种歧视或攻击，很容易引起被该民族其他成员的同感与共鸣，认为是对整个民族的侮辱和损害。与此相关，民族关系方面出现的小摩擦、小冲突，如果未及时得到有效调解和处理，就容易出现由点及面的情况，波及其他方面和各个领域，从而将局部问题上升到全局问题。这种敏感极易牵涉不可预测性，历史事实探索者应当关注，尤其在当下的位育挑战环节需要特别关注。

（三）百色各族家园位育探索的混沌控制关键词

“条条大路通百色”，百色各族共有家园位育探索的课题目标就是寻找混沌控制的中和路径。各民族专题探索，完成了各自的古代位育钩沉、当代位育纪实、当下位育挑战等方面的梳理之后，自然要探求各自物质与精神家园的中和位育路径。这样的路径探索，依然要抓住分形的自相似性、迭代性、分维性，将其敏感性和长期不可预测性转化为有限且精准的混沌控制方案，力求做到“各美其美、美人之美、美美与共、和而不同”。

在各族家园专题探索的基础上，还应设立专题就各民族共有家园的中和位育进行总体探索。与各族专题的最后环节分别相扣，呈自相似递推。概而言之，共有家园的中和位育之道是一个混沌控制过程，应该在纷繁复杂的环境中认真把握以下关键：一个目标、两个兼顾、三个离不开、四个互相和五个发展理念。

一个目标，就是实现中华民族伟大复兴，就是全国一盘棋、各族一条心、同步奔小康、共筑中国梦。

两个兼顾，兼顾民族问题的两个主要构成方面：各民族自身发展方面的问题，民族与民族、民族与阶级、民族与国家等重大关系方面的问题，一同实现民族团结进步。

三个离不开，这是中华民族多元一体历史格局和现实中华民族生命共同体利益的一致规定：汉族离不开少数民族，少数民族离不开汉族，各少数民族之间也相互离不开。

四个互相，各民族相互学习、相互尊重、相互理解、相互帮助，这是增进民族理解、增强民族团结、实现共同发展的有效措施。

五个发展，各民族都需要顺利实现政治发展、经济发展、文化发展、社会发展和生态发展，应当确立五个发展理念：开放发展、创新发展、绿色发展、协同发展、共享发展，最终实现平衡发展、充分发展，满足人民对于美好生活的需求。

从百色实际出发，着眼于混沌控制论的追求，共有家园的中和位育之道更需要与百色“十三五”规划相通，需要将古代位育钩沉、当代位育纪实、当下位育挑战等方面探索的心得凝结为新的分形元，在新的规划实践中依序迭代。通过各民族交往交流交融的分维，在持续不断的良性迭代中巩固和发展平等团结互助和谐的社会主义民族关系，可以精准切实地“致中和”——实现各民族和睦相处、和衷共济、和谐发展。

至此，可按混沌与分形的思维逻辑，将百色民族共有家园位育探索的思维框架勾勒如图6。

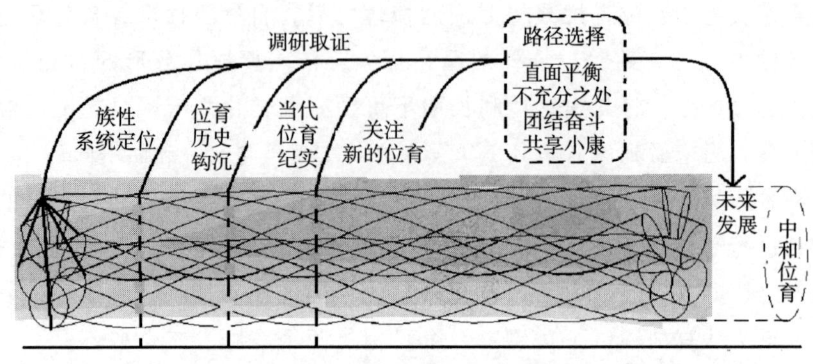

图 6　百色各族家园位育探索逻辑思维示意

往后可沿着这个思路分别推进各民族专题探索，每个民族无论人口多少、世居百色时间长短，都切实进行族性系统定位、位育历史钩沉、当代位育纪实，从而各自关注新时代的民族位育。在此基础上进入各族共有家园的综合探索，从而形成百色各族共有家园继往开来的整体位育概念。

百色世居民族“三交”探索之一：交往概述

梁　鑫*

摘　要： 百色市域共有壮、汉、瑶、苗、彝、仡佬、回7个世居民族，各世居民族人口数量、分布环境各不相同，相互之间族性差异较为明显；民族内部人口繁衍、物质资源需求与共生区域的外部环境互动，构成各民族之间持续交往的动力机制；基于这个动力机制，百色7个世居民族在政治、经济、文化等方面形成相互交往的基本格局。

关键词： 百色世居民族　民族交往　区域环境民族构成　动力机制　基本格局

民族之间的交往是族际互动的开始，是民族交融以及民族交流的前提。作为百色世居民族“三交”探索系列论文的第一篇，本文从民族交往的地理与人文基础、动力机制和基本格局三个方面展开论述。

一　百色世居民族交往的地理与人文基础

百色的自然、社会以及人文等因素构成了百色世居民族发展的区域环境。不同历史发展阶段汇聚到百色的族体，在社会互动中逐渐形成我们今日所见各具特色的7个世居民族。

（一）百色市域地理环境

百色市位于广西西北部，属于亚热带季风气候，全年夏长冬短，光照

* 梁鑫，博士，广西民族大学民族学与社会学学院讲师。

充沛。境内山地丘陵面积大，平原狭小，其中“石山占30%，土山占65.4%”①，山区总面积占百色地域面积的95.4%。由于受地形地势影响，市域气候差异较大：既有“小东北”之称的高寒山区，又有“小武汉”之称的炎热气候。百色全市“东西长320公里，南北宽230公里”②，所辖面积3.62万平方公里，北邻贵州，西邻云南，南接越南，东为河池市。境内所辖12个区县（市）：西部地区的西林县、田林县以及隆林各族自治县处于云贵高原边缘，北部地区的凌云县、乐业县，南部地区的那坡县、德保县以及靖西市（原靖西县）均属山区；中部的右江区、田阳县、田东县、平果县等地沿右江河谷分布，河谷附近的地势相对较低且平缓。

右江区、田阳县、田东县和平果县沿右江河谷由西向东分布。右江区是百色市的政治、经济、文化、科技中心。全区土地总面积3713平方公里，东西最大横距84公里，南北最大纵距82公里，城区有右江与澄碧河穿流而过。右江区辖2个街道、4个镇、3个乡（包含1个民族乡），历史悠久，底蕴深厚。境内有距今80万年前的百谷、枫树岛旧石器时代遗址，是珠江流域人文发源地之一。右江区建城至今已有280多年的历史，右江道思恩府同知在雍正七年（1729）从“原驻武缘县……迁于百色”，雍正八年（1730）建城，雍正十年（1732）建署，直至光绪元年（1875）“田州改土归流……升百色为直隶厅”③。1929年，邓小平等老一辈无产阶级革命家在这里发动和领导了著名的百色起义，创建中国工农红军第七军。1949年百色县解放，1983年10月改为县级百色市，2002年10月因百色地级市兴建而撤销县级百色市设立右江区。田阳县总面积2394平方公里，辖8个镇、2个乡，设有152个行政村、4个社区。田东县总面积2816平方公里，辖9镇、1乡，共167个行政村（街道、社区）。宋代广西著名的博易场——横山寨位于其境内。平果县总面积2485平方公里，辖9镇、3乡，共181个行政村（社区），“平果嘹歌”为国家级非物质文化遗产。

德保县、那坡县位于百色南部山区。德保全县总面积2575平方公里，全县辖12个乡（镇），185个村（社区）委员会。那坡县辖9个乡镇，总面

---

① 参见百色政府网，http://www.baise.gov.cn/html/lkhan.html。

② 参见百色政府网，http://www.baise.gov.cn/html/lkhan.html。

③ 以上引用参照（清）陈如修、华本松纂《百色厅志》，光绪十七年刊本，台北，成文出版社，1967，第24页。

积 2231.11 平方公里。南部与越南高平、河江两省相邻，国界线长 206.5 公里。县内设有平孟口岸，另外还有百南、那布、坡酬等 9 个边境互市点和贸易市场。

凌云县和乐业县位于百色北部山区。凌云县总面积 2053 平方公里，辖 8 个乡镇，110 个行政村（社区）。古时属泗城州、府管辖。乐业县总面积 2617 平方公里，辖 4 镇、4 乡，共 84 个村民委（社区），1084 个村民小组。

田林县、西林县以及隆林各族自治县位于百色西北山区。田林县总面积 5577 平方公里，辖 10 乡、4 镇，共 168 个行政村（社区），是广西面积最大的县。西林县地处桂滇黔三省（区）接合部，境内有驮娘江、清水河流过。全县总面积 3020 平方公里，辖 4 镇、4 乡，94 个行政村，3 个社区。隆林各族自治县辖 16 个乡（镇）、179 个行政村（社区），总面积 3551 平方公里，境内聚居着苗、彝、仡佬、壮、汉等 5 个世居民族，是我国仅存的两个各族自治县之一。

此外，靖西市隶属广西壮族自治区，为百色市代管县级市，地处中越边境，南部与越南高平茶岭、重庆县相接，边境线长 152.5 公里。靖西市辖 11 个镇、8 个乡，9 个社区、28 个居民委员会、254 个村民委员会，总面积 3322 平方公里，在广西八个边境县（市）中人口最多，是全国壮族人口比例最大的县级聚居地，壮族人口占总人口的 99.4%。

（二）百色世居民族构成

百色市户籍总人口约 382.6 万，少数民族人口占百色总人口的 85% 以上。其中，壮族 302.9 万，约占百色户籍总人口的 79.17%；汉族 49.5 万，约占百色户籍总人口的 12.94%；瑶族 14.91 万人，约占百色户籍总人口的 3.90%；苗族 13.65 万人，约占百色户籍总人口的 3.57%；彝族 6348 人，约占百色户籍总人口的 0.16%；仡佬族 3060 人，约占百色户籍总人口的 0.07%；回族 495 人，约占百色户籍总人口的 0.01%。[①]

壮族是百色地区最早的开拓民族，在百色 12 个市县区均有分布。百色壮族依方言掌握情况以右江为界，主要分为两大支系：右江南部的德保、

① 以上数据根据广西壮族自治区人口普查办公室、民委民族理论政策研究室联合课题组《广西壮族自治区 2010 年人口普查——广西世居民族人口资料》，内部资料，2013，第 25～42 页，百色市户籍人口资料整理。

靖西、那坡等县属南部方言区，俗称“南壮”；右江北部的右江区和田阳、田东、平果、西林、田林、凌云、乐业、隆林等县属于北部方言区，俗称“北壮”。百色壮语使用情况较为复杂，南、北两大方言之下还有众多次级土语，甚至一些地方邻近村镇语言也有差异。百色壮族传统生产方式主要以水稻种植为主，改革开放后尤其是近年来从事果蔬等经济作物种植的壮族人口逐渐增多，出外务工也成为重要的生计方式。在风俗习惯、传统文化总体共通的基本前提下，生动活泼地表现出乡镇村屯的具体特色内涵。

汉族在百色地区分布较为广泛，主要使用三种方言。其中，右江区及右江河谷圩镇居住的汉族多讲白话，右江河谷一带农村的汉族多讲平话，隆林、西林、田林、凌云、乐业、那坡等山区汉族主要讲西南官话。从生产方式来看，传统上讲白话的汉族主要以经商为主，讲西南官话的汉族以经商、农业为主，讲平话的汉族则以甘蔗、蔬菜种植为主。近年来随着改革开放的深入，传统生产方式上的族性特征逐渐淡化，经济发展、生活改善成为各族群众共同追求的目标。

瑶族在百色各地均有分布，主要聚居在凌云县、田林县、西林县等地。百色地区瑶族支系主要有四种：蓝靛瑶属于汉藏语系苗瑶语族瑶语支金门方言，人口分布在凌云、田林、右江、西林、田阳、那坡、乐业、平果等县（区）；盘古瑶主要居住在田林县，其语言与蓝靛瑶属同一语支，语言音调有一定差异；背陇瑶主要居住在凌云县，木柄瑶分布于田林县浪平乡平山村、潞城瑶族乡三瑶村，这两个支系的语言都属于汉藏语系苗瑶语族苗语支。从生产方式上看，传统上百色瑶族以刀耕火种式的“游耕”为主，新中国成立后瑶族群众生活、生产逐渐稳定，刀耕火种也逐渐退出历史舞台，改革开放后经济作物的种植、经商逐渐增多，外出务工则成为近年来重要的收入来源之一。

百色苗族陆续从云南、贵州等地迁入百色，各县区市均有分布，主要分布在隆林各族自治县、西林县、田林县、那坡县等地，主要有偏苗、红头苗、青苗（清水苗）、花苗、素苗、白苗等6个支系。偏苗人口最多，主要居住在隆林境内德峨镇的常么、弄杂、德峨、那地、保上和八科等村，此外在西林、田林两县也有少量的分布；红头苗主要分布在隆林的猪场、德峨、岩茶和隆或四个乡镇，散居在金钟山、天生桥、桠杈以及西林县的一些乡镇；素苗主要居住在蛇场乡马场村和乐香村；青苗主要分布在新州、平班、革布、猪场四个乡镇；白苗主要聚居在蛇场乡的高山、新寨等村，散居在克长、隆或、猪场、桠杈等地，此外在西林县、那坡县和靖西市也有少量分布；花苗则主要聚居在隆林猪场乡那伟、岩圩两村，以及邻近的革布乡领好、向阳两村的部分寨子。从语言上看，偏苗、白苗、花苗、红头苗和青苗等五个支系所用语言为苗语的川黔滇方言，素苗使用的语言属于黔东方言。偏苗、白苗、花苗、红头苗、青苗语言差异较小，其语言可以进行交流。素苗语言与其他五种苗语差异较大，无法直接交流。百色苗族传统上以“刀耕火种”的生计方式为主，新中国成立后逐渐转为精耕细作，改革开放后种养业、商业等在苗族群众中逐渐展开，近年来出外务工成为发展趋势。

百色地区的彝族主要分布在隆林各族自治县、那坡县、西林县、田林县等地，分为不同支系。据 2010 年全国人口普查常住人口统计，隆林彝族 3600 人，那坡彝族 984 人，西林彝族 753 人，田林彝族 217 人。[①] 隆林各族自治县彝族以“黑彝”支系为主，此外还有被称为“蔡家子”和“黑沙罐”的两支彝族。西林县的彝族为黑彝支系，主要居住在八达、普合、那劳、古障、马蚌等乡镇。那坡县主要有红彝和白彝两个支系，红彝主要居住在百省乡面良村坡伍屯，白彝主要居住在城厢镇达腊、念毕和者祥等村。田林的彝族主要分布在定安镇的常满村，基本上也属于白彝支系。百色彝族是历史上不同时代从云南等地迁徙而至。语言上来看百色彝族三个支系方言各不相同，隆林、西林彝族彝语属于“东部方言盘县次方言盘南次土语”[②]。风俗习惯上百色彝族有共同之处，但是在细节上有一定差异，“火把节”“跳弓节”等为百色彝族传统节日的代表。百色彝族传统以农业种植为主，近年来经济作物种植以及外出务工已成为主要的收入来源。

百色的仡佬族多为明清时期因战乱、灾荒等从贵州等地迁入，主要分布于隆林各族自治县与西林县的十多个乡镇，共有三个支系。民族语言系属未定，内部关系复杂，布流支系语言保留较为完整，哈给支系与特罗支系语言濒危，尤其特罗支系，仅有 60 岁以上的少数老人能说本支系语言。各支系风俗习惯存在一定历史差异和现实交融，原特罗支系郭姓家族的“拜树节”近二十年来已成为百色仡佬族的集体代表节日。百色仡佬族传统

① 参考广西壮族自治区人口普查办公室、民委民族理论政策研究室联合课题组《广西壮族自治区 2010 年人口普查——广西世居民族人口资料》，内部资料，2013。

② 广西壮族自治区编辑组：《广西彝族、仡佬族、水族社会历史调查》，1987，第 27 页。

上以农业生产为主，近年来从事商业、经济作物种植的农户增多，出外务工人员也逐渐增多。

回族在百色地区主要集中于右江区及靖西市的新靖镇及渠洋镇的一些街道、乡村。其他各县也有分布，但规模不大。回族在清代就已经来到百色地区生活，语言多使用当地方言，如右江区的回族日常生活多使用汉语方言白话，靖西回族日常生活则多使用壮语。两地回族群众在风俗习惯上多地方化，宗教信仰方面百色回族传统上信仰伊斯兰教，现有一座清真寺坐落于百色右江区中华街，原为清康熙年间所建，20 世纪 60 年代初阿訇归真后一直没有聘请阿訇，新靖镇尚有清真寺遗址存留。传统民族风俗习惯仍有留存，如“三大节日”、丧葬仪式传统等。百色右江区回族老户多在企事业单位任职；靖西新靖镇回族多以经商、房屋租赁、务工等作为生计方式；渠洋镇足要村弄勿屯的回族老户主要以务农、务工为主，现外出务工人口增多。

以上 7 个世居民族，分布在右江河谷两岸、高山之间的 12 个县区（市），其几百万、几十万、几千乃至几百的人口差异，以及各自内部有别却相互包容的人文环境，共同构成了百色地区民族社会基本情况，为百色世居民族交往的发生奠定了基础。

二　百色世居民族交往的动力机制

生存发展需求是百色世居民族交往得以进行的能动因素，客观环境的发展为百色各族族际交往发生提供了必要的资源和条件，族内需求与族外环境共同构成了百色世居民族交往发生的动力机制。

（一）族际交往发生于族内需求

内需是交往得以开展的主观动能，是民族交往得以实现的内在动力。百色世居民族交往的内生动力，在于保障族体规模的人口繁衍需求、保障族体发展的物质资料需求。

1. 人口繁衍的需求促使民族交往

“人口数量和人口密度是社会内部分工的物质前提”[①]。民族人口是由不

① 《马克思恩格斯全集》第 23 卷，人民出版社，1972，第 391 页。

同年代出生、不同性别的族体成员所组成，民族族体的延续、发展与族体成员家庭繁衍密切相关。族体成员人口发展是族体规模增长的基础，民族人口的增长通过族体成员的繁衍实现，是族体成员人口增殖的总和。民族成员人口发展变化与社会的政治、经济、文化、自然等因素有关，与人口的自然变动、迁移变动、社会变动等有关。[①] 为了保持族体发展，民族人口繁衍便成为其重要的内需。

不同历史朝代北方民族因军事政治大批迁徙至岭南地区，这些移民及其后代在生活发展过程中为更好适应岭南社会，更是为了后代繁衍、族体存续，有相当部分与岭南诸族通婚。《资治通鉴》记载，秦始皇三十三年（公元前214年）“谪徙民”有“五十万人戍五岭”，“与越杂处”[②]。秦亡，原秦南海尉赵佗“击并桂林、象郡，自立为南越武王”，他对岭南各族体采用“以兵威边，财物赂遗闽越、西瓯、骆，役属焉”的政策。汉代建立，高祖刘邦“遣陆贾因立佗为南越王，与剖符通使，和集百越”；高后统治时期，赵佗曾经一度“自尊号为南越武帝”；到了孝文帝元年，赵佗“去帝制黄屋左纛”，自称“蛮夷大长老”，“愿长为藩臣，奉贡职”[③]。可见，赵佗所代表的北方人在秦汉之际王朝更迭、生活变动中逐渐同岭南诸族交往，不乏通婚繁育后嗣融入当地族体的例子。

当族体人口数量不能满足通婚范畴，且相应族体文化、制度、宗教等方面鲜有或减弱限制时，人口繁衍需求使可能突破民族属性束缚。明末清初从各地来到百色的回族人口较少，并在宗教、文化上有一定限制，其族体流动范围较广，百色地区又处于滇、黔、桂交界处，相对来说通婚圈在其族内基本可以满足，族内通婚情况较为普遍，人口繁衍不是紧迫问题。然而随着历史发展，周围相同民族可通婚范围逐渐缩小，百色回族人口总量纵向稳步增加的同时，横向上每一时代人口数量基本处于相对稳定状态，人口流动幅度逐渐减弱。此外受性别、年龄等因素的限制，寻找配偶时在本族范围内可供选择较为有限，此时繁衍需求便上升成为族体迫切需要。百色回族与当地汉壮各族通婚情况有碑文及家谱为证。与此相关，百色仡

① 参考刘铮主编、李竞能副主编《人口理论教程》，中国人民大学出版社，2003，第55～68页。

② （北宋）司马光，（元）胡三省音注《资治通鉴》卷7·秦纪二。

③ 以上引用参考（西汉）司马迁《史记》卷113，《南越列传》。

佬族的族际通婚例子也保留在前辈民族学家的社会调查文献之中：“（清初）仡佬族人家是从十支大崖脚迁徙而来……出来时仅一户人家，即居住于旧州（今田林县属）附近的隆凹场，后来搬到隆凹场附近的马葱屯，由一户繁衍为十多户。由于遇到自然灾害马葱屯崩塌下去，一男一女两个孩子幸免于难，来到大水井找到仡佬族的罗家，后女的则嫁给罗家，罗家给男孩在隆凹场娶了一个汉族女子为妻”。①

当然，在族体规模可能满足人口繁衍，并且在制度、文化、宗教等方面对族际通婚有一定约束时，人口繁衍需求所带来的民族交往动能就较为弱化，物质资源及知识技能需求所形成的交往动能则相对较为突出。

2. 物质资料的需求促使民族交往

物质资料生产是各民族的根本社会活动，对物质资料的需求是各民族交往发生的重要前提。族际交往的主体、对象、程度、方式往往因物质资料生产过程的变化而发生变化。不同民族对物质资料的需求反作用于物质资料的生产，从而促进民族交往的深入进行。

百色地区差异性的气候与地理条件使得百色地区形成了丰厚的物质资源。然而我们更应看到百色地区许多地方属于典型的喀斯特地貌，平原及丘陵仅占当地总面积的4.6%左右，山地约占百色总面积的95.4%，其中石山约占30%，土山占65.4%。至今“百色全市十二个区市县中还有九个还是国家扶贫开发重点县，两个是自治区扶贫开发重点线，而百色地区则是全国十四个集中连片贫困区之一”。② 与此同时，百色世居民族中的苗族、瑶族、彝族、仡佬族等大都生活在石山、土山地区，生活水平相对不高，物质资料较为缺乏。这就使圩场交易成为保障各族人民生产、生活的正常进行的重要方式。历史上宋代形成的横山寨，明清时期发展起来的平马镇、那坡镇、百色城厢等地虽然设立性质各有不同，但是均为周边民族的发展提供了重要平台，周围各民族对物质资料的需求也促使民族交往发生。传统上瑶族等民族以刀耕火种为其主要的农业生产方式，没有固定的农田，通过火烧清出土地进行耕种，当土地失去肥力时，便继续迁徙，找到合适的山地开始新一轮的刀耕火种。新中国成立后随着土地制度的确立，刀耕

① 中国社会科学院民族研究所广西少数民族社会历史调查组编写《广西隆林么基乡仡佬族社会历史调查报告》，1964。

② 参考广西百色人民政府网，http://www.baise.gov.cn/html/kcdvd.html。

火种的农业生产方式不再适宜，瑶族同胞逐渐与周围各族使用同样的方式进行耕种，其生活地点也逐渐趋于稳定，渐少迁徙。百色地区汉族三个支系中，讲“白话”的汉人多因经商贸易进入百色地区，商贸活动中经济利益的驱使以及对当地物产的需求促使“白话”汉人与当地各民族发生交往，甚至在清代就已经深入百色西北山区。

正是各民族对人口繁衍、物质资料发展等方面的需求，引发了百色民族交往的内部动力，从而导致各民族在共同创造物质财富、精神财富的过程中密切联系、加强沟通、深入交往。

（二）族际交往依赖于外部条件

与族内需求相比，保障百色世居民族交往的外部环境似乎更为复杂。这里，从交通环境、区域文化整合、中央及地方政策以及经济发展等方面进行分析。

1. 交通的发展促进民族交往

从交通位置上看，百色地处桂西北，与川滇黔三省交界，是沟通大西南、东南亚各国的重要通道。从地形地势上看，百色的南部属山区，西北部处在云贵高原的边缘，多石山、土山；中东部处于右江河谷地带，多丘陵、平原。百色境内及周边地区民族成分较多，多为“大杂居，小聚居”。重要的地理位置决定了发展百色地区交通环境的必要性，多民族地区的现实要求交通的发展。交通的发展提供了直接交往的通道，增加了异地人们交往的频度、广度与深度。

水路在古代百色地区是沟通西南的重要通道。右江河谷珠江流域西江水系是沟通云南、贵州与两广地区的重要水路通道。西江水系的源头为云南沾益县马雄山，至贵州省望谟县境内西江流域称为南盘江，其后至广西境内的来宾市象州县石龙镇称红水河。南盘江、红水河流域是西江水系的上游、干流，两段江河沿百色与贵州交境流入广西境内，再至广东。而同属西江水系的北盘江则与南盘江在贵州望谟、册亨与广西百色乐业的交界处汇入百色境内。右江上游主要由剥隘河与澄碧河等河流汇成。剥隘河发源于云南省广南县，流入百色地区的西林县，西林县境内至田林县瓦村段被称为驮娘江，瓦村至百色罗村段被称为剥隘河。澄碧河发源于凌云县水源洞，剥隘河与澄碧河在百色镇汇合形成右江。右江的中、下游是从百色至邕宁宋村与左江汇合而成邕江这一段干流。百色地区古代陆路交通发展受到中央及地方的关注，其中宋代中央在百色田东地区建立的“横山寨”，更是在陆路形成了“盐马古道”，沟通了滇黔桂西南地区与东南沿海地区的联系，促进中央王朝与西南各民族以及西南各民族之间的交往。清代至民国时期，百色城厢外（现百色市右江区百城街道附近）形成驿站，专供往来滇黔桂各地的马帮落脚。现代社会百色地区的交通枢纽功能进一步突显，陆路、水路乃至航空得到了全面发展。从陆路交通上看，百色已成为国家公路运输枢纽城市之一。百色境内国道、省道、县级公路基本建成，通村、通屯水泥路也在逐步完成。“百色高速公路总里程达635公里，县（市、区）高速公路通达率达到75%……‘十三五’时期将实现所有县（市、区）通高速公路”①。铁路建设方面，百色地区已有南昆铁路等，现已贯通高铁。水路交通方面，百色地区现已建成“千吨级黄金水道”。从航空方面来看，百色的巴马机场已开通至上海、广州、重庆、桂林等地的航线。

至今，百色地区集水、陆、空的立体交通网络已经基本建立，交通环境进一步发展，客观上改善了民族交往环境，拉近了人们之间的距离，缩短了交通时间，为各族群众出行提供便利，进而保障民族交往得以实现。

2. 区域文化的整合促进民族交往

文化是社会历史的积淀，是人们在漫长的社会历史发展过程中创造出来的社会产物，广义上说是所有物质财富和精神财富的总和。民族文化是文化的重要组成部分，凝聚了各个民族的思想精华，客观上反映了民族社会发展的相关情况。社会发展过程中，各民族不断吸收有利于自身发展的积极因素，促进族体的全面发展，这一过程中民族文化也伴随着社会发展不断丰富其内涵，逐渐向区域文化方向整合。

百色各民族文化的发展往往跨越了族体界限，随着区域文化品牌的打造，文化的地域性与民族性相结合，多民族或民族多支系共有文化得到强调，从而进一步促进各民族文化的发展，增强了各民族交往。“嘹歌”在广西境内流传广泛，百色右江沿岸的平果、田东、田阳等地，百色境外的武鸣、马山甚至云南的一些地方均有传唱。“嘹歌”在传唱过程中受到各族群众喜爱，融入多民族文化元素，例如列入“第二批国家级非物质文化遗产

① 参考广西百色人民政府网，http://www.baise.gov.cn/html/kcdvd.html。

名录”的百色平果“嘹歌”，其歌调就包括壮族、汉族、瑶族等民族歌调。百色隆林仡佬族的“拜树节”原是隆林仡佬族特罗支系郭姓家族祭祖祭神的日子，20世纪80年代后当地仡佬族以该节日作为节庆符号将特罗支系、布流支系、哈给支系共同汇聚于该节日当中。该节日在发展过程中不断融入当地民族同胞对社会发展认知，如“和合”理念、生态环境的保护理念，等等。“拜树节”其内涵已经超越了特罗支系郭氏家族祭祀祖先的基本意义，因广西仡佬族主要分布于百色的隆林各族自治县，因此现在“拜树节”不仅是隆林、百色仡佬族的文化符号，而且已经成为整个广西仡佬族的文化符号。

此外，教育的普及为各民族获取适应社会发展的知识技能提供了基础保障，同时也为各民族之间的交往提供了基础环境，例如：学校教育中普通话的推广为各族人民在语言交际上提供了较为经济便捷的沟通渠道；集体学习生活增加了各民族学生交往空间、时间；共同知识、技能的学习培养了各民族同学的认知与实践能力。可见，现代教育的普及拓宽了各族人民认识外界事物的广度、深度，为各族人民的发展提供了相应知识储备，为各民族交往提供了更广阔的平台。

3. 民族政策促进民族交往

民族政策是调控民族关系的重要手段，自古我国历代中央王朝就重视处理与少数民族及少数民族地区的关系，制定相关政策进行管理。自秦统一岭南设桂林郡、南海郡、象郡三处，广西正式纳入中央王朝版图。虽然封建社会中央王朝对少数民族多持“非我族类其心必异”的态度，但是由于国土安全、政治、经济、地理环境等因素使然，一贯重视与少数民族之间的关系处理。历史上各个时期的中央王朝都十分重视处理与岭南各民族的关系并制定了相应的政策。秦汉时期，中央王朝推行“和辑百越”“以其故俗治”等政策，甚至派军队驻军的同时，将北方大量的民众迁徙至岭南，并且鼓励民族通婚。隋、唐、宋时期中央王朝在广西等地开始实行羁縻政策，北方地区先进的生产技术、文化在广西得到推广。历史发展到元明时期，土司制度在广西已经很普遍，百色地区也在多家土司的管理之中，这一时期儒学得到倡导。最后一个封建王朝清朝统治时期，中央王朝实行改土归流政策，儒学文化得到进一步发展。这些政策的推行，有利于维护国家的统一、边疆的安定、民族的交融。清末至中华人民共和国成立前这一段时期中国社会发生剧烈变动，各族人民彼时最为重要的历史性任务则是抵抗列强的侵略，寻求中华民族的独立。

中国共产党成立伊始就关注民族问题的解决、民族关系的处理，并在实践中不断探索解决我国民族问题的正确道路。1929 年邓小平、韦拔群、张云逸、李明瑞等领导发动百色起义和龙州起义，建立了左右江革命根据地。红军长征途中进入广西地区，为处理好与当地民族关系，“在进入广西前 6 天，总政治部即发布了长征以来的第一个民族工作文件——《关于争取少数民族的指示》……”[①]，1934 年 11 月 29 日红军总政治部在对桂北少数民族情况进行考察后，发布了第二个民族工作文件《关于瑶苗民族工作的原则指示》。新中国成立后，更是将民族平等团结作为我国民族政策的核心内容及解决民族问题的基本原则。在此基础上，党和国家制定一系列民族政策，涉及少数民族人才干部培养、少数民族文化发展保护、少数民族及民族地区经济社会发展、民族区域自治制度等方面，从根本上保障了各民族人民当家作主的权利，为民族交往营造了积极的政策环境。新时期共同团结进步、共同繁荣发展成为民族工作的主题。百色地区的发展受到中央及自治区的高度重视，政策上给予大力扶持。百色地区享受革命老区、兴边富民、少数民族地区、西部大开发地区、国家连片贫困扶贫开发等多项扶持政策，为百色地区的发展提供了机遇，为百色各族人民生活水平的提高提供保障，拓宽了百色各族人民交往的平台。

4. 经济发展促进民族交往

经济发展动力对族体交往产生较大影响，甚至在一定程度上可以突破族体边界、弱化文化差异。经济发展是当前各族人民群众关心的大事，百色地区有色金属资源丰富、农业资源特点明显，开发、发展当地特色产业成为地区经济发展的重要方面。此外，外出务工是现代中国各地农村发生的普遍现象，这一形势在百色各民族居住的乡村社会亦然。百色各民族人员流动、集聚过程增加了不同民族成员之间相互联系的频度与程度，客观上加速了民族交往。

百色地区矿产资源丰富，锑、铜、水晶、黄金、煤、石油等矿产具有

---

① 中共广西壮族自治区委员会党史研究室：《模范广西：中国共产党领导广西民族团结进步事业的历史考察与经验研究》，广西人民出版社，2015，第 13 页。

一定数量，已经探明的铝土资源占全国铝土资源的1/4，并已形成配套产业。百色农业物产特色明显，是重要的“‘南菜北运基地’、亚热带水果基地、国家商品粮食基地、糖料蔗基地、香料基地、优质烟叶生产基地、优质原材茧基地”① 等。此外，广西百色国家农业科技园区、“国家杂交水稻工程技术研究中心东盟分中心”坐落于百色。工矿产业、农业的发展需要一定数量的劳动力，这就形成了一定数量的岗位需求，为百色各民族交往提供了基础平台。

改革开放以来百色各民族群众出外务工、经商人员增多，地点多为珠三角、长三角等经济发达地区。出外务工、经商已成为乡村少数民族谋生的主要途径之一。出外到经济较为发达地区务工、经商增加了各民族同胞的收入，同时扩大了各民族外出务工者的可交际范围，增加了对新事物的了解，增加了族际交往的可能性。

总体来看，民族发展过程中，民族内部需求、外部条件共同形成了百色世居民族的交往动力机制。

三　百色世居民族交往的基本格局

百色世居民族交往的基本格局，可以从政治、经济、文化生活等方面进行概括。“政治格局”主要从秦汉至隋时期中央在西南地区实施的“因俗而治”、唐宋时期中央在百色地区实施的“羁縻制度”、元明清时期中央在百色地区实施的“土”“流”制度三个方面论述百色世居民族交往过程中“大一统”思想下“因俗而治”的基本政治情况。经济格局主要从农业、商业、手工业等方面考察百色地区经济发展情况。文化格局主要从民族文化与传统、现代、区域文化等方面考察百色地区文化发展情况。

（一）族际交往的政治格局

古往今来，百色各族的族际交往总是在“大一统”政治格局中展开的。

1. 秦汉至隋时期中央在西南地区实施的“因俗而治”基本管理格局

秦汉时期，中央对南方少数民族推行“和辑百越”“以其故俗治”等政

① 广西百色人民政府网，http://www.baise.gov.cn/html/kcdvd.html。

策。秦代中央在西南民族地区设置行政管理机构，在岭南百越地区设置南海郡、桂林郡及象郡。汉朝中央在管理少数民族事务上的做法：一是“在靠近内地货较发展的少数民族地区同于内地设置郡县”，二是“在西部和南部的边疆少数民族聚居地区，设‘道’相当于县级行政单位”，三是“设‘属国’，派都尉”。西汉中央在西南少数民族地区设郡，同时“各郡设置‘都尉’，管理少数民族事务”。西汉统一岭南越人地区后，西汉王朝设置“南海郡、郁林郡（原为秦朝桂林郡）、苍梧郡、交趾郡、合浦郡、九真郡、日南郡、珠崖郡、儋耳郡”等九个郡；东汉沿袭西汉管理少数民族地区事务的政策，同时在少数民族地区设立军事机构管理相关事宜，如“都护”“中郎将”“校尉”等。西晋时期在西南设“校尉”置“交州”管理岭南“俚”“僚”“乌浒”等各族。“东晋和南朝诸王朝派遣校尉、中郎将、督护等军官管理边疆少数民族事务”，并在“东南少数民族地区设置了许多左郡、左县和僚郡、俚郡”，“借以各族首领任太守县令（长）”。[①] 隋代主要在边疆地区设立郡县等地方机构管理少数民族事务，地方管理长官多为当地少数民族首领担任。

2. 唐宋时期中央在百色地区实施的“羁縻制度”基本管理格局

唐朝中央在少数民族地区主要设立“羁縻制度”，设置有羁縻都督府、羁縻州及羁縻县，中央确认当地少数民族首领为当地行政官员。学者龚荫考证唐代设置的羁縻州有865个[②]，“羁縻州峒隶邕州左右江者为多”，百色地区所属的右江流域则“又有四道黄氏，谓安德、归乐、归城、田州，皆黄姓……自唐以来内附”，“皆属邕州都督府左江道辖”，“约当今广西靖西、百色、田阳、田东等县”。宋朝管理少数民族地区继续实行唐代的羁縻制度。宋代，百色地区属广南西路，南宋官员（广南西路静江知府）范成大在孝宗乾道八年（1172）至淳熙二年（1175）所写的《桂海虞衡志》中记载，当时“国朝开拓寖广，州、县、峒五十余所”[③]，《宋史·地理志》中

① 以上引用参考龚荫《中国历代民族政策纲要》，四川人民出版社，2013，第36～42页。

② 参考龚荫《中国历代民族政策纲要》，第36～48页，表格附录：“《新唐书·地理志》记载羁縻府州总数856，有误。其中剑南道261州少1州，陇右道51府少1府，还有11州未计人。经过反复稽核，羁縻府州总数应为865个。”

③ 以上引用参考（宋）范成大原著，胡起望、覃光广校注《桂海虞衡志辑佚校注》，四川民族出版社，1986，第179页、181页的注释（四）。

记载了南渡后的羁縻地方“羁縻州四十四，县五，洞十一……”[①] 这些羁縻州中在百色范围的有“思恩州、恩城州、勘州、归乐州、伦州、果化州、万德州、婪凤州、田州、功饶州、向武州、上隆州、侯唐州、奉议州、武笼州、泗城州、归化州、广源州、安德州、温弄州、镇安峒、上林羁縻县、都救羁縻县、横山寨”[②] 等地。宋代对羁縻地方的管理则“推其雄长者为首领”，“地方的知州、权州、监州、知县、知峒等，皆宋廷委派当地土著酋长首领担任。特许世袭其位”，朝廷给这些官员颁发盖有铜制官印的“文贴朱记”。与此同时，具体措施方面“不可尽以中国教法绳之，姑羁縻之而已”[③]。

3. 元明清时期中央在百色地区实施的“土”“流”制度基本管理格局

土司制度承袭羁縻制度，是羁縻制度的深化，在宋代已经有了一定程度的发展，元代中央对民族地区的管理进一步深入。元中央在民族地区设立“宣慰司、宣抚、安抚、招讨、长官”诸司，“在靠近内地或较发达的少数民族地区，则设置路总管府或军民总管府、土府、土州、土县行政机关”[④]，相关管理官员则为当地民族的首领，同时赐予相关信物，此时元朝中央在广西设立两江道宣慰司。

到了明代土司制度全面成熟，广西全境只有“獞患亦稀”的“苍梧一道无土司”[⑤]。随着时间的推移，土司制度的弊端也逐渐显露，“改土归流”开始萌发。明代著名学者丘濬（1421－1495）在《议控制羁縻州郡》一文中谈及他对羁縻制度的担忧：“凡此羁縻州郡，岁久首领世袭，人自为战，如古诸侯民兵之制”。[⑥] 虽然明代的改土归流只处于开始阶段，但“土流”共同管理的办法已经使用，丘濬在《广西众建土官议》一文中说道：“其府州正官，皆以土人为之。而佐贰幕职，参用流官”。[⑦] 《明史》中也记载：“洪武七年……其府州县正贰属官，或土或流，皆因其俗，使之附辑诸蛮，

① 以上引用参考（元）脱脱撰《宋史》卷九〇志第四三，地理志六。

② 黄桂宁主编《百色历史通稿》，中国文史出版社，2015，第185页。

③ 以上引用参考（宋）范成大原著，胡起望、覃光广校注《桂海虞衡志辑佚校注》，第179页、181页的注释（四）。

④ 以上引用参考龚荫著《中国历代民族政策纲要》，四川人民出版社，2013，第50～51页。

⑤ （清）张廷玉撰《明史》卷三一七，列传第二〇五。

⑥ （清）汪森编辑《粤西文载校点》（四），黄盛陆等校点，广西人民出版社，1990，第200页。

⑦ （清）汪森编辑《粤西文载校点》（四），黄盛陆等校点，广西人民出版社，1990，第197页。

谨守疆土，修职贡，供征调，无相携贰”。[①] 但是改土归流的过程中，限于明朝中央的逐渐势微，土官在当地军事、管理中实际作用之大，一些已经改为流管制度的地方，又恢复土官制度。《赴任谢恩遂陈肤见疏》一文中明确记载了王明阳关于“土流”制度的相关看法，明嘉靖六年（1527）王阳明上奏朝廷，认为“田州切邻交趾，其间深山绝谷，皆瑶、僮之所盘据，动以千百。必须仍存土官，则可藉其兵力，以为中土屏蔽。若尽杀其人，改土归流，则边鄙之患，我自当之，自撤藩篱，非久安之计，后必又悔”。[②] 可见，明代土司制度从总体上看处于全面成熟发展的阶段，改土归流时机虽未成熟，但已经开始。

清代中央在西南少数民族地区继续实行土司制度，流官制度也在逐步实施。清初，广西地方正是朱由崧“南明王朝”（1647 - 1661）抗清之地，且各地抗清力量尚未平息，鉴于当时情况，清顺治帝发谕旨“各处土司，原应世守地方，不得轻听叛逆招诱，自外王化。凡未经归顺，今来投诚者，开具原管地方部落，准与照旧袭封；有擒执叛逆来献者，仍厚加升赏；已归顺土官，曾立功绩，及未经授职者，该督抚按官通察具奏，论功升授”。[③] 随着中央集权的加强，“改土归流”政策得到清朝皇帝的支持。清康熙年间、雍正年间在广西地方实行较大规模的“改土归流”，康熙二年（1663）镇安土府改土归流，至雍正年间大批改土归流后，广西剩余“土州二十有六……土县四……长官司三……”[④] 清代虽由“土”为“流”的情况则较前朝更为有力，但直到民国时期百色的部分区域仍由土司进行管理，新中国成立后，土司制度才完全结束。清末至民国时期战乱四起，地方管理权利交替、更迭频繁。新中国成立前，受当时的政治格局影响，百色地区的民族交往受到一定局限。新中国建立了民族区域自治制度，百色各族人民平等交往得到了有力的保障。

（二）族际交往的经济格局

新中国成立前百色地区的农业、商业、工业等尚处于初步发展阶段，

---

① （清）张廷玉撰《明史》卷七六，志第五二，官职五。

② （明）王守仁：《王阳明全集（贰）》，徐枫等点校，天津社会科学院出版社，2015，第48页。

③ 《清世祖实录》卷41，中华书局，1985。

④ 《清史稿》卷五一二，列传第二九九，土司一。

经济发展空间有限，民族之间发生经济交往大多是以基本生计、生存作为首要目的。新中国成立后尤其是改革开放后，百色地区经济充分发展，群众生产生活得到改善，经济发展空间扩大，族际交往越发频繁、深入。

1. 农业格局

新中国成立前百色地区的土地制度主要是以封建领主土地制度、封建地主土地所有制为主的私有制。由于百色境内多山区，仅右江河谷沿岸的平原等少数地区适于水稻种植，且灾害抵御能力较弱，大部分地区粮食种植及收成受限，农业生产多自给自足，多以满足基本生活需求为第一位。新中国成立后，随着生产力的发展，生产技术的提升，百色地区的农业生产也随之发生变化，农业生产在满足生活所需的基础上形成规模生产、特色农产品生产。

土司时期，土司把领地划为“私田”“公田”两类，土地全为封建领主所有。明朝，百色境内土地大都为土司所有，土司将土地分给头目，头目再给佃户耕作，而耕种役田的农民则负担土司徭役。例如，清代前，乐业县境内为泗城州（府）所辖，“除少数高山险岭、偏僻角落的土地为流民自由耕种外，大多数河流、山林、土地均为土司亭目所有”。[①] 清代随着“改土归流”的进行，封建地主阶级逐步形成，封建领主与封建地主制度并存，后封建领主制度逐渐衰落，土司制度下的各种名目“田”逐渐废除。清乾隆初年，土地买卖日多，至康熙二年（1663），改土归流以后“土司役田……拨为镇安府公田，取消徭役制度，改为向政府上交租谷”。[②] 嘉庆年间当地政府号召民众垦荒，百色地区乡民除种公田外，私有的开荒田日益增多，到清嘉庆、道光年间，百色地区人口大量迁入，土地自由买卖频繁。民国期间，百色地区的自耕农增多，但是生产力仍然较低，至解放前，封建土地制度下少数民族聚居的山区旱地多为刀耕火种[③]，农业生产多以自给自足为主。

新中国成立后，百色地区土地制度由农民所有制、集体所有制发展到联产承包责任制，生产技术及生产力水平也得到了大幅提高，基本生活需求得到有力保障。近年来，百色地区因地制宜，区域特色农业种养得到发

① 乐业县志编纂委员会：《乐业县志》，广西人民出版社，2001，第119、120页。

② 德保县志编纂委员会：《德保县志》，广西人民出版社，1998，第116页。

③ 参考乐业县志编纂委员会《乐业县志》，广西人民出版社，2001，第118页。

展。总体来看，百色地区因地制宜的特色农业发展格局已经基本形成。

2. 商业格局

百色田东县“横山寨”在宋代曾是中央王朝购买西南军马的重要“博易场”，为西南地区的贸易拓宽渠道。清代以后百色地区圩镇发展、外地商人的进入，使当地群众日常生活需要得到满足、商贸得到活跃。新中国成立后百色地区私营经济逐步纳入集体经济，社会主义改造后，商业基本以国有商业、集体商业为主。改革开放后，私营经济逐渐恢复。近年来，百色地区依托特色资源及技术发展商业，逐渐形成地区品牌。

康熙年间改土归流时期开始，百色地区商业活动逐渐活跃，广东、福建、浙江、云南、贵州等地的商人相继进入百色地区从事商业活动，粤东会馆、灵洲会馆、福建会馆、云南会馆、江西会馆、两湖会馆等逐渐建立。百色地区多为自然经济，商业买卖较为简单，多为食盐、布匹、药材、日用百货、当地特产等。清后期煤油、洋布、火柴等进入百色市场。百色城是当时百色地区商业活动活跃之地，清末百色城附近的“农村已有农贸市场13处……其中较场圩已有人恒居于此，专营商号，不再临时设点摆摊……清宣统三年（1911年）成立了百色商会”，[①] 到了民国22年（1933）时，百色城内商店已达到159间，“1946年全县已有商店409间”。[②] 此外，百色各县份均有商贸活动，如田林地区旧州、定安、百乐、潞城、乐里，田阳田州牌楼圩、田州圩、那坡圩等地。但是，新中国成立前百色的商业活动在各县发展程度不同，既有如百色城、田阳那坡镇等商贸活跃的街圩，也有如乐业在1949年时仍保留“物物交换”的形式，“没有一家商店，山民购买日用品，多数要到百色镇购买”，“……全县仅有40个小商贩，经营小百货、食盐等，直接的‘斗米换斤盐’……”[③] 的情况。

新中国成立前百色地区商业多以私营经济为主，1954年后私有工商业开始社会主义改造，到1956年百色地区存在“国营、集体（供销社）、合作（私营合作）、公私合营、私营等5种经济成分”[④]，1958年后百色地区

---

① 广西壮族自治区、百色市志编纂委员会：《百色市志》，广西人民出版社，1993，第345页。
② 广西壮族自治区、百色市志编纂委员会：《百色市志》，广西人民出版社，1993，第345页。
③ 乐业县志编纂委员会：《乐业县志》，广西人民出版社，2001，第278页。
④ 广西壮族自治区、百色市志编纂委员会：《百色市志》，广西人民出版社，1993，第347页。

“商业市场的经济成分仅有国营一种”。[①] 改革开放后个体经济、联合经济、集体经济逐渐恢复，“1983 年后，个体经济发展很快”[②]，百色地区经济活动逐渐活跃。近年来百色地区在原有经济基础上，逐渐形成地区经济特色。

3. 工业格局

新中国成立前百色地区工业多为以农村副业发展起来的手工业，此外还有部分矿山可以开采。新中国成立后百色地区规模性工业逐渐发展起来。改革开放后，百色工业进一步得到发展。

新中国成立前百色地区工业发展规模较小，传统工业基本为以副业发展起来的手工业，且发展不平衡，右江河谷沿岸圩镇及处于交通要道的圩镇相对发展较好。《百色厅志》中记载：“女知纺织”[③]“果属甘蔗亦榨汁煎炼为糖”[④]，“八角出……八角油分市泰西诸国其值颇昂”。[⑤] 民国 22 年（1933），百色县有手工业 18 类 192 家手工工场，工人 1284 人，其中以烟丝为大宗，共有 72 家，800 余工人。[⑥] 据民国 36 年（1947）撰写的《百色县基本国情调查总报告》来看，当时的百色县基本属于“工业不甚发达尚无合乎规定标准之新式工业，全部属于手工业（注：应为多数）及农村副业范围”。[⑦] 靖西市在民国时期以小规模家庭作坊形式的手工业有一定发展，据民国 37 年（1948）统计“工业生产主要有冶金、采矿、制陶、竹木工、纺织、印染、制糖、食品、加工、酿酒、烟丝、染料、榨油、缝工、石灰、首饰、小五金修造及其他日用品”[⑧] 等。田阳县工业得到一定发展，形成私营手工业、加工副食业，出现手工生产的烟丝厂及金矿、锑矿开采，并出现在当时百色地区有一定影响力的商号。德保县境内黄泥坡（今红泥坡），

---

① 广西壮族自治区、百色市志编纂委员会：《百色市志》，广西人民出版社，1993，第 348 页。

② 广西壮族自治区、百色市志编纂委员会：《百色市志》，广西人民出版社，1993，第 348 页。

③ （清）陈如修、华本松纂《百色厅志》，光绪十七年刊本，台北成文出版社，1967，第 46 页。

④ （清）陈如修、华本松纂《百色厅志》，光绪十七年刊本，台北成文出版社，1967，第 47 页。

⑤ （清）陈如修、华本松纂《百色厅志》，光绪十七年刊本，台北成文出版社，1967，第 47 页。

⑥ 参考广西壮族自治区、百色市志编纂委员会编《百色市志》，广西人民出版社，1993，第 244 页。

⑦ 参考广西壮族自治区、百色市志编纂委员会编《百色市志》，广西人民出版社，1993，第 244 页。

⑧ 靖西县志编纂委员会：《靖西县志》，广西人民出版社，2007，第 254 页。

在清雍正十年（1732）就已有硫黄矿开采及土法煎炼，民国时期已有农具生产、砂纸制造等，但总体来看仍属于“家庭小规模生产”。[①] 隆林各族自治县则“从民国时期开始有民间小手工业……之后销售工业逐步增多。解放初德峨苗族地区有编织背篓、泥箕等竹制品，革布、隆或的壮、汉族地区能生产小农具、铁铸犁头等”。[②] 乐业县在解放前“仅有个体手工业”“大多为农闲时经营，产值极低”。[③] 这一时期百色地区工业发展在规模、类型等方面均有局限。

新中国成立后，集体工业、国营工业逐步发展。1955 年个体手工业社会主义改造后集体工业得到发展，1958 年“人民公社化”后，个体手工业基本逐步减少，“文化大革命”期间个体手工业基本消失。1978 年十一届三中全会后，个体手工业逐渐恢复并得到发展，百色地区集体工业、国有工业及个体手工业共同发展。改革开放以来，尤其是近年来，百色地区工业得到长足发展，形成“以铝产业为主导，煤炭、电力、冶金、石化、糖纸五大重点支柱产业为骨干，建材、机械、农副产品深加工等其他产业积极跟进”[④] 的工业产业体系。

（三）族际交往的文化格局

文化是人类历史积淀的产物，是人们长期创造形成的社会现象。百色 7 个世居民族有着较为丰富的民族文化，与此同时，社会发展中所产生的时代文化也随着信息的传递日益频繁深入百色各区域。百色世居民族交往过程中形成了民族文化、区域文化、时代文化整合发展的共生格局。

1. 民族文化共生格局

民族文化是各族人民在长期发展过程中形成的，民族社会为民族文化的形成发展提供丰厚的土壤。但民族社会是生态发展的，是随着时代的变革、社会历史条件的变化而发展变化的。百色世居民族交往较为普遍、社会互动频繁，民族文化随民族社会的发展发生交融互动，从而形成百色地区民族文化发展的共生格局。

---

① 乐业县志编纂委员会：《乐业县志》，广西人民出版社，2001，第 199 页。

② 隆林各族自治县志编纂委员会：《隆林各族自治县志》，广西人民出版社，2002，第 220 页。

③ 乐业县志编纂委员会：《乐业县志》，广西人民出版社，2001，第 226 页。

④ 广西百色人民政府网，http:∥www. baise. gov. cn/html/kcdvd. html。

不同的民族文化是基于不同的自然生态环境、人口资源因素、社会生产发展等客观外部条件，以及人们的认识水平与实践能力等主观内部因素构成的文化生态系统。

百色地区各民族在长期的历史发展过程中，不同民族文化相互吸引、相互交融，丰富发展了民族传统文化，促发了各民族文化生机和活力。百色民族文化共生格局推动了民族传统文化的发展，为中华民族文化的发展提供宝贵的财富，为民族交往的深入发展提供了文化基础。

2. 区域文化共生格局

社会发展过程中，民族之间直接或间接接触随之增多，民族互动过程中“共识”的积累也随之增多，集中表现在区域文化共生格局的形成。

百色各民族文化在历史发展过程中相互交流、相互借鉴、相互吸收、相互影响，既包括汉族与各少数民族之间的文化互动，又包括各少数民族文化之间的互动。百色各族文化互动频繁，形式多种多样，内容丰富多彩，组织集民间与官方为一体，繁荣了百色各民族文化，打造了百色区域文化特征。

百色地区传统文化打造的过程中，区域文化的重要位置日益明显，这也从侧面反映出现代社会百色各民族之间交往交流交融的深化，相互之间关系的密切，发展目标的一致性。

3. 时代文化共生格局

现代文化是在人们适应社会发展的过程中适应社会整合及人类自身发展的现实文明形态。现代文化在民族社会生活中体现在教育、科技、医疗卫生以及各项社会事业上，往往反映社会的现代价值、认同及文化发展趋向。

教育事业的发展对百色各族人民群众文化水平与综合素质等方面的全面提高具有重要的作用；科学技术在农业、工业等各行业的投入，推动了百色地方产业升级，逐渐缩小了本地各市县区经济发展程度差距；医疗卫生事业的现代化发展使百色各族人民的健康水平得到有效提升。随着国家及百色当地政府对现代文化发展的高度重视，各族群众对现代文化的大力追求，百色时代文化共生格局为民族交往注入新的发展动力。

总之，百色地区文化发展过程中，民族文化、区域文化、时代文化三者互为依托、相互整合，构成百色地区文化和谐共生的基础，形成民族交往的基本格局。

民族工作研究

发展与创新：多民族国情及民族工作的新理念

周竞红[*]

摘　要： 随着改革开放的不断深化，中国特色社会主义不断在探索中前行，党中央对于中国民族和民族问题的判断、认识和理论持续发展、创新，马克思主义民族理论中国化获得新的阶段性成果，成为习近平中国特色社会主义思想体系的有机组成部分。本文试以所见文献为主，研读十八大以来习近平总书记关于民族工作一系列重要论断，以期系统了解党中央关于民族工作的新理念、新目标和新遵循，提高思想认识，为新型民族关系持续巩固和发展提供支撑。

关键词： 发展　创新　多民族国情　民族工作　新理念

改革开放全面深化，社会变革更为显著，各种思想和社会思潮相互激荡更加剧烈，中国特色社会主义建设面临着新的国际和国内环境，关于中国民族和民族关系成为各种思想交织影响的重要领域，并在一定范围内对民族关系调整产生了负面影响。党的十八大以来，习近平总书记从党的伟大事业和伟大斗争着眼，面对民族工作“五个并存”① 实际，全面、系统论述了如何认识民族、民族问题和中国民族国情，如何坚持和完善中国共产党解决民族问题的正确道路，明确了民族工作中一些基本概念，丰富和创

* 周竞红，中国社会科学院民族学与人类学研究所研究员。

① 民族工作阶段性特征被总结为“五个并存”，即“改革开放和社会主义市场经济带来的机遇和挑战并存，民族地区经济加快发展势头和发展低水平并存，国家对民族地区支持力度持续加大和民族地区基本公共服务能力建设仍然薄弱并存，各民族交往交流交融趋势增强和涉及民族因素的矛盾纠纷上升并存，反对民族分裂、宗教极端、暴力恐怖斗争成效显著和局部地区暴力恐怖活动活跃多发并存”。

新发展了中国特色社会主义体系关于民族和民族工作的重要内容，为马克思主义民族理论中国化做出了重要历史贡献，成为谋求中华民族伟大复兴和推进中国特色社会主义建设进程中解决民族和民族问题的重要遵循。

一　完善理论命题：中国特色解决民族问题正确道路

中国特色解决民族问题正确道路作为一个核心理论命题高度概括了中国共产党在推进社会现代化进程中解决民族问题的道路抉择、制度设计、法律保障、政策理念和发展目标，是中国共产党人道路自信、理论自信、文化自信的突出表现。历时地看，中国特色解决民族问题正确道路这一核心理论命题在革命、建设时代逐步确立，在改革开放不断深化和社会现代化发展中日益完善。

中国特色解决民族问题的正确道路作为政治实践和理论建构经历了以毛泽东、邓小平等为核心的几代共产党人在革命、建设和改革中的持续探索。20 世纪 90 年代初，讨论中国共产党不断完善解决民族问题实践问题时，理论学界多使用“具有中国特色的解决民族问题正确道路”，或者使用“有中国特色的解决国内民族问题道路”。2003 年，有研究者指出：毛泽东思想“……极大地丰富、发展了马克思列宁主义民族理论，在指导我们党不断解决中国民族问题的实践中显示强大的生命力，开辟了中国特色解决民族问题的正确道路”。[①] 但是绝大多数研究者使用“有中国特色的解决民族问题的正确道路”。2005 年，胡锦涛总书记在中央民族工作会议暨国务院第四次全国民族团结进步表彰大会上充分肯定民族工作在我国革命、建设、改革各个时期的重要性及所开创的“具有中国特色的解决民族问题的正确道路”。[②]

2009 年，在国务院第五次全国民族团结进步表彰大会上，胡锦涛总书记进一步指出：“以毛泽东同志为核心的党的第一代中央领导集体，确立了以民族平等、民族团结、民族区域自治、各民族共同繁荣为核心的民族理论和民族政策，引导我国各民族走上社会主义道路，实现了中华民族发展

① 程苹：《略论毛泽东民族理论及其实践》，《中南民族大学学报》2003 年第 6 期。

② 胡锦涛：《在中央民族工作会议暨国务院第四次全国民族团结进步表彰大会上的讲话》，中央文献研究室编《十六大以来重要文献选编》（中），中央文献出版社，2011，第 899 页。

史上最广泛最深刻的社会变革，开创了中国特色解决民族问题的正确道路。”[①] 2010 年，时任全国政协主席的贾庆林发表专文，从理论来源及实践进程详加阐释，指出这一正确道路集中体现了各族人民追求平等、谋求发展，以及社会主义的巨大优越性，是中国共产党正确认识和处理民族关系和解决民族问题的伟大创举，同时提出在新的历史起点上谱写中国特色解决民族问题的新篇章。[②]

2014 年，习近平总书记依据现实需求创新运用中国共产党处理民族问题的一贯立场和方法，在中国共产党在革命、建设和改革中获得理论基础上，系统揭示中国共产党解决民族问题的核心理论命题的内涵和实践路径，为开创民族工作新局面的实践提供了总体遵循和行动指南。中国特色解决民族问题的正确道路是一套系统的理论并有丰富的实践支撑，“八个坚持”[③]涵括了丰富的政治和社会实践，深化和升华了这一正确道路的理论内涵。中国特色社会主义的伟大事业是无产阶级政党的目标，与各民族群众根本利益实现密切相关，因而，中国特色解决民族问题的正确道路行得通、走得顺离不开党的组织和领导，党的领导为实现目标提供了政治和组织保障；中国特色解决民族问题正确道路的社会制度基础是社会主义道路，社会主义建设的本质要求保障各民族共同团结奋斗共同繁荣发展；坚持维护祖国统一关乎国家最高利益和各民族人民根本利益，是中国特色社会主义建设的根本保障和各民族团结进步的根基；坚持各民族一律平等是新中国立国根本原则之一，是反对任何民族压迫和歧视，确立和巩固社会主义新型民族关系的基本原则，也是社会主义核心价值体系追求的重要内容；坚持和完善民族区域自治制度是中国特色解决民族问题正确道路的核心内容和制度路径；党和政府民族工作以坚持各民族共同团结奋斗、共同繁荣发展为

① 胡锦涛：《在国务院第五次全国民族团结进步表彰大会上的讲话》，国家民委政策法规司编《民族团结奏响新乐章　伟大事业迈上新征程》，民族出版社，2011，第 2 页。

② 贾庆林：《坚定不移走中国特色解决民族问题的正确道路》，《求是》2010 年第 24 期，第 3~8 页。

③ “八个坚持”即坚持在中国共产党的领导下，坚持中国特色社会主义道路，坚持维护祖国统一，坚持各民族一律平等，坚持和完善民族区域自治制度，坚持各民族共同团结奋斗、共同繁荣发展，坚持打牢中华民族共同体的思想基础，坚持依法治国，加强各民族交往交流交融，促进各民族和睦相处、和衷共济、和谐发展，巩固和发展平等团结互助和谐的社会主义民族关系，共同实现中华民族伟大复兴。

主题，实现各民族人民共同富裕是社会主义优越性的充分体现，是解决我国民族问题的经济基础；坚持打牢中华民族共同体意识，就是在增强各民族“四个认同”[①] 基础上实现团结统一，“四个认同”是中华民族共同体强大的精神内核；坚持依法治国是中国共产党领导人民治理国家的基本方略，也是现代国家治国理政的重要方式，因此，在推进社会现代化进程中解决民族问题必须坚决维护宪法权威和法律尊严，民族工作部门和干部需要提升运用法治思维和法治方式进行民族事务治理的能力，充分发挥法治的引领和规范作用。

在“五位一体”建设和实现“四个全面布局”过程中，以习近平为核心的党中央结合中国特色社会主义建设新的实践，揭示“中国特色解决民族问题的正确道路”这一核心理论命题丰富的内涵，标志着中国共产党对中国特色解决民族问题实践有了新的理论认识，是习近平新时代中国特色社会主义理论的重要组成部分，也是当前和今后党和政府民族工作依循纲领。

二　推动观念创新：中国民族关系几个基本问题

观念深刻影响着人们对事物的认知和决策。中国共产党诞生、发展、壮大的过程，就是紧紧围绕中国国情推进现代化国家建设的政治实践过程。以习近平为核心的党中央对民族工作新判断继承了中国共产党民族理论，并结合中国特色社会主义新实践形成新知，对中国民族问题和民族工作提出或深化了认识中国民族问题、民族工作的新观念或理念，最主要的包括以下几点。

1. 清晰积极的多民族国情观念

统一的多民族现代中国是历史中国发展和演变的结果，以“五方之民”为基本构成的历史中国，在王朝政治演进中形成各历史民族“你中有我，我中有你”的关系，“这些民族经过诞育、分化、交融，最终形成了今天的56个民族”。[②] 56个民族是现代主权中国建构进程中诸多历史民族演化的结果。百年来主权现代中国建构，重置了历史上各族间的关系，历经民族民

① 即对伟大祖国认同、中华民族认同、中华文化认同、中国特色社会主义道路认同。

② 中共中央文献研究室编《习近平关于社会主义政治建设论述摘编》，中央文献出版社，2017，第149页。

主革命的洗礼，各民族人民在民族平等民族团结基础上重新凝聚，统一的多民族国家成为基本国情，“多民族的大一统，各民族多元一体，是老祖宗留给我们的一笔重要财富，也是我们国家的一个重要优势”。[①] 民族地区以“六区集一”[②] 为特征，是民族工作的切入点和关注重点。同时，用优势观、财富观分析多民族大一统历史和多元一体格局的中华民族，指明多元与一体间的辩证关系。统一的多民族国家国情是民族工作的“家底”，“只有了解了这个‘家底’，才能真正了解我国的基本国情，懂得民族工作有多重要，做好民族工作有多不容易”。[③] 因此，“全党要牢记我国是统一的多民族国家这一基本国情，坚持把维护民族团结和国家统一作为各民族最高利益，把各民族智慧和力量最大限度凝聚起来，同心同德为实现‘两个一百年’奋斗目标、实现中华民族伟大复兴的中国梦而奋斗”。[④]

2. 深化认识中华民族的新理念

中华民族是历经百余年的现代化转型，与主权现代中国建构同步再凝聚的“多元一体”的命运共同体，是现代中国各民族的总称，这是中国共产党第一代领导集体在推动现代中国建构中就在理论上解决了的基本观念，但是，随着改革开放以来各种思想的冲击，有些人产生了模糊认识和糊涂思想。因此，习近平总书记强调指出：“中华民族和各民族的关系，形象地说，是一个大家庭和家庭成员的关系，各民族的关系是一个大家庭里不同成员的关系。”“我们讲中华民族多元一体格局，一体包含多元，多元组成一体，一体离不开多元，多元也离不开一体，一体是主线和方向，多元是要素和动力，两者辩证统一。”[⑤] 在各民族凝聚进程中，“……我们共同经历的非凡奋斗，是我们共同创造的美好家园，是我们共同培育的民族精神”[⑥]。中华民族之所以得以生存和发展，“很重要的一个原因，是我们民族有一脉

① 国家民族事务委员会：《中央民族工作会议精神学习辅导读本》，民族出版社，2015，第24页。

② 即资源富集区、水系源头区、生态屏障区、文化特色区、边疆地区、贫困地区。

③ 中共中央文献研究室编《习近平关于社会主义政治建设论述摘编》，中央文献出版社，2017，第149页。

④ 《中央民族工作会议暨国务院第六次全国民族团结进步表彰大会在北京举行》，《人民日报》2014年9月30日第1版。

⑤ 中共中央文献研究室编《习近平关于社会主义政治建设论述摘编》，中央文献出版社，2017，第150页。

⑥ 《习近平谈治国理政》，外文出版社，2014，第39页。

相承的精神追求、精神特质、精神脉络”。[①] 而且中华民族的包容性是其重要特色，“中华民族是一个兼容并蓄、海纳百川的民族，在漫长历史进程中，不断学习他人的好东西，把他人的好东西化成我们自己的东西，这才形成我们的民族特色”。[②]

在中国特色社会主义建设不断发展进程中，56 个民族已结成中华民族大家庭平等成员，是“你中有我、我中有你、谁也离不开谁的中华民族命运共同体”。[③] 56 个民族共同团结奋斗建构了新中国，中华民族伟大复兴的未来仍然需要各民族的团结奋斗，“我们伟大的祖国是 56 个民族共同开发的，中华民族的未来也要靠 56 个民族共同来开创”。[④] “中国共产党就是团结和带领各族人民向着中华民族伟大复兴，向着人民更加美好的生活。”[⑤]

3. 明晰的中华文化观

“中华文化是各民族文化的集大成”，[⑥] “要向各族人民反复讲，各民族都对中华文化的形成和发展做出了贡献，各民族要相互欣赏、相互学习”。[⑦] 因此，“把汉文化等同于中华文化忽略少数民族文化，把本民族文化自外于中华文化、对中华文化缺乏认同，都是不对的，都要坚决克服”。[⑧]

中华文化具有广阔性和包容性，源于其特定的精神品质和各民族的共同奋斗。中华文化特定的历史发展轨迹，“中华文明绵延数千年，有其独特的价值体系。中华优秀传统文化已经成为中华民族的基因，植根在中国人内心，潜移默化影响着中国人的思想方式和行为方式”。[⑨] “自强不息、厚德

---

① 《习近平谈治国理政》，外文出版社，2014，第 181 页。

② 《习近平谈治国理政》，外文出版社，2014，第 105～106 页。

③ 《习近平会见基层民族团结优秀代表》，中国民族年鉴编辑部《中国民族年鉴（2016 年）》，2016，第 131 页。

④ 中共中央文献研究室编《习近平关于社会主义政治建设论述摘编》，中央文献出版社，2017，第 147 页。

⑤ 中共中央文献研究室编《习近平关于社会主义政治建设论述摘编》，中央文献出版社，2017，第 147 页。

⑥ 丹珠昂奔：《民族工作方法论——中央民族工作会议精神学习体会》，民族出版社，2016，第 53 页。

⑦ 丹珠昂奔：《民族工作方法论——中央民族工作会议精神学习体会》，民族出版社，2016，第 61 页。

⑧ 丹珠昂奔：《民族工作方法论——中央民族工作会议精神学习体会》，民族出版社，2016，第 63 页。

⑨ 《习近平谈治国理政》，外文出版社，2014，第 170 页。

载物的思想，支撑着中华民族生生不息、薪火相传，今天依然是我们推进改革开放和社会主义现代化建设的强大精神力量。”[①] “站在960万平方公里的广袤土地上，吸吮着中华民族漫长奋斗积累的文化养分，拥有13亿中国人民聚合的磅礴之力，我们走自己的路，具有无比广阔的舞台，具有无比深厚的历史底蕴，具有无比强大的前进定力。中国人民应该有这个信心，每一个中国人都应该有这个信心。”[②] “各民族共同开发了祖国的锦绣河山、广袤疆域，共同创造了悠久的中国历史、灿烂的中华文化。”[③]

4. 正确的少数民族文化观

中华文化是各民族文化的集大成，各民族文化是中华文化重要的组成部分，在各民族共同繁荣发展要不断推进少数民族文化发展，当然，在推动本民族文化发展过程中，需要有利于增强民族团结和中华文化认同。“那些认为少数民族文化落后、看不起甚至主张任其消亡的看法是错误的”，而且“不让一个民族认同本民族文化是不对的，认同中华文化和认同本民族文化并育而不相悖”。[④] 面对市场经济冲击，少数民族文化要加强保护，“少数民族文化块头小，抵抗市场经济冲击的能力弱，一些非物质文化遗产流失严重，不能等到失去才懂得珍惜”。[⑤] 习近平总书记指明少数民族优秀传统发展方向和文化保护的原则，即去粗取精、推陈出新和创造性转化和创新性发展。

5. 各民族正确的权益观

申明民族区域自治的基本制度定位，明确实行自治的民族应负的责任义务。习近平在论述中国特色解决民族问题正确道路时清晰的定位民族区域自治制度基础性地位，批驳斥所谓民族区域自治“苏联模式”等错误认知，引导人们深刻认识民族区域自治制度的理论和实践意义，明确指出：“民族区域自治不是某个民族独享的自治，民族自治地方更不是某个民族独有的地方……我国所有民族自治地方都是党领导下的地方，都是中华人民

① 《习近平谈治国理政》，外文出版社，2014，第158页。

② 《习近平谈治国理政》，外文出版社，2014，第171页。

③ 中共中央文献研究室编《习近平关于社会主义政治建设论述摘编》，中央文献出版社，2017，第149页。

④ 丹珠昂奔：《民族工作方法论——中央民族工作会议精神学习体会》，民族出版社，2016，第53页。

⑤ 管培俊：《为了我们共同的精神家园——关于发展少数民族艺术的学习思考》，《中国民族报》2017年9月22日、29日第5版。

共和国的地方，都是全国各族人民共同拥有的地方。我们的自治区戴了民族的帽子，戴了这个帽子是要这个民族担负起维护国家统一、民族团结的更大责任。”①

总之，这些观念理念的创新，帮助人们更清晰的认识中国的民族和民族关系问题，从而在具体的工作领域，更全面的贯彻和执行党的民族政策。

三 深化实践创新：民族工作全面拓展

民族工作就是各级党委和政府、各类民族工作机构贯彻落实党和国家的民族政策、民族法律法规的工作，是在国家治理进程中解决民族问题、保障各民族平等权利的工作。民族工作有自己的主体、工作对象、工作任务和工作特点，由于民族人口的流动性，改革开放以后在分类中分化出城市民族工作。因此，民族工作涉及方方面面，方方面面都有民族工作。关于民族工作，中国共产党有一以贯之的思想和政策，习近平总书记继承在治国理政中继承了这些思想和政策，表现于方法论层面的继承和理论原则的层面继承。方法论上主要受辩证法、认识论、历史唯物主义、科学社会主义等理论影响；主要论断如民族平等、民族团结、阶级观点等。在习近平新时代中国特色社会主义理论思想体系中，马克思主义的方法论不仅被应用于民族工作的思考和认识，而且运用于整个改革和发展进程的理论认知，在真学、真懂、真用马克思主义理论方面在共产党人中起到了模范带头作用。

从对马克思主义的具体论断继承来看，习近平新时代中国特色社会主义理论思想体系中主要有民族平等、民族团结等。早在1992年，习近平就曾撰文指出：“民族平等，是马克思主义民族理论的基石，也是我国民族政策的核心。社会主义经济基础和消除了民族压迫的社会主义政治制度为民族平等提供了最根本的保证。但是，我们还应认识到，实现民族间事实上的平等首先要消除各民族在经济、文化发展水平上的差距。……我们必须立足于少数民族地区的实际制定我们的脱贫致富的方针。”② 社会主义道路选择和剥削制度的消除，为达成真正的民族平等和民族团结创造了社会条件，马

① 《习近平在中央民族工作会议上讲话》（2014年9月），http://whxcs.seac.gov.cn/art/2015/10/21/art_8432_240263.html。

② 习近平：《摆脱贫困》，福建人民出版社，1992，第89页。

克思主义认为以私有制为基础的阶级社会中，不可能有真正的民族平等和民族团结。“做好民族工作也要开拓创新，但必须从实际出发，做到既尊重我国国情和传统又不囿于历史、故步自封，既借鉴国外经验教训又不照抄教条、照搬外国，顶层设计要缜密，政策统筹要到位，工作部署要稳妥，防止简单化、片面化，防止忽左忽右、摇摆不定。”根据变化的实际，在民族工作具体环节提出了以下新论断。

1. 各民族共有精神家园观

在共同缔造统一的多民族中国进程中，各民族要守住和拓展共有精神家园，共有精神家园是支撑中华民族伟大复兴最核心的力量。“对一个民族、一个国家来说，最持久、最深层的力量是全社会共同认可的核心价值观。”① 在中国特色社会主义建设进程中，各民族共同认可的核心价值观应当是社会主义核心价值观，因此“社会主义核心价值观决定着各民族共有精神家园的发展方向，必须在各民族中大力培育和践行，坚持从小就抓、从幼儿园抓，注重从少数民族文化中汲取营养”。②

2. 民族团结实践深化

中国共产党一贯重视民族团结，视民族团结为各民族人民的生命线。习近平总书记在具体推进民族团结方面提出了新认知，将搞好民族团结视为民族工作的关键，他指出：“做好民族工作，最关键的搞好民族团结，最管用的是争取人心。”争取人心的主要方式“……重在交心，要将心比心、以心换心”。③ 当然，做民族团结工作是全方位的社会工作，因此“党政机关、企事业单位、民主党派、人民团体都要行动起来，一起做交流、培养、融洽感情的工作，一起共创共建，民族团结、社会稳定、国家统一的人心防线就一定能筑得牢牢的”。④

3. 依法保障民族团结观

习近平总书记强调：“用法律来保障民族团结。”“只有树立对法律的信

---

① 《习近平谈治国理政》，外文出版社，2014，第 168 页。

② 《习近平在参加内蒙古代表团审议时强调：扎实推动经济高质量发展，扎实推进扶贫攻坚》，《人民日报》2018 年 3 月 6 日第 1 版。

③ 中共中央文献研究室编《习近平关于社会主义政治建设论述摘编》，中央文献出版社，2017，第 153 页。

④ 中共中央文献研究室编《习近平关于社会主义政治建设论述摘编》，中央文献出版社，2017，第 153 页。

仰，各族群众自觉按法律办事，民族团结才有保障，民族关系才会牢固。”他还强调指出：“涉及民族因素的矛盾纠纷，有不少是由于群众不懂法或者不守法造成的。”“要增强各族群众法律意识，懂得法律面前人人平等，谁都没有超越法律的特权。”[①] 他强调：“要全面推进依法治国，更好维护人民群众合法权益。对各类社会矛盾，要引导群众通过法律程序、运用法律手段解决，推动形成办事依法、遇事找法、解决问题用法、化解矛盾靠法的良好环境。”[②] 这些重大论断、重要阐述说明，法治是协调民族关系、维护民族团结的基本方式，是推动民族事务治理现代化的根本要求和基本途径。依法治理民族事务、协调民族关系、维护民族团结，是全面依法治国的基本要求，也是不断巩固和发展平等团结互助和谐社会主义民族关系的根本举措。

党中央要求：“必须坚决维护宪法权威和法律尊严，提高运用法治思维和法治方式解决民族问题的能力，更好发挥法治的引领和规范作用。”[③] 民族工作法律法规建设是依法管理民族事务能力提升的基础，《民族区域自治法》的落实、完善，以及维护平等团结民族关系的法规条例的出台是民族工作法律法规建设的重要内容。“要在确保国家法律和政令实施基础上，依法保障自治地方行使自治权”[④]，就需要推进《中华人民共和国民族区域自治法》的落实和配套法规的完善。《中华人民共和国民族区域自治法》赋予各级民族自治地方自治机关管理地方和民族事务方面广泛和真实有效的自治权，各不同层级的民族自治地方需要结合本地发展实际，依法实践相关自治权，特别要积极深化管理本民族、本地区的内部事务的，保障中央政令得到有效执行，同时因地制宜地落实相关政策；积极发挥自治条例和单行条例规范作用，依法保障使用发展少数民族语言文字和各民族公民宗教信仰自由，尊重各民族保持或改革民族风俗习惯的自由。在自主安排、管理、发展经济建设事业，自主发展教育、科技、文化等社会事业方面全面

---

① 中共中央文献研究室编《习近平关于社会主义政治建设论述摘编》，中央文献出版社，2017，第154页。

② 《习近平谈治国理政》，外文出版社，2014，第204页。

③ 《中共中央、国务院关于加强和改进新形势下民族工作的意见》，《十八大以来重要文献选编》（中）中央文献出版社，2016，第103页。

④ 丹珠昂奔：《沿着中国特色解决民族问题的道路继续前进——中央民族工作会议精神学习体会》，《中国民族报》2014年11月7日第5版。

正确贯彻执行《中华人民共和国宪法》和《中华人民共和国民族区域自治法》等法律法规。民族自治地方自治机关需要在简政放权实现稳增长、调结构、促改革、惠民生中，探索和完善依法实施自治权和保障各民族平等团结具体有效措施。依据变化的社会实际不断推进相关法规的细化和规范化是实现依法管理民族事务能力提升的必要环节。在改革不断深化过程中，民族自治地方需以《中华人民共和国宪法》和《中华人民共和国民族区域自治法》为依据，完善本地法规系统，全面贯彻落实党的民族政策。

提升民族事务治理的法制化水平是改革和发展不可回避的目标任务，这方面的工作也有了良好的基础和进一步开展工作的空间，据全国人大2015年执法检查时统计，当时中央政府执行的法律法规中涉及民族问题或民族关系调整的有162件，其中法律115件，行政法规47件；制定和修改262件自治条例，139件仍然有效；912件单行条例，698件有效；制定有关《国务院实施〈中华人民共和国民族区域自治法〉若干规定》的地方性法规和政府规章有14个省市。[①] 进一步提升法制体系完善和法制权威性和效度成为发挥法制功能的重要环节。在法制不断完善同时要增强人民群众的法制意识，使依法办事获得优化社会条件，“只有树立对法律的信仰，各族群众自觉按法律办事，民族团结才有保障，民族关系才会牢固。各族干部群众都要增强法律意识，懂得法律面前人人平等，谁也没有超越法律的特权”。[②]

民族工作关键在党在人的理念。“民族工作能不能做好，最根本的一个条是党的领导是不是坚强有力。中国共产党的领导是民族工作成功的根本保证，也是各民族大团结的根本保证。没有坚强的政治领导，一个多民族国家要实现团结统一是不可想象的。只要我们牢牢坚持中国共产党的领导，就没有任何人任何政治势力可以挑拨我们的民族关系，我们的民族团结统一在政治上就有充分保障。”

围绕民生推动民族团结物质基础建设。根据十八大以后民族工作“五个并存”的阶段性特征，党中央在基本制度引领下部署民族工作的重点、方式和方向。中央关于民族工作具体部署和措施集中体现于《中共中央、

① 《全国人民代表大会常务委员会执法检查组关于检查〈中华人民共和国民族区域自治法〉实施情况的报告》，http://www.npc.gov.cn/npc/xinwen/2015-12/22/content_1955659.htm。

② 汪洋：《在宁夏回族自治区成立六十周年庆祝大会上的讲话》，《人民日报》2018年9月21日第3版。

国务院关于加强和改进新形势下民族工作的意见》（下文简称《意见》）的系统安排。《意见》由 6 项 25 条构成，涵盖民族工作的方方面面，涉及推进民族工作的重要措施、分工方案和基本遵循。[①] 核心内容是明确进一步推动民族地区经济社会发展的目标、重点、着力点。全面建成小康社会的目标，以及深入实施西部大开发战略任务是党中央对各级政府提出的工作要求，具体建设目标包括提高民族地区基本公共服务水平、改善民生、扶贫攻坚等工作重点，教育、就业、产业调整、基础设施建设和生态环境保护则是每个具体建设领域的工作着力点，由此，推动民族地区经济社会“五位一体”全面发展。在这一进程中，政策支持以实事求是、因地制宜为原则，完善差别化政策支持，加大中央支持与激发民族地区内生动力相结合，增强民族地区自我发展能力。支持教育事业优先发展、多措并举扩大就业、加快产业结构调整、推进基础设施建设和城市化进程，以及集中力量扶贫攻坚，等等。这些举措的落实，推动了民族地区经济社会发展水平普遍提升，据统计，2017 年民族八省区实现生产总值 84899 亿元，同比增长 7.6%；全社会固定资产投资总额 88730 亿元，增长 11.8%；城镇、农村常住居民人均可支配收入达 31553 元、10442 元，分别增长 8.4% 和 9.2%；贫困人口从上年的 1411 万人减少到 1032 万人。[②]

就业、教育、生态建设、扶贫开发、基础设施建设和对外开放是推进民族地区同步进入小康社会的重点工作领域。民族工作紧紧围绕民生建设推进展开，就业和教育成为改善民生和促进发展的重要抓手；民族地区建设在积极发挥资源优势的同时，更加注重抓好惠及当地和保护生态的工作；在推进民族地区扶贫开发和精准扶贫中，重点抓好特困地区和特困群体脱贫；边疆建设则重点抓好基础设施建设和对外开放。为了实现民族地区民生改善的诸多建设目标，中央政府和地方政府通力合作，不断在教育、就业等建设方面增加投入，促进了民族地区各民族群众生产和生活条件逐步改善，为民族地区同步进入小康社会创造了良好条件。

民族工作见物见人理念。强化民族工作以解决思想认识为基础的目标

① 《中共中央、国务院关于加强和改进新形势下民族工作的意见》，《十八大以来重要文献选编》（中），中央文献出版社，2016，第 103～117 页。

② 《2018 年全国民族经济工作暨民族地区经济形势分析现场会在浙江召开》，http://www.seac.gov.cn/art/2018/4/5/art_38_301201.html。

要求，丰富民族团结理论内涵。习近平总书记关于民族工作“见物见人”说揭示维护民族团结要依靠物质和精神两种力量。建设各民族共有精神家园、铸牢中华民族共同体意识是“……国家统一之基、民族团结之本、精神力量之魂”。[①] 构筑以“三个离不开”[②]、“四个认同”和正确国家观、民族观、宗教观、历史观、文化观为基础的中华民族共同体认知，在尊重、继承和弘扬各民族优秀传统文化过程中，推进各民族共享的、集各民族文化之大成的中华文化传承和创新性发展。与此同时，民族团结进步创建的人文化、实体化和大众化目标日益产生重要影响，十八大后，全国各地积极探索深入持久的民族团结进步创建活动，这些活动多能融入地方社会治理，并成为当地民族工作的重要部署，民族团结进步创建活动突出表现出“重在平时、重在交心、重在行动、重在基层”显著特征，民族团结进步创建载体更加丰富，各级政府通过创建活动所树立的各级各类示范典型的社会引领效果更加突出，各类媒体广泛宣传民族团结典型或创建活动，推进了民族团结进步创建良好社会氛围的形成。各民族人民在“共居、共学、共事、共乐”中交往、交流、交融，在“……相互了解、相互尊重、相互包容、相互欣赏、相互学习、相互帮助”中“像石榴籽那样紧抱在一起”。[③] 各地民族团结进步创建表现出鲜明的时代性，民族团结进步理念深入人心、影响广泛，推动民族团结进步的手段、方法不断创新。

习近平总书记关于中国民族和民族工作的重要论断是中国共产党民族工作思想在改革开放和中国特色社会主义建设新阶段的新发展，无论是从基本理论还是从基本制度上来说都有着直接的继承性，党的领导人的代际更替并没有在道路选择、理论信仰、远大理想方面发生根本性动摇，因此，继承中国共产党民族工作理论成果也属于必然。与此同时，观念理论创新特征显著，习近平总书记面对民族工作和改革全面深化实际，适应新形势、直面新问题分析并提出民族工作新思路和新认知过程中，也创新发展新的话语体系，使党的民族工作新观念、新认识、新目标借助话语的魅力为广大人民所认知、认同，从而达到聚民心、合民意、导民生、启民智的多重社会功效。

---

① 《中共中央、国务院关于加强和改进新形势下民族工作的意见》（2014 年 10 月 12 日），《十八大以来重要文献选编》（中），中央文献出版社，2016，第 105 页。

② 汉族离不开少数民族、少数民族离不开汉族、各少数民族之间也相互离不开的思想。

③ 《语录》，《新疆人大》2014 年第 7 期，第 2 页。

演进与挑战：自治县的历史与现状的新探索*

陈永亮**

摘　要：自治县是最基层的民族自治地方，自治县体制历史演进的研究是探讨完善民族区域自治制度和自治县体制改革的基础。自治县体制形成经历了民族地区县级自治政府、县级民族自治区、自治县三个主要阶段。新时期城市化进程中自治县体制面临着撤县设市（区）、自治机关自治权落实不到位等新挑战，探讨省直管自治县是完善和发展自治县体制的合理路径。

关键词：自治县　历史沿革　省直管自治县

民族区域自治制度是我国的一项根本政治制度，自治县是最基层的民族自治地方。目前学术界针对自治县的研究主要集中在三个方面。一是自治县自治机关自治权研究。如王传发以峨山彝族自治县为例对“立法自治的效应”“对立法自治存在的问题：变通权行使的缺失”“立法自治权行使不规范”“自治条例实施的监督保障机制缺失进行了分析研究”① 四个方面进行有益探讨。又如黄仲盈以隆林、都安、大化、巴马四个民族自治县为例，探讨认为当前自治县自治条例的贯彻落实存在着结构和内容重复单一、修订过程流于形式、法律权威虚空低效、执法部门含混不清等立法困境，

---

* 本文系国家社科基金项目“新型城镇化进程中民族自治县体制完善与发展研究”（17XMZ033）阶段性成果之一。

** 陈永亮，法学博士，西南大学历史文化学院民族学院副教授。

① 王传发：《民族自治县立法自治的效应与问题分析——以峨山彝族自治县为例》，《云南行政学院学报》2009 年第 5 期。

提出建立健全民族法制体系等对策建议[①]。二是自治县发展方面。如赵一君集中探讨了民族自治县公共治理优化问题[②]；任崇强分析了甘肃省民族自治县经济发展模式，提出在经济增长方式、要素禀赋差异、生态环境、社会文化、政策利用等对策建议[③]。三是自治县体制改革方面。例如，刘玲对“省直管县与民族区域自治制度的相容性等问题”进行了相关理论探讨[④]；笔者认为：“通过赋权的方式保障自治县自治机关自治权的贯彻落实，建议‘有条件的地方’开展省直管自治县体制改革。”[⑤] 这些研究都是在自治县体制的背景下基于不同视角的探讨分析，是对研究自治县体制完善与发展的有益探讨。但是学术界专门研究自治县体制演变的论著相对较少，笔者认为研究自治县的法定来源、体制发展、制度完善及战略意义，首先要深刻理解自治县体制的历史及其演变过程。因此本文着重考察自治县的历史演变，即民族地区县级自治政府的早期实践、县级民族自治区的成立、自治县体制的形成及发展过程，反思探讨新型城镇化进程中自治县体制面临的新挑战。

一　民族地区县级自治政府的首次尝试

中国共产党的民族区域自治纲领的首次尝试就是从民族地区县级自治政府开始的。根据1936年5月24日《中国工农红军总政治部关于回民工作的指示》的相关精神，政权的组织可以根据回民居住的情况而设定，“主张回民自己的事情，完全回民自己解决，凡属回族的区域，由回民建立独立自主的政权……在民族平等的原则上，回民自己管理自己的事情，建立回民自治的政府”[⑥]。1936年红军西征，解放豫旺堡、海源一带回族聚居区后，

① 黄仲盈：《广西民族自治县自治条例的立法困境与解决路径——以隆林、都安、大化、巴马4个民族自治县为例》，《桂海论丛》2015年第4期。

② 赵一君：《我国民族自治县公共治理优化问题》，中央民族大学博士学位论文，2010。

③ 任崇强：《甘肃省民族自治县经济发展模式与对策》，《中国农业资源与区划》2010年第6期。

④ 刘玲：《省直管民族自治县：民族自治地方行政体制改革路径探索》，《中南民族大学学报》2015年第3期。

⑤ 陈永亮：《省直管自治县：完善和发展民族区域自治制度的路径探索》，《民族研究》2017年第2期；陈永亮：《“二元型”省直管自治县：贵州省直管自治县体制探析》，《云南民族大学学报》（哲学社会科学版）2017年第5期。

⑥ 中共中央统战部：《民族问题文献汇编》，中共中央党校出版社，1991，第367页。

在这两个纲领性文件指导下成立，即以同心城为中心建立了豫海县回民自治政权。根据《红色中华报》[①] 报道，1936 年 10 月 20 日，在同心城清真寺里召开了豫海县回民自治政府成立大会，庆祝活动持续了三天，并通电全国。

虽然关于民族区域自治的性质，只提到了“自治区（县以下，乡以上）”“回民乡”“豫海县回民自治政府”等，但是边区的民族区域自治从自治性质、目的、内容、自治权等方面已经有了独特的雏形，例如，关于自治的目的是，实现少数民族自己“管理自治事务之权”“实行蒙、回民族与汉族政治、经济、文化上的平等权利”。[②] 关于自治权，边区宪法原则规定：“边区各少数民族，在居住集中地区，得划成民族区，组织民族自治政权，在不与省宪抵触原则下，得订立自治法规。”[③] 这些都成为我国民族区域自治的早期实践。

二　县级民族自治区的实施

新中国成立后，根据《中国人民政治协商会议共同纲领》在全国范围推行民族区域自治，但是建立的所有民族自治地方一律称为“民族自治区”，从名称上根本看不出是民族自治地方的行政层级。例如，1950 年 5 月 6 日成立的天祝藏族自治区。1950～1952 年，全国建立了县级以上的民族自治区 42 个[④]，县级民族自治区共 32 个，县级以下民族自治区 56 个，共 130 个各级民族自治区。其中大部分县级民族自治区改为同名称的自治县，但是也有几种特殊的情况。一是划入自治区、自治州。例如，阿拉善旗蒙古族自治区（1950 年 3 月成立）、阿拉善旗蒙古族自治区（1949 年 11 月成立）于 1956 年划入内蒙古自治区。二是划入城市成为城市民族区。例如，归绥市回民自治区（1950 年 12 月成立）于 1956 年 11 月改为呼和浩特回民

① 转引自王戈柳《民族区域自治政策在陕甘宁边区的实践》，《民族理论研究》1983 年第 4 期。

② 中国科学院历史研究所第三所编辑《陕甘宁边区施政纲领》，《陕甘宁边区参议会文献汇集》，科学出版社，1958，第 105 页。

③ 中国科学院历史研究所第三所编辑《陕甘宁边区施政纲领》，《陕甘宁边区参议会文献汇集》，科学出版社，1958，第 312 页。

④ 《中国民族区域自治 50 年》课题组：《中国民族区域自治 50 年》，内蒙古人民出版社，1997，第 79 页。

区。三是改名成立自治县。例如，大苗山苗族自治区（1952 年 11 月成立），1965 年改称融水苗族自治县。四是改为普通县。例如，平武藏族自治区（1951 年 9 月成立）改为平武县。

三　自治县体制的形成与发展

自治县体制源于民族自治地方形成层级的划分，在此基础上不断确立县级民族自治区为自治县，不断变化发展至 120 个自治县的基本格局。

（一）自治县体制的形成与曲折发展

1952 年 2 月 22 日，《中华人民共和国民族区域自治实施纲要》中指出："各民族自治区的行政地位，即相当于乡（村）、区、县、专区或专区以上的行政地位，依其人口多少及区域大小等条件区分之。"[①] 也就是说，只能从它们的隶属关系上区分，同时明确了制度的性质、地位、自治区和自治机关建立原则，规定了自治机关权利等方面，"使民族区域自治制度得到初步的规范"[②]。根据相关文件精神，1955 年 7 月 19 日，天祝藏族自治区更名为天祝藏族自治县，明确了县级行政地位。

1955 年 12 月，《关于改变地方民族民主联合政府的指示》《关于建立民族乡若干问题的指示》等若干指示提出，以前建立过的专区级和县级的民族民主联合政府，适合建立自治县的，改建自治县；以前建立的区级民族民主联合政府，适合建立自治县的，改建为自治县。各省（自治区）根据宪法和相关规定，把县级民族自治区（县辖区级）改为自治县或者民族区、民族乡。截止到 1957 年底，全国共建立民族自治地方 85 个，其中自治县 53 个[③]。1957 年后，随着"左"的思想影响不断深入，民族区域自治制度被破坏。例如，"各少数民族聚居的地方实行区域自治"的条款在 1975 年《宪法》[④] 中被删除，许多自治州、自治县被合署办公或撤销，民族区域自

① 《中华人民共和国民族区域自治实施纲要》，《人民日报》1952 年 8 月 13 日。

② 任一飞、周竞红：《中华人民共和国民族关系史》，辽宁民族出版社，第 119 页。

③ 张尔驹：《中国民族区域自治的理论和实践》，中国社会科学出版社，1988，第 101 页。

④ 参见《中华人民共和国宪法》（1975 年 1 月 17 日中华人民共和国第四届全国人民代表大会第一次会议通过），全国人民代表大会网，http://www.npc.gov.cn/wxzl/wxzl/2000-12/06/content_4362.htm。

治制度逐渐名存实亡。

（二）自治县体制的新变化

中共十一届三中全会召开后，民族区域自治制度逐步得到了恢复和发展，自治县数量、名称、立法程序方面也发生了变化。

1. 自治县的数量方面

1979～1990 年，新建自治县共 62 个，包括满族、畲族、仫佬族、毛南族、拉祜族、保安族、仡佬族、普米族 8 个民族第一次单独或联合其他少数民族建立自治县。其中，1987 年海南省黎族苗族自治州被撤销成立 7 个自治县。从 1993 年到 1997 年，广西壮族自治区防城各族自治县撤销设区合并建地级市，重庆市黔江土家族苗族自治县改为黔江区，辽宁省凤城满族自治县、辽宁省北镇满族自治县、海南省东方黎族自治县改为县级市。总之，从 1950 年建立的天祝藏族自治县到 2003 年建立北川羌族自治县为止，目前我国共有自治县 120 个，其中有 46 个建立于 1957 年底以前，以现存的 120 个自治县为样本的自治县建立时间表如图 1 所示（暂不考虑多种因素被撤销的自治县）。

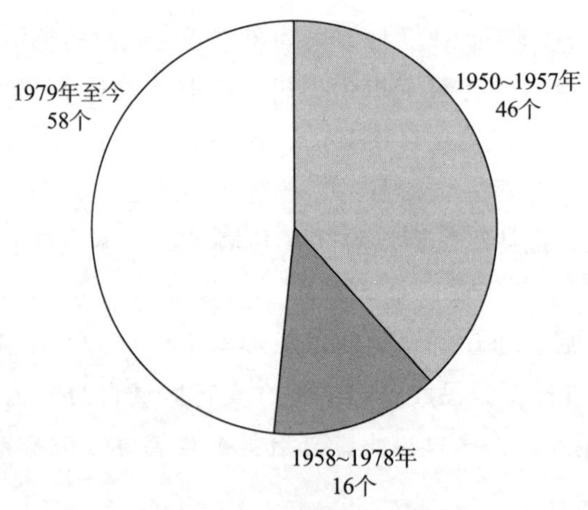

图 1　建立自治县数量示意

2. 自治县名称变更方面

自治县名称方面的变更主要包括行政区域的变化、首府驻地变化、扩大知名度等方面原因。行政区域变化因素。例如，1961 年 4 月 10 日成立的丽江纳西族自治县（云南省）在 2003 年 4 月 1 日正式撤销，分设为玉龙纳西族自治县和古城区，玉龙纳西族自治县是丽江纳西族自治县的继承和发展。

首府驻地变化因素，例如，1957 年 3 月 26 日设置的十万山壮族瑶族自治县，逐步与防城县合并，1958 年 5 月 1 日成立的东兴各族自治县，由于行政规划等因素首府驻地迁入防城镇，1978 年 11 月 7 日改为防城各族自治县，1993 年 5 月 23 日撤销改为防城港市。

扩大知名度因素。例如，1956 年 12 月 31 日成立的路南彝族自治县（云南省）根据中华人民共和国民政部《关于云南省路南彝族自治县更名为石林彝族自治县的批复》（民政批〔1998〕45 号），更名为石林彝族自治县，主要原因是知名的石林世界地质公园在其境内，为扩大知名度更改名称。

3. 自治县立法程序方面的变化

自治县自治条例和单行条例的立法程序由全国人大常务委员会批准修订为省或者自治区的人民代表大会常务委员会。根据 1954 年《中华人民共和国宪法》第七十条的相关规定，自治县立法必须经过全国大民代表大会常务委员会批准。例如，《河北省大厂回族自治县人民代表大会和人民委员会组织条例》（属于单行条例）是 1956 年 7 月 9 日全国人民代表大会常务委员会第四十三次会议批准。

1982 年《中华人民共和国宪法》修订后，自治县立法修订为省或者自治区的人民代表大会常务委员会批准，报全国人民代表大会常务委员会备案。例如，《本溪满族自治县自治条例》是本溪满族自治县第五届人民代表大会第五次会议通过，辽宁省第十一届人民代表大会常务委员会第三十二次会议批准。

四　新时期自治县体制面临的新挑战

自治县作为民族区域自治制度最基层的组织形式，保障了 24 个少数民族享受民族区域自治的权利，特别是包括鄂伦春、鄂温克、达斡尔、仫佬、毛南、仡佬、拉祜、独龙族、纳西、布朗、普米、裕固、保安、撒拉、塔吉克、锡伯 16 个人口较少民族自治县，对保障人口较少民族的经济社会发展具有重大现实意义，体现了党的民族平等和民族团结政策，更体现出少数民族的尊严[①]。然而，随着改革开放和城镇化进程的不断深入，自治县体制又面临着一些新的挑战。

（一）重启“撤销自治县设市（区）”老方案

90年代初一些自治县以影响城市化进程、影响招商引资等理由撤销设市（区），实践证明存在以一系列问题。然而近些年来，又有民族自治地方提出“自治县撤销设市（区）”的老方案。例如，2012年5月3日河口瑶族自治县开始启动“撤销自治县设市”[②]，前期各项工作强势推进，成立了申报撤县设市工作领导小组，从全县各级各部门抽调精兵强将组成了申报办公室，安排了专门的工作经费，并明确了撤销自治县设市的目的，提出：“经济社会发展的需要，是加强民族团结的需要，是做大做强口岸的需要，是加快改革开放步伐的需要，是桥头堡建设的需要，是对外交流的需要，是提升城市品位的需要，是进一步改善边疆各民族人民生活质量的需要，是全面提高市民素质的需要，是历史发展的必然。”[③]

又如，海南改革研究院主持的课题《城镇化背景下的省直管县改革研究》[④]第五部分，提出“构建五大城市区域”的方案中包括“撤县改区”，在“五个大城市内设23个市辖区，把原有的其他县市直接转换为市辖区，其中包括以三亚为中心，合并三亚、陵水黎族自治县、保亭黎族苗族自治县、乐东黎族自治县形成一个城市；以五指山为中心，合并五指山、琼中黎族苗族自治县、屯昌、白沙黎族自治县形成一个城市；以儋州为中心，合并儋州、东方、临高、昌江黎族自治县形成一个城市，建议把原有的其他县市直接转换为市辖区”。这些方案显然又回到了海南黎族苗族自治州撤销过程中引发的“民族区域自治制度影响经济发展和城市化进程”讨论的

① 明浩：《“自治”的实质是尊严问题》，《中国民族报》2011年11月26日。

② 戴绍能：《河口全面启动申报撤县设市工作》，《红河日报》2012年6月7日，中国红河网，http://www.hh.cn/news_1/xw01/201206/t20120607_386784.html。

③ 刘彦联：《河口县撤县设市前期工作成效显著　后续工作稳步推进》，《红河日报》2012年7月12日，中国红河网，http://www.hh.cn/sx_01/sx03/hk03/02/201207/t20120712_389330.html。

④ 迟福林：《把海南作为省直管县体制综合改革试验区》，张占斌主编《中国省直管县改革研究》，国家行政学院出版社，2011，第177页。

老话题[①]。

总之，近些年撤销民族自治地方的观点在理论和实践过程中都有所触及，虽然习近平总书记在中央民族工作会议上多次提出“‘取消民族区域自治制度’这种说法可以休矣”[②]，但是仍然存在这方面的声音。撤销民族自治地方是对民族区域自治制度的釜底抽薪，值得深思，特别是如何在新型城镇化进程中坚持和完善自治县体制。

（二）重提“恢复民族自治地方”设立自治县

重提“恢复民族自治地方”设立自治县的地区，主要是由于行政区划的变更，导致具有民族自治地方性质的地区变为普通地方。例如，湖南省政府根据1985年的《国务院关于同意湖南省撤销大庸县设立大庸市给湖南省人民政府的批复》[③]，把原属于湘西土家族苗族自治州的大庸县改为大庸市（1994年4月4日，大庸市更名为张家界市）。根据1988年5月18日的国务院批复[④]，将大庸市升为地级市，同时将桑植县（属于湘西土家族苗族自治州）划归大庸市变为张家界市的永定区和桑植县，改变了大庸县、桑植县作为民族自治地方的基本性质，具体的更改原因不再分析。虽然按照相关文件规定大庸县、桑植县仍享受相关优惠政策，但是缺失民族区域自治法保障，相关政策贯彻落实不到位，湖南省张家界市桑植县政府和少数民族代表反映强烈，一致要求恢复为民族自治地方，建立自治县[⑤]。米泉区成立的案例也属于类似情况，根据《国务院关于同意新疆维吾尔自治区调整昌吉回族自治州与乌鲁木齐市行政区划的批复》（国函〔2007〕65号）[⑥]文件，国务院同意撤销昌吉回族自治州米泉市和乌鲁木齐市东山区，设立

---

① 全国人民代表大会民族委员会编《第一届至第九届全国人民代表大会民族委员会文件资料汇编（1954－2003）》，中国民主法制出版社，2008，第1669～1670页。

② 国家民族事务委员会编《中央民族工作会议精神学习辅导读本》，第75页。

③ 《国务院关于同意湖南省撤销大庸县设立大庸市给湖南省人民政府的批复》（1985年5月24日），《中华人民共和国国务院公报》1985年第18期，第652页。

④ 《中华人民共和国行政区划1988年》，中华人民共和国中央人民政府网，2007年3月23日，http://www.gov.cn/test/2007-03/23/content_559151.htm。

⑤ 国家民委研究室编《民族区域自治研究》，2009，第164～165页。

⑥ 《国务院关于同意新疆维吾尔自治区调整昌吉回族自治州与乌鲁木齐市行政区划的批复》，2007年6月30日，中华人民共和国中央人民政府网站，http://www.gov.cn/gongbao/content/2007/content_711046.htm。

乌鲁木齐市米东区，以原米泉市和乌鲁木齐市东山区的行政区域为米东区（截止到2015年8月3日，米东区回族占总人口的26.59%①）的行政区域，这样原来属于昌吉回族自治州的米泉市缺少了原民族自治地方的相关政策。

又如，云南省根据《国务院关于同意撤销云南省丽江地区设立地级丽江市的批复》(国函〔2002〕122号)② 把原丽江自治县“一分为二”，成立古城区和玉龙纳西族自治县，造成了古城区失去民族自治地方性质，同时并未出台古城区继续享受民族自治地方优惠政策的法律法规，目前纳西族代表仍然在积极呼吁出台相关政策③。

这些案例反映出自治县撤销后出现的若干问题。据国家民委相关部门调研，已经有辽宁省北宁市、广西壮族壮族区防城港市防城区、重庆市黔江区等政府及少数民族代表要求恢复自治县，辽宁省凤城市、海南省东方市政府和少数民族代表希望国务院能以文件的形式统一规定这类地方继续享受民族自治地方待遇④。可见，要求恢复民族自治地方设立自治县是一种新的情况，但是由于建立民族自治地方的工作基本完成，如何保障这些地方继续享受民族自治地方待遇，保障相关民族政策的贯彻成为重点讨论的议题。

综上所述，自治县体制经历了民族地区县级自治政府、县级民族自治区、自治县三个阶段，在数量、名称、自治条例和单行条例的立法程序等方面发生了相关变化。新时期自治县体制面临新挑战，近些年提出“自治县撤销设市（区）”的方案基本与90年代初的因素和动机相同，如果赋予自治县行使与部分市级相同的经济社会管理权限，相应的问题就迎刃而解。建议在“有条件地方”逐步开展省直管自治县体制改革，逐步享受“地级市（州）相同的经济、社会、文化等方面的管理权限”，自治县在城市建

---

① 数据来源：新疆乌鲁木齐市米东区政府网站，http://www.xjmd.gov.cn/structure/mdgk/rkmz.htm。

② 《国务院关于同意撤销云南省丽江地区设立地级丽江市的批复（国函〔2002〕122号）》，2002年12月26日，中华人民共和国政府网，http://www.gov.cn/gongbao/content/2003/content_62554.htm，设立丽江市，撤销丽江地区和丽江纳西族自治县，丽江市设立古城区，古城区辖原丽江纳西族自治县一部分乡镇，同时成立玉龙纳西族自治县，辖原丽江纳西族自治县的另一部分乡镇。

③ 和克强：《委员心声　全力争取古城区享受民族自治地方政策待遇》，2016年3月11日，古城之窗网站，http://www.lijiang.com.cn/show.asp?id=6955。

④ 国家民委研究室编《民族区域自治研究》，2019，第164～165页。

设、对外交流等方面的发展权限才能得到有效扩展，破解“达到设市条件”的自治县的制度困惑，保障自治机关自治权的落实，稳固民族自治地方的基本格局，这是在民族区域自治制度框架内合情合理的调整手段。

值得注意的是，在针对“提出恢复民族自治地方设立自治县或者享受民族自治地方待遇”的地区，由于建立民族自治地方工作已基本结束，但是也可以探讨“省直管县”模式保障相关民族优惠政策待遇的有效落实。当然，省直管自治县的模式只是解决完善和发展自治县体制的合理路径之一，也是党的十九大报告提出的“赋予省级及以下政府更多自主权”① 的精神的具体体现，各地方要根据实际情况进行“差别化的政策”探讨，不断发展和完善民族区域自治制度，保障各民族共享改革开放发展成果。

① 习近平：《决胜全面建设小康社会　夺取新时代中国特色社会主义伟大胜利——在中国共产党第十九次全国代表大会上的报告》，人民出版社，第39页。

滇桂黔石漠化片区的移民扶贫实践

——以环江毛南族自治县为例

李　晶　方素梅*

摘　要： 滇桂黔石漠化片区是全国14个集中连片特困地区之一，也是国家新一轮扶贫开发攻坚战场中贫困人口及少数民族人口最多的片区。作为扶贫开发的重要策略和途径，易地搬迁在这一片区的减贫行动中发挥着巨大的作用。广西环江毛南族自治县开展移民扶贫的历史较长、规模较大，其所推行的易地搬迁与扶贫开发相结合的模式，在全国的反贫困实践中具有一定的代表性和典型性。

关键词： 石漠化区　易地搬迁　扶贫开发　民族关系

移民扶贫是反贫困政策的重要组成部分，在许多国家都有存在。一般认为，当代中国的移民扶贫政策开始于20世纪80年代初期，它是中国政府实施反贫困计划的开始，又是在农村地区最终消灭绝对贫困的重要途径，因而具有重要的现实意义。

广西、贵州、云南三省区毗连地区的滇桂黔石漠化片区，是全国14个集中连片特困地区之一，也是国家新一轮扶贫开发攻坚战主战场中贫困人口及少数民族人口最多的片区。根据《中国农村扶贫开发纲要（2011－2020）》及《滇桂黔石漠化片区区域发展与扶贫攻坚广西实施规划（2011－2015）》，广西有29个贫困县列入滇桂黔石漠化连片特困区。截至2013年，广西居住在石漠化连片特困地区的农村贫困人口约有330万人，占全区贫困人口634万人的52%；其中居住在生存条件恶劣的大石山区、石漠化区、

* 李晶，华北科技学院讲师；方素梅，中国社会科学院民族学与人类学研究所研究员。

生态脆弱区的群众约有200万人，他们中超过75%生活在贫困线以下。[①] 可以说，石漠化地区反贫困所具有的长期性、特殊性和艰巨性，不仅是广西精准扶贫精准脱贫面临的一大难题，也是云南、贵州等西南省区共同面临的一大难题。

在贫困治理过程中，广西壮族自治区所采取的异地安置与扶贫开发相结合的模式取得了比较显著的效果。为了使数百万生活在缺水少地、交通不便、资源贫乏的大石山区的群众实现脱贫，自治区党委和政府积极探索，实施了生态扶贫治理、生态移民扶贫、生态保护区旅游开发扶贫、教育移民扶贫、金融扶贫等一系列扶贫模式，取得了显著成效。[②] 1993年，广西壮族自治区政府决定用7年时间搬迁安置石山地区贫困人口25万人。至1998年，广西壮族自治区共建立了200多个异地安置点，从22个石山贫困县移出贫困户20万人，从事农业综合开发。此后，移民扶贫的规模不断扩大，为广西的反贫困斗争做出了巨大贡献。全区贫困人口由2010年的1021万人，减少到2011年的950万人、2012年的755万人、2013年的634万人、2014年的538万人[③]和2015年的453.94万人。[④] 特别是实施精准扶贫精准脱贫以来的5年间，广西累计减少建档立卡贫困人口609万人，年均减贫120多万人，贫困发生率由18%下降到7.9%左右。[⑤] 广大农村群众通过移民扶贫，从贫困的生活状态中解脱出来，逐步走上富裕小康的道路。

在广西所实施的移民扶贫项目中，环江毛南族自治县发挥了重要的作用。环江毛南族自治县（下称环江县）成立于1987年，是中国唯一的毛南族自治县。该县坐落在桂西北大石山区，属于滇桂黔石漠化片区的组成部分。县境西部和北部乡镇属于大石山区、半石山区和高寒山区，长期以来经济社会发展比较缓慢，居住在当地的毛南族、壮族、苗族等少数民族群众有相当一部分人口生活十分贫困。早在20世纪50年代初期，环江县人民

---

① 庞汉：《加快广西扶贫生态移民对策研究》，《学术论坛》2014年第6期。

② 叶静：《广西石漠化地区贫困现状及扶贫模式研究综述》，《广西经济管理干部学院学报》2016年第4期。

③ 韦元科、张志军：《2014年广西精准扶贫成效显著》，广西新闻网，http://news.gxnews.com.cn/staticpages/20150313/newgx55030791-12391744.shtml。

④ 《广西2015年精准识别贫困户分数线划定 最新贫困人口数据确定》，央视网视频，http://tv.cntv.cn/video/C14074/981c6494718e3de08382b61d0a4e5c44。

⑤ 庞革平、刘佳：《广西5年年均减贫120多万人》，《人民日报》2018年1月18日第11版。

政府就结合土地改革运动，动员部分山区群众迁移到地势比较平缓和农耕条件较为优越的地方开垦定居。20 世纪 80 年代末，环江县持续开展了较大规模的易地搬迁活动，在广西乃至全国的移民扶贫实践中都具有一定的代表性和典型性。本文在实地调查的基础上，结合相关文献资料和统计数据，对环江县的移民扶贫进行考察和分析，以期对其他民族地区的反贫困实践提供具有借鉴意义的个案。①

一　环江县农村贫困人口现状

环江县是国家扶贫开发重点县之一。2016 年全县总人口 37.8 万人，其中毛南、壮、瑶、苗等少数民族人口占总人口的 94%。县境西部和北部乡镇属于大石山区、半石山区和高寒山区，土地瘠薄、日照期短、水源缺乏，不适于传统农业生产，长期以来山区农民生活十分困难。20 世纪 80 年代初期，环江县 142 个行政村中的 83 个处在政府划定的贫困线以下。2002 年 2 月，环江县被列为新时期扶贫开发工作重点县。2010 年，全县贫困人口为 17.62 万人，贫困发生率高达 53.8%。2015 年，全县贫困人口为 6.66 万人，贫困发生率为 20.3%。总体而言，全县表现出贫困面广、贫困程度深、贫困因素交叠、扶贫脱贫难度大的显著特征。

环江县的贫困人口集中在农村。截至 2014 年末，全县总人口 37.08 万人，常住人口 27.72 万人，其中城镇人口 7.95 万人，城镇化率仅为 28.68%。因城镇化水平比较低，大多数人口主要生活在农村地区，全县三次产业所占比重分别为 42.5%、24.1%、33.4%，整个地区的工业化水平不高，经济结构主要以农业为主。截至 2014 年，该地区人均 GDP 为 14052 元，比同时期全国人均 GDP 46531 元低了约 30000 元；城镇居民人均可支配收入 19083 元，比上年增长 9.0%，同时期全国城镇居民人均可支配收入 28844 元，比上年增长 9.0%；农民人均纯收入 6203 元，比上年增长 9.5%，同时期全年农村居民人均纯收入为 9892 元，增长 11%。城镇居民人均生活消费支出 12315 元，其中食品消费支出 4226 元，恩格尔系数为 0.34；农村

① 笔者于 2016 年 6 月、2017 年 2 月和 9 月赴环江县进行了实地调查，文中所引未注明的资料和数据，均由环江县政府办公室、扶贫办、统计局及其他相关部门和乡（镇）政府提供。

居民人均生活消费支出5664元，其中食品消费支出2645元，恩格尔系数为0.46。总体来看，环江县的经济发展相对滞后，仍然是一个以农业为主要经济结构，农业人口为主要人口构成的地区，人均收入水平低于全国平均水平，农民的收入增速也比全国略低。

截至2015年末，环江县常住人口总数为322618人，其中贫困人口为66647人，贫困发生率为20.66%。如表1所示，贫困人口发生率比较高的下南乡、龙岩乡、驯乐乡、长美乡、明伦镇和东兴镇主要分布在环江的大石山区，自然条件较差，交通不便利；而贫困发生率比较低的大安乡、思恩镇和大才乡主要分布在自然条件较好，交通便利，离环江县城较近的地区。

表1　环江贫困村贫困户人口统计表

乡镇	总人口数（人）	2015年贫困户		2015年贫困发生率（%）
		户数（户）	人数（人）	
大才乡	12838	435	1420	11.06
思恩镇	27175	752	2569	9.45
水源镇	38441	1733	6014	15.64
洛阳镇	36828	1886	7151	19.42
川山镇	43564	2778	10212	23.44
下南乡	18079	998	3345	18.50
大安乡	20346	410	1594	7.83
长美乡	14667	1143	3995	27.24
明伦镇	38274	2680	9884	25.82
东兴镇	23307	1605	5687	24.40
龙岩乡	22624	2202	8115	35.87
驯乐乡	26475	1800	6661	25.16
合　计	322618	18422	66647	20.66

2014年，环江县农村居民家庭纯收入为6203元，其中工资性收入占到41%，家庭经营纯收入占到46%，财产性收入和转移性纯收入分别占到约3%和10%，当地农村家庭的主要收入来源为打工获得的工资性收入和家庭经营纯收入，而家庭经营纯收入中又以第一产业为主体，农民家庭中的财产性收入非常低，政府的补贴和救济也成为家庭收入的一种补充形式，但比例不高。

环江县农村地区的贫困家庭大多数分布在大石山区，交通不便利，家庭劳动力也往往不足，因此多数贫困家庭都以务农为主，缺少外出打工的工资性收入。而从家庭经营纯收入构成来看，如图1所示，第一产业占到了整个收入的82%，而这其中又以农业种植和畜牧业为主，第二和第三产业纯收入只占到了家庭经营性纯收入的4%和14%，这表明当地贫困家庭的主要收入来源以种植和畜牧业为主。而由于该地区处于大石山区，每户农户的土地面积比较少，受到石漠化的影响，单位土地面积的产出也受到限制，同时近些年农产品整体的价格不高，导致山区农户家庭收入水平很低。

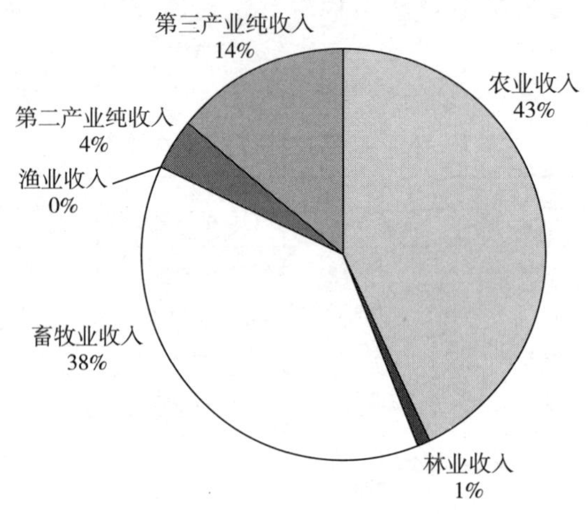

图1　环江农村家庭经营性纯收入构成

从消费支出总量来看，环江县农村家庭生活消费支出全年平均值为5664元，比全年的家庭纯收入仅仅少了539元，很难获得家庭积累。从消费支出构成来看，如图2所示，环江农村居民的消费支出中占比重最大的是食品消费支出，占到了家庭支出的46%，而农村贫困家庭的食品消费支出占家庭支出的比例则超过50%，属于温饱状态，居民的居住消费支出占到了21%。从我们对山区贫困家庭的走访调查来看，当地的贫困家庭也基本上解决了温饱问题，极少有贫困家庭未解决温饱问题，但是由于居民的基本食品消费和居住消费支出占到了整个支出的70%以上，而贫困家庭的比例更高，因此家庭自身很难有足够的积累进行生产或者经营性投资，同时，家庭的文化教育和医疗保健消费支出被挤压，居民很难进行长期的人力资本投资，一旦遇到疾病，也会使家庭迅速陷入极端贫困的状态。

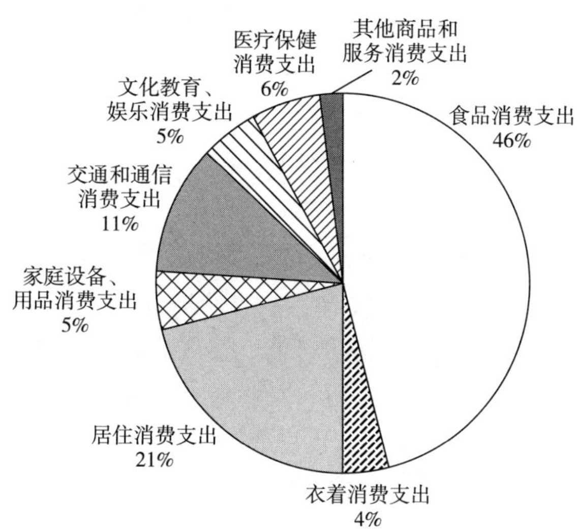

图 2　环江农村居民消费支出构成

总的来看，环江县贫困发生率比较高，贫困面广，贫困程度深，而贫困人口主要集中在自然环境较差、交通不便利的大石山区。从家庭收入和支出来看，贫困家庭主要从事农业种植和养殖，收入较低，食品和居住消费占据了居民消费的主要部分，居民家庭无法在教育、医疗等方面进行更多的投入，居民家庭的收支基本相抵，也没有能力进行生产性经营方面的投资。

环江县农业发展受到自然环境的很大约束。环江地区的喀斯特地貌是一种比较脆弱的生态系统，整个生态系统的环境容量小，山高坡陡，土壤比较薄而且呈现出非连续的状态，整体土地生产能力和人口承载能力偏低，遇到干扰以后很容易造成作物的大量减产，而且喀斯特环境系统内土壤、水等的移动能力强，在受干扰后生态系统恢复速度非常慢，恢复比较困难。环江喀斯特地区很容易出现水土流失，进而导致当地的生态恶化，加上人类的长期活动造成了该地区森林植被的破坏，水土流失变得较为严重。喀斯特地区的可利用水资源比较缺乏，该地质虽然有丰富的地下水，但是由于地质原因，地下水埋藏较深，很难开发利用，又由于该地区山高坡陡，山上土层覆盖较薄，加上比较严重的石漠化现象，地表对雨水的蓄存困难，因降雨形成的地表水流失很快，地表水资源短缺。由于以上这些地理环境因素，该地区的农业生产局限性比较大，土地少，承载力弱，很多地区农业用水主要依赖自然降水，遇到旱涝等自然灾害后对农业的影响很大，导致该地区农作物产量较低，抗灾害能力较差。同时，和中国中东部的平原地区相比，在喀斯特地貌约束下，该地区的村落呈现点状分布，一个村落分为若干个屯，有时候一个屯往往只有几户人家，山区更是如此。由于农户居住分散，每户农户可自主决策使用的资源非常有限，每户农户只能根据自身的判断决定种植和养殖项目，导致环江虽然有名扬区内外的“菜牛”和“五香”（香猪、香牛、香米、香鸭、香菇）等特产，也可以进行经济林木的种植，但都不容易形成规模化，单一农户的力量有限，无法进行大规模的投入，促进新的农业技术应用和农业基础设施的完善。当种养殖商品价格波动较大时，单一农户的收入也出现较大波动，抗风险能力比较弱。

广西位于我国的西南地区，而环江位于广西的西北山地区域，离我国的经济中心较远，由于当地喀斯特地貌的影响，人口多呈现点状分布，无法形成大规模的人口聚居区，这样就导致当地无法形成较大的本地市场，第二和第三产业的发展会受到极大限制。从第二产业方面来看，由于地理地貌的原因，只能成为全国大市场的边缘市场，很难生长出竞争力较强的工业企业，对于在大石山区的村镇来讲，很难像中东部地区那样形成一些依托乡镇的中小型企业。即使有一些具有特色的产品，如果布局在村镇范围内，受到本地市场规模的限制，很难形成规模化生产，产品想进入更大的市场，也会由于运输成本等各个因素的影响而缺乏竞争力。从第三产业来看，如果人口以点状的方式分布在较为广阔的山区，很难形成人口的聚集效应，很多第三产业难以形成。同时，由于山区的交通不便利，通行成本较高，劳动力也很难发挥自身的价值，一个劳动力如果在较为偏远的山区，从事农业生产往往不能创造出较高的价值，而出行到县市打工比较困难，路上花费的时间和成本较高，因此也容易造成劳动力资源的浪费。总体来看，如果仍然保持人口零散分布在石山区，很难依靠自身力量形成合理的第二和第三产业，即使政府引导和推动形成第二、三产业，在村落形态下第二、三产业也很难形成竞争力，获得长期发展。

由于自然条件恶劣，农业的产量低，农业的投入较低，而且为了增加收入，又造成了过度开垦，破坏植被加剧石漠化，使农业的生产能力进一步恶化，形成农业内部的恶性循环。农业的低产值也很难形成资本积累，无法给工业形成给予支持，工业不形成，就无法吸收农村的劳动力，也无法反哺农业，造成产业间的恶性循环。最后，由于农业收入低，第二、三产业不发达，就造成家庭收入低下，家庭的教育和人力资本积累实现发生困难，一旦出现疾病等问题，家庭很容易陷入赤贫，当地的技术水平进步和劳动力素质提高受到限制，也进一步影响到后继的生产发展。第二、三产业水平和生产能力差，也造成当地的利税不足和财政收入较少，财政收入少又会影响本地区的基础设施建设和社会服务水平，使得该地区的生产生活成本增加，进一步影响了该地区的生产发展，这也形成了家庭和社会两个方面的恶性循环。综合来看，石山区形成了一个贫困的恶性循环链条，各个环节互相影响，最终造成贫困问题的延续和难以解决。

二　环江县的移民扶贫实践及其成效

环江县国土面积为4572平方公里，居广西前列。县境西部和北部乡镇属于大石山区、半石山区和高寒山区，县境东部和南部属于丘陵平原，地形构造比较多样化。根据21世纪初期的调查，环江县未利用土地资源达80414.55公顷，其中荒草地面积占总量的76.13%，适宜种植水稻、甘蔗、玉米、花生、大豆、甘薯、黄红麻等作物。[①] 这为移民扶贫创造了条件。

环江县的移民扶贫进程主要分为三个阶段。20世纪50年代，环江县的移民扶贫进入初创阶段。中华人民共和国刚刚成立，环江县人民政府就动员山区群众搬迁到地势比较平缓和农耕条件较为优越的地方开垦定居。1952~1953年，全县共有2008名毛南族和壮族人口从大石山区迁移到县内其他地区。[②] 20世纪80年代末至90年代末，环江县的移民扶贫迎来大规模发展阶段。1989年，创办了广西第一个扶贫开发移民场——平原李果场，将山区贫困农民134户204人迁移至此，对国营平原牧场的荒坡进行承包开发。其间，环江县又试办了其他5个移民试点场，安置县内移民427户2039人。[③] 因其

① 许联芳、杨春华、孔祥丽、罗俊：《西南喀斯特移民区土地整理模式及安全对策——以桂西北环江毛南族自治县为例》，《地域研究与开发》2005年第1期。

② 环江毛南族自治县地方志编纂委员会编《环江毛南族自治县志》，广西人民出版社，2002，第399页。

③ 中共环江毛南族自治县委员会党史研究室课题组：《环江毛南族自治县异地安置工作纪实》，环江毛南族自治县社会科学界联合会编《世产时代的环江发展优秀文集》，广西人民出版社，2016，第318页。

效果显著，河池地区（今河池市，下同）决定将区内大石山区的贫困人口迁移到环江县，探索跨县移民扶贫开发的新路，1993～1997 年共创办县外移民安置点 207 个，征用土地 32.098 万亩，安置都安、大化、东兰等县贫困移民 12575 户 59583 人。21 世纪以来，环江县的移民扶贫进入攻坚阶段。根据“十三五”期间移民搬迁总体规划，2016～2018 年全县需要搬迁 44693 人。后经调整，2016～2017 年计划搬迁建档立卡贫困人口 24195 人（含 2014～2015 年已搬迁贫困人口），占全县精准识别贫困人口 6.6647 万人的 36.30%。

从过去的实践经验来看，环江的移民扶贫已经取得了非常积极的效果。环江县虽然自身还不发达，但是在过去的发展中除了自身内部的搬迁移民外，还接收了约 6 万名外县移民，仅大安乡就接纳了都安、大化、东兰和县内大石山区贫困人口移民 3127 户 12350 人。通过移民，很多村庄和家庭摆脱了贫困，并且有一些移民村已经变得较为富裕。其中较为典型的例子有思恩镇的陈双村移民点，陈双村距离环江县城 6 公里，一些偏远地区的贫困家庭于 1995 年陆续搬迁至此，形成了东兴瑶寨屯、双乐苗寨屯、龙江毛南族屯三个民族屯组，当年搬迁中安置 60 多户 260 多人，而这些农户当年都是居住在大石山区深处。通过 20 多年的发展，这些昔日住在边远山村的毛南族、瑶族、苗族群众通过易地扶贫开发，发展出了以甘蔗、水稻、桑蚕、水果为主导的新型产业，并且与当地群众共同形成了新的社区，该移民片区 1995 年人均纯收入不足 500 元，2015 年就达到 6500 元，每家都盖起了两三层的小楼，购置了一般性的家用电器，部分家庭还购买了摩托车、家庭小轿车等生产生活交通工具。从 2010 年开始，在思恩镇党委和政府的领导下，该村庄开始发展砂糖橘水果种植，在环江家文果业的引导下，形成了“公司＋基地＋农户”的发展模式，实行统一规划、统一苗木、统一培训、统一管护和统一销售，水果产业逐步发展壮大。同时，通过多年的发展，该移民村庄有了一定的技术、劳动力和资金积累，逐渐形成了自我发展能力。其中，双乐苗寨屯以屯内家庭入股，形成股份有限责任公司，开发当地的农家乐项目；东兴瑶寨屯的安置点也由几户家庭筹资建立了一家米酒生产企业，虽然现在的规模还不大，但是销售和成长状况较好，成为一个搬迁后自然形成的产业发展典型。同时，由于距离县城较近，村庄有大量青壮年劳动力到县城以及柳州、南宁甚至广州、深圳务工，形成了除种植业以外的重要收入来源。在新的搬迁地，教育和医疗较为方便，家庭新一代的儿童受到了较好的教育，家庭因病致贫、因病返贫的问题也得到了很好解决。我们在走访调查中了解到，当年在移民的时候，有一些家庭搬迁下来后由于各种原因选择不留在当地发展，而是回到了搬迁前的山区地区，这些家庭现在的经济状况仍然不好，多数仍然处于贫困状态。这表明，通过搬迁很好地解决了贫困家庭的贫困问题。在新的搬迁地，由于各种有利因素，三次产业都得到了良好发展，家庭贫困的代际传递问题也得到了解决。在新的居住地，经过20余年的发展，基础设施状况也较好，并形成了较为稳固的社区结构，搬迁下来的各族群众不断继承发扬民族文化特色，自发组建了芦笙队、龙舟队等文体团队，还曾多次受邀参加县内外文艺演出和比赛活动，民族文化得到了发展。

进入21世纪以来，环江县在总结过去经验的基础上，加大了移民扶贫的力度。依照国家的扶贫政策，环江县在对贫困户进行精准识别的基础上，根据不同的贫困来源，对不同的贫困地区和贫困家庭实施了不同的扶贫政策，其中很重要的一条就是“对居住在生存条件恶劣，生态环境脆弱，自然灾害频发等村屯的贫困人口，实施搬迁移民脱贫一批”的政策。从2011年开始，环江地区实施了扶贫生态移民搬迁工程和开发扶贫“整乡推进”工程等开发扶贫新模式，进行了整村移民扶贫移民搬迁，并根据实际情况实施了有土安置和无土安置模式。在环江县的“十三五”规划中，进一步突出重点，集中力量实施脱贫攻坚扶贫移民搬迁，全县147个村庄中有60个贫困村，贫困户数有18437户，65606人，规划通过全县集中安置7993户，共计29972人，主要通过兴建“毛南家园”社区和工业园区来完成；还有2483户，共计11032人，计划通过搬迁在全县分散安置，主要是安置在乡镇周边或者本地区交通和基础设施较为便利的地区。

环江县近年进行的整村扶贫搬迁安置工作取得了很多成果，其中大安乡可爱村实施的整体搬迁移民扶贫很具有代表性。可爱村位于大安乡东部，村委距乡府所在地13.5公里，下辖15个村民小组35个自然屯，共140户470人，其中劳动力288人。全村贫困人口103户413人，贫困发生率很高。该村地处大石山区，土地总面积28平方公里，耕地面积120亩，人均耕地仅0.26亩。可爱村呈现出典型的桂西大石山区农村特点，家庭以点状的方式分布在石山区，每个自然屯平均只有4户人家14人左右，平均每个屯只有8个劳动力。粮食作物以玉米、黄豆、红薯为主。2011年农民人均纯收入2092元，人均有粮212公斤，全村以农业为主，收入较低，全村外出务工80余人，由于距离偏远出行不便，打工人员无法当日往返，只能在城镇打工地生活居住。由于可爱村地处石山区，自然环境比较恶劣，人均耕地少，影响了群众的农业产业开发，同时村民也很难进入第二、三产业，群众生活无法摆脱贫困。可爱村道路硬化改造程度不高，防渗渠道不完善，有70多户危房。村庄的整体基础设施建设比较薄弱，全村有一个卫生室，只能进行非常简单的疾病诊断和治疗，也没有本村自有的教育机构，村民子女要到8公里外的顶新小学就读，或者到外乡投亲靠友就读。从2012年9月开始，为了彻底解决可爱村的贫困问题，在政府的引导和帮助下，对可爱村实施了整体搬迁移民，采用有土安置和无土安置两种方式进行整体搬迁，其中有土安置81户，无土安置59户。有土安置是通过易地调整土地安置农户仍然从事农业生产经营活动的安置方式；无土安置是进入城市、集市通过从事劳务输出、经商、餐饮、服务等行业工作的安置方式。新的安置点位于大安乡才平村久怀屯和上才王屯之间，距大安乡府所在地3公里。在新村建设中，政府共征集了土地723亩，其中新村生活区土地72亩，新村附近生产区开发用地651亩，这些土地都来源于附近的原有村庄，政府采用了有偿征收的政策，给予附近的村庄一定的补偿。同时，在可爱新村的整体建设和发展中，政府共整合了资金3400多万元。在政府的扶持下，新的安置点还形成了可爱村豆制品加工项目和红心柚种植示范项目，建设了完整的村级公共服务项目，由于离乡镇府比较近，在可爱新村，贫困家庭的教育和医疗问题也得到了极大改善。可爱移民新村无土安置点是在县城区五家企业住宿区内，利用经济适用房和廉租房安置46户118人，其中经济适用房38户102人、廉租房8户16人。无土安置点的资金投入由县发改局的异地安置资金、县住建局的危旧房改造资金、县财政扶贫资金和农户自筹资金组成，2014年8月农户开始陆续入住。这些农户移民搬迁后，主要通过政府组织安置和自发工作的方式，参与经商、务工、运输等项目。随着可爱村的整村搬迁移民的完成，村民开始在新的安置点工作和发展，收入水平逐步提高，贫困问题得以解决。在新的安置点，基础设施和公共服务设施比较完善，贫困家庭的发展问题得到了很大程度的解决，不论是教育医疗方面，还是就业机会方面都得到了较大改善，贫困的代际传递问题被打破。

环江地区还从2014年开始实施了最大的一个扶贫移民无土安置项目，即在环江县城兴建“毛南家园”，该项目是自治区扶贫移民搬迁示范项目，位于环江县城城北中山路两侧，依托工业园区和产业园区，采用集中无土安置的方式，把大量山区贫困家庭通过移民的方式搬迁到环江县城，同时通过发展第二、三产业，把劳动力从农业转移到工业和服务业，实现家庭脱贫。该项目总投资为18.5亿元，规划占地1200亩，项目实施结束，总计规划安置600户共计2.5万人。安置区内规划有学校、医院、超市、农贸市场、公园、广场等各种公共服务设施，对于搬迁过来的移民，政府提出了依靠产业、商业、企业和务工来解决就业和后续家庭生计问题，使得搬迁农户能够在安置区附近谋求到相应的工作岗位，实现就业，最终实现摆脱贫困和获得发展。

除了政府实施的搬迁扶贫以外，环江地区还有一些山区农户通过亲戚和朋友关系，和迁移目的地的村镇进行协商，在村镇政府许可的情况下，和目的地农户协商，在当地自行购买居住和生产用地，通过民间自发的形式完成了搬迁。这类搬迁移民的家庭数量比较少，但也显示出山区贫困农户自身已经充分意识到通过搬迁可以很大程度上摆脱贫困，其自身已经具有较强的通过迁移解决贫困的动机。

从环江的反贫困实践来看，移民扶贫是当地最核心的脱贫方式和措施之一，搬迁扶贫的实施可以起到提纲挈领的作用，这主要基于以下一些原因。

第一，通过搬迁，配合以生态扶贫和产业脱贫，可以打破第一产业发展和生态环境恶化之间的恶性链条，并为第二、三产业的发展提供基础，打破三次产业间的恶性循环链条。如前文分析，环江的地理地貌导致人口和村落在该地区的山区呈现点状分布，山区农户每户的土地使用面积有限，土地又比较贫瘠，形成了农业发展和生态环境破坏之间的恶性循环，只有先把山区地区分散的农户搬迁到县乡地区，才能缓解山区的生态压力，同时使得山区的土地资源可以集中使用。通过形成一定的规模化种养殖以提高农业的生产水平，搬迁出来的农民在新的迁入地所获得的土地面积虽然有限，但是可以引入一些较为精细化和具有高技术含量的种养殖项目获得农业收入，同时原有的山区土地资源也可以对其收入形成一定的补充，最终打破农业发展的恶性循环链条。环江除了未建成的公路以外，现有使用中的主要是S205和S309省道，最主要的一条河流就是环江，并且沿着环江形成了一些土地较为平整的地区，从第二、三产业发展来看，环江县城在人口聚集、市场形成、技术引进以及基础设施建设等方面，都有一定的基础，所以把一部分山区分散的人口搬迁进入环江县城，有利于当地二、三产业的发展。同时，由于人口集聚和分工，也会形成一些新的二次和三次产业。此外，环江的乡镇主要集中于沿江和沿省道地区，相对于山区的原始村落而言，存在一定的优势，也可以搬迁进一部分人口，在一定程度上发展乡镇一级的产业。人口迁出后原有村落的生态环境压力减小，在完成生态保护的同时，可以通过引入合作社和企业等方式，有效利用原有地区的资源，形成特色化和适度规模化的种养殖项目，提高未搬迁家庭的收入，同时通过资源有偿使用的方式把一部分收益给予已搬出农户，成为已搬出农户的收入补充。环江是一个少数民族聚居区，有大量毛南族、壮族、瑶族、苗族等少数民族，这些少数民族都有一些自己传统的手工艺品，比如驯乐苗族的铜鼓，毛南族的织染、银器、木雕、石雕、竹器等，通过搬迁形成人口和产业的聚集效应，对手工艺品的开发和产业化会形成帮助。

第二，通过搬迁可以形成新的人口聚集区和社区，和健康扶贫、教育扶贫以及转移就业脱贫一起发挥作用，通过加强教育、医疗和基础设施建设，打破当地家庭贫困循环链条，阻断贫困的代际传递。要实现环江贫困家庭彻底摆脱贫困，就一定要加强贫困家庭的教育和劳动技能培训。环江很多乡村一直有重视教育的传统，但是对于分散居住在大石山区的家庭来说，教育培训资源相对比较匮乏，而且由于生活居住的分散，不容易进行系统的教育和培训，而通过搬迁，山区家庭的孩子可以在城镇等新的居住地获得较好的教育，贫困家庭的青年劳动力在这些地区也较容易获得劳动技能学习和培训，可以实现家庭的人力资源积累，为阻断贫困的代际传递创造条件。同时，由于居住分散和交通的不便利，山区贫困家庭也往往难以获得良好的医疗资源，疾病不能得到及时救治，往往出现小病拖成大病，大病来不及治疗的情况，而且容易形成因病致贫、因病返贫的现象。通过搬迁到医疗条件较好的县乡镇地区，医疗问题得以解决。大石山区的基础设施建设往往比较缺乏，同时由于山区人口和家庭分散，一些聚集地只有几户人家，缺乏规模效应，因此基础设施建设缺乏效益，有些村庄即使修建了公路、水电等基础设施，也容易出现后期维护和保障问题。大型的基础设施建设往往需要花费较多资金，如果针对一个居住和生活较为分散的地区兴建大型基础设施，每个人因此承担的建设和后期维护费用也会较多，仅仅依靠村民集资往往难以实现，政府财政又难以支持，通过搬迁到县、乡、镇，家庭和人口聚集为大型公共设施的建设也提供了基础。

第三，通过搬迁移民，可以有效改变这些山区贫困家庭的生计资本数量和结构，从一个家庭的发展和可持续生计的角度看，一个家庭的发展主要取决于其自身的生计资本，主要包括自然资本、物质资本、金融资本、人力资本和社会资本。自然资本是指家庭可以获得的对生计有用的自然资源储备等；物质资本是指能够支持家庭生计的基础设施和生产资料；金融资本是指家庭能用于生计而筹措和支配的资金；人力资本是指家庭在追求不同生计策略和目标时所能运用的技术、知识、劳动能力和身体健康的总和；社会资本是指家庭能够用实现生计策略和目标的社会资源。通过移民搬迁，可以一定程度上提高这些贫困家庭的生计资本，从农林地等自然资本，借贷和收入等金融资本，住房、生产工具和耐用消费品等物质资本，参与社会组织和进行亲朋好友间的走动等社会资本，以及进行本家庭成员的教育和劳动能力的提高等人力资本方面来看，通过搬迁都可以使得这些生计资本的数量得以提高，生计资本的机构也可以从一定程度上得以优化，从山区主要依赖自然资本和劳动力这样的人力资本，转向迁移后提高了物质资本、金融资本、社会资本的比重，这些都会使搬迁家庭的生计状况得以改善。

第四，搬迁还有利于解决一些和贫困相关的问题。很多家庭搬迁到县城或者乡镇以后，可以较为方便地进入当地劳动力市场，吃住在家里，打工成本也得以降低。还有一些青年劳动力在搬迁以后可以较为方便地进入经济发展更好的城市和地区务工，如柳州和南京，以及珠江三角洲等经济更发达地区。而且搬入环江县城或者下面的乡镇也有利于解决适龄青年的婚姻问题，从经济条件和择偶的选择方面，适龄青年相对更容易找到配偶。

三　环江县的移民扶贫机制

除了极少数自发性移民以外，环江的移民扶贫主要是在政府的推动和引导下完成的，政府的规划、推动和扶持在整个环江地区的移民实践中起到了决定性的作用。同时，在移民过程中，企业和市场机制也起了积极的作用，再加上山区贫困农户自身也有较强的通过移民脱贫的动机，所以整个地区通过移民扶贫的任务实现得非常好，也获得了很好的经验，有利于进一步移民扶贫的展开。环江地区移民扶贫的大背景是中国在宏观上彻底解决贫困问题的目标下展开的，各级政府把解决贫困问题作为经济发展中的一个非常重要的问题来对待，因此对于解决贫困投入了大量的人力、物力和财力。中国通过改革开放后经济社会的大发展，也为解决贫困问题提供了较强的经济保障，同时，对过去很长一段时期扶贫经验的总结也有力地帮助了当前的扶贫实践。

就环江来看，政府工作对于整个移民扶贫的成功实施起到了决定性的作用。环江各级政府根据当地的实际情况，做了符合移民扶贫的规划方案。环江从 20 世纪就开始陆续开展了通过移民解决山区贫困农户的实践，进入新世纪后，环江逐步加大了移民扶贫的力度，尤其是从 2011 年以后，实施了生态移民搬迁工程，并结合产业扶贫和“整乡推进”工程一起实施，取得了非常良好的效果。2012 年实施了可爱村整村扶贫移民搬迁有土、无土安置新模式，并且在县城兴建“毛南家园”，并制定了在 2018 年前彻底摘掉贫困县“帽子”的整体规划，其中移民扶贫占据了很重要的位置。

除了制定切实可行的政策外，政府也制定并实施了移民扶贫的具体步骤。首先对贫困人口进行精准识别，在国家精准识别政策和方法的基础上，环江县总结出结合自身实际的一系列贫困户精准识别措施，包括“一进二看三算四比五议”的入户评估识别办法，“两入户、两评议、两公示、两审核、一公告”的识别程序，“五验五平六统一”的贫困户识别办法，并建立了大数据动态管理平台等。在对贫困户进行精准识别的基础上，根据贫困成因，政府进一步制定了针对部分贫困家庭的扶贫移民搬迁规划。在规划的执行中，政府部门针对扶贫移民搬迁任务组成了完整的组织机构，成立了由县委书记、县长任组长，分管副县长为副组长，县直相关部门负责人为成员的自治县扶贫生态移民工作领导小组，设立有办公室，办公室人员从县发改、扶贫、财政、住建、环保等部门抽调人员组成，办公室设立资金保障组、政策宣传组、后勤保障组、工程现场管理组。领导小组主要负责全县扶贫生态移民工作的组织协调、综合统筹、计划安排、督查考评、检查验收等工作。在整个扶贫组织的领导下，积极组织人员、物资和资金落实到位，为了承接国家易地扶贫资金和组织社会融资，建立了环江县城投公司，并对移民家庭落实了搬迁贷款贴息，以及新房屋购买和兴建的补贴政策，为了让搬迁移民能够在新的居住地长期稳定生活，并且得到发展，政府还积极鼓励发展第二、三产业，以及完善教育、医疗等设施。

在移民脱贫的过程中，企业等各类经济组织和市场机制也发挥了非常重要的作用。企业的目的是追求利益，由于近些年较为适合的外部条件，环江的企业形成和发展较快，企业的发展在移民扶贫过程中起到了很大的作用，主要表现在两个方面，一个是对于给从山区搬迁出的贫困家庭提供了新的工作岗位和生计来源，另一个是把山区原有的资源有效利用起来，形成了搬迁家庭新的经济来源。移民扶贫不仅仅是把贫困家庭从山区搬迁出来，更重要的是解决搬迁家庭的生计问题，让他们的收入水平得以提高，在新的居住地获得稳定和长期发展。在这其中，企业和“能人”起到了非常重要作用。所谓“能人”就是能干的人，或者是指具有企业家才能，能够组织资源，提供新的产品和工作岗位，带领群众致富的人。这些“能人”有一些是当地成长起来的，还有一些是在外地发展然后又回到家乡进行二次创业的人。他们有的是纯粹的企业家，兴办各种企业，带动当地发展，带动群众致富；还有一些是身兼数职的基层干部，通过村民合作社或者自身的带动来组织群众发展致富。这些能人极大促进了当地经济的发展，也解决了很多移民家庭的就业问题。“能人”和企业对山区原有的资源进行了重新整合，贫困家庭搬迁后，山区仍留下很多土地和林地资源，还有一部分未搬迁群众，有一部分企业在产权未发生变更的情况下，组织未搬迁家庭，把山区的这些资源组织起来进行规模化种养殖，这样土地租金和给予劳动力的工资形成了搬迁家庭经济来源之一，提高了家庭收入水平。例如，下南乡景阳村位于石山区深处，一部分村民已经搬迁到乡里，原有村庄形成了一部分未充分利用的林地等资源，景阳村村干部利用山区环境，开发当地的林下养殖山猪产业，把一般性的生猪养殖提升为高附加值的山猪养殖，并通过合作社的方式，带领贫困群众共同发展山猪养殖，集中向周边城市销售，有效利用了村庄原有的土地和劳动力等资源，成为贫困家庭一项重要的收入来源。同样的情况也出现在可爱村的移民扶贫中，可爱村整体搬迁移民后，村庄原有部分的土地、林地资源被限制，也有公司开始和村民协商对村庄原有林地进行整体租赁，规模化地种植经济林木，而林地租赁收入则成为已搬迁村民家庭的收入补充。同时，搬迁后，市场机制也发挥了重要作用，仅搬迁前后劳动力的价值一项的改变就对贫困家庭的收入产生了很大影响，同样的劳动力在乡镇和在村庄的价值就有很大不同：在山区生活时，很多青壮年劳动力实质上劳动力处于半闲置状态，即使部分青年劳力出门打工，其收入减去路途开销和其他在外开销后，能积累下来的部分也非常有限，基本没有剩余和家庭储蓄；而搬迁后，这些劳动力的工资收入提高很快，用于路途的开销和其他开销也出现了下降，工资剩余增加，有了家庭储蓄。

除了政府推动和引导、企业和市场机制的进入以外，山区贫困农户自身内在的搬迁脱贫动力起到了决定性的作用。调动和激发村民自身搬迁脱贫的积极性是一个关键问题，要调动和激发村民自身搬迁脱贫的积极性，一方面是政府进行大量宣传引导，改变山区群众的一些落后观念，其中很重要的一点就是针对贫困家庭的实际情况，采用企事业单位和村庄、干部和农户间一对一的帮扶，这样较好地了解不同贫困农户的实际情况，有针对性地帮扶和引导农户搬迁和脱贫。另一方面就是要建立相应的具体政策配套，并通过已搬迁贫困家庭的示范效应来影响其他贫困家庭，这其中对搬迁群众的产业扶持、住房补贴、医疗和子女教育等方面的具体扶持措施都很有效，已搬迁群众在生产生活的各个方面都得到了很大改善，形成了强大的示范效应，带动了更多山区贫困家庭的搬迁。

综合来看，在环江的移民扶贫中，政府、企业、家庭总体形成了彼此间的良性互动，三者形成了合力，使当地的移民扶贫得以顺利进行，并起到了良好的效果。

四　环江县移民扶贫中出现的问题及其对策

对于移民扶贫来讲，真正能够通过移民搬迁解决贫困家庭问题，总结起来就是“搬得出，稳得住，能致富”，也就是要先帮助居住在大石山区的贫困家庭实现搬迁移民，能够在居住地获得稳定的收入，生计问题得以解决，能够顺利进行生产生活，并逐渐实现富裕，脱离家庭贫困状态。而在现实的搬迁移民过程中，还存在一些问题，妨碍了“搬得出，稳得住，能致富”目标的实现。

第一，对移入地的生产生活用地征用困难。要实现山区贫困家庭的移民搬迁，就要先在迁入地征收一定数量的生产和生活用地给移民家庭。但是环江地区整体属于喀斯特地貌的石山区，人多地少，土地资源紧张，县城和乡镇附近适合生产生活的优良土地不多，随着这些年搬迁过来的家庭增加，土地资源越发紧张，同时土地价格也一路上涨，这就使得土地的征收变得非常困难，土地征收所需要的财政支出压力也越来越大。同时，土地的征收和用地规划调整等方面的审批手续繁琐，审批时间长，用地指标也经常难以落实。土地的预审、核准、报批等流程，涉及政府的很多部门，逐层报批审批，周期很长，同时和征收土地农户的沟通、协商和手续办理也很复杂。种种因素导致移入地的土地征收问题成为限制移民扶贫的最大障碍。

第二，移民扶贫过程中所需要的资金缺口较大，资金整合存在较多问题。移民扶贫的搬迁和后继安置过程，需要大量的资金，移民工程包括征地、建房、基础设施建设等各个环节，每个环节都需要大量的资金投入。在征地和前期工作补助、住房贷款贴息方面，按照人均1000元进行补助，仅2014~2020年，环江在扶贫生态移民工程要筹措补助资金预计达5000万元；按每户需要住房贷款10万元，年息0.5%连续贴息3年，政府需要承担住房贷款贴息资金约1.5亿元。在基础设施建设方面，按照规定，基础设施补助按人均5000元进行补助，但是这个补助不能满足基础设施建设的要求，导致每年仅基础设施建设一项就有上千万元的资金缺口。而环江县本身并不是一个富裕县，移民搬迁所需费用给县财政带来了非常大的压力。同时，县一级政府是整合扶贫生态移民资金的责任主体，但是在实际操作中，由于各个部门的项目资金都有各自的管理要求，如民族部门的资金只能用于民族村屯，交通部门资金只能用于乡村级道路建设等，所以导致政府对资金的整合难度加大。

第三，需要进行移民搬迁的贫困家庭搬迁成本高，部分家庭无力承担，还有一部分家庭缺少搬迁动力。在搬迁扶贫过程中，贫困家庭要在新的居住地生活，需要进行房屋购买或者建设，还需要其他方面的投入。而很多山区深处的贫困家庭，本身收入水平低，没有足够的储蓄和财富积累，搬迁就变得非常困难，虽然政府对于搬迁农户给予了一定的补贴，但是剩余部分很多贫困家庭仍然无力承担，政府部门的补贴是按照贫困建档立卡用户家庭每人补助1.2万元，非建档立卡补助家庭每人补贴0.8万元，剩余的建房购房等部分需要搬迁户自己承担，搬迁户所需承担的费用往往超出了贫困家庭的能力，家庭为了搬迁只能借取外债，从而形成了长期的债务负担。除此以外，还有一少部分家庭缺少搬迁的意愿，其中有一部分费用已经适应了山区的生活环境，由于观念原因不愿意离开原有的居住环境。还有一个比较显著的现象，就是较偏远的石山区中有很多单身汉家庭。在这些较为偏远的石山区中，几十年来由于成年女性大量外流，男女比例失调，造成很多成年男性无法获得适龄伴侣，形成了一个规模不小的单身汉群体，这个群体中有很多人年龄超过了40岁，他们没有子女，长期一个人生活，往往缺乏向外迁移的动力，是一个较为特殊的群体。

第四，移民扶贫最重要的不是迁移，而是迁移后能够稳定发展和脱贫，但部分移民家庭在搬迁后，家庭自身不能获得稳定发展，家庭生计成为问题，这就造成了部分迁移家庭虽然能迁得出，但是不能稳定下来，更没法发展致富，在这个方面无土搬迁家庭比有土搬迁家庭表现得更为明显。从环江移民家庭的实际调查看，除了社会资本以外，贫困家庭其他方面的资本都较为匮乏，尤其是金融资本和物质资本，而缺少金融和物质资本会在很大程度上抑制搬迁移民家庭在迁入地的稳定发展，缺少实现发展所需要的金融和物质资本投入。同时，由于移民家庭长期生活在山区，主要从事的是种养殖业，进入迁徙地以后，缺少相应的技术和知识，尤其是无土搬迁的群众，需要进入迁入地的第二、三产业工作，本身的金融资本和物质资本欠缺，无法通过自身开展相应的工作，同时人力资本较为欠缺，在劳动力雇用市场上也不占优势。还有一个现象是，迁入地已有的企业和社会组织，在进行劳动力雇用的时候，更愿意雇用当地原有居民，其次才会考虑雇用搬迁移民家庭，这就对移民家庭的劳动力进入迁入地劳动力市场形成了障碍。搬迁家庭生计资本的整体匮乏导致部分家庭搬得出，但是不能稳定和富裕。和山区相比，迁入地的生活所需大多数都市场化了，因此一般性生活开支相对于原来的村庄生活有所提高，极少数搬迁家庭在迁入地不能有效生计的情况下，出现了搬迁后返贫的情况，甚至有极个别家庭重新回到原有村落生活。

第五，扶贫移民过程中，移民家庭和当地原有居民产生了资源上的竞争，新的社区形成需要过程。环江地区整体上呈现出人多资源较少的状况，即使是在县城和乡镇周边条件较好的地方，土地、水等资源都较为短缺，山区迁移出的贫困家庭进入迁入地后，往往使得资源变得更为紧张，造成和当地原有居民的资源竞争。如果是自然状态下的家庭迁徙，一般都是采用投亲靠友，或者通过在城乡打工然后逐渐居住生活下来。但是这个过程往往比较漫长，近几年为了解决山区贫困人口的问题，贫困家庭的搬迁移民都是在政府主导下进行的，移民的数量较大，迁移周期较短，而且从山区移民出来的贫困家庭和迁入地原有居民很多没有天然的联系，因此在资源使用上就会存在竞争。同时，在生活和习俗等较多方面，原有居民也会对迁移居民有一定的排斥，彼此的认同和融合需要一个过程。

第六，贫困家庭在移民搬迁和后续发展中参与性较弱。整个移民搬迁，包括基础设施建设以及后续的移民产业发展，多是政府主导实施，贫困家庭在整个过程中参与度还不够，这就导致很多措施和村民的实际需求相互脱节。从资金使用，到基础设施建设诸多环节来看，最后达到的效果只是完成了政府的政策目的，而不能够真正解决贫困家庭的实际诉求。同时，由于一些扶贫移民过程缺少村民的参与，出现了极个别干部假公济私、贪污腐败的现象，诸如在核定贫困状况时，在给村民实施补贴时，有倾向性地利用自己手中的权力谋求个人私利。

移民扶贫最主要的目的是通过移民安置来打破大石山区贫困家庭的贫困链条，彻底解除贫困问题，因此对于移民扶贫中出现的各种问题要充分重视，否则就会造成贫困家庭虽然完成了迁移，但是不能够脱离贫困，最终无法实现通过移民扶贫的问题，因此针对扶贫移民中出现的问题，可以采用多方面的措施，主要包含以下一些方面。

第一，对于搬迁移民中存在的土地征收问题，应该进一步加强对土地的有效利用，同时简化土地征收和调整规划的手续。在土地征收方面，应该进一步做好土地规划，尤其做好县乡镇周边闲置和低效使用土地的规划，尽量把土地有效利用起来，并且可以和城镇化一并进行，居民小区对家庭的容纳数要远高于一般的村庄，因此对于靠近县城周边地区，可以考虑对一些村庄进行改造和房地产开发，统一规划，把村庄改造成居民小区，加大对移民家庭的吸纳能力。在土地征收、土地规划调整和审批方面，应该在省一级政府层面出台易地扶贫搬迁项目土地审批优先制度，简化土地审批程序，为易地扶贫搬迁项目用地审批开绿灯，确保扶贫项目快速推进。

第二，对于移民扶贫中资金缺口和资金的整合问题，应该扩宽资金的来源，除了政府财政承担的以外，还应该拓宽资金来源渠道，积极吸纳社会资金。比如，可以在基础设施建设方面引入 PPP 模式，通过政府与私营商签订长期协议，授权私营商代替政府建设、运营或管理公共基础设施并向公众提供公共服务的方式完成社会融资。也可以有效利用环江和南宁、广东等发达地区形成的对口支援关系，积极筹措外部资金。对于资金整合方面存在的问题，应该建立一个专门的机构，在政策允许的情况下，把各个部门的资金进行一定程度的集中管理，集中到移民扶贫上，提高资金的整体使用效率。

第三，针对移民中贫困家庭无力承担搬迁费用的情况，应该在精准扶贫的调查和审核基础上，进一步细化对贫困家庭情况的了解，并在此基础上改变一刀切的情况。根据家庭的实际情况，采用有弹性的补贴制度，以建档用户每人 1.2 万元，非建档用户每人 0.8 万元为基准，设定一个上下浮动范围，尽量把资金向特别困难、难以承受搬迁费用的家庭倾斜。同时，对于石山区比较特殊的单身汉家庭和对搬迁存在观念差异的家庭，可以在现有干部和贫困家庭一对一帮扶和结对的基础上，有针对性地加以引导，根据每个家庭的实际情况，激发他们的搬迁动力，解决他们的搬迁顾虑，最终实现对这些家庭的引导。

第四，在搬迁移民的生计问题上，应该进一步采用政府引导，以市场为导向，企业为主体，最终实现贫困家庭的自身发展，为了完成这个目标，要把移民扶贫和其他的政府扶贫措施结合起来，根据各个不同的移民社区和家庭的特点，有针对性地采用自愿参与的原则，把搬迁移民的生计发展和产业扶贫、转移就业脱贫、生态补偿脱贫、教育扶智和医疗脱贫等扶贫措施有机结合起来，针对各个方面的生计资本都严重不足的家庭采用社保兜底的方式解决其生计问题。不同的移民家庭有其自身的特点，有的移民家庭教育水平不足，有的家庭劳动力不足，有的家庭资金积累是瓶颈，应该采用不同的扶贫对应措施。政府部门还要摒弃一搬了事的思想，要意识到搬迁只是完成了这些贫困家庭摆脱贫困的第一步，让他们彻底摆脱贫困还有大量后续工作要做。

第五，在扶贫移民的过程中，一定要形成贫困家庭一起参与的参与式扶贫。在移民和新村建设方案设计、基础设施建设、集体设施和服务设计和实施、资金的使用等诸多方面应该广泛吸收群众家庭意见，组织居民参与，在有必要的环节成立村民代表小组，使村民参与到这个移民和后续发展中去，有助于移民工作的顺利进行、移民资金的有效使用，最重要的是可以反映出贫困家庭自身的实际需求。要对整个移民扶贫过程形成有效监督，防止在移民扶贫措施实施过程中出现以权谋私和贪污腐败等行为。

结　语

环江地区的移民扶贫是以改革开放几十年来中国经济社会发展为背景的，随着整个国家的发展，彻底解决贫困问题已经提到了一个新的战略高度，在对过去我国解决贫困问题的理论和实践进行总结的基础上，各个地区都实施了解决贫困的措施。

落实到处于桂西的环江县，当地也进行了大量的扶贫举措，其中一个很重要的措施就是对于大石山区的贫困家庭实施搬迁移民，从根本上解决其贫困问题。桂西大石山区贫困的根源主要是形成了经济发展和自然环境之间的恶性循环链条，并且使得产业无法升级，产业间无法形成良性循环，还使得贫困问题出现了代际传递。在精准识别的基础上，通过分析，辨识出可以通过搬迁移民脱贫的家庭，把这些深山内的贫困家庭搬出山区，迁移到县乡周边资源和交通较为便利的地区。通过人员的聚集，第二、三产业发展的规模效应，以及较好地依托基础设施和教育医疗等公共服务设施，可以有效打破山区贫困家庭的贫困循环链条，阻断贫困的代际传递，最终彻底解决家庭的贫困问题。环江地区在实践中形成了一整套有效的移民扶贫措施，具体表现为，政府进行移民搬迁的规划和具体措施，企业和其他经济组织积极参与，家庭作为移民搬迁的主体，最终完成整个移民搬迁和后续发展，最终使得这些家庭彻底摆脱贫困。

通过移民脱贫本身也存在一些障碍和问题，主要表现在土地征用、资金筹集和使用、移民搬迁负担重、部分家庭后续生计困难等诸多方面，通过分析，可以从多个层面对这些问题加以解决，最终使得移民扶贫能够“搬得出、稳得住、能致富”。

少数民族贫困地区脱贫攻坚的制度路径研究

杨　艳　雷振扬*

摘　要： 全面实现小康社会进程中，少数民族贫困地区因其历史、人口和区位的特殊性，既是国家脱贫攻坚系列战略部署的重点，也是同步全面小康的难点。本文以我国55个少数民族为样本框，采取立意抽样的方法，抽取独龙族为样本。将对独龙族早期的整体式扶贫到当前的精准扶贫、精准脱贫，视为公共政策的质量管理过程，应用PDCA循环理论，对该过程不同阶段扶贫政策的制定、执行、监督检查与纠正环节进行了历时性研究。展现了通过PDCA的不断循环，脱贫攻坚在基层由政策最终完善为制度的过程。希望通过对样本完善脱贫攻坚制度路径的探讨，为少数民族贫困地区精准扶贫提供实践借鉴和理论素材。

关键词： 少数民族贫困地区　PDCA循环　脱贫攻坚　制度路径　独龙族

一　研究背景

“全面建成小康社会，少数民族一个都不能少，一个都不能掉队”，是习近平总书记的重要指示，[①] 全面建成小康社会，离不开少数民族和民族地区的全面小康。我国少数民族人口过亿，聚居地区物产资源丰富，但通常地处边疆，位于深山、峡谷、高原、牧区，交通不便，人口稀少，受传统农牧业影响较重，社会发育程度不高，生活水平较差，边疆少数民族、人口

* 杨艳，副教授，中南民族大学博士生；雷振扬，教授，中南民族大学博士生导师。

① 时政新闻：《习近平：全面实现小康　少数民族一个都不能少》，新华网，2015年11月23日。

较少民族和“直过民族”大多处于贫困状态。历史、区位和发展的特殊性决定了少数民族贫困地区是全面建成小康社会的短板，所以，在实现全面小康的进程中，少数民族贫困地区一直是脱贫攻坚系列部署的重点和难点。

（一）样本选择

本文以我国55个少数民族组成样本框，采用立意抽样的方法，抽取了独龙族为样本。独龙族聚居于云南省怒江傈僳族自治州贡山独龙族怒族自治县独龙江乡，作为典型的人口较少、跨境和“直过”民族，以其为样本极具代表性。国家民委2013年发布的《关于探索建立特困民族自治州同步小康试验区的调研报告》，便是在云南怒江州、四川凉山州和甘肃临夏州的调研基础上形成的，全国民族贫困地区中怒江州具有较大的贫困代表性，经与州扶贫办座谈得知，独龙江乡是该州脱贫攻坚的重中之重。在党、国家和省政府的大力支持下，州、县基层政府在独龙江乡探索建立了政府主导、社会参与、群众自力更生相结合，专项扶贫、行业扶贫、社会扶贫“三位一体”协同推进，整合资源、捆绑项目、突出产业、连片开发的“独龙江模式”，成为全省乃至全国扶贫攻坚的样本，得到了国家的肯定和大力支持。① 该乡的扶贫经验与经济社会的发展也被学界广泛关注，已有学者对独龙江乡“整乡推进整族帮扶”进行了探讨。本文进行的是基于前期扶贫成果的纵贯研究和追踪研究，调查资料收集截止到2016年8月，是自20世纪末到“十三五”伊始对独龙族进行系列帮扶的历时性研究，关注了由最初的扶贫政策完善为脱贫攻坚制度的过程。

（二）理论视角

历时性探讨中，本研究将PDCA循环理论应用于脱贫攻坚政策的过程分析。PDCA循环又称戴明环，是质量管理体系的基本方法、科学程序和通用模型，被用于持续提高产品的质量，达成预期目标，形成标准和制度。P（Plan）指计划，D（Do）执行，C（Check）检查、监督，A（Act）纠正、完善。不管是质量管理活动还是政策运转，都离不开戴明环的运转。无论提高质量或降低风险，均需先制订目标和计划；然后针对执行对象选择最

---

① 郑仲：《怒江州实施的“独龙江模式”得到国家大力支持》，云南网，2015年8月10日。

优决策，执行计划、完成目标；其后检验执行效果，看是否达到预期，如存在问题，则查找原因；最后处理问题，以理论和经验完善决策，再将决策形成标准和制度。政策行为亦是如此，从制定到落实、检验、纠正、完善，也处于 PDCA 的不断循环中。该文希望通过样本扶贫政策不断循环完善的实践，探讨制度路径的形成，为少数民族贫困地区脱贫攻坚提供经验借鉴和理论素材，于马克思主义民族政策研究具现实意义和学术价值。

（三）样本概述

1. 生境、区位与人口

独龙族世居中缅、滇藏结合部，独龙江流域河谷两侧，高黎贡山和担当力卡山两大山系横断山脉的高山峡谷之间，云南省怒江傈僳族自治州贡山独龙族怒族自治县独龙江乡是其唯一聚居区，乡内独龙族人口占 99%，少数散杂居于维西、西藏察隅等地，缅甸境内也有约十万独龙人。据我国第六次人口普查统计，独龙族总人口为 6930 人。据独龙江乡乡政府 2015 年底统计，该乡独龙族共 1232 户，总人口 4418 人，占独龙族总人口的 63.8%。独龙江乡行政区划面积共 1939.94 平方公里，占全县总面积的 44.3%，为贡山县面积最大的乡镇。人口密度 2.18 人/平方公里，总土地面积 299.1 万亩，林地 192.3 万亩、水域面积 81.8 万亩、荒山草地 15.69 万亩、其他 8.9 万亩。下辖马库、巴坡、孔当、献九当、龙元和迪政当 6 个行政村，26 个自然村落，42 个村民小组。该乡地广人稀，土地资源极为丰富，但可耕地面积较小，以 2015 年为例，人均 677 亩土地面积中耕地面积仅有 0.57 亩。全乡沿独龙江河谷居住，流域内森林覆盖率高达 93%，植被垂直分布十分明显，动植物物种保存完好，有亚热带至寒温带植物 2000 多种，鸟类 171 种，兽类 59 种。共实施完成退耕地还林 7000 亩，封山育林 3 万亩，建设薪炭林 11000 亩，国家和省级重点公益林面积 11 万亩。

2. 解放后至 20 世纪八九十年代的扶贫政策

贡山县主体民族有三个，均为“直过民族”，分别为独龙族 4097 人、傈僳族 11678 人、怒族 14362 人，总人口 30137 人。[1] 独龙族因聚居于县城

---

① 云南省扶贫开发领导小组：《贡山县“直过民族”脱贫攻坚实施方案》，云南省人民政府，2016 年 6 月。

最北端，人口最少，较之傈僳、怒、藏等主体民族历史上又长期积弱，贫困问题尤其突出。“直接过渡”是独龙族社会发展和变迁质的转折点。随着土地改革在全国的快速推进，独龙族聚居区独龙江乡也经历了所有制的巨大变革。考虑到新中国成立前贡山独龙族还处于原始社会解体时期，生产力水平低下，绝对贫困人口几乎达到100%，人均寿命不到36岁，[①] 独龙族解放后的首要任务便是解决贫困问题。政府制定了开展山区改造和通过互助合作发展生产力的“直接过渡”政策。自此，独龙族逐步地过渡到了社会主义社会。生产力决定生产关系，20世纪80年代，独龙族继“直过”的政治、经济改革之后，与主体社会一起经历了改革开放的经济大潮。此发展阶段，政府制定了“民族、边疆、贫困”三位一体的区域优惠政策，充分利用区位优势，加强横向联合，走改革开放之路；控制人口数量，提高人口素质；调整产业结构，优化生产布局；以及把乡政府由巴坡村搬到交通相对便利的孔当村，建立了相应的经济中心。[②]

二 “十二五”时期独龙族扶贫攻坚的政策实践

改革开放后，中国特色社会主义经济持续繁荣，独龙江乡却由于交通不便、幽闭深山、社会发育程度低，仍然处于传统农耕社会，纵然绝对贫困人口比重每年有所下降，贫困问题仍十分严重。据统计，2009年末全乡12个自然村350户不通公路，31个自然村789户饮水困难，通电率仅为29%，没有邮政所和金融服务机构，教育、科技、文化、卫生等各项社会事业建设严重滞后，没有支柱产业，自我发展能力弱，2009年末人均经济纯收入916元，处于整乡整族贫困状态。[③]

（一）计划：扶贫攻坚初期政策的制定

2009年，上海市在做好德昂族帮扶后续工作的基础上将独龙族唯一聚居区独龙江乡列为重点帮扶乡镇。2009年10月12～13日，时任中共云南省委副书记李纪恒同志亲临独龙江乡调研，全面深入了解独龙江乡、独龙

---

① 张惠君：《怒江傈僳族、怒族、独龙族贫困问题研究》，《云南社会科学》1997年第3期。

② 周建明：《民族贫困地区对策研究》，中国科学技术出版社，1992，第25页。

③ 黎鸿凯：《云南怒江独龙江乡六大帮扶工程造就六大改变》，云南网，2015年7月29日。

族群众的生存状况和现实情况，当月中共云南省委、云南省人民政府派遣了省级有关部门组成的工作组，深入独龙江乡帮助贡山县开展规划编制工作，制定了《云南省贡山县独龙江乡整乡推进独龙族整族帮扶综合发展规划（2010年—2014年）》。2010年1月19日，中共云南省委、云南省人民政府在昆明召开独龙江乡整乡推进独龙族整族帮扶专题会，从省级层面启动了独龙江乡整乡推进独龙族整族帮扶工作。中共云南省委、云南省人民政府先后出台了《关于独龙江乡整乡推进独龙族整族帮扶三年行动计划的实施意见》（云办发〔2010〕2号）和《中共云南省委办公厅云南省人民政府办公厅关于印发〈2013—2014年独龙江乡整乡推进独龙族整族帮扶实施方案〉的通知》（云办发〔2013〕14号），制订了独龙江乡整乡推进独龙族整族帮扶综合发展5年规划三年行动计划。成立了由省直32个部门和企业组成的独龙江乡整乡推进整族帮扶综合开发统筹协调小组，前期投入资金8.6亿元，协调小组办公室设在省扶贫办。五年共落实建设资金13.04亿万元，先后抽调118人次州委独龙江帮扶工作队队员进驻独龙江乡6个村26个自然村，全力以赴开展帮扶工作。

（二）执行：扶贫攻坚初期五年规划的实施与落实

2010年1月，中共云南省委、省人民政府协同上海市对口帮扶，从省级层面启动了整体推进式帮扶工作，由省直32个部门和企业组成综合开发统筹协调小组，前期投入资金8.6亿元，五年共落实建设资金13.04亿元，先后抽调118人次组成州委帮扶工作队进驻该乡。截止到2014年末，组织完成了基础设施、安居温饱、产业发展、社会事业、素质提高和生境保护6个工程。全乡6个村26个自然村（集中聚居点）全部实现通车、通电、通电话、通广播电视、通安全饮水，有了金融服务网点。人居环境方面，对1015户进行了安居房建设。考虑到独龙江乡独特的区位和独龙族群众戍边固土职责，在安居房建设规划中，仅将自然条件恶劣9个村中的478户进行集中重建，其余的22个村537户采取就地重建，对原独龙族聚居的42个自然村拆并为31个村民小组实施整村推进，包括村间道硬化31条、村卫生公厕62个，改厩1015间、垃圾处理池31个、科技文化及党员活动室28座等。截止到2014年末，全族共建设完成并入住安居房1068户，人均住房面积由2009年6平方米增加到20平方米以上。教育、卫生、文化和社会保障等一大批民生项目的建成使用，教育医疗卫生队伍建设的加强，彻底解决了独龙族入学难、就医难、老无所养的困难。截止到 2014 年末，独龙族小学入学率、巩固率和升学率连续五年均保持 100%，全族人均受教育年限 5 年，农村低保实现全族覆盖，共 33 名独龙族孤寡老人在敬老院得到集中供养。较之帮扶前，人均粮食产量从 2009 年的 201 公斤增加到 2015 年的 237.6 公斤，人均经济纯收入也从 2009 年的 916 元增加到 2015 年底的 3503 元，2009～2015 年独龙江乡农民增收十分显著（见图 1）。[①] 同时，第三产业发展迅速，2009～2015 年人均粮食产量增长不多，仅增加了 36.6 公斤，但 2015 年的人均纯收入却是 2009 年的 3.8 倍，说明第三产业收入与国家贫困补助大幅增加。全县贫困发生率也从 2013 年的 58.32% 下降到 2015 年的 37.63%，贫困人口减少了 5986 人。[②]

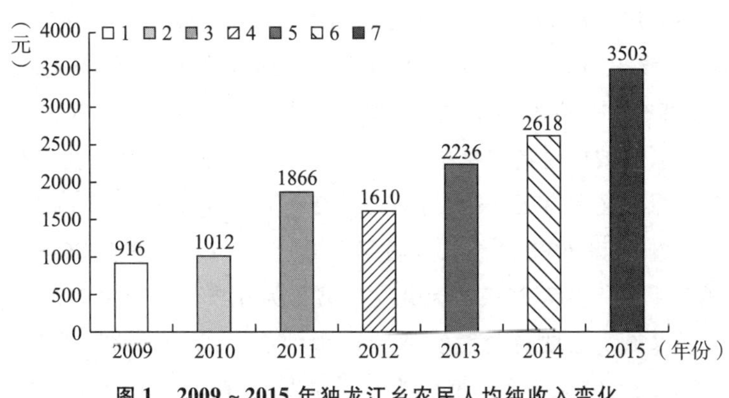

图 1　2009～2015 年独龙江乡农民人均纯收入变化

（三）纠查：整体式扶贫后仍存在的脱贫问题

因受内、外因素的制约，如地处偏远、民众自主发展意识不强、“直过”区经济社会发育程度低等，“十二五”整体式扶贫后，虽然独龙江乡实现了经济社会的巨大跨越，独龙人的收入有了缓慢增长，但对比全国、全省水平增收仍较缓慢。该乡巴坡村 2015 年人均年收入 2284 元，人均每月

① 图表数据出自与独龙江乡政府办公室主任 HY（HY，女，26 岁，独龙族，大专，公务员）的座谈。

② 贡山县人民政府办公：《贡山独龙族怒族自治县国民经济和社会发展第十三个五年规划纲要》，贡山县人民政府，2016 年 3 月。

190元，[①] 除每人每月83.3元边民补助，意味着通过产业劳作挣的钱每人每月不足50元。特别是经济结构单一，导致脱贫难度较大，全乡主要产业支柱为草果，产业链短，附加值低，科技含量低，整体竞争力较低，增长可持续性差，抗风险能力弱，由于缺乏稳定的产业支撑，部分脱贫农户再次因病、因灾返贫，困难群众的脱贫再生能力较弱。加之扶贫精准性不足，同步全面建成小康任务仍然十分艰巨。

从全县统计数据来看，至2014年底，主体少数民族独龙族、怒族、傈僳族聚居区建档立卡的贫困人口依然较多，占全省贫困人口的0.22%，贫困发生率44.16%，高于全省平均数29个百分点。其中，因病因残致贫494户，占0.11%；因学致贫91户，占2.07%；因灾致贫3户，占0.07%；缺土地缺水致贫95户，占2.16%；缺资金致贫874户，占19.89%；缺技术技能致贫560户，占12.74%；缺劳动力致贫676户，占15.38%；自身发展动力不足致贫1288户，占29.31%；交通条件落后致贫339户，占7.71%。[②] 其中，自身发展动力不足致贫占了最大比重。

以孔当、巴坡村脱贫名单[③]为个案来看，2015年11月，孔当村脱贫名单上的脱贫原因显示有五种："有劳力或劳动力多（多为3~5口人）"为36户，占总户数的70.6%；"组长（村组干部）"为4户，占7.8%；"单身或无负担"为4户，占7.8%；"无儿女读书"为6户，占11.7%；"有车户"为1户，占2%。巴坡村的脱贫原因有六种："劳动力多"为27户，占65.8%；"劳动力多无子女读书"为6户，占14.6%；"有经济收入（含五保户）"为3户，占7.3%；"无子女读书"为3户，占7.3%；"单身"1户，占2.4%；"汽车司机"1户，占2.4%。上述原因比重最大的是"有劳力或劳动力多"，两村分别占总户数的70.6%和65.8%，该原因与扶贫成果并不直接相关。余下的"无儿女读书"、"单身或无负担"以及"五保户有经济收入"，都与经济社会发展无关联，只有"组长（村组干部）"、"有车

---

① 数据出自贡山县独龙江乡巴坡村村委会2015年12月官方统计。

② 云南省扶贫开发领导小组：《贡山县"直过民族"脱贫攻坚实施方案》，云南省人民政府，2016年6月。

③ 根据《云南省贫困户动态管理发展方案》，每季度伴随低保发放明细信息的张贴，也会由村委讨论和村民代表大会投票，产生该季度各村脱贫户的名单。孔当村2015年第三季度选出脱贫名单的村民代表大会，参会人数占总人口的10.2%，选出脱贫户51户，共176人。巴坡村村民代表大会参会人数占80%，选出41户，共152人。

户”和“汽车司机”三项相关，但比例很小，加起来不足10%。通过对以上数据的分析，可得出结论“脱贫与经济社会发展特别是产业发展较少相关”。所以，虽然整乡推进中产业扶贫的投入力度很大，仅2014年一年产业发展巩固工程投入资金50万元，但从原因上看并未真正做到产业脱贫，发展缺乏自生性。2015年12月，接受笔者访谈的20名基层公务员和村组长，均认为应从精准、产业规划上有针对性地解决现存问题。

（四）改进-行动：基于传统扶贫问题所进行精准扶贫的初步尝试

2016年1月，在总结以往帮扶经验的基础上，县政府于2016年3~8月在独龙江乡对贫困户进行了精确瞄准，完成了贫困户的第一次建档立卡工作，确定全乡建档立卡133户524人。针对传统扶贫内生性不足的问题，展开了由建档立卡“回头看”、产业规划、“五个一批”、部门整合、人力资源整合、层层监督六个部分组成的精准扶贫，将后续五年建设项目的资金对口落实到县级部门，捆绑实施。产业发展方面，计划到2020年种植草果8万亩、重楼4000亩、黄金果2000亩，养殖独龙牛3000头、独龙蜂2万箱、独龙鸡1万只。①

三　新时期精准扶贫助力脱贫攻坚制度的完善

至此，可以看到样本过往扶贫攻坚过程中完整的PDCA循环，以及基于已完成的PDCA政策循环，正在进行的下一个循环的开始。扶贫攻坚政策经过不断地纠错和完善，不断地发现问题解决问题，形成了精准扶贫的理论与实践，以此助力脱贫攻坚，基本定型为制度内容。新时期是指传统整体式扶贫后当前的精准扶贫与精准脱贫阶段，因“十三五”处于进行时尚未结束，所以以新时期指称。此阶段个案脱贫攻坚行动计划的制定与执行主要包括三个方面。

---

① 独龙江乡人民政府办公室：《独龙江乡“十三五”发展思路》，独龙江乡人民政府，2016年3月。

（一）独龙江乡2016年脱贫攻坚方案[①]的制定与执行

根据省、州的脱贫文件[②]要求，设定时间表，实现贫困乡、贫困村、贫困户有序退出，确保独龙江乡在2016年底实现脱贫摘帽，实现全乡建档立卡户133户524人，2016年内全部脱贫。按照脱贫标准，所有建档立卡户实现“两无三保障”和“八有一超一受益”[③]。结合独龙江乡实际，坚持精准扶贫、精准脱贫基本方略，主要制订了“五个一批”计划。

1. 教育脱贫一批

统筹各类教育发展，巩固义务教育成果，提高学校标准化水平，实施14年免费教育（学前教育2年、义务教育9年、高中教育3年），争取各类社会帮扶资金，大力帮扶独龙江幼儿园学生35人，小学学生464人，初中学生249人，高中学生58人，大专及以上学生24人，保障就学条件，确保40户建档立卡户子女普通高中年生均补助4200元，学前教育年生均补助1000元。实施独龙江运动场大棚项目，推进义务教育学校标准化建设。围绕独龙江乡产业发展，实施1614人次劳动力技能培训，对45岁以上的独龙江乡农村群众开展农村实用技术免费培训，确保贫困户户均至少有1人掌握实用技术。

2. 易地扶贫搬迁脱贫一批

在独龙江整乡推进独龙族整族帮扶项目中已实施的安居房项目进行巩固提升，针对分家分户，有条件、有自筹能力的农户，计划60户的易地搬迁指标，由政府争取贷款资金，对分户无房、住房安全稳定性差的农户户均6万元实施易地扶贫搬迁项目，确保独龙江乡人民群众人人都有安全稳固的住房。

---

① 贡山县扶贫攻坚领导小组办公室：《2016年度贡山县独龙乡脱贫摘帽攻坚方案》，贡山县扶贫办，2016年6月。

② 主要为两个文件：《中共云南省委、云南省人民政府关于举全省之力打赢脱贫攻坚战的意见》（云发〔2015〕14号）和《中共怒江州委办公室　怒江州人民政府办公室关于印发〈怒江州贫困县贫困乡（镇）贫困村贫困户脱贫摘帽工作实施方案〉的通知》（怒办通〔2015〕89号）。

③ “八有”：有稳固住房，有饮用水，有生活用电，有电视，有路通自然村，有义务教育保障，有医疗保障，有收入来源或最低生活保障；“一超”：2016年度贫困户家庭常住居民人均可支配收入稳定超过贫困水平线；“一受益”：通过“五个一批”等帮扶措施的覆盖而受益。

3. 发展生产脱贫一批

立足独龙江得天独厚的地理环境，推动产业项目到村到户，全面巩固提升独龙江乡产业发展，截至调研结束，已整合县扶贫办实施“柴改电”项目，整合县林业局推进“以电代柴”项目，共投入资金400万元。[①] 按照“因地制宜、突出特色、一乡一业、一村一品、一户一项目”的要求，不断巩固提升独龙牛、独龙鸡、独龙蜂、草果、重楼等种养殖业。实施种植滇重楼三年苗30亩，种植泡核桃1142亩，种植两年苗山药12亩，种植草果三年苗40万株、一年苗75万株项目，增量和提质并举，科学管理，拓宽群众致富产业和发展门路。

4. 生态补偿脱贫一批

以省林业厅确定我县为生态补偿脱贫示范县的有利契机，结合独龙江国家公园申报和建设，让群众从生态保护中得到更多实惠，对有劳动力的所有建档立卡户以及缺乏增收产业、经济不稳定的非建档立卡户，聘请为生态管护员，每人每年补助10000元作为保护生态的劳动报酬。继续实施退耕还林436.4亩，实施国家级公益林补助3335.7亩，确保具备条件的建档立卡贫困户实现生态脱贫。

5. 社会保障兜底一批

对完全丧失劳动能力或部分丧失劳动力的，通过产业扶持和就业帮助仍无法摆脱贫困的贫困家庭进行政策性保障兜底。目前全乡还有低保户907户。其中，A类269户全部纳入政策兜底，B类428户中的建档立卡户经过产业扶持和就业帮扶仍然无法摆脱贫困的，经过评定纳入政策兜底，其余的C类210户将逐步退出政策兜底范围。

（二）贡山县对贫困少数民族精准脱贫的政策保障

一是财政政策。加快建立和完善县级基本财力保障机制，提高财政扶贫项目投资标准，加大扶贫投资力度。二是税收政策。实行税收优惠政策，提高贫困地区和民族地区的中央税种地方留成比例，实行特税区，并享受国家现行的区域、产业和行业税收优惠政策，实现资源开发企业在资源开

① 中共独龙江乡委员会：《独龙江乡人民政府办公室、贡山县独龙江乡整乡推进独龙族整族帮扶后续发展规划（2015－2020）》，独龙江乡人民政府，2016年7月。

发地就地纳税政策。借鉴经济发展司关于武陵山片区区域发展与扶贫攻坚的税收政策，对享受西部大开发税收政策地区属于国家鼓励类产业类企业，减征企业所得税。企业从事国家重点扶持的公共基础设施项目投资经营所得以及符合条件的环境保护、节能节水项目所得，可依法享受企业所得税“三免三减半”政策。[①] 三是金融政策。多方面拓宽发展融资渠道，扩大企业规模。深化少数民族聚居区信用社的改革，促进乡镇银行发展，扶持小额信贷。加强国家扶贫贴息贷款政策，加大财政扶贫贴息资金投入，引导银行业金融机构加大扶贫贴息贷款的投放力度。[②] 对中小企业加大金融支持，由县政府设立担保基金，支持融资担保机构通过税费减免等方式，对中小企业提供担保业务。四是投资政策。提高对公路、水利等建设项目投资补助标准，鼓励社会投资，对特色、优势和新兴产业项目在核准和土地使用等方面给予优惠与优先。五是产业政策。实施产业扶持差别化，旅游业、文化产业和生态型产业予以优先考虑、重点扶持和政策倾斜。六是土地政策。进一步完善建设用地审批制度，合理安排产业用地，保证工程建设用地，同时规范林权和村组集体土地流转。七是生态补偿政策。除退耕还林、水土保护等常规重点项目，还有完善矿产资源有偿使用制度，征收生态环境补偿费，生态环境补偿费总额的85%部分作为生态环境保护基金，15%部分作为环境保护部门和协助单位的专项业务费用。八是扶持重点群体，包括民族聚居区的贫困户、九年制义务教育学生、妇女和残疾人。积极帮助困难户脱贫致富，实施农村义务教育阶段学生营养改善计划，支持和帮助妇女创业，将残疾人纳入重点帮扶和保障对象。

（三）云南省对少数民族贫困地区脱贫攻坚政策落实的制度监督与保障

为深入贯彻党中央和国务院关于脱贫攻坚系列的重大战略部署，确保贫困少数民族与其他民族同步建成小康社会，结合《怒江州脱贫攻坚全面小康行动计划（2016—2020年）》，2016年6月，云南省政府制定了《贡山

① 云南省扶贫开发领导小组：《贡山县“直过民族”脱贫攻坚实施方案》，云南省人民政府，2016年6月。

② 云南省扶贫开发领导小组：《贡山县“直过民族”脱贫攻坚实施方案》，云南省人民政府，2016年6月。

县“直过民族”脱贫攻坚实施方案》，优化提升贡山县贫困少数民族的各项发展，包括三个“直过民族”之一的独龙族，为基层实施精准扶贫提供了制度保障。

1. 加强组织领导和考核机制

建立了“省级统筹、州负总责、县乡抓落实”的脱贫攻坚工作机制。各级党委政府坚持把脱贫攻坚任务作为头等大事和第一民生工程来抓，落实“五级书记”抓脱贫，把边疆贫困少数民族的脱贫攻坚列入云南省党委政府的重要督察事项，加强督察问责，各级政府建立年度脱贫攻坚报告制度。加强对贡山县、独龙江乡等乡党政领导干部的考核，提高减贫、民生、生态方面指标的权重，把脱贫攻坚实绩作为选拔任用干部的重要依据。

2. 建立协调推进机制

建立各级扶贫开发领导小组统筹协调工作的推进机制，及时协调解决项目规划、资金整合、政策保障等重大问题。围绕扶持贫困少数民族实现同步小康的根本目标，落实多部门协调工作机制，由各级扶贫和民宗部门牵头，全面推进脱贫攻坚实施方案。6个脱贫工程实施中，由教育部门负责提升素质能力、人社部门负责组织劳务输出、扶贫部门负责易地搬迁、住建部门负责安居工程、农业部门负责扶贫产业、发改部门负责基础设施改善，各有关部门严格分工、认真协同，确保各项精准脱贫措施的落实。同时，深入实施兴边富民改善沿边群众生产生活条件三年行动计划，建立健全“政府主导，集团帮扶，部门配合，县乡落实，群众主体”的工作机制，积极协调各类企业对贫困民族整体脱贫的支持。

3. 加强驻村帮扶

建立了省、州、县、乡四级联动，确保贫困县有领导挂联，贫困乡村有领导和单位挂包，贫困户有干部结对帮扶，落实帮扶责任。配备“直过民族”驻村扶贫工作队，每队队员5～10人，队长兼任村党组织第一书记。工作队在县、乡党委统一领导下开展工作，协助贫困乡村和贫困户，找准贫困原因，寻准脱贫路径，制定脱贫措施，抓好脱贫攻坚政策措施的落实。同时，发挥挂钩帮扶单位的联动优势，对帮扶民族予以资金、人才和技术上的倾斜扶持，以“三严三实”为要求，做好“挂包帮”精准帮扶工作，做到不脱贫、不脱钩。

4. 发挥群众主体作用

多渠道、多形式宣传党和国家关于扶持少数民族贫困地区跨越发展的重大意义、方针政策，动员全社会更加关心、支持特别“直过民族”聚居区的改革、发展和稳定，为推进少数民族贫困群众脱贫创造良好的社会环境和舆论氛围。发挥好基层党组织战斗堡垒作用，充分发动群众、组织群众，落实贫困群众的知情权、选择权、监督权、参与权与决策权，尊重群众首创精神和发展意愿，激发贫困群众的内生发展动力，通过扶贫帮扶、自力更生，实现脱贫致富奔小康。

结　论

本文通过对样本数十年扶贫、脱贫的历时性研究，展示了扶贫政策一步步完善的清晰脉络。研究认为，同独龙族一样，我国其他贫困地区从传统整体式、输血式扶贫到当前的精准扶贫、精准脱贫，同样体现了 PDCA 循环的质量管理过程。对早期扶贫攻坚政策制定、执行、发现问题、不断完善，针对问题展开精准扶贫，这是已经完成的循环，当前阶段的脱贫攻坚又在经历更规范、更有效的、新的 PDCA 循环（如图 2、图 3）。就像爬楼梯，一个循环运转结束，政策运行的质量就会提高一步，然后再制定下一个循环，再运转，再提高，不断前进，不断提高。正如制度的第一含义，即要求人们共同遵守的办事规程或行动准则，是为实现某种功能和特定目标的社会组织乃至整个社会的一系列规范体系。[①] 在阶段上升的 PDCA 循环中，扶贫政策被不断完善，最后形成精准扶贫的规范、规程和行动准则，形成模式和制度，直至实现精准脱贫、全面小康。同时，作为质量管理的基本方法，PDCA 循环不仅存在于从国家到基层各级扶贫政策的运作中，也贯穿在每一个帮扶项目或组织的运行中。无论大小，每一个帮扶项目都有自己的 PDCA 循环，层层循环，形成大环套小环，小环里面又有更小的环。大环是小环的母体和依据，小环是大环的分解和保证，[②] 各级部门的小环都围绕着脱贫、小康的总目标而转动，彼此协同，互相促进。

---

① 中国社会科学院语言研究所词典编辑室编《现代汉语词典（第 6 版）》，商务印书馆，2012，第 1678 页。

② 出自 360 百科“PDCA”词条。

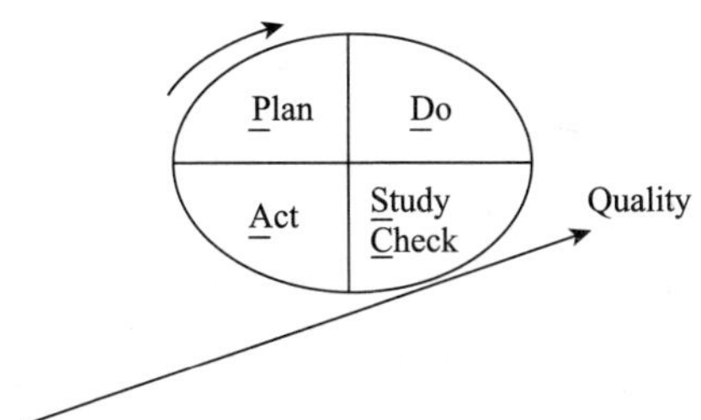

图 2 PDCA 动态上升循环

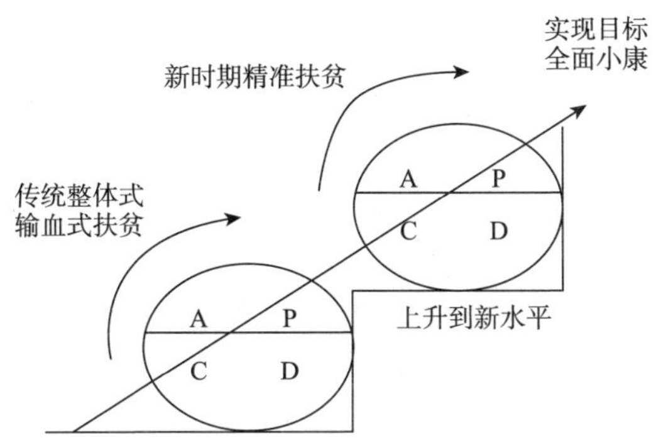

图 3 扶贫政策变迁的 PDCA 循环分解

新时期我国少数民族贫困地区脱贫攻坚面临的主要问题，已由外因到内因发生了根本性的变化，原有物质与经济社会发展问题已基本得到解决，如交通基础设施改善、由传统农业向现代产业结构调整、物质生活条件飞跃、与信息社会接轨，等等。新时期贫困发生的主要问题是发展缺乏内生性和可持续性，各级政府脱贫攻坚工作的重心也由以往的物质对口帮扶，转移到了提升素质、发展产业等应对策略上，并对相关人、财、税等倾斜政策的落实提供了制度保障。回顾贡山县贫困人口统计数据可知，群众自身发展动力不足致贫和缺资金致贫所占比重最大。所以，县、乡政府在新时期脱贫攻坚中将提升少数民族贫困群众的整体素质放在了政策落实的第一顺位，政府工作重点也被定位在从财政、税收、金融等政策入手引进扶贫项目和促进特色、新兴、扶贫产业的发展上。纵观样本“十二五”扶贫攻坚到当前的精准扶贫、脱贫，在从政策完善为标准化制度的过程中方向很重要，但效果如何关键还在于制度的落实、监督、检查纠正、完善，最终将短期政策作为一项长期制度坚持下去。

截至调研结束，独龙江乡脱贫摘帽已近尾声，但精准扶贫的理论与实践还将作为一项长期制度被坚持下去，“十三五”阶段少数民族贫困地区的脱贫攻坚也才刚起步，任重而道远。那么，新时期该研究样本精准脱贫的后续情况及成效如何？是否能彻底解决精准不足和发展内生性不足的问题？脱贫攻坚的制度化推进在我国少数民族贫困地区的普适性怎样？效果又如何？还存在哪些问题需要去解决和完善？这些问题，需要我们在更多的后续追踪性研究中去寻找答案。

世界民族问题与理论政策

波兰犹太教“改革派”的影响*

刘 泓**

摘　要： 中外学界在有关波兰犹太人历史的研究中，犹太教“改革派”的影响常常被人们所忽略。本文列举了从19世纪初至20世纪上半叶，波兰犹太教“改革派”的一些活动，有助于从一定程度上弥补相关学术研究中的不足。本文主要关注亚伯拉罕·戈德施密特、马库斯·杰斯特罗和伊萨克·塞科等著名的拉比和传教士的主张和举措。笔者认为波兰的犹太教“改革派”及支持者，从来没有像德国犹太教或美国犹太教“改革派”或保守派那样，成为强势阶层人物的象征。他们引入的宗教改革措施，具有相对合理的依据；在波兰犹太教史上，人们不应忽视“改革派”的历史影响，因为他们在波兰学校教育、宗教改革、反抗外族侵略、加强波兰国民团结等方面，都发挥了至关重要的作用。同时，波兰犹太教“改革派”的一些代表人物，如马库斯·杰斯特罗、戴维·纽马克和马库斯·艾仁普锐斯等，也成为波兰境外犹太教改革的推动者；波兰犹太教“改革派”的主张和举措，对于波兰文化的发展至今仍然发挥着重要影响。

关键词： 犹太教“改革派”　波兰犹太教

波兰是“一带一路”沿线的重要节点。研究波兰的民族问题，可为我国与“一带一路”合作国家开展民族问题与民族政策的对话提供比较依据。国际社会通常习惯于将波兰视为单一民族国家。事实上，波兰也是多民族国家，除了占全国人口数量90%以上的波兰人以外，还有为数不多的德意

* 本文为中国社会科学院民族学与人类学研究所创新工程项目“一带一路国家民族问题与民族关系研究”（项目编号2016MZSCX003）的中期成果。

** 刘泓，中国社会科学院民族学与人类学研究所研究员。

志人、白俄罗斯人、乌克兰人、俄罗斯人、立陶宛人和犹太等少数民族。由于历史等多种原因，国际学界在研究波兰犹太教发展历史的过程中，常常会忽视有关犹太教“改革派”在波兰历史与现实中所发挥的影响。部分学者认为，波兰犹太人大都拘泥于传统，不愿意接受来自西方的宗教改革思想。其依据是在波兰犹太教“改革派”（通常被视为社会改革的支持者）的人口数量与波兰犹太人的人口总数相比是比较有限的。事实上，犹太教“改革派”在犹太人和波兰人社区的影响比较深远，我们在讨论波兰犹太人和犹太教问题时，都不应忽视这一事实。

当代犹太教改革史研究领域的著名学者迈克尔·迈耶（Michael A. Meyer）曾写道，近代以来，犹太教历史的研习者们往往忽略了中东欧犹太教改革的历史作用。虽然，迈耶有关东欧的相关著述，主要局限于俄罗斯，但是，他曾明确指出在波兰的土地上也存在改革的迹象。[①] 在他看来，在华沙存有一个来自德意志犹太人教堂的小团体，引入了“激进的”礼拜和主要用波兰语布道的方式。然而，波兰犹太人“改革派”大多属于社会富裕阶层，并已融入当地社会，通常并未意识到自己所主张的改革，也是发生于国际社会中的相关运动的组成部分。[②]

一　波兰犹太教“进步派”的出现

在波兰，犹太教改革中心大多是犹太教会堂或祈祷所，被称为“进步的”、“改革的”、“德语的”或“波兰语的”“庙堂”。但是，19 世纪波兰犹太史编纂，通常会对启蒙运动（Haskalah）过程中出现的一些问题，即文化适应、同化、世俗化和融合主义等问题给予较多的关注，而相关的宗教问题并未得到应有的重视。在为数有限的关于犹太教改革的著述中，人们探讨的主要是个别社区和犹太教堂的历史，很少涉及宗教问题，如礼拜仪式、拉比（rabbis）和传教士的变化，以及被宣讲的训诫和礼拜仪式的修改

① Micheal A. Meyer, “The German Model of Religious Reform and Russian Jewry”, in Judaism Meyer, *Within Modernity: Essays on Jewish History and Religion* (Detroit, 2001), pp. 219 – 281.

② Michael A. Meyer, *Response to Modernity: A history of Reform Movement in Judaism* (Detriot, 2001), p. 339; Michael A. Meyer, “Religious Reform”, in YIVO Encyclopaedia of Jews in Eastern Europe, www. yivoinstitute. org/pdf/reform. pdf, pp. 2 – 3.

等。[①] 19 世纪，犹太教著名的传教士和波兰犹太兄弟会的支持者，除了马库斯·杰斯特罗之外，包括亚伯拉罕·戈德施密特、伊萨克·塞科、伊扎克·克拉姆斯特克、西蒙·丹科维奇、奥兹亚兹·通等“改革派”拉比，其思想遗产及生平传记都未被给予系统的学术研究。

19 世纪初，随着德意志犹太人开始在普鲁士逐步定居，有关犹太教改革的新思想逐渐传入波兰。1802 年，一位来自普鲁士的犹太人以撒·弗拉多，在华沙的丹尼洛维茨卡街建立了一个私人犹太教堂，它从建立伊始即被称为“德意志犹太教堂”。最初，在犹太教堂里做礼拜的方式与在华沙其他会堂普遍推行的方式基本没有区别，只是“改革者”的着装和布道所使用的语言，在世人看来有些与众不同。应该说，更“激进的”变化是在犹太教堂创始人去世后发生的，那时它已不再是一个私人教堂，而是成为华沙“改革派”社区的犹太教堂。[②]

二　波兰犹太教“进步派”的发展

在波兰传统犹太教堂中出现的第一个变化了的礼仪，是由一位名叫亚伯拉罕·戈德施密特的传教士引入的。[③] 19 世纪 40 年代，犹太教堂的唱诗班是礼拜的组成部分之一，由一位传教士身着白色无袖长袍站在讲坛上用德语布道。随着犹太教堂礼拜人数的迅速上升，人们主动在靠近旧教堂的地方建立一个新的教堂。尽管当局想把它称为“德意志以色列人教堂”，但是新的犹太教堂还是得到了信徒们所愿意接受的名称，即“丹尼洛维茨斯卡街犹太教堂”（Danilowiczowska）。新犹太教堂改革了传统的礼拜仪式，并在开放期间严格遵守教会在改革后做出的相关规定。该教堂最初用德语布道，直到 1859 年马库斯·杰斯特罗（1829 - 1903）开始用波兰语布道。

基于亨力奇·格里茨（Heinrich Graetz）和亚伯拉罕·M. 戈德施密特

① Stephen D. Corrsin, “Progressive Judaism in Poland: Dilemmas of Modernity and Identity” in Z. Gitelman, L. Hajda, J - p. Himka, R. Solchanyk, eds., *Cultures and Nations of Central and Eastern Europe: Essays in Honor of Roman Szporluk* (Cambridge, MA, 2000), pp. 89 - 99. 该文是对 M. Meyer 关于东欧犹太教改革研究的评论。

② Galas, *Rabin Markus Jastrow*, pp. 68 - 76.

③ Galas, *Rabin Markus Jastrow*, pp. 63 - 66, 71 - 73.

（Abraham M. Goldschmidt）的支持和推荐，1858 年，杰斯特罗被指定为德语“丹尼洛维茨斯卡街犹太教堂”的传教士。戈德施密特甚至向华沙当局发出一封信，祝贺他当选：“我不想让一个笨拙人作为陪衬来接替我，相反，感谢上帝，我想看到我创造性的工作得到发扬光大，得到很好的关照和提升……你集众人之长，在德国几乎找不到第二人，你友好、包容、不倦怠、充满了热情。”[①] 教堂委员会与马库斯·杰斯特罗签署了一份五年期合同。合同规定，杰斯特罗有义务不晚于在华沙工作的第一个年末开始以波兰语布道。他也有义务在公理会教会学校施教。

但是，我们一直未能找到有关在华沙“进步的”犹太教堂和波兰土地上开展礼拜仪式改革的文件档案。事实上，礼拜仪式变动之一，除了宗教事务秩序外，就是缩短了礼拜仪式时间。为了做到这一点，犹太教新年（Rosh Hashana）的礼仪诗（piyyutim）部分被从中世纪增加的“祈祷者手册”中删除了。萨拉·泽尔伯斯汀（Sara Zilberstejn）证实，曼内莫（Mannheimer）为维也纳犹太人社区准备的正式的“祈祷者手册”被引进了华沙。当然，此举也引发了一些争议。

杰斯特罗还实施了一些其他的改革措施。他的老师和精神领路人是迈克尔·萨克斯（Michael Sachs），所以他答应准备一本波兰译本的祈祷书应是可以理解的。在他 1859 年写给艾斯多·莫纳什［Isidor Monasch，19 世纪最知名的犹太出版商劳步尔·莫纳什（Loebl Monasch）的儿子］的信中提到：“我们已经出版了一个波兰译本的‘祈祷者手册’，但销售不畅。与波兰语版本相比，犹太人更喜欢德语译本。波兰语的手册容易让他们想起天主教。如果你能找到一个好的译者，一个受过良好教育的波兰人，以良好的风格将萨克斯的译本正确地翻译出来，那将是一件有价值的工作，但这种工作的财务收益值得怀疑。”[②]

然而，杰斯特罗在 1861 年版的引言中改变了立场。他指出，“祈祷者手册”的波兰语译本的出版是必要的。他为这一决定赞扬了作者，他说类似的手册已经有了所有欧洲语言版本，并希望这本手册将成为即将问世的诸多波兰语版本宗教作品的“先锋”。显然，杰斯特罗开始用波兰语布道，

① American Jewish Archives SC 5686, p. 21.
② American Jewish Achives SC 5686, p. 26.

并乐于使用这种布道用语。他开始宣传以波兰语出版宗教作品的想法，使得在他的教堂参加礼拜的信徒，以及更多的犹太人和波兰人都可从中受益。

根据与犹太教堂委员会签署的协议，杰斯特罗还为一所宗教学校的男女学生提供指导。借助他在柏林执教的资质和经验，他马上热情地投入了工作。从一开始，这所学校就很受欢迎。初始时，学校有大约 80 个学生，其中只有一半的学生能够支付学费。1860 年 5 月 26 日，杰斯特罗在华沙任期内举行了第一个女孩和男孩同时参加的坚信礼（ceremony of comfirmation）。这个仪式是教堂里的一件大事，杰斯特罗为此得到了亚当·爱泼斯坦主席和执行委员会的正式感谢。女孩和男孩一起举行坚信礼，被认为是在犹太教堂开展宗教改革的一个重大创新，并在华沙的犹太社区引起了民众的广泛关注。

然而，1846 年由拉比亚伯拉罕·科恩在利沃夫主持的同样仪式，却被视为基督教对犹太教施加影响的表现之一，并以悲剧性的方式结束。虽然，当时的华沙被视为一个比较宽容的城市，但是，这一事件影响了宗教学校的发展进程。1860 年，学生人数下降到 30 人。[①]

三　波兰犹太教“改革派”的影响

将波兰语作为布道语言是波兰犹太教会历史上的一个重要事件。当时，人们普遍接受了马库斯·杰斯特罗用波兰语布道的方式，并将之作为惯例引入犹太教堂。随着犹太教会的发展，这种创新变得非常重要。其新成员基本不懂德语，教会为此出版了两种文字的杰斯特罗布道的文集，波兰文版本包括 8 篇布道文，德文版本只含两篇布道文。

布道文是杰斯特罗思想观点和华沙犹太教会众神学发展的重要依据之一。但是，迄今为止，还没有任何波兰以外的从事犹太教改革历史研究的学者关注过它们。1861 年 3 ~9 月，杰斯特罗用波兰语发表的布道文集不应被忽视。这些布道文是针对发生在那个时期的历史事件而创作的，即所谓《关于 1861 年华沙最后事件的布道》一书。它是唯一幸存的由杰斯特罗签名用波兰文出版的书籍。

① American Jewish Achives SC 5686, p. 30. 。

事实上，文集的第一篇布道文是献给反俄行动受害者（被杰斯特罗称为“同胞兄弟”，死于1861年2月27日）的“灵魂”。这种对基督徒和犹太人在现实生活中所产生的共同命运的肯定，是杰斯特罗在那个时代对“波兰－犹太兄弟会”发展做出的一项贡献。杰斯特罗在用波兰语的布道中强调，主张人人平等是犹太教的生存基础。但是，作为犹太教的信奉者和传播者，他同时又认为，现存世人因国家分裂所遭受的苦难，不仅是人们的过错所致，也是上帝旨意的体现。他写道：上帝是公平和正义的。他认为，我们生活了几个世纪的国家，即我们父辈的国家和我们的祖国，是因为原本统一起来就可以享受幸福生活的那些人所犯下的过错而分裂。如果世人能够回馈上帝以卓越和永恒之举，遵守上帝的指令爱我们的邻居，我们的国家就会笼罩在天堂的帐篷下，向全世界展示出彼此之间兄弟般的情谊，母亲的孩子们便可和睦相处而不再分离。①

因为参与反对俄罗斯占领波兰的爱国行动，杰斯特罗在犹太人和波兰人社区中，很快成为一个广受欢迎的人物。1861年3月2日，人们为5名因参加反俄抗议而受害的人举行了葬礼，拉比德夫·波尔·梅塞尔斯（Dov Ber Meisels，1798－1870，华沙的首席拉比）、伊扎克·克拉姆斯特克（Izaak Kramsztyk，1814－1889，被称为波兰进步教堂传教士）和马库斯·杰斯特罗参加了葬礼。杰斯特罗写道：“波兰从来没有那么变通，那么宽容，各种信仰的神堂都充满爱国言论，回响着波兰国歌，天主教游行和朝圣都带有政治标识。”对杰斯特罗来说，其政治激情亦表现出明显的宗教背景。1861年10月，为声援华沙所有教堂关闭以反抗俄罗斯的侵略行径，杰斯特罗指示关闭了犹太教堂。相关事件导致华沙犹太教会的三个拉比（杰斯特罗、克拉姆斯特克和梅塞尔斯）在城堡中被捕。3个月后，作为普鲁士公民的杰斯特罗被驱逐至普鲁士。在德国停留几年后又重返华沙，并于1866年移居美国，成为费城鲁道夫·萨拉姆教会（Congregation Rodeph Shalom）的拉比。他所取得的工作业绩，使得他被视为美国犹太教宗教变革的领袖之一。

杰斯特罗主张对犹太教进行适度改革，使波兰犹太教成为波兰人的“摩西宗教”。他认为，实现这一目标的主要途径，是以一种新的精神教育年轻人，使他们真正可以参与到波兰文化和政治生活之中。事实上，他并

① Markus Jastrow, Kazania, p. 18.

没有仅限于口头陈述，而是把他的想法付诸行动。

在马库斯·杰斯特罗之后，拉比伊萨克·塞科（Izaak Cylkow，1841－1908）担任了波兰犹太教堂的传教士，并从1865年到1910年一直在那里服务。华沙犹太教学校的毕业生塞科，是第一位来自华沙“改革派”的传教士，也是希伯来－波兰双语“希伯来圣经”的编辑和翻译。他在“丹尼洛维茨斯卡街犹太教堂”任职期间，教堂一度变得很小，于是他决定新建一座更大的教堂。1878年，他在特罗马旗（Tlomackie）街开设了一间新的可以容纳2000多人的犹太教堂。这所犹太教堂被称为“大教堂”（The Great）。到第二次世界大战，它一直都是最令人印象深刻的华沙教堂。

从1826年到1863年，华沙犹太教学校是“改革派”麾下的一个机构。这所学校为比“改革派”更为激进的改革拥护者倡议建造。他们一方面反对正统犹太教的主旨，特别是哈西德主义（Hasidism）主张，另一方面支持犹太人的同化努力。犹太教学校的成立对于“改革派”的发展至关重要。首先，他们希望将世俗的教育素材引入犹太教的教育之中。其次，他们希望将“犹太教研究”成果引入传统犹太教学校的学习范围之内，甚至不惜与非犹太当局合作并支持文化同化。波兰语（而不是德语或希伯来语）是犹太教学校的官方语言。多年后，该校培养的300多名毕业生（除后来在柏林接受附加培训者）中没有一个成为拉比。出于这个原因，学校的活动及其成就得到了褒贬不一的评价。

不是所有的“改革派”人士，尤其是那些与犹太教学校有关的人，都可以认同“德语”犹太教堂的活动。1852年，一个新的以“波兰语”命名的犹太教堂在纳来乌季（Nalewki）街的一栋属于犹太教学校的大楼内落成。第一个传教士是前面提到的伊扎克·克拉姆斯特克（Izaak Kramsztyk）。事实上，华沙这两个“改革派”犹太教堂并存的状况并未存在太久，因为“德语”犹太教堂很快也采用了波兰语进行布道。由此促成杰斯特罗决定在1860年出版语录，他认为“波兰的犹太人有义务成为摩西追随者”。不久，两个犹太教堂的“改革派”在特罗马旗（Tlomackie）街新建的“大教堂”会面。“改革派”的支持者在波兰出版了许多书籍和杂志，1866～1915年出版的《以色列》（*Izraelita*）杂志尤为重要，它成为波兰犹太教“改革派”展示自我的一个主要平台。

19世纪初，犹太人的启蒙（Haskalah）思想、犹太教改革主张，以及

“犹太教研究”理念和范式，开始传播到华沙以外波兰的其他地方的犹太社区，特别是加利西亚、利沃夫和克拉科夫。

利沃夫的犹太教“改革派”教堂的建立可以追溯到19世纪40年代，当时该教堂以“德语以色列人教堂”（Deutsch-Israelitischen Bethause）命名。到了19世纪末，这一名称被改成了“改革社区犹太教堂”，或简称为“大教堂”、“殿堂”（Tempel）。该犹太教堂的第一位传教士是拉比亚伯拉罕·科恩，他于1844年从蒂罗尔（Tirol）的霍恩斯（Hohenes）来到利沃夫。

拉比科恩就职伊始便受到正统犹太人严厉的批评，起因是他对犹太教堂的传统礼拜仪式等做出了一些改变，比如在布道中使用德语。1846年，他组织了男孩和女孩的坚信礼仪式，激烈的冲突由此产生。他的反对者们将这一事件看作把基督教传统引入犹太教堂的举措。结果，科恩在利沃夫街头遭到袭击，并在1848年被正统派的支持者投入监狱。然而，教堂的改革步伐并未停止，最终一个“改革派”的重要机构得以成立。

在拉比科恩的后继者中出现了诸多杰出的拉比。比如，来自德国的拉比莫里茨·罗文扫（Moritz Loewenthal）。再如拉比西蒙·施瓦巴彻（Simon Schwabacher），他从巴伐利亚来到利沃夫，短暂停留后辗转至敖德萨。1862年，拉比波尔·洛文斯顿（BerLoewenstein）成为利沃夫“改革”社区的拉比。他对犹太教堂中施行的传统仪式做了一些改革，结果犹太教堂不仅在安息日和节假日的礼拜场所，而且在其他一些场景也被允许成为人们的聚会地点。例如，洛文斯顿甚至曾为消防队主持了一场庆祝活动。接替洛文斯顿的拉比以西结·凯罗，是由维也纳拉比阿道夫·耶利内克（Adolf Jelinek）推荐的。他从1891年到1915年一直担任这个职位。在任职期间，他在教堂里成立一个“改革”机构。1903年，拉比塞缪尔·沃尔夫·加特曼（Sammuel Wolf Guttman）的助手被雇用以波兰语布道。凯罗在第一次世界大战期间去了维也纳，在他死后拉比加特曼接替了他的职位。在两次世界大战之间，拉比列维·福瑞恩德（Levi Freund）在1921年做了第一次布道，之后，他在“改革派”犹太教会堂中扮演了重要角色。以西结·莱文（Ezekiel Levin），是加格罗林（Jagiellonian）大学哲学博士，也是“改革派”教堂里最后一位拉比。他是著名的犹太复国主义者，也是利沃夫犹太教堂中最谦逊的拉比。正如J. 巴世刚（Bussgang）所描述的那样，拉比科恩和凯罗比洛文斯顿和福瑞恩德更进步一些。拉比莱文略某种程度上转向了正统。

我们认为，这一境况可视为两次世界大战之间，波兰犹太教“改革派”发展走向的一种征候。

19世纪末至20世纪初，利沃夫“改革派”社区通常被认为是犹太教力量最强的社区之一。从利沃夫走出来了一些著名犹太教领导人和学者，如摩西·斯考尔（Moses Schorr）、马库斯·布劳德（Markus Braude）、奥兹亚兹·通（Ozjasz Thon）、戴维·纽马克（David Neumark）（希伯来大学联盟的拉比和学者）和马库斯·艾仁普锐斯（Ehrenpreis）（索非亚和斯德哥尔摩的拉比）。19世纪20年代，所谓的“门德尔松圣经”在克拉科夫的“改革派”人士中得到广泛关注。1844年，“宗教和文明协会”在克拉科夫得以建立。1861年，一座被称作“神坛”的新犹太教堂在克拉科夫建造完成，被用于“改革派”拥护者开展活动，该教堂至今仍在。

1868年，拉比席子门·丹柯维奇（Szymon Dankowicz）被聘为传教士。他受过良好教育，能讲一口流利的波兰语，并用波兰语布道，他的提名因此唤起了人们的希望。丹柯维奇还得到了著名拉比席子门·施雷伯（Szymon Schreiber）助理的职位。但是，他的相关改革主张和举措遭到了犹太教正统派的严厉批评，1869年，部分正统派教徒在退出丹柯维奇任职的教堂后，意图创建属于自己的“改革”社区，并将之命名为“克拉科夫以色列人社区”。因为当时奥地利当局禁止在一个城镇建立两个犹太社区，该计划的实施遂被搁置。此后，改革派和正统派两个社区要生存发展，必须比邻而居并寻求妥协。结果是，改革派不得不修改他们的一些观点。虽然，“神坛”的拉比在这一过程中还获得了私人传教士的职位，但是，丹柯维奇迫于压力，在1874年离开了克拉科夫。

之后，克拉科夫犹太教“改革派”活动进入了“停滞期”。这一时期随着“神坛”犹太教堂任命奥兹亚兹·通（Ozjasz Thon）作为传教士而中断。他任职期将近40年（1897－1936）。其个性在很大程度上影响了克拉科夫“改革派”社区的历史。奥兹亚兹·通是20世纪在克拉科夫犹太人历史上非常特别的人物。他来自利沃夫的“改革派”犹太人社区，在柏林接受了宗教和世俗教育。尽管在犹太复国主义运动中的表现活跃，但是他接受了克拉科夫改革派教堂“神坛”拉比和传教士的职位。他在布道中经常谈到与犹太复国主义有关的主题，以及关于犹太人应该热爱不得不居住的国家等问题。在接受提名之前与“神坛”教堂理事会代表第一次会面时，他表示："为了信仰，可以推荐我穿什么样的衣服，可以要求我宣讲多少次以及多长时间……但是，我需要拥有个人的独立性，如果失去个人的独立性，我不会接受这一职位。"

奥兹亚兹·通在许多领域都很活跃，包括作为犹太复国主义活动家、政治家和思想家。作为"神坛"教堂的拉比，他强调改革教育体制的必要性。作为波兰塔尔布特（Tarbut）学校集团的第一任主席，他主张将文明社会的成就引入学校生活中，强烈反对任何同化举措。在他的领导下，"改革派"力量逐渐淡出，他随之成为克拉科夫犹太社区的精神领袖。

总的说来，犹太教"改革派"社区的数量比较有限，而且仅限于较大城市，比如19世纪波兰的罗兹、卡利什、乌拉克拉维克（Wloclawek）以及加利西亚－利沃夫、塔诺普（Tarnopol）、布罗迪、克拉科夫和斯塔尼斯拉沃夫（Stanislawow）等地。在两次世界大战之间，在波兰共和国几乎所有的主要城市都有它们的存在。犹太教"改革派"的举措，最初大都是通过德语进行的，只有过了一段时间之后，德语才会让位于波兰语。19世纪，波兰犹太教"改革派"的改革模式总体上是温和的，基本复制了维也纳犹太教的改革措施。所谓"维也纳仪式"，是由维也纳地方拉比艾萨克·诺亚·曼、摩尔（Isac Noah Mannheimer）和乐团指挥所罗门·舒尔茨（Solomon Sulzer）提出的。

20世纪，波兰犹太教"改革派"力量受到了极大的削弱。如在其他的欧洲国家一样，世人在波兰可以观察到"改革派"被同化和世俗化的进程。通常看来，众多"改革派"拥护者或接受天主教、路德教和加尔文教，或完全放弃宗教信仰。当时，犹太教"改革派"力量、规模尚未构成对"正统派"的威胁，"正统派"抵挡犹太教改革思想并非难事。20世纪初，随着更加温和的"改革"力量的发展，"改革派"中的大多数人转而支持犹太复国主义思想。

从19世纪初期至20世纪上半叶，波兰犹太教"改革派"多次计划以弗罗茨瓦夫和柏林犹太神学院塑造的"犹太"精神为指导，通过创建犹太教学院将其拥护者组织起来。但是，鉴于华沙犹太教学校的经历，这方面的计划一直未能实施。在华沙大教堂建成之后，"改革派"还曾计划建立一座规模比较宏大的犹太教图书馆，并将之发展成为新教育机构的核心。然而，这一意向在波兰尚未获得独立的情况下，只能成为某种乌托邦规划。

拉比亚伯拉罕·萨缪尔·波兹南斯基（1864－1921，华沙大会堂的传教士和拉比）是学院和图书馆建设计划的积极倡导者之一。他不仅是塞科的接班人，还是一位受过良好教育的“东方研究”学者和犹太史学者。凭借其出众的学识才华，他曾应邀在纽约的犹太神学院担任主席。然而，他因健康状况不佳而过早亡故，其一生所追寻的目标亦未能实现。

波兹南斯基的继任者拉比摩西·斯考尔（Moses Schorr，1874－1942，华沙大学东方研究教授和犹太神学院荣誉博士）成功地实现了他当年设定的目标。1925年，由于斯考尔的努力，“犹太研究促进会”得以成立，其主要任务就是建立犹太教学院，并最终在1928年成功完成了犹太教学院的创建。犹太教学院的创始者是一群来自不同大学的“改革派”教师和“改革派”教堂的拉比，比如利沃夫的马杰尔·巴拉班教授、摩西·斯考尔教授、艾格纳西·思齐普（Ignacy Schippe）博士和克拉科夫的拉比奥兹亚兹·通，他们同时也是学院的第一批讲师。最初，学院的主要任务是培训学校的摩西教专业和犹太教专业的教师。但是，学院很快就意识到，迫切需要专门组成一个系来为波兰的“改革派”培养拉比。最终，学院成立了两个系：拉比系和历史－社会系。特别强调了拉比系的教学方式不同于“正统派”和哈西德派（Hasidic）的教育体系下的相关规定。在该学院接受过学习训练的学生，大都能够较好地掌握在犹太教传统、历史，以及波兰人文化等课堂学习中被教授的相关知识。拉比马库斯·杰斯特罗、伊扎克·克拉姆斯特克（Izaak Kramsztyk）和奥兹亚兹·通（Ozjasz Thon）成为受过良好教育的“改革派”榜样。

犹太教学院的入学条件比较苛刻。一般说来，只有在国立大学人文科学专业读书，并且获得硕士学位的学生，方可成为犹太教学院的学生。1936年，该学院迁往位于大教堂附近的犹太教图书馆大楼。

随着犹太教学院办学成果的不断问世，有人开始试图着力打造波兰“改革派”教堂与其周边社区的联系。20世纪30年代，组织了第一次犹太教“改革派”大会，其间创建了犹太教“改革派”教堂的“中央联盟”。当时，还有一个拥有较高学位的“拉比联盟”，强调此联盟有别于波兰的“拉比联盟”。

波兰的犹太教“改革派”支持者，从来没有像德国犹太教或美国犹太教“改革派”或保守派那样，成为强势阶层人物的象征。他们引入的宗教改革措施，具有一系列相对合理的依据，尤其在两次世界大战之间，波兰犹太教“改革派”及拥护者变得趋近“保守派”或近代犹太教“正统派”。然而，在波兰犹太教史上，人们不应忽视“改革派”的历史影响，因为他们在波兰学校教育、宗教改革、反抗外族侵略、加强波兰国民团结等方面，都发挥了至关重要的作用。同时，波兰犹太教“改革派”的一些代表人物，如马库斯·杰斯特罗、戴维·纽马克和马库斯·艾仁普锐斯等，也成为波兰境外犹太教改革的推动者。尽管最初相关改革主张和举措，与德国文化具有密不可分的联系，但是从19世纪下半叶开始，“改革派”开始将自己从波兰文化中“识别”出来，将自己认同为“追随摩西的波兰人”。应该说，波兰犹太教“改革派”的主张和举措，对于波兰文化的发展至关重要，其深远影响至今仍在。波兰犹太教“改革派”从一开始就认为以波兰语写作是他们的义务所在。一般来讲，他们写于19世纪尤其是20世纪的作品，对犹太教研究来讲是不可或缺的文献，对于波兰犹太史学研究者而言，更是首屈一指的瑰宝。没有“改革派”为世人留下的知识宝库，20世纪中后期，在波兰大学重新恢复犹太研究的计划将难以实施。今天，“改革派”的许多著述被重印，并且成为在校学生的学习手册，迄今为止尚未发现有文献资料可以取而代之。

19 世纪“族体原则”的提出、应用与后果

陈玉瑶*

摘　要：“族体”是民族观念体系中的一个重要概念，最初产生于德意志。法兰西第二帝国时期，以该概念为核心的“族体原则”被拿破仑三世确立为法国外交政策方针，在具体应用中，第二帝国以这一名义直接或间接地帮助了意大利和德意志的资产阶级建国运动，明确了大民族间争议边界的划分，最终直接瓦解了奥地利帝国在欧洲的影响力。随着奥地利注意力的东移，“族体原则”蕴含的以族体为单位建国的思想逐渐在东欧地区占据思想上的主导地位，使根据自身现实条件创立的社会主义多民族国家思想不断面临资本主义列强根据西欧模式创立的“一族一国”思想的挑战。

关键词：族体原则　民族统一　边界划分

在有关民族问题的研究中，族体（nationality）是一个经常被遮蔽和忽略的概念，由于在翻译过程中多被译为“民族”，因而在国内引发的关注较少。该术语多见于 19 世纪中叶至 20 世纪初中东欧民族主义运动的相关论说中，尤其用来指代那些处于君主制帝国统治之下、具有语言文化差异性的人民群体。“族体”概念的政治化和普及化始于 1850 年前后几个霸权国家对“族体原则”的宣传和应用：一方面，其蕴含的“族裔归属决定国家归属”的思想在欧洲大民族之间彼此划界的过程中多次充当评判原则；另一方面，其所蕴含的“以族体为单位建国”的思想在东欧资产阶级民族主义运动中发挥着主导作用，就像一些民族主义研究者指出的，该原则是 19 世

* 陈玉瑶，博士，中国社会科学院民族学的人类学研究所助理研究员。

纪下半叶东欧地区重新想象和改造政治空间的手段。[①] 因此，“族体”，尤其是以它为核心要义的“族体原则”是19世纪民族观念体系中的重要概念。马克思恩格斯曾多次撰文批判“族体原则”，列宁斯大林以及中东欧社会民主党人却不得不就“族体问题”进行回应和阐发。[②] 只有将“族体原则”的来龙去脉以及作用影响解释清楚，才能理解为何马克思主义创始人批判这一原则，而其后继者们又不得不阐释回应包括“族体问题”在内的“民族问题”。

一　“族体原则”的提出

“族体”一词源自德文的“nationalität”（复数形式为Nationalitäten），该词的创生年代不详，但在18～19世纪之交德意志文人笔下的出现频率突然增加，是18世纪德意志文人抵抗法兰西文化霸权的主要工具之一。其最初含义是指“民族特性”或“民族精神”。[③] 随着德意志浪漫主义思潮的外溢传播，欧洲其他文化也相继接纳了“nationalität”，并在自己的语言中创设了相应表达，比如法语中的“nationalité”，英语中的“nationality”。

后至19世纪中期，“nationalität”经历了一次含义转向，最初的“民族特性”或“民族精神”被实义化为具有某种“民族特性”的群体本身，即“族体”。在实际应用中，“族体”的使用频率并不低于“民族”（nation），尤其是在“族体原则”成为法兰西第二帝国的外交主张之后。具体来讲，“族体”常常用来指代欧洲那些规模更小的人民集体，比如居住于德法交界地带的阿尔萨斯人、奥地利帝国统治下的德意志人、马扎尔人、匈牙利人等，而中等规模的意大利人、希腊人和波兰人则时而被称为族体，时而被

① 参见〔英〕奥利弗·齐默《欧洲民族主义，1890－1940》，杨光译，北京大学出版社，2013，第85页。

② 例如马克思的抨击性文章《福格特先生》（1860年）；恩格斯题为《工人阶级同波兰有什么关系?》（1866）的系列文章；鲍威尔的专著《族体问题与社会民主党》（*The Question of Nationalities and Social Democracy*，1907）；此外，卢森堡的《民族问题》（*The National Question*，1909）、列宁的《关于民族问题的提纲》（1913）、斯大林的《论民族问题的提法》（1921）均多次提到了族体问题。

③ 参见〔德〕费里德里希·梅尼克《世界主义与民族国家》，孟钟捷译，上海三联出版社，2012，第117页，注释60。

视为民族。但像法国、德意志、俄国这样具有历史地位的强大国家的“民族”地位则是没有争议的。

既然“族体原则”是以“族体”为核心概念的，那么无疑就包含着诸如族体“优先”等凸显族体之重要性的理念。作为政治口号，其具体含义则会因不同场景而异。

现有资料显示，“族体原则”曾先后被奥地利政府、法兰西第二帝国政府和沙俄统治者提出过。马克思曾指出，奥地利政府早在 1848 ~ 1849 年就滥用过此一原则，目的是“借助塞尔维亚人、斯洛文尼亚人、克罗地亚人和瓦拉几亚人等等来绞杀马扎尔人和德国人的革命”。[①] 以匈牙利革命为例，由于匈牙利境内马扎尔人是主体，奥地利便一反常态地利用“族体”身份煽动匈牙利境内的非马扎尔人（克罗地亚人、罗马尼亚人、塞尔维亚人等）反对马扎尔人，从而达到遏制革命的目的。之所以说奥地利是“一反常态”，是因为“对于哈布斯堡王朝的统治者来说，‘忠君’（Kaisertreue）是对境内各个民族最重要的要求”[②]，对于“族体”“民族”概念，奥地利向来持否定态度。

然而在法国方面，“族体原则”却是一个可资利用的工具。1852 年，拿破仑三世（也称“小拿破仑”）通过政变建立法兰西第二帝国，并于 1856 年将“族体原则”确定为对外扩张政策的核心原则。

不久后，出于相同的领土目的，沙皇俄国也响应这个原则，以期扩大沙皇在巴尔干以及中欧各斯拉夫民族中的影响。但是鉴于沙俄帝国自身的多民族特点，尤其是在波兰问题上，沙皇对该原则始终是有所保留的。

相比之下，由于法兰西在“族体”问题上几乎没有负担（尽管阿尔萨斯地区后来还是引发了归属争端），因此成了输出“族体原则”的真正主力军。在法国的宣传中，“族体原则”的内涵包括两点：首先是那句意味着自由和解放的“人民有权决定自己命运”；其次是整个欧洲应该以族体为单位重新组建国家，如此才能实现和平。[③] 这样一来，“族体原则”既符合 1789

① 马克思：《福格特先生》，中国社会科学院民族学与人类学研究所民族理论室编《马克思主义经典作家民族问题文选·马克思恩格斯卷》上册，社会科学文献出版社，2015，第 508 页。

② 〔英〕休·希顿-沃森：《民族与国家——对民族起源于民族主义政治的探讨》，吴洪英、黄群译，中央民族大学出版社，2009，第 199 页。

③ 参见 Pierre Harmignie，“Note sur le principe des nationalités”，*Revue néo-scolastique de philosophie*，28e année，Deuxième série，no 9，1926，pp. 23-36。

年的大革命精神，也顺应19世纪以来欧洲各地民主革命的呼声，尤其是在1848年欧洲民主革命爆发的直接背景下。因此，拿破仑三世乐于强调："只有法兰西一个国家在为理想而战斗"，而这个理想的本质则是"以族体原则为借口扩充他的领土"。[①]

可以说，"族体原则"的提出是法国在整个欧洲展开积极外交（实质是对外侵略），扭转1815年后法国在欧洲事务中被动地位的一次主动出击。

二　"族体原则"的应用

（一）意大利统一与意法边界划分

"族体原则"于1856年被确立为帝国对外政策方针后，拿破仑三世立即将其应用在了意大利问题上。

意大利半岛虽然拥有相同的语言、风俗，但是19世纪中期以前却始终处于分裂状态。1815年维也纳会议后，半岛仍处于政权割据的状态，只是一些地区的归属发生了变化：最北端的两个国家——伦巴第（Lombardie）和瓦内提（Vénétie，即威尼斯）原来被法国吞并，维也纳会议后，这两个地区归属奥地利；余下的半岛地区包括三个中等国家和三个小国。三个中等国家分别是北方的萨丁王国（Etats sardes）、中部教皇国（Etats de l'église）和南方的双西西里王国（Royaume des Deux-Siciles）；三个小国分别是拥有自身传统和历史地位的托斯卡纳（Toscane），以及摩德纳公国（duché de Modène）和帕尔马公国（duché de Parme）。[②]"八国间彼此怀疑和敌视，八国居民之间互不了解也相互不喜欢"。[③]

因此，这个半岛虽然拥有相同的语言，却始终没有形成一个大的国家成为其代表。幸运的是，意大利并未永久地被排除在民族统一的趋势之外。

① Charles Barthélemy, *Le Deuxième Empire* (1848 - 1870), Paris, Librairie BLERIOT, 1889, p. 111.

② Fernand MOURRET, *Histoire générale de l' église*, *Première Partie* (1823 - 1878), Paris, LIBRAIRIE BLOUD ET GAY, 1928, p. 211.

③ 1955年10月30日纪念马志尼诞辰150周年演讲："Guisppe Mazzini grand apôtre de l' unité italienne et de l' idéal coopératif", *Revue des études Coopératives*, 1957, p. 2。

1849 年，萨丁王国成功完成资产阶级民主制度改革，成为半岛上唯一不受外国控制的君主立宪制国家。而其他国家则又恢复到 1848 年以前的状态：绝对君主制统治，同时还受外国监督。[①] 1852 年卡米洛·加富尔（Camillo Benso Conte Cavour，1810－1861）出任萨丁王国首相后，正式拉开了以撒丁为核心力量、以王朝战争为主要途径的意大利统一序幕。

尽管此前马志尼已经为意大利半岛的统一做了思想上的准备，但统一意大利的阻碍不仅是巨大的，而且不止一个。除了各国君主贵族的抵制，地方保守势力的反对外，最主要的障碍来自奥地利，“1820 年以来，奥地利只是依靠暴力，依靠对此起彼伏的起义进行镇压，依靠戒严的恐怖手段才统治住了意大利的。为了维持在意大利的统治，奥地利不得不采用比对普通犯人还要坏的办法对待自己的政治敌人，即每一个有民族意识的意大利人”。[②]“一旦最主要的障碍，奥地利被消除，其他障碍也就很容易地倒下了，大部分意大利的统一也就不远了”。[③]

在奥地利问题上，萨丁王国与拿破仑三世拥有一致立场。对法兰西来说，这一切都将会以确立不久的“族体原则”，即成全意大利的统一为名。拿破仑三世给法国人民的解释是：“这场战争的目的是把意大利还给它自己，不让它更换主人，而我们的边界上也有了一族友好的人民……”[④] 1858 年 7 月，在同加富尔的一次秘密会见中，拿破仑三世表示“已经做好准备为使意大利解放到亚德里亚海湾而战”[⑤]。当然，这种“帮助”是有条件的：法国出兵帮助萨丁王国将奥地利逐出伦巴底和瓦内提，而萨丁将把尼斯（Nice）和萨伏瓦（Savoie）地区割让给法国。

1859 年 5 月，法国向奥地利宣战。次年，伦巴第回归意大利。此时，尽管意大利还没有“解放到亚德里亚海湾”，拿破仑三世还是以“族体原

① 其中，托斯卡纳受奥地利人的间接控制，而在罗马，法国人的影响力较大。

② 恩格斯：《波河与莱茵河（节选）》，中国社会科学院民族学与人类学研究所民族理论室编《马克思主义经典作家民族问题文选·马克思恩格斯卷》上册，社会科学文献出版社，2015，第 463 页。

③ étienne TüRR, *Le congrès européen à Vienne*, Paris, Imprimerie Vallée, 1864, p. 9.

④ Charles Barthélemy, *Le Deuxième Empire*（*1848－1870*）, Paris, Librairie BLERIOT, 1889, p. 98.

⑤ Camille MIRROUX, L. BRUNETEAU, *Précis d' Histoire contemporaine*, Paris, Librairie ARMAND COLIN, 1920, p. 51.

则”的名义，在尼斯和萨伏瓦地区举行了全民公投，根据“人民的意愿”让这两个“许诺之地”提前回到了法国版图。意大利的回报则是小拿破仑默许帕尔马、摩德纳等几个小公国同样按照“人民的意愿”联合建省，与托斯卡纳共同加入萨丁王国，而他的原意其实是让这些小公国组成独立的联邦。

奥地利这一主要障碍一旦去除，整个半岛的统一就指日可待了。于是在法国的“慷慨相助”之后，余下的事就由意大利自己完成了：1866 年普奥战争中，意大利与普鲁士联盟，从奥地利手中夺回瓦内提；1870 年趁普法战争之际从法国人手中夺回罗马，让教皇永远地退居到了梵蒂冈。

意大利的统一，对所有渴望统一的欧洲民族无疑具有巨大的示范作用。而“族体原则”也由此成为民族统一建国和裁定国家边界方面一个名义上的新准则，这个准则不仅意味着像意大利这样的民族有统一建国的权利，而且还意味着像尼斯、萨伏瓦、帕尔马、摩德纳这样的小族体还有“根据人民的意愿”选择自己归属的权利。

小拿破仑以“族体原则”名义对意大利施以援手的举动，立即引起了国内著名记者、学者，同时也是政治运动活跃分子的阿道夫·梯也尔（Adolphe Thiers，1797－1877）的警告：“意大利统一的最大危险将会是引发德意志的统一”。[①] 而统一的德意志向来不符合法国的利益。

（二）德意志统一与普丹领土纠纷

像统一前的意大利半岛一样，德意志地区也长期处于分裂状态。所不同的是，德意志与意大利的地理疆域特点完全不同：意大利拥有天然而有限的疆界，而德意志没有天然地理屏障，其所包括的地区十分广泛。这是最让法国人忌惮的一点。因此早在维也纳会议上，法国就在努力阻止德意志实现统一。因此维也纳会议产生的只是一个松散的德意志联邦。

根据 1815 年签署的《德意志联邦条例》，虽然“德意志联邦”得以组建，然而其实质却是“邦联”。构成“联邦”的主体之间存在很大差异，主要包括 34 个君主国和 4 个自由城市。这 34 个君主国的规模地位不等，其中

① Victor SEM, *Quelques conséquences du principe des nationalités, ou Essai de critique politique*, Bruxelles, A. LACROIX, VERBOECKHO VEN ET Cie, 1868, p. 99.

包括 1 个帝国：奥地利；5 个王国：普鲁士、巴伐利亚、萨克森、汉诺威、符腾堡；1 个选侯国（尽管这时已不存在推选皇帝的问题）：黑森—卡塞尔；7 个大公国：巴登、黑森、梅克伦堡—施维林、卢森堡—利姆堡、奥尔登堡、萨克森—魏玛—爱森纳赫、梅克伦堡—施特莱利茨。此外还有 9 个公国（荷尔斯泰因—劳恩堡、拿骚等）、10 个侯国和 1 个伯爵领地。4 个自由市分别是：不来梅、汉堡、吕贝克和法兰克福。除此之外，联邦内还存在一些特殊情况，“其中有三个邦国由非德意志的君主统领，即英国国王代表汉诺威王国，丹麦国王代表荷尔斯坦因公国，尼德兰国王代表卢森堡大公国”。[①] 由于奥地利帝国是一个多民族帝国，所以只有它的德语区、波西米亚和摩拉维亚属于德意志联邦。

然而联邦远远不是自由主义者对德意志统一的要求，他们要的是超越联邦式的组合，在政治上建立一个足以同周边民族国家相抗衡的统一国家。实际上，各种各样的统一方案从维也纳会议以来就已经先后出现，[②] 但是自 1848 年以来，自由主义内部集中出现了两种声音：“一些人想拥戴普鲁士国王为德意志领导；另一些人则希望将最高领导的地位留给奥地利皇帝”。[③]

表面上看，1848 年革命似乎并没有对德意志的分裂状态和旧有格局造成太大冲击。“从政治上看，革命基本上是失败了，德意志联邦恢复了，各邦诸侯加强了反动统治；普奥争霸加剧；加上沙俄作为欧洲霸主对德国分裂状态所作的‘保证’，使统一远未实现。”[④]

然而就像意大利统一前夜一样，德意志走向统一的内部条件已经齐备：统一的呼声已经遍及各个邦国，统一势必也要历史性地由内部一个强大国家推动完成。但是与意大利不同的是，在统一前的时间关口，同时有两个强大政权并存：1848 年后经济迅速崛起的普鲁士和传统帝国奥地利。这也是自由主义出现意见分歧的关键所在。

普鲁士曾是波兰的附庸，早在 18 世纪末，就依靠瓜分波兰而强大起来。进入 19 世纪下半叶，由于在俾斯麦的领导下进行了有效的改革，军事上学

① 郑寅达：《德国史》，人民出版社，2014 年，第 188 页。

② 关于德意志民族主义者的统一构想，可参见郑寅达《德国史》，人民出版社，2014，第 191 页。

③ Camille MIRROUX，L. BRUNETEAU，*Précis d' Histoire contemporaine*，Paris，Librairie ARMAND COLIN，1920，pp. 54 – 55.

④ 丁建弘：《德国通史》，上海社会科学院出版社，2012，第 193 页。

习法国的先进体制，经济上取消了各邦国的关税壁垒，因而在德意志联邦诸国中迅速崛起，加之俾斯麦个人是统一的坚定支持者，民族统一的任务也就再无悬念地落到了普鲁士肩上。最终，相信只有“铁与血”才能实现德意志统一的俾斯麦通过王朝战争证明了他的信念。

德意志完成统一的最后阶段经历了三场连贯的战争。第一场是1864年的普丹战争，也称“公国之战”（Guerre des duchés），然后是1866年的普奥战争以及1870年的普法战争。

普丹战争实际上是联邦内的“特殊情况”埋下的隐患，即荷尔斯泰因（Holstein）和石勒苏益格（Sleswig）两公国的归属问题。“这两个地方在民族、语言和情感方面无疑都是德意志的，而从军事、海运和商业方面说，也是德国所需要的”[①]，但却由于历史原因被丹麦国王统治着。1863年，丹麦国王想要进一步加强自己在这两个地区的权力，战争的导火索由此点燃。

丹麦国王的单方面要求引起了德意志各邦的不满。这为普鲁士借机“收复”两地提供了契机。普鲁士社会党人拉萨尔，这个与俾斯麦齐名的“最具魄力的德意志人”[②]，在给后者的公函中写道：“如果拿破仑三世按照南方（即意大利——笔者）的民族主义对欧洲进行重新划分，我们在北方也理应如此。如果他要解放意大利，我们就要攻占什列斯维希（即石勒苏益格）……”[③]俾斯麦对此表示赞同。

于是普鲁士和奥地利这对“德意志兄弟”在1864年联手打败了丹麦，共同占领石勒苏益格与荷尔斯泰因两地。紧接着普鲁士又在1866年的普奥战争中击败了奥地利，完全收复了两地。奥地利从此退出德意志事务。原德意志联邦内的普奥二元结构解体，一半的德意志地区以普鲁士为核心组建了新的国家——北德意志联邦。

在德意志效仿意大利，进行收复失地的统一战争过程中，法国通过坚守“族体原则”对此采取不干预政策，在一定程度上间接帮助了德国的

① 恩格斯：《德国的革命和反革命（节选）》，中国社会科学院民族学与人类学研究所民族理论室编《马克思主义经典作家民族问题文选·马克思恩格斯卷》上册，社会科学文献出版社，2015，第287页。

② 〔德〕艾密尔·鲁特维克：《俾斯麦传》，文慧译，湖南人民出版社，2014，第161页。

③ 〔德〕艾密尔·鲁特维克：《俾斯麦传》，文慧译，湖南人民出版社，2014，第159～160页。

统一。

首先，自从丹麦危机出现后，具有类似问题的英国（英国国王代表着汉诺威王国）曾请求法国介入丹麦问题。而小拿破仑则以“族体原则”为由拒绝了英国。1864 年 1 月，法国政府在发给法国驻伦敦大使的电报中写道：“皇帝过去一直对各族体的感情与渴望倍加关切。不可否认的是，德意志人的民族感情与渴望正在打造他们彼此间及其与荷尔斯泰因—石勒苏益格的德意志人之间更加紧密的联合。对于所有想要强迫他拿起武器与德意志人的意愿作对的手段，皇帝都感到厌恶”。①“族体原则”在这里又被解释为“族裔”和“民族情感”的标准。

其次，1866～1867 年，由普奥战争引发了一系列事件，一度有可能点燃整个欧洲的战火。法国曾试图警告德国收手，但对方只是轻轻地讲了一句“族体原则”，法国就再也找不到理由反对了。②

但事实上，“族体原则”只不过是法国表面上保持中立的借口。早在普奥战争爆发前，俾斯麦就数次拜见过拿破仑三世，口头上以部分领土加以许诺，换来了小拿破仑在意大利与德国结盟共同反对奥地利这件事上的默许。就像恩格斯所说的，“他愿意帮助意大利和德国消除分割状态，但是有一个条件：德国和意大利向民族统一方面每前进一步，都要割让领土给他做报酬”③。

普奥战争后，俾斯麦并没有兑现承诺，而且新成立的北德意志联邦更是让法国人感到了切实的威胁。在北德方面，联邦建立后，南方仍然有四个邦国各自为政。它们“由于工业不如北部发达，资产阶级对形成全德统一市场、建立海军、夺取殖民地的要求并不强烈”④，并且由于它们地处北德与法国之间，始终指望以摇摆于德法两国从中获取好处为生。法国想要抑制德国崛起，德国则需要南北统一，两国之间的矛盾最终借助西班牙王

① Victor SEM, *Quelques conséquences du principe des nationalités, ou Essai de critique politique*, Bruxelles, A. LACROIX, VERBOECKHO VEN ET Cie, 1868, p. 106.

② 参见 Victor SEM, *Quelques conséquences du principe des nationalités, ou Essai de critique politique*, Bruxelles, A. LACROIX, VERBOECKHO VEN ET Cie, 1868, p. 107.

③ 恩格斯：《暴力在历史中的作用》，中国社会科学院民族学与人类学研究所民族理论室编《马克思主义经典作家民族问题文选 · 马克思恩格斯卷》下册，社会科学文献出版社，2015，第 504 页。

④ 郑寅达：《德国史》，人民出版社，2014，第 271 页。

位继承危机而爆发。正是通过普法战争（1870年），德意志走完了统一的最后一步：德意志胜利后，南方四邦接受俾斯麦的劝服，加入了新成立的德意志帝国。新成立的帝国由25个邦国和地区构成，除此之外还有一个直辖区，即阿尔萨斯—洛林。而奥地利地区尽管也讲德语，却由于其宗教、经济方面的差异而被排除在外。

三　“族体原则”的作用与后果

（一）帮助资产阶级建国

表面上看，“族体原则”在推动意大利和德意志建国和划界的过程中的确充当过名义上的理由，但它的主要作用，就像恩格斯所说，实际上在于博得了“整个开明的、为民族理想所振奋的资产阶级”异口同声的欢呼。[①]资产阶级之所以拥护“民族理想”（无论是以民族的名义，还是以族体的名义），是因为“民族”从法国大革命开始便与“民主”“平等”“自由”等进步理念捆绑在一起，被普遍认为是实现这些理念的政治场域。

除了资产阶级支持“族体原则”这件事外，还有一个不容否认的事实，就是资产阶级的社会政治地位在整个19世纪内在逐步提升，其影响力不仅见于经济领域，还包括借由公共舆论施加的政治影响力。比较而言，19世纪以前的国际政治还较少受到舆论影响，而只是外交官、军人等专业人员基于王室利益进行操作。然而正是从19世纪开始，国际交往原则逐渐转向国家利益至上，作为一种新生事物，“公共舆论的作用并不仅仅是作为被操纵的公共政策‘共鸣器’，而成为‘左右’外交政策的决定性力量”。[②]法国正是利用了“族体原则”所代表的进步性，骗取了资产阶级的支持，并由此成了所谓的“被压迫民族的保卫者”。

然而“族体”的确切含义是什么，其划分标准如何，却是小拿破仑故

① 参见恩格斯《暴力在历史中的作用》，中国社会科学院民族学与人类学研究所民族理论室编《马克思主义经典作家民族问题文选·马克思恩格斯卷》下册，社会科学文献出版社，2015，第504页。

② 〔德〕于尔根·奥斯特哈默：《世界的演变：19世纪史》（第Ⅱ卷），张朝晖、刘风译，社会科学文献出版社，2016，第764页。

意回避的问题。在具体问题上往往采用双重标准执行。“族体”概念源自德意志，本意就是强调语言、族裔等民族特点。依托于这一概念的“族体原则”实际上提出的是“语言边界与国家边界相一致”的民族国家想象。然而在尼斯—萨伏瓦的归属问题上，法国却避开语言标准，让居民通过全民投票决定归属。而在荷尔斯泰因—石勒苏益格归属争端中，“族体原则”又被法国解释为“族裔”标准：是德意志人的同族感情决定着荷—石两地人民应回到德意志，尽管实际上石勒苏益格只有一半人口是德意志人。

因此，在意大利和德意志问题上，无论是哪一种衡量标准，“族体原则”都没能推动建立严格意义上与语言边界相一致的民族国家。这是因为它是附着着霸权意志的外交原则，与真正的资产阶级民族主义运动还存在很大区别。如果按照资产阶级的民族统一意愿重构国家格局，那么意大利应该包括尼斯、萨伏瓦甚至梵蒂冈，而德意志的领土范围恐怕也要远远大于所谓“统一的德意志国家”，而不是排除了奥地利等德语地区的德国，即便后来的奥地利社会民主党领导人希望奥地利以自治邦身份加入新的德意志联邦共和国，也还是没能实现合并。[①] 可见资产阶级的民族国家意愿也要受制于当时的历史条件。然而不可否认的是，“族体原则”的确在客观上直接或间接地帮助了德意志和意大利的资产阶级建国运动。

尽管如此，这种结果也并不是霸权意志的本意，因为“族体原则”鼓动者的最终目的是要瓦解报复“大拿破仑的战胜者”——奥地利帝国。

（二）瓦解奥地利帝国

在 1815 年的维也纳会议上，“战胜大拿破仑的人”（俄、普、奥、英）瓜分了第一帝国靠武力征服形成的短暂而又庞大的版图。既然维也纳会议是法兰西第一帝国终结的标志，那么法兰西第二帝国的崛起必然意味着再度改写欧洲版图。而欧洲的实际条件也为小拿破仑提供了这样的机会：“在整个欧洲，没有一个大国境内不包括有一部分其他民族”。[②] 但是就像恩格

---

① 参见〔英〕G. D. H 柯尔《社会主义思想史（第四卷上册共产主义与社会民主主义 1914－1931）》，宋宁、周叶谦等译，商务印书馆，1990，第 218 页。

② 恩格斯：《波河与莱茵河（节选）》，中国社会科学院民族学与人类学研究所民族理论室编《马克思主义经典作家民族问题文选·马克思恩格斯卷》上册，社会科学文献，2015，第 464 页。

斯洞悉到的："战胜大拿破仑的人应受到惩罚，——但是，l'un après l'autre——一个挨着一个来"。[①] 首当其冲的，当然是奥地利，因为像意大利、德意志和匈牙利这样历史上已经清楚确定的民族，均处于哈布斯堡王朝的统治之下。

1863 年 11 月 5 日，拿破仑三世在一次公开讲话时提议，再召开一次欧洲维也纳会议。这一提议受到了几乎所有欧洲政权的欢迎，但却遭到了俄、普、奥的反对，英国则迟迟未予表态。在这些反对国中，奥地利被认为是"新维也纳会议"最坚定的反对者，因为"族体原则"一旦获胜，就意味着这个多民族帝国的生存将面临威胁。[②]

因此拿破仑利用"族体原则"帮助意大利和德意志实现统一建国，不仅可以满足自己的领土野心，也可以清除奥地利在西欧的政治影响力。实际上，意大利战争后，奥地利就已经无法再插手西欧事务，不得不将注意力转向东欧。1867 年，完成资产阶级改革的奥地利与匈牙利上层精英达成妥协，奥皇在布达佩斯被加冕为匈牙利皇帝，这一重大事件被西方历史学家称为奥匈的政治和解（compromis politique），奥匈帝国由此组建。但在民族问题上，统治者似乎没有任何改观。奥匈帝国"在巴尔干实行的政策越来越不负责任，其态度始终是在咄咄逼人和歇斯底里之间摇摆"[③]。

令小拿破仑没有想到的是，法兰西第二帝国在普法战争中被推翻了，他也就没能看到奥地利帝国的最终解体（一战后）。然而"族体原则"提出的"族体建国"愿景却并没有因其鼓吹者的倒台而销声匿迹，不仅如此，这一愿景还由于德国和意大利的独立建国以及奥地利注意力的东移而向东传导，成了语言文化结构更为丰富多样的东欧人民的斗争方向。

（三）影响东欧与巴尔干政治格局

族体观念的传播让族体成了与民族具有同等合法性的国际政治单元。到了 20 世纪初，"已建国的民族"与"尚未建国的族体"已经被列强国家

---

① 恩格斯：《暴力在历史中的作用》，中国社会科学院民族学与人类学研究所民族理论室编《马克思主义经典作家民族问题文选·马克思恩格斯卷》下册，社会科学文献出版社，2015，第 505 页。

② 参见 E. TURR, *Le congrès européen à Vienne*, Paris, Imprimerie Vallée, 1864, pp. 9 - 10。

③ 〔德〕于尔根·奥斯特哈默：《世界的演变：19 世纪史》（第Ⅱ卷），张朝晖、刘风译，社会科学文献出版社，2016，第 771 页。

认为是正确的人类聚居单位。这种认识尤其体现在一战后美国总统威尔逊的“十四点”原则（1918 年）上。

从文本内容上看，“十四点”同时使用了“民族”和“族体”两词。比如第 9 条：“意大利的疆界，必须依照明晰可辨的族体界线（lines of nationality）予以重新调整”；第 11 条：“巴尔干若干国家的相互关系，应按照历史上已经确立的政治归属和族体界限（lines of allegiance and nationality），通过友好协商加以决定……”。而“民族”则是指美国和欧洲资本主义强国，但是在行文中通常使用“自由民族”这一说法，比如第六条谈到解决俄国问题，“该解决方案应取得世界其它民族（the other nations of the world）最良好和最自由的合作”，要保证俄国“在自己选择的制度下，获得自由民族联盟（the society of free naions）的诚挚欢迎”。

如果说“十四点”原则只是美国一厢情愿的宣示，那么欧洲两个具有实际影响力的强国——英国和法国则在实际行动中实现了它们认为“合适”的政治格局重组：“在前奥匈帝国的庞大版图上，按照民族自决的原则进行的国家重组，使奥匈这个两元帝国土崩瓦解了。在这片前帝国的领土上，出现了一批新的民族国家，奥地利和匈牙利也是按照西欧民族主义原则建立起来的领土很小的民族国家”。[①] 而当时西欧的民族主义原则正是以单一民族（或族体）为建国单位的理念。

然而东欧和巴尔干地区在历史上的帝国争霸中早已由于民族迁徙而形成了各族人民互嵌杂居的格局。于是奥匈帝国解体后的那些继承国，多是以一个主要民族为核心建立的多民族国家。而在这些新民族国家划分边界的过程中，“族体原则”再次成了列强推崇的标准，比如，“在重新划分东欧与巴尔干地区边界的 1919－1920 年《和平条约》的商定过程中，协约国首先推崇的就是这类标准。正是依照这一原则，国联（SDN）才尝试通过组织大规模人员迁徙来保护‘少数人’权利，目的是在族裔－语言方面将新生国家‘同质化’。1923 年 1 月 30 日在洛桑（Lausanne）签署的《希土条约》也是出于这种目的，强迫定居在土耳其领土上的‘希腊’人民离开那里移居希腊，反过来在希腊那里也如是”。[②]

① 郝时远：《帝国霸权与巴尔干“火药桶”》，社会科学文献出版社，1999，第 135 页。

② 〔法〕热拉尔·诺瓦里埃尔：《国家、民族与移民》，陈玉瑶译，中国社会科学出版社，2017，第 92 页。

时至今日，“族体原则”的核心思想仍然能体现在国际边界纠纷上。比如近期，科索沃科索沃负责人哈希姆·塔奇与塞尔维亚总统亚历山大·武契奇对“边境调节”（即领土交换）计划达成了一致：将属于科索沃的北部塞尔维亚人聚居地区同属于塞尔维亚的阿尔巴尼亚人地区进行交换。[①] 如此一来，原本居住在“异质国”的两族人民就回到了族裔—语言方面同质的国家中。然而这种做法不仅没有征求两地区人民的意见，也将引发新的外部干预势力角逐。

（四）使“多民族国家”的建国理念总是受到“一族一国”思想的挑战

19 世纪的历史呈现的是多重主线交织的图景。资产阶级的民族主义理想与传统帝国的霸权主义压迫进行较量的同时，无产阶级作为独立的政治力量也登上了历史舞台。在 1848 年欧洲革命造成的复杂历史形势面前，“马克思恩格斯认为欧洲历史发展的主要障碍不是早已衰落、濒于崩溃的土耳其，也不是被民族矛盾弄得疲惫不堪的奥地利和从前是波兰的附庸、靠瓜分波兰而强大起来的普鲁士，而是凭借欧洲最强大的军队推行霸权主义政策的沙皇俄国”。[②] 因此，早在 1848 年，马克思就强调沙俄帝国是“欧洲反动势力的主要堡垒”，要求西欧工人政党要与俄国沙皇政府作殊死战。马克思主义创始人为无产阶级政党制定的这一国际战略，在十月革命以后随着苏维埃政权的建立和巩固而成功实现，西欧无产阶级政党的主要敌人沙俄帝国消失了。

还是在 1848 年，马克思恩格斯在《共产党宣言》中还为各国无产阶级设定了国内的战略目标，那就是“无产阶级首先必须取得政治统治，上升为民族的阶级，把自身组织成为民族”[③]。然而西欧无产阶级在这一层面却未能取得胜利，中欧地区意大利和德意志资产阶级民族国家的统一与建立，在客观上加强了欧洲的反动势力，妨碍了无产阶级用革命方式建立以本阶级为领导的民族国家。这就导致资产阶级意识形态的民族国家观，即以历

① “Balkan：Kouchner veut《bouger les frontières》”，*Le Monde*，le 7 septembre 2018.

② 刘祖熙：《马克思恩格斯和波兰民族解放运动》，郝时远、周竞红编《马克思主义研究论丛：民族和民族问题理论》，中央编译出版社，2008，第 132 ~ 133 页。

③ 马克思恩格斯：《共产党宣言》，人民出版社，2014，第 47 页。

史上形成的“民族”和“族体”为建国单位，即“一族一国”的观念占据了优势。

继沙俄和奥地利、奥斯曼帝国之后，西欧强大的资产阶级民族国家成了新的“反动势力的堡垒”。无论是东欧社会主义者，还是列宁、斯大林，他们必须不断表明自己在民族问题上的立场、不断阐释自己的“民族”思想，才能在资产阶级虚伪却又不失诱惑力的舆论攻势下保护好自己的胜利果实，宣传阐发根据自身历史条件创立的“多民族国家”建构思想，并围绕“民族”与“阶级”问题展开讨论。

因此，正是在列强利用“族体原则”和民族问题干涉中东欧地区政治格局的背景下，在马克思恩格斯著述中还不多见的“民族问题”，却成了其后继者们不可回避的话题。

结　语

从 19 世纪中期开始，“族体原则”在拿破仑三世的统治下得到了宣传和应用。在法国的外交宣示中，“族体原则”包含了两重理念：一是“人民有权决定自己命运”的民族解放理念；二是整个欧洲应以族体为单位进行政治格局重构。但在实际应用中，法国主要将其用来支持意大利的资产阶级建国以及大国间的边界纠纷问题。而拿破仑三世的最终目的是要瓦解奥地利帝国在欧洲的政治影响力。

然而，就该原则的实质而言，就像恩格斯指出的，“族体原则”实际上提出了两类问题，首先是有历史地位的大民族之间（如普奥）的分界线问题；其次是关于“那些民族的许多小残余”的独立的民族生存权利问题。[①] 法意之间尼斯—萨伏瓦的归属，以及普奥之间荷—石地区的归属，均属于分界线问题，这类问题主要集中在西欧地区。而东欧地区由于语言文化构成情况复杂，且长期处于帝国压迫，绝大多数人民的民族身份没有得到承认，因此则更多体现的是第二类问题，即以语言文化同一性为主要特点的各族体争取民族生存权的问题。因此才成为 19 世纪下半叶东欧地区重新想

① 参见恩格斯《工人阶级同波兰有什么关系?》，中国社会科学院民族学与人类学研究所民族理论室编《马克思主义经典作家民族问题文选·马克思恩格斯卷》上册，社会科学文献出版社，2015，第 532 页。

象和改造政治空间的手段。

从作用和后果来看，小拿破仑推行的“族体原则”在客观上对意大利和德意志的统一建国起到了帮助作用，而新成立的民族国家随即就迈入了“列强”行列，不仅在第一次世界大战后瓜分了敌对的传统帝国，也由于这一胜利而进一步巩固了资产阶级在本国的统治地位，进而让西欧和东欧的无产阶级政党都丧失了上升为民族统治阶级的机遇。资产阶级民族国家观念也随着政治局势的演变对中东欧巴尔干地区产生了很大影响，在那些地区，由于民族、族体构成的复杂多样，多民族特点本就是马克思主义后继者们不得不面对的问题，而资本主义阵营的“一族一国”思想更是由此不断挑战着社会主义“多民族国家”的建构理念。

泰国华人政治认同演变及参政历程研究

潘艳贤*

摘　要：在东南亚国家中，泰国华人与当地原住民的关系最为融洽，政治参与度最高。本文将从泰国华人政治认同的转变、政治权利的变化、参政的方式和特点三个方面来考察20世纪以来泰国华人参政状况，从而进一步考察泰国华人族群认同意识的演变情况。

关键词：泰国华人　政治认同　参政

泰国，全称泰王国（Thailand），原名暹罗①（Sayam），位于东南亚的中心，地处中南半岛中南部，东南临暹罗湾，西南濒安达曼海，东部与柬埔寨为邻，东北同老挝交界，西与西北毗连缅甸半岛，南端与马来西亚相连，地理位置极其重要。中泰两国自古关系密切，交往频繁。中国人向泰国移民的历史非常悠久，可追溯至宋元时期。延续至今，由于政治、经济和文化等因素的影响，泰华的国家认同早已经历了由祖籍国向所在国的转变，泰华的参政历程也随之跌宕起伏。总体而言，泰国华人的政治参与度之高非他国可比拟，不仅历史上不少泰华精英曾获当朝者封官授爵，被委以重任，如今的在泰华人更享有与泰人相同的公民权利，拥有同等的选举权与被选举权。二战后历届泰国政府中担任公职的华人不在少数，从警察、军人到议员、部长，甚至历任总理都不乏华人，这种现象在以非华人族群为主体民族的国家中可以说是独一无二的。本文试图从多个角度对泰国华人政治认同的演变及参政历程进行研究和分析。

---

* 潘艳贤，广西民族大学东盟学院助理研究员。

① 1949年5月11日，泰人用其族称改“暹罗”为“泰”。

一　泰国华社概况

（一）泰国华侨华人人口构成及数量

自古以来移居泰国的华侨华人以广东的潮州人最多，其余的还有海南人、客家人、广府人、广西人等。据泰国内政部2001年的统计，泰国华人中各方言群的比例如下：潮州56%、客家16%、海南12%、福建7%、广府7%、其他2%。十余年来该比例变化不大。其中人口最多的潮州人绝大部分居住在泰国中部，语言以潮州话为主，较好地传承了潮州原乡的文化形态和风俗习惯，又因泰国潮州人多数经商，在商业和贸易方面具有绝对的优势，潮州话一度成为曼谷的商业语言，其他方言群的华侨华人皆谙潮语，甚至大量潮州词汇被泰语吸收，成为当代泰语的一部分。这与东南亚其他国家的华侨华人社会有着很大的区别。

关于泰国华侨华人的人数，据统计，17世纪初，暹罗华侨尚不足3000人，而至暹王拉玛二世（1809－1824）时，在暹华侨大约44万，到拉玛三世（1824－1851）末期，在暹华侨人数突增至110万。[①] 早期中国移民由于多代与泰人通婚、经过数百年的繁衍生息，已经与泰人血脉交融，难分彼此，因此本文中的第一代华侨实际指的是19世纪末20世纪初的这批“新客”[②] 移民。至19世纪末20世纪初，华侨已经遍布暹罗各地，该时期也是中国人向泰国迁移人数最多、规模最大、影响最大的时期。主要是由于鸦片战争后，清政府开放了通商口岸，一时间闽粤等沿海地区出洋者甚众，暹罗由于地理位置及当地华侨的同乡连锁式移民网络效应等因素成为出洋谋生的主要目的地之一。20世纪初暹罗政府才开始正式记录出入境人口并对华侨人口进行统计。至1910年，暹罗的第一代华侨约80万人，如果加上子女约有150万人。[③] 20世纪五六十年代后，由于中国及华侨居住国的国情和国籍政策的改变，东南亚各国95%以上的华侨纷纷加入所在国国籍，东

① 朱杰勤：《东南亚华侨》，高等教育出版社，1990，第120页。

② 第二次世界大战前，大批中国人从福建、广东等沿海省份移居到南洋各国，这些新移民被称为“新客”，以区别出生在当地的土生华人。

③ 梁英明：《东南亚史》，人民出版社，2010，第177页。

南亚华侨社会逐渐向华人社会转变，泰国也不例外。据查尔斯·艾夫·凯斯估计，20世纪居住在泰国的华侨华人估计约600余万人（包括华侨21万余人），在泰国6000余万人中，约占1/10[①]。同时期泰国潮州会馆统计指出“一般估计，如果将有中国血统的华裔也算在内，那么在泰国的华人、华侨、华裔要占其人口的20%左右，约有1000万。”[②] 2002年，据海外华侨华人研究专家庄国土教授统计提出，估计泰国有华人近6450000人，占泰国总人口的8.6%[③]。2014年，又有最新研究认为泰国总人口中10%～14%的人有华人血统，有350万～800万人[④]。实际上，由于中国人移民泰国的历史悠久，其自然融合于泰国社会的时间之长、程度之高在东南亚国家乃至全世界都是绝无仅有的，华泰通婚非常普遍，如果将有中国血统的人都算为华人的话，根本无法进行统计。正如泰国国王拉玛七世于1927年3月视察华人学校时所言：“泰人血统与华人血统也已合而为一，密不可分。过去和现在正在任职的华裔血统高级官员为数众多，在泰国安家落户以致变成泰人的华裔也为数众多，就连朕本人也掺有华人血统。因此，泰人和华人相互交融、亲密相处已有悠久的历史。”[⑤]

（二）泰国官方对华侨华人的政策与态度

1932年以前泰国实行君主专制制度，历代泰国国王对中国移民采取的是与泰人相较平等的态度和融合政策，主要体现在鼓励中国移民在泰国安居乐业，并提倡中国移民与泰人通婚、融合。尤其是在1910年以前，由于对劳动力的需求及国家发展的需要，中国人移民泰国不受任何限制，华侨除享有与泰人同等的权利，还可免除各种兵役、徭役，且不受泰国“萨克

① 查尔斯·艾夫·凯斯：《政治泰国的种族》，转引自陈健民《泰国的华侨与华人》，《泰中学刊》，1999。

② 《泰国潮州会馆成立六十周年纪念特刊》，泰国潮州会馆，1998，第359页。

③ 庄国土：《略论东南亚华族的族群认同及其发展趋势》，《厦门大学学报》2002年第3期。

④ Lee H. Y. H.，“Losing Chinese as the First Language in Thailand”，Asian Social Science，10（2014）6：178.

⑤ 审理泰国历史及印制历史、考古文献资料委员会汇编《七世王圣谕汇编》，巴则·英塔詹蓬编辑，转引自《泰国及潮汕原籍的潮州人：第二时期，汕头港》，朱拉隆功大学亚洲研究所中国研究中心，1997，曼谷。

迪纳”制[①]的限制，可以自由经商。这段时期，华人与泰人和睦相处，关系融洽。泰国早期对中国移民的融合政策还表现在，泰国王室对有功之华人进行封爵授禄，委以重任。从素可泰王朝到曼谷王朝拉玛五世时期（1852－1910）[②]，不少华人受泰王重用，在朝中担任官职，有突出贡献的杰出华人能与泰人一样被授予爵位，晋升官职，甚至被赐予泰姓、泰名和泰国公民身份，较早地融入了泰国上层政治社会。除了拉玛六世时期和之外，这一政策为其后泰国历代国王所仿效并推行，直到今天仍被承袭下来。泰国历史上著名的五大帝之一吞武里大帝郑信就是华裔，其父为清雍正年间南渡暹罗的广东潮州澄海县人，母为暹罗女。郑信自幼接受传统泰式教育，长大后从政，大城王朝时期曾官居甘碧府府尹，封爵为披耶[③]。后郑信率部击退缅甸入侵，并建立吞武里王朝。由于郑信本身是潮州裔，且在挫败缅甸入侵的战斗中获得了潮州人的鼎力相助，因此吞武里王朝时期郑信不仅善待潮州人，给予他们“皇家华人”的特权，还大力支持中国的潮州人到暹罗谋生、定居。郑信的这一鼓励政策吸引了更多潮州人到暹罗，并自此形成了“泰国华侨社会以潮州帮为中心的社会形态”[④]。曼谷王朝时期，拉玛五世朱拉隆大帝功于1907年曾公开明确表示：“朕一贯主张在暹罗的华人和朕统治的国民应有相同的劳动和就业机会，朕不把他们看作外国人，而把他们视为这个王国的一个组成部分，分享它的繁荣和进步。”据笔者在泰国曼谷采访的一位泰国第三代华人黄先生回忆，其父曾常跟幼时的黄先生提起拉玛五世对暹罗的华人特别庇护。据说拉玛五世常常身着便装到唐人街或其他华人社区“微服私访”，视察泰人警察有没有威胁或勒索当地的华商。至今，泰国的王室成员仍频频驾访泰国各地唐人街。精通中文的泰国

① “萨克迪纳”制是泰国的封建等级制，又称食田制度，可直译为对稻田的权利。萨克迪纳制是本着土地王有的原则而建立的。1466年颁行的《文职官员土地占有法令》和《武官及地方官员土地占有法令》，对于全国的王族、各级文武官员（贵族）、王室各种扈从仆役以至所有的农奴和奴婢，详细规定了反映他们各自不同的社会地位和身分的级别。这种级别是以国王授田的等级为标志。它设置了关于土地使用权和人身依附的种种规定。

② 泰国历史上经历了四个朝代，分别是素可泰王朝（1238－1377）、大城王朝（1349－1767）、吞武里王朝（1767－1782）和曼谷王朝（公元1782年至今）。

③ 泰国贵族的爵衔按其级别的高低分为五等，即：昭披耶、披耶、帕、銮、坤，由国王赐予。

④ 市川信爱：《东南亚华侨的一个侧面研究——关于华侨“帮”问题的实地调查研究》，《南洋资料译丛》1981年第7期。

诗琳通公主用汉字为其父王拉玛九世普密蓬·阿杜德亲笔题字的“圣寿无疆”大牌坊一直巍峨矗立在曼谷“唐人街”耀华力路的入口，显示备受全泰崇敬的王室对华人的关心。这也是上百年来泰国王室善待华人的真实写照。因此，在泰国华人政治认同转变的历史过程中，泰国王室的作用非常重要，它是促使泰国华人较早实现政治认同转变的主要原因之一。

纵观中国人移民泰国的历史及泰国的华人政策，1910 年之前，自然融合既是中国移民融入泰国社会的主要方式，又是泰国社会接纳中国人民的传统，决定着泰国官方华人政策的基本走向。诚如前辈学者指出的，泰国的华人政策之所以获得成功，其根本原因在于“泰国对华人的同化政策与其说是同化不如说是实施一视同仁以达到民族和睦的政策，其实质是民族融合的政策”①。而在 1910 年之后，泰国官方出现了强制华侨同化的几个阶段，主要发生在拉玛六世时期及銮披汶·颂堪总理执政时期，对泰国华侨社会产生了巨大的影响。此后的历届政府都对华人延续推行温和的融合政策。

首先是拉玛六世在 1910 年至 1925 年执政时期，接连颁布了相关法令和政策，以加强对中国移民政治和文化上的泰化。1913 年暹罗颁布了第一部《国籍法》，规定凡是在暹罗出生者皆为泰人，拥有暹罗国籍，同时，对华人上层阶层仍延续赐爵封衔的做法，以号召他们心甘情愿地归顺王室；1918 年颁布实施了《民立学校条例》，1922 年又颁布实施了《强迫教育条例》，以便将华校划归至政府的监督和管辖范围内。拉玛六世时期出现强制华人同化的现象与当时暹罗出现的大规模中国人移民潮及中国国内的革命形势密切相关。一方面，随着 20 世纪初中国移民大规模地扩大，女性中国移民不断增加，改变了暹罗境内中国移民男多女少比例严重失调的局面，华人间的通婚也随之增多，大有代替华泰通婚之势，从而导致华人与当地人自然同化的进程延缓，引起了统治者的关注；另外，时值中国辛亥革命，中国民族主义运动开始兴起，东南亚华人的中华民族主义思潮随之兴起并日益强烈，与当时暹罗刚萌芽的泰族民族主义思潮发生了碰撞，拉玛六世出于自身民族和国家根本利益的考虑加强了对华人的同化。总体而言，拉玛六世所推行的同化政策是以国籍为依据而非种族，在一定程度上也有利于华人与当地主流社会的进一步融合。因此，此时期的泰化政策与之后銮披汶

① 许国栋：《泰国的“同化”政策》，《华侨华人历史研究》1994 年第 2 期。

·颂堪执政时期推行的带有种族主义色彩的华人政策又有着本质的不同。

1932年6月24日，暹罗发生军事政变，结束了自素可泰王朝以来沿袭了600多年的君主制统治，开启了君主立宪制政体，一大批曾受西方教育的人物登上了政治舞台，包括泰国现代史上著名的政治人物銮披汶·颂堪。銮披汶·颂堪除了在此次政变中发挥了重要作用，更曾任泰国第三任总理，在其1938~1944年、1948~1957年两度执政时期对华人采取了激进的民族主义同化政策。銮披汶·颂堪本身亦是华裔，祖姓吴，祖籍广东潮洲，他既是泰国第一位华人总理，又是泰国第一个大力推行沙文主义和泛泰民族主义的国家领袖。1939年6月24日，銮披汶·颂堪主导的暹罗国民议会将使用了13个世纪的古老国名“暹罗”改为“泰国”，“暹罗”源自梵语，意为“黄金”，而“泰”取自泰语“独立、自由”之意。随后銮披汶·颂堪及泰国的民族沙文主义者发起了“唯国主义运动”（亦称唯泰主义），提出了“大泰国”的口号，认为中国的傣族、越南的孟族、缅甸的掸族、老挝人的老族等都属于人种学上的泰族，计划在中南半岛建立一个强大的泰族资产阶级国家，把所谓3000万有泰族血统的人全都联合在“大泰国”之内。对此，銮披汶·颂堪声称：“通常而言，国家的名称都是以该国主体民族的名称命名的……我们是泰族……显然暹罗并不适合我们的民族……如果有（庞大数量的）移民定居我国，那么，或许千年之后，我们可能将无法再分辨暹罗究竟是泰人的，还是华人的，抑或是其他人的国家……”① 在意图建立“泰人的泰国”的“大泰族主义”思潮背景下，銮披汶政府采取了系列排华政策，主要包括：禁止中国人入境，以防止在泰华侨人数继续增加；禁止华侨从事多种职业，以限制华人的发展空间；在经济上实施经济民族主义，与华商夺取商业控制权，尤其是竞争石油、大米、食盐和烟草等重要行业，以打破华商垄断泰国商业的局面；颁布新的税收法令条款，要求所有外国人向政府支付外侨登记费，并向华人企业征收高额所得税，以限制华人企业的发展；在文化上，强制取消了少数民族语言报纸，华文报刊一度从10家减少到了1家，以削弱中国文化的影响力；在教育方面，关闭所有华校，强行普及泰语等，以阻隔华人与中国的文化联系，加速华人的泰华进程。銮披汶·颂堪甚至一度公开要求泰人不要与华人通婚。这

① 周方治：《王权·威权·金权——泰国政治现代化进程》，社会科学文献出版社，2011。

系列排华政策的实施也与20世纪三四十年代泰国的经济、政治局势密切相关。19世纪末20世纪初大批广东、福建等沿海省份的中国人移居到泰国谋生，相对于在泰国当地出生的土生华人，这些移民被称为新客。至第二次世界大战前，泰国已有大量新客华侨居住，形成了稳定的华侨社会。彼时的华侨保留着鲜明的中国文化特征，对中国仍保持着强烈的认同感，与中国家乡一直保持着密切的联系。1931年“九·一八事变”和1937年中日全面战争爆发，激起了东南亚华侨的爱国热情，在东南亚各国掀起了抗日救亡行动，包括泰国。泰国的华人组织了反日游行等活动，这与銮披汶·颂堪政府的亲日政策相违背，且被认为破坏了泰国作为中立国的国际形象。另外，当时泰国经济低迷，而华侨几乎垄断了泰国的商业经济，同时由于割舍不断的亲缘联系，华侨不断向中国家乡寄出大量侨批和金钱，被认为给泰国造成了巨大经济损失。这些因素导致了反华人活动的爆发。

銮披汶·颂堪身为华裔却认为“排华”是建设“泰人的泰国”最重要的前提，从一个侧面也反映了部分华裔经过多代在泰国的居住和繁衍生息，已经完全泰化。经过銮披汶·颂堪执政时期的排华风潮，泰国的华侨社会也发生了变化。受泰国政府“华人入口限额”移民限制政策的影响，中国大陆向泰国的移民活动渐趋停止。1951年底，泰国时任国务院长对记者说“今年华人入口限额已满，绝不增加，今后华人入口也将一概禁绝，惟来自台湾者则可考虑……问题是：今后来自中国大陆的华人人口将一概禁绝，这为前此所无”。① 至此，中国人向泰国移民的历史告一个段落。大多数泰国华侨及其后裔也日益清楚地认识到为了能在泰国长期地生活，并使自身权益能合法地得到泰国政府的保护，必须归化为泰国的公民。20世纪50年代，随着泰国国籍政策的改变，中国移民锐减，至1955年中国宣布不再承认双重国籍，鼓励华侨积极融入所在国社会，促使大部分华侨加入了泰国国籍，泰国华人的政治认同也逐步发生了改变，泰国华侨社会随之转变为华人社会。

二　泰国华人政治认同的转变历程

政治认同对于维系一个国家的公民共识起着决定性的作用。尽管族群

① 《潮州月报》,《华人入口限制》1951年第9期。

可能有政治、文化、阶级、社区等多元认同，但政治上的国家认同是诸认同中起支配作用者。相对于其他认同，国家认同具有强制性。这种强制性不但表现在作为个体的公民在政治上必须认同于国家，而且表现在国家能通过各种法规与强制力规范公民的政治、社区、经济和文化活动，贯彻主导政府的社会阶层或族群的意旨。① 同时，华人政治认同的指向对华人的政治权利、参政意识、族群认同以及融入泰国主流社会的程度等都会产生巨大的影响。

在华人政治（国家）认同的层面，以绝大部分华侨加入当地国籍为标志。②“国籍”是指一个人作为一个特定国家的成员而隶属于这个国家的一种法律上的身份，是确定公民资格的唯一条件。个人只有确定国籍才能享受该国享受宪法和法律所赋予的权利，并承担一定义务。同时，获得国籍的方式也会影响个人所享有的受国家保障的政治权利。通常国籍的取得主要有出生和入籍两种方式，即原始国籍和继有国籍。出生国籍即原始国籍，是指以出生的方式取得国籍，也就是说一个人在某国出生时即具有了某国法律赋予的国籍身份，包括三大类：一是血统原则，也叫血统主义；二是出生地原则，也叫出生地主义；三是混合原则，也叫混合主义，是将血统原则与出生地原则加以结合折中，然后赋予新出生者以国籍。继有国籍，是指一个人以申请入籍的方式取得某国的国籍。继有国籍的取得方式有因近亲属关系、婚姻关系、收养关系、经济关系取得等多种方式，如要获得继有国籍，必须符合该国入籍条件，并经过个人申请和政府批准的程序。

“华人是否属于外侨，在很大程度上取决于国家政策”。③ 在泰国华人政治认同转变的过程中，既有政治（政策）因素的作用，又有经济和文化因素的影响，但是政治因素无疑起着决定性作用，泰国华人政治认同的转变，是以20世纪50年代起华侨大规模加入泰国国籍为标志的。在东南亚国家中，泰国首先提升移民地位，而且提升得最彻底和深入④，可以说，泰国是

① 庄国土：《关于华人文化的内涵及与族群认同的关系》，《南洋问题研究》1999年第3期。

② 庄国土：《东南亚华人参政的特点和前景》，《当代亚太》2003年第9期。

③ 〔泰〕旺威帕·布鲁沙达那攀，《泰国的华人特性》，《东南亚社会学杂志》1995年第23卷第1期。

④ 王绵长：《战后泰国政府对华侨、华人的政策》，暨南大学东南亚研究所、广州华侨研究会编著《战后东南亚国家的华侨华人政策》，暨南大学出版社，1989，第97页。

东南亚国家中华侨归化为当地公民最为顺利的国家。对移民及其后代来说，要成为泰国的国民有两种方式，一种是因在泰国出生而取得泰国国籍，一种是通过申请入籍获得批准而取得泰国国籍。

1. 因出生而获得国籍

20 世纪以前，暹罗并没有国籍法，暹罗王室向来认定旅居暹罗的中国移民为臣民。1913 年，暹罗王国颁布第一部国籍法，遵循的是出生地主义与血统主义相结合的原则，规定可拥有暹罗国籍者为：（1）父为暹罗人，无论其出生地；（2）父无可考，母为暹罗人；（3）出生于暹罗者；（4）外国人依归化法取得暹罗国籍者。[①] 这项规定对出生于泰国的华侨后代影响最大，很大一部分人因为该规定自动成为泰国国民。这样就导致在泰国出现了华侨和第二代华人的区别，那些出生于当地的华人理论上获得了和泰国人同等的政治待遇。这部暹罗的国籍法之所以坚持出生地原则，主要是针对 1909 年中国清政府颁布的中国第一部国籍法。当时清政府的国籍法坚持的是血统主义原则，即只要有中国血统的就是中国国民。两部国籍法的实质是争夺华侨资源。

1939 年銮披汶执政时期和 1965 年他侬执政时期[②]，泰国政府先后修改过国籍法，但主要条文未变，依然遵循出生地主义与血统主义相结合的原则。其间，1946 年中泰互相妥协，建立外交关系，当时执政的“自由泰”政府以承认华侨的双重国籍换取中国的国际支持，争取避免泰国被划为战败国。中华人民共和国成立后，泰国政府在很长一段时间内与中国政府交恶，影响了其对华侨入籍的态度。泰国政府认为华人虽然隶属泰国国籍，但战后初期仍然亲近中国，会威胁到泰国国家的安全，只有在国籍上做出限制，才能真正消除这种危害。新中国成立后，泰国不断有华侨被驱逐出境，1951 年泰国政府甚至准备将所谓左倾亲共分子遣送到台湾。[③] 泰国政府排华政策是在冷战的国际环境下出台的，不仅敌视新中国，也使得在泰国的华侨华人深受其害。

1953 年，泰国銮披汶政府曾禁止在泰出生的华侨入籍，转而规定“出

① 谢犹荣：《暹罗国志》，曼谷南洋通讯社，1957，第 279 页。

② 他侬执政时期为 1963 ~ 1973 年。

③ 《南洋商报》1951 年 9 月 22 日。

生于泰国而其母为泰籍者，得为泰籍”[①]，另外还规定有双重国籍者可以放弃泰籍。但该禁令引起朝野反对，故施行不到一年就取消了。1956年泰国政府修改了国籍法，规定任何在泰国出生的人，自动取得泰国籍而不管其父亲是否为泰国人。1965年他侬执政时期颁布的“国籍条例”，继续保留了出生地主义的原则，规定在泰国境内出生的人属于泰国籍。[②] 此后赋予出生于泰国的华人原始国籍的规定一直都没有改变。

泰国从第一部国籍法开始以法律条文的形式赋予在泰国出生的人泰国国籍，战后虽有短暂的变化，但基本上使大部分在当地出生的华侨后代自动获得泰国国籍，并被承认是泰人的一分子。这既有利于华人在政治上逐渐认同泰国，对提升华人政治地位、社会地位也有一定的意义。

2. 通过申请获得国籍

通过申请获得泰国国籍主要是针对那些不在泰国出生的华侨而言。根据泰国国籍法，出生于泰国的华人自动获得泰国国籍，这些人是第二代及之后的华人，而且占相当大比例。第一代的华侨移民就只能通过申请入籍成为泰国国民。

1913年暹罗第一部国籍法规定外国人入籍条件为：品行端正、有固定职业的成年人；在暹罗连续居住10年以上且通晓教育部规定的泰语程度。[③] 外国人只要符合条件提出申请即可，条件十分宽容。此后直到銮披汶第二次执政[④]前申请入籍方面的规定一直沿用此项。銮披汶在第二次执政期间改变了申请入籍的条件，严格规定申请入籍者的资格，除了将申请入籍例费从原定的500泰铢增至4000泰铢外，还规定申请人必须能读、写泰文和讲泰语，必须填写二十项表格。[⑤] 第一代从中国移民到暹罗的华侨由于多是聚居，即便在暹罗居住多年，大多数人也只会日常交流用的泰语，基本上没有读和写泰文的能力，即便有的人能读写，能力也很差。复杂的入籍条件无疑直接影响了华侨的入籍。1955年中国取消了双重国籍政策[⑥]，提倡并鼓

① 温广益主编《二战后东南亚华侨华人史》，中山大学出版社，2000，第41~42页。

② 温广益主编《二战后东南亚华侨华人史》，中山大学出版社，2000，第41~42页。

③ 谢犹荣：《暹罗国志》，曼谷南洋通讯社，1957，第279页。

④ 1947年11月銮披汶在美国的支持下发动政变，翌年4月第二次执政。

⑤ 华侨问题研究会编《亚非地区华侨情况介绍》，1955，第113页。

⑥ 《中华人民共和国和泰王国关于建立外交关系的联合公报》，见中华人民共和国外交部编《中华人民共和国条约集》第22集，世界知识出版社，1982，第11页。

励华侨转变观念，积极融入当地主流社会，解除了泰国政府的顾虑。銮披汶政府为适应新的国际形势发展的需要，同时也是为了改善自身的政治形象，积极谋求与中国建立和发展友好关系。在此背景下，泰国政府转变了对华人的态度，重新恢复实行传统的融合政策，并于1956年修改了国籍法，放宽入籍的限制。其规定的入籍条件和一些优待有：（1）从申请入籍始，曾在泰国连续居住五年以上的，可以申请加入泰籍；（2）对泰国有特殊贡献的，可获先入泰籍的优待；（3）已入泰国籍父母的成年子女。[①] 此外，泰国政府取消了对第一代和第二代华侨在政治、经济上的歧视政策，致使华侨的入籍人数不断增加。同时，泰国政府还鼓励华侨与泰女结婚，凡与泰女结婚的华侨，可以获得入籍的方便。新的国籍法出台后的当年，就有6000多名华侨提出了入籍申请。1975年7月1日中泰建交后，为进一步解决华侨国籍问题，泰国政府于当年9月决定放宽华侨入籍的条件，规定：（1）每月收入在100美元以上；（2）能说泰语；（3）非政治犯；（4）取消须在泰国连续住满5年以上才可以申请入籍的限制。[②]

尽管泰国几次修改国籍法，放宽了入籍的限制，尤其是1975年以后，每年申请以及获得批准入籍的人数逐渐增加，但总的来看，二战后华侨入籍人数并不太多。据《泰国统计年鉴》的统计，1946～1949年只有114名华侨入籍[③]，而在高国麟（Coughlin）的统计中，1945～1949年申请入籍的有213人，其中核准36人。[④] 江白潮认为，1945～1979年有9077人通过申请入了泰籍，20世纪80年代入籍人数据估计有1万人。[⑤] 事实上，1949年新中国成立以后，泰国政府开始限制中国移民进入泰国，中国移民大大减少。[⑥] 到50年代后期，已经加入泰国籍的华人约占华侨华人总数的96%。至90年代初，尚未入籍的华侨只有26万人，而且日趋老龄化，50岁以上

① 高国麟：《泰国华人之双重身份》，香港大学出版社，1960，第174页。

② 戎扶天：《泰国华人同化问题研究》，李亦园、郭振羽主编《东南亚华人社会研究》下册，正中书局，1985，第46页。

③ 谢犹荣、江白潮编纂《泰国统计年鉴》，华侨文化事业出版社，1960，第32页。

④ 高国麟：《泰国华人之双重身份》，香港大学出版社，1960，第176页（Coughlin, *Double Identity: The Chinese in Modern Thailand*, Hong Kong University Press, 1960）。

⑤ 〔泰国〕江白潮：《二十泰国华侨人口初探》，《东南亚》1992年第4期。

⑥ 二战结束时，銮披汶政府曾经与中国政府签定了每年接纳1万名中国移民的协议。1949年后，泰国单方面废除这一协议，规定每年接纳移民限额不得超过200人。由于移民泰国的外国移民历来以中国人为主，故此项限制主要针对中国移民。

的占80%。[①] 随着入籍时间的推移，华人政治认同也逐渐从祖籍国中国逐渐转向了泰国，变“叶落归根”为“落地生根”。

现在，泰国政府采用政治民族理念，不再以血统、文化、宗教等为标准细分国内的种族或民族，对外侨在泰国繁衍的后代，其民族归属的规定，与中国、欧美或东南亚其他国家不同，并不尽以其原来民族的血统为归属基准，而是秉着泰人所生的子女都属泰族这一准则。因此，华侨在泰国生下来的子女，依照国籍法，他们都是泰国国民，民族则属于华族，即是华族泰籍人。但到了第三代，这些华族泰籍人所生的子女及其后裔，就是泰族泰籍人了。即是说，华侨入籍泰国，那么他的第二代，在法律上就不是华族之人而是泰族了。由此，从严格的政治法律角度看，现在的泰国社会实际上已不存在所谓的华人或华族，只有中国血统的泰籍泰人，即“华裔泰人”。至于中国血统的泰籍泰人的认定，由于泰国政府十多年前取消了血统记录，泰籍泰人原有血统的记录已无从查阅。所以，从政府的人口档案资料中根本无法得到准确的华人华裔人口数字，甚至无法获得估计数字的依据。泰国政府的这一举措，极大促进了华人的政治认同的改变。如今具有泰国国籍的华人华裔都自豪地称自己是泰国人，并按照泰国法律享有公民的合法权益，进入了主流社会，不仅活跃在泰国的经济领域而且积极参与泰国政治，不少华人华裔通过选举步入政坛，成为政府要人。据统计，1932 年以来泰国 34 届总理中，约有一半是华人。近十几年来的几任总理差瓦立、他信、沙马、阿披实、英拉等均有华裔血统，尤其是在他信内阁中约有 70% 以上的人有华裔血统。值得一提的是，泰国华人华裔并不是以泰籍华人或华族的法律身份参与泰国政治的，而是以泰籍泰人的法律身份组建政党、参加选举、走上政坛的。

我们还可以从对青年华人华裔的调查中了解现代泰国华人华裔的国家认同情况。按照泰国国籍法的出生地原则，出生在泰国的第三、四代青年华裔一出生就拥有泰国国籍，法律上的身份是泰籍泰人。笔者根据研究内容设置了抽样调查问卷，调查对象为泰国的曼谷、佛统、北榄坡、玛哈萨拉堪四个府 100 名学习中文的在校大学生（华裔大学生 60 名，非华裔大学生 40 名）。他们年龄都在 18 ~24 岁之间，其中的华裔大学生基本上是泰国

① 谢犹荣：《暹罗国志》，曼谷南洋通讯社，1957，第 279 页。

的第四代华裔。调查方法采用了问卷与观察、访谈相结合，定量分析与定性分析相结合的研究方法。重点考察、分析他们的华人意识，以及在诸认同中起支配作用的国家认同倾向。对非华裔大学生的调查则主要是考察他们对于泰国华人华裔的看法，即所谓的他族观。笔者在对华裔大学生所做的问卷调查中设置了三个问题：一是“您对您的国家的态度：a. 泰国是我真正的祖国；b. 泰国是我的第二故乡；c. 经商贸易之地；d. 其他”，其中96%的学生认为泰国是他们真正的祖国，3%的学生认为泰国是第二故乡，1%的学生认为泰国只是经商贸易之地。由此可见，泰国华裔青年在国家认同上基本认同泰国，把泰国当成是自己的祖国。二是“您对中国的态度：a. 祖国；b. 是一个普通的外国；c. 当作值得怀念的宗主国就行了；d. 仍当作是宗主国，有机会要常去拜访、探亲”。其中50%的学生把中国当作值得怀念的宗主国，35%的学生认为中国是他们的宗主国，有机会要常去拜访、探亲，12%的学生认为中国对他们来说只是一个普通的外国，3%的学生仍把中国当成祖国。调查访问的结果反映出泰国华裔青年普遍认同泰国是祖国，但是也都知道并承认自己的祖先来自中国，对祖籍国也有着一定的感情。三是“如果您的国家（泰国）发生社会骚动或遇到重大困难时，您将采取什么态度？a. 与当地人民一起克服困难；b. 出国避难；c. 移民到别国；d. 无所谓”。其中90%的学生选择了要和当地人民一起克服困难，3%的学生选择出国避难，2%的学生选择移民到国外，5%的学生表示无所谓。由此可见，大部分的华裔青年都会献出自己的力量与祖国共患难，说明了作为入籍国多元族群之一的华人族群与诸友族同甘共苦的“融入”意识与“承担”意识已经形成。

祖籍认同与华人身份认同密切相关，关注自己的祖籍渊源是华人意识的一个重要表现。调查发现这一批泰国华裔青年对自己的祖籍有相当的了解，大部分人都知道自己的祖籍地。有些学生还知道自己的父母亲各自不同的祖籍故乡。并且有28%的学生曾跟父母或其他长辈到过自己的祖籍故乡，他们对于自己的华人身份感到骄傲和自豪。这些意向显示出，泰国华裔青少年对所在国——泰国有着明确的国家认同意识和感情归属，同时也显示出他们对祖籍国中国有一定的亲近之情。他们在族群认同上则是指向自身族群的，既跟中华民族有着千丝万缕的联系但又自成一体的泰国华人族群。

华人华裔对泰国的政治认同不仅仅表现为办理入籍手续，实现法律身份的转换，而且在思想认识上也达到了理性的高度。泰国华人伍启芳女士撰文明确表态："虽然我们的祖先来自中国，但我们却生于斯，长于斯，且可能永远生活于斯，我们几乎已百分之一百归化为泰籍，所以我要崇敬泰皇，忠爱泰国及遵循泰国法律；并以保持和发展泰国文化为主，绝不崇洋媚外，如此才能融入泰国生活和社会，并将自己的成就回馈给泰国社会。"①她的这一观点也正代表了泰国华人的心声。

总之，泰国政府通过国籍法，使第二代华人自动获得泰国国籍，放宽华侨入籍条件，创造了有利于同化华人的政治大环境，从而把华侨从移民转变为国民，无形中提升了他们的社会地位。中国国籍政策的变化无疑也促使了华人在国籍上做出明确的选择，从而转变自己的政治认同，也促进了泰国华侨社会向华人族群的重大转变。

三　泰国华人政治权利的变化

泰国华人政治身份及政治认同的转变对其政治权利的变化产生了重要的作用。政治权利是族群和个体的根本权利，是经济利益的根本保障。泰国的华侨基本上加入当地国籍，成为当地公民，他们及他们的后裔在事实上是否享受到了公平的公民权利了呢？无论是因出生而获得，还是因入籍而获得泰国国籍，这只是华人社会地位、政治身份转变的第一步，华人取得与泰人同等的社会地位是一个更长的历史过程。

在銮披汶第一次执政时期曾有过泰籍华族人和泰籍泰族人的区别，这种区别对待的政策直接影响他们所享有的公民权利，华人的公民权利受到一定程度上的限制。第二次世界大战后泰国总体上朝各族平等的方向发展，但其间仍受到政治因素的干扰而出现起伏，华人的政治权利经历了一些变化。根据战后泰国政府对华人公民权利规定的变化，可以把其分为三个时期。

1. 严格限制阶段（二战后至1956年）

二战后"自由泰"政府执政时期②，由于政府采取放任政策，限制华人

① 伍启芳：《泰华妇女地位的演变与未来的展望》，《新世纪纪的展望》，泰国《世界日报》编印发行，2000，第14页。

② "自由泰"政府执政时期为1944～1947年。

公民权利的政策与措施也有所松动，但是这段时间比较短暂。銮披汶第二次执政时期，政府对已成为泰国公民的华人限制和歧视较多，包括限制华人参与政治活动、担任政府公职等。这段时期内，泰国政府陆续出台了一些政策，如：规定父为外侨者，不得享有选举权；无权购买土地；不得考进军官学校；自 1953 年起年满 20 岁时不必应征入伍；不得担任民校（包括华校）的校主、总经理或校长；以及"为了国家的权益，一般改隶泰籍者，如有危害国家民族安全的行为，可撤销其国籍，并无限期驱逐出境"。①

我们不难看出，銮披汶政府对父母为外侨的华人的公民权利的限制是出于政治上的考虑，害怕这部分人受父辈的影响而具有较强的中华民族主义思想，会有可能危害泰国国家民族的安全。而对同是公民的不同出生背景的华人采取区别对待的政策，则反映了种族因素、民族间的猜忌在特定时期仍然会对华人产生一定的副作用。

2. 反复改变阶段（1956～1975 年）

1956 年后，泰国政府对华人的态度出现了一些变化，大体上往宽容的趋势发展，泰国华人的政治、社会地位有了一定的改善，但这些政策并不稳定，经常有矛盾之处。1962 年泰国政府规定在泰国出生的华侨子女，依法应于年满 17 岁之日起 60 天内申领公民证。② 然而 1969 年却立法明确禁止泰籍华裔在 1969 年的选举中参与竞选及投票。③ 1973 年 12 月，泰国制宪委员会决议让在泰国出生、父母均为外侨的华裔，享受与泰人完全相同的政治权利，可以参加竞选议员，可以参加投票选举民代，不必受到泰文教育程度或曾服兵役等限制。④ 但是，在 1974 年底公布的《新宪法》中，依然把第一代和第二代华人区别开来。第一代华人享有泰国公民的选举权，却不能享有被选举权，只有第二代的华人，才能和真正的泰人一样，享有选

① 华侨问题研究会：《亚非地区华侨情况介绍》，1955，第 113 页；以及《华侨华人百科全书·法律条例政策卷》编辑委员会：《华侨华人百科全书·法律条例政策卷》，中国华侨出版社，2000，第 429 页。

② 《华侨华人百科全书·法律条例政策卷》，第 429 页。

③ 〔新加坡〕崔贵强：《泰国华人的同化问题》，陈碧笙选编《华侨华人问题论文集》，江西人民出版社，1989，第 449 页。

④ 王绵长：《战后泰国政府对华侨、华人的政策》，暨南大学东南亚研究所、广州华侨研究会编著《战后东南亚国家的华侨华人政策》，暨南人学出版社，1989，第 124 页。

举权和被选举权。[①] 另外，二者在就读军校和警校以及在政府、国家机关和公立医院等机构的升迁方面都会有所不同。[②]

尽管这段时间泰国政府对华人公民权利的法律与政策规定有反复，区别对待华人的政策仍然存在，但相对而言还是有所改善，这与20世纪50年代末以来泰国国家发展政策出现变化有一定关系。沙侬执政时期是泰国真正开始发展工业的时期，政府把以国家资本为主导的经济政策转变成以民间资本为主导的工业化政策。这种政策转变既需要华人参与，也使华人从中得益。40年代发展起来的华人企业家到六七十年代成为商业巨子，金融财阀和大型企业的经营者几乎都是华人。华人工商界要人和泰国政治家之间存在着一种共生关系，政治家需要华人经济力量作为自己权力的后盾，而华人则需要政治家提供保护。另外军人执政本身存在一个合法性的问题，在建立专制统治的同时也需要国内各种势力的认可，发展经济是稳定政权的主要途径之一。因此在全面奉行同化政策的思想指导下，原则上所有入籍的华人均被视为泰国公民，一体享受法律赋予的政治权利的意识逐渐被提出来，成为发展趋势。

3. 逐渐获得同等权利阶段（1975年以后）

1975年7月1日中泰正式建立外交关系，当年9月泰国国务院决定不仅放宽华人入籍的条件，并宣布华人入籍后，可以享受公民权，包括选举权和被选举权。1983年泰国议会通过了新选举法标志着华人真正享有了与泰人同等的权利。该新选举法规定，只要是合法的泰籍公民，包括加入泰籍的华人，均获得选举权和被选举权，享有同当地泰族公民一样的政治权利。80年代末泰国政府还解决了一部分在中国居住的泰籍华人的问题。1989年9月，泰国内阁会议正式同意准予这些华人暂时返泰居留和经营。[③]

泰国华人在1975年以后逐渐获得平等的公民权利很明显得益于泰国政治的民主化。从1973年学生运动以来，泰国政治开始向议会民主制转变。尽管过程非常缓慢，仍有军人上台执政，但“沙立—他侬”式专制政权不再出现。政府有意恢复一部分民主政治的措施，议会、宪法、选举一直有

---

① 王绵长：《战后泰国政府对华侨、华人的政策》，暨南大学东南亚研究所、广州华侨研究会编著《战后东南亚国家的华侨华人政策》，暨南人学出版社，1989，第124页。

② 廖小健：《泰国华侨华人政策评析》，《华侨华人与侨务》1995年第4期。

③ 广东华侨研究会：《侨情手册——泰国》，1991，第55页。

效运行。经受住 1991 年军事政变、1992 年军人干预政治的考验后，民主政治在泰国获得了进一步的发展。泰国政治民主化无疑有利于华人获得平等的公民权利。在民主竞选中，公民的投票是政党能否获选的关键，大小政党不得不重视在经济领域有杰出贡献的华人，也可以说政治民主化要求给予所有公民平等的公民权利，包括华人。

中泰关系的改善也对华人政治地位产生一定的影响。1975 年中泰建立外交关系，双方以联合公报的形式正式宣布不承认双重国籍，从外交层面解决了泰国长期以来担心无法控制华人效忠的问题。就华人本身而言，二战后华人经济力量上的强大无疑增长其政治上的自主性。到 70 年代中期第一代华侨已经逐渐老去，他们的影响力逐渐变得微弱。年青一代大都出生于泰国，接受泰式教育，他们不但政治上认同于泰国，文化上也很大程度上认同泰国文化，给予他们平等的公民权利实际上更有利于泰国国家的发展。①

针对华人参政的状况，笔者在调查问卷中设置了此题——“您觉得泰国政府对华人参政的限制多吗？a. 没有限制，华人和泰人一样作为泰国的公民可以自由参政；b. 只有一些限制，但是对华人参政影响不大；c. 有很大的限制，对华人参政影响很大；d. 不知道，不了解这个情况，无所谓”。其中觉得华人和泰人一样作为泰国的公民可以自由参政的占 90%；认为有一些限制，但是对华人参政影响不大的占 7%；表示对此不了解的占 3%。由此亦可反映出华人已经获得了与泰人同等的参政权利。

综上所述，泰国政府对华人的公民权利经历了从限制、逐步放宽到最后给予同等权利的演变过程，在这个过程中华人的社会地位因政策的转变也获得提升，同时也显示了泰国政治、经济、外交方面的因素在解决华人问题上的重大作用。

四 泰国华人参政的方式和特点

泰国华人公民权利的变化也极大地影响了其政治参与度。政治参与是

① 潘少红：《延续与提升：泰国华人社会地位的演变——战后至 20 世纪 90 年代》，《东南学术》2003 年第 2 期。

反映华人政治、社会地位的指标之一。政治参与方式一般有正式和非正式两种，前者包括选举、组党结社等，后者包括游说、向政府官员发表意见以及在法律规定范围内捐款等。

进入20世纪以后，泰国华人的政治活动日趋活跃，这主要受到中国国内政治斗争和革命运动的影响。中国的辛亥革命、北伐战争、国内革命战争、抗日战争和解放战争等历次革命斗争，都直接反映到泰华社会，华人对政治的真正关注也是从这一时期开始的。他们不仅在政治上日益关心祖籍国的发展，而且在思想上和行动上积极配合、积极参与和响应。尤其是辛亥革命时期，泰国华人大都抱着“国家兴亡，匹夫有责”的爱国思想，积极响应孙中山先生的革命号召，他们不仅在孙中山领导下先后组织成立了中国同盟会总支部、国民党海外支部和中华会馆等团体，还创办了华文报纸为孙中山先生的革命主张作宣传。他们积极捐款捐物不遗余力地从各方面支持革命。抗日战争时期，泰国华人在1910年成立的中华总商会的领导下组织了各种救国慰问团，这些华侨爱国进步团体积极开展抵制日货、募捐救国等抗日宣传活动，并组织和帮助华人青年回国直接参加抗日斗争。在泰国国内，华人不仅以怠工和罢工的方式破坏日本的军需生产和后勤供给，而且还与海外泰侨建立的泰国抗日民族组织——“自由泰”运动联合起来。同时积极参与当地的抗日义勇队和反日大同盟的反日斗争，从而与泰国人民一起汇成了一股巨大的抗日力量，共同抵御日本军国主义势力的南进，直至日本投降，中国抗战结束后才告一段落。1973年在泰国政治发展史上有其特殊的意义，学生运动直接促成军人政权的垮台，开启了泰国政治自由化与民主化的进程。此后虽然政治民主化进程步履艰辛，军人干预政治的情况时有发生，直到1992年五月事件迫使军人势力脱离政治，民主选举原则才得以遵循。在这一过程中，民众参与政治的理念和民主意识却由此得到传播。泰国政治形势的变化直接影响到华人参政，因此以1973年为分水岭考察泰国华人的政治参与情况是比较恰当的。

（一）1973年以前泰华参政历程

1. 官商联盟——非正式、间接的政治参与

官商联盟一直以来被认为是导致社会腐败的根源，但如果考虑到当时泰国政治状况及华人的处境，则应当认为这也是一种比较隐蔽的政治参与

方式。担任政府要职的文职或军人官僚们，把华商当作受其庇护的人，通过对政府的控制来取得发展经济各种政策的制定权，再通过政策的倾斜来反映和维护华商的经济要求和权益。作为回报，华商让政要们掌握一部分企业股权以确保经济发展的收益能变为官僚和军人统治者的私利。

这种权钱交换，正是在专制主义长期统治的社会条件下，在民主和法制尚不完善时，华商们不得不选择的一种非正式、间接的政治参与方式。

二战后泰国出现了“共产党威胁”的新因素，这成为政府推行排华政策的借口。华商为了自身经济利益，采取依附于政治权力集团，达到保护、发展自己企业的目的，通过这种途径也会使政治往有利于自身利益的方向发展，应该说这也是一种非正式的政治参与方式。很多华商依附于政治强人，经济利益是第一目的，政治意味并不浓厚，这只能算是一种间接参与方式。

2. 直接的政治参与

1973 年以前泰国政治独裁专制局面决定了华人参政空间非常小。虽有个别华人直接参与政治，但往往并不遵循民主途径，且只是个人行为，不具有代表性。在参政的少数华人中，有的以军人起家，如屏·春哈旺曾是陆军司令，他侬·吉滴卡宗是也是军人出身，后任泰国总理；有的因家族网络进而参与政治，如波特·沙拉辛因经营家族企业而与上层社会建立良好关系，进而活跃于政坛，1957 年曾出任临时内阁总理；云达军家族在泰政坛上也相当活跃，享有“部长家族”之盛名，其家族代表性人物天良是一位政治家、外交家，1932 年就曾任外交部部长，1952 年后一直任枢密院大臣，该家族其他人员也曾参与政治活动，如颂迈曾于 1972 年任财政部副部长。但泰国政府并不愿意华商过分介入政治，担心官商联盟进一步加剧泰人的不满，威胁到统治的基础，因此商人政治参与的空间非常小。

1965～1966 年泰国内阁 19 名阁员中，中泰混血儿占 12 名，其中包括总理他侬·吉滴卡宗、国家发展部部长朴·沙拉信等。① 此外还有部分华人通过参加竞选成为议员或担任公职，其中一些人出任政界职务的时间很长，可能一直延续到 90 年代。但活跃在政坛上的华人并不彰显自身华人特性，反而以泰人的姿态出现。1965 年，国务院官邸秘书长沙永在答记者问时表

① 崔贵强：《泰国华人的同化问题》，崔贵强、古鸿廷：《东南亚华人问题之研究》，新加坡教育出版社，1979，第 94 页。

示，“在政界中，我们好些大人物并非真正的泰人，但是他们比起某些泰人还更加热爱泰国”[①]。由于他们都是中泰混血儿，且其参政历程非一般人可以比拟，把之当作华人参政的样板并不太恰当。但这反映了在讨论泰国华人政治参与问题时所面临的困境，即由于泰国华人与泰人融合程度很高，无法对华人政治参与者的民族身份做出明确的界定。

总的来说，这一时期虽然华人在政治上有所发展，有华人直接参与政治活动和担任政府公职，参加或组织政党，但在专制政府统治下，实际上参政的空间非常小，其自主性也相当有限。部分华人参政者从 70 年代中期以后才有比较大的发展。

（二）1973 年以后泰华参政历程

1973 年后，华人的政治表现越来越活跃，积极参与泰国政治生活，并在其中扮演重要角色，无论是作为一个群体还是作为个人都是不可忽视的政治力量。在大选中华人成为各政党的争取对象，政治参与者的华族身份的敏感程度也明显降低。

1. 华人华裔参与管理国家事务

由于大多数华人较好地融合于当地社会，与泰人一样享受政治权利，不少人成为政府的官员，参与国家管理，因此在泰国政坛上一直都有华人政治家。尤其是 70 年代后，在这种宽松的政治环境下涌现出了大批的华人政治家。在泰国宪法中，由于未特别注明担任泰国总理者必须为泰国原居民或于泰国出生，而是强调一定要是泰国永久居民，所以泰国的首相自銮披汶·颂堪起，无论出身文武，几乎就任首相者皆为华裔泰国人或有华裔血统。相反，泰国原居民出身的总理不足 5 位。众多华裔总理的出现表明了泰国华人可平等地参与管理国家事务。

1983 年大选后的泰国政府中，4 位副国务院长中有 2 人是华裔，7 位国务院事务部长中有 2 人是华裔，部长和部长助理中有 7 人是华裔。在 1986 年泰国大选中，有 86 位华裔子弟被选为众议员，成为 347 席众议院中最大的团体。[②] 1989 年国王任命的由 94 人组成的参议院中有 20 人为泰籍华裔。[③]

① 《泰国政府官员关于华侨问题的谈话》，《南洋问题资料译丛》1965 年第 2 期。

② 陈慧松：《泰国的潮州人》，《华人》1987 年第 4 期。

③ 林荣：《泰国善待华裔华文新经验》，《华人月刊》1989 年第 7 期。

1991 年泰国人民代表（议员）共 357 人，其中华裔近百人，内阁成员 44 人，有华人血统的占一半以上，包括担任总理的差猜和多位副总理、部长、助理部长在内，担任内阁总理顾问或各部部长顾问的华人为数更多。[①] 70 年代以后华人在政治上越来越活跃，首先是得益于泰国国内政治的发展，其次是华人自身经济力量的增长，最后是中泰关系的缓和。无疑国内民主政治的发展和国际关系的发展为华人提供了更广阔参与政治的空间。

温和的融合政策，较为宽松的入籍政策，基本上一视同仁的政治待遇，使得华人能够较好地融入当地，泰人和华人之间的区别并不泾渭分明。泰国历史上曾出现过由华裔领导的王朝——郑信王朝，一些华人直接参与政治，管理国家事务。这种历史传统与融合政策也会对泰国华人的政治参与产生一定的影响。

总而言之，战后一段时期内，泰国采取严厉的反共措施，华人的政治权利受到限制，政治参与的空间非常小。随着泰国政治民主化发展以及民众民主意识的提高，华人积极参与政治，反映了作为泰国民族的一部分，华人逐渐获得政治上比较平等的权利。

2. 华人资产阶级成为泰国各政党的支持者

在专制独裁时期，华人资产阶级依附于政治权力集团，以保护自身经济力量。然而，70 年代后，越来越多企业家参与政治事务，他们或亲自参加竞选，或资助、支持某一政党及候选人，从而在各级政治决策中产生影响。泰国曾有学者指出，“尽管发生了 1973 年 10 月 14 日事件（许多学生要求所有泰国人参与国家的管理，该事件摧毁了在泰国军方、政治领导人和华人资本家之间的社会契约），但该事件却导致了资本家的迅速增长。当前存在这样一种趋势，即资本家通过参与政治活动来获得更大的势力”[②]。

企业家通过选举和资助政党直接参与议会、内阁，80 年代后三大政党泰国党、社会行动党和民主党越来越为大企业集团所控制。这是正式参与政治的方式，黄闻波、班汉、他信等就是这种政治参与方式的典型。至于非正式参与政治，即通过各种商会成为政府决策的压力团体，更大程度地影响国家政策的方向。从 70 年代起政府不得不向企业团体征求意见，证明

① 林金枝：《战后海外华侨华人的变化及其特点》，《华侨大学学报》1993 年第 3 期；另参阅江白潮《对泰国华侨华人现状的探讨》，《东南亚》1991 年第 2 期。

② 旺威帕·布鲁沙达那攀：《泰国的华人特性》，《南洋资料译丛》1997 年第 4 期。

了压力团体在国家政治中的地位日益重要。

结　论

经过二战后几十年的演变，泰华早已完成政治认同的转向，年青一代华裔出生于泰国，在政治甚至文化上都认同于泰国。泰国的法律、政策也平等对待华人，随着泰国政治民主化进程的展开，华人政治参与意识和要求民主的呼声越来越高。华人中产阶级的兴起及其对政治参与的兴趣就是一个例子。城市中产阶级的兴起是泰国经济发展的产物，在以往历次政治运动中他们大都冷漠以对，但在 1992 年 5 月抗议示威运动中他们首次敢于发表自己的政治意见，是该次运动的主要支持者。[①]

华人政治认同的转变以及华人积极参政无疑有助于促进华人与当地民族的融合与团结，加速多元民族、多元文化的社会和国家的形成。在同一国家中，不同的文化背景的不同民族，皆享有平等的政治权利，这是形成社会政治环境安定的必要条件。而社会政治环境的安定，则是经济迅速发展的必要条件。作为不同的组成者，主流社会不应再将少数民族群体或族群看作一种必然的危险，更不应再对传统界定的成员资格与参与观念保持敌意。泰国之所以在 1997 年金融危机之前，连续多年保持两位数的经济增长率，跟国内保持政治稳定，没有像某些东南亚国家出现“反华”“排华”逆流的干扰有很大的关系。而进入 21 世纪以后，泰国发生多次政变，政局更迭频繁，先后经历了八任政府，但从未发生过排华事件，且泰国历任政府与中国皆保持友好往来和合作的密切关系，这与泰国政府对华人的政策和态度，以及华人深深融入泰国主流社会密切相关。

① 龚宜君：《发展中的东南亚中产阶级：对马来西亚、印尼、泰国与菲律宾中产阶级形成之评价》，中国台湾：全球化下的东南亚（会议），1998。

学术史与研究动态

潘光旦位育理念概述

刘　奇　龚永辉*

摘　要：“位育”理念由潘光旦先生首倡，其意在寻求中华民族的安所遂生之道。本文从位育理念的提出背景、位育理念的生成轨迹、位育理念的内涵、位育理念的社会继承等四个方面，介绍潘光旦先生的位育思想，以图为新时代的中华民族共有家园建设提供支持。

关键词：潘光旦　位育理念　安所遂生

潘光旦先生1899年出生于江苏省宝山县罗店镇，是我国20世纪著名的生物学家、教育家和社会学家。潘先生一生涉猎广博、成就巨大、贡献颇丰。在潘先生的学术宝库里，最具特色的是以中国传统儒家经典为基础，贯通中西人文精神，借用现代生物学理论思维提出的“位育”理念。“位育”理念源于《中庸》“天地位”“万物育”的中和境界，取其“安所遂生”之意：万物处在其正当的位置或者合理的位置上，各安其位、秩序井然，各遂其生、与日俱进。

一　位育理念的提出背景

在西方国家用坚船利炮轰开中国大门之后，从天朝上国迷梦中惊醒的国人在西学东渐的背景下开启了对中国社会反思与求索之路。在世界文化视野中进行中国文化分析的中国学者，自觉不自觉都会以西方列强为参照系。随着中西文化的融合互动与比较选择，国人关于中国与世界的认知发

* 刘奇，广西民族大学研究生；龚永辉，广西民族大学教授。

生根本转折。

晚清时期在西方强势文化的冲击下，中国人不再故步自封，开始直面中国文化的真实存在。“士”的地位转化，是这一时期国人对世界认知转变的重要标志。在中国传统社会，“士”处于绝对中心地位。传统中国的“士”为四民之首，在政治上和文化上都享有巨大权力。在两次鸦片战争以后，中国封闭的国门被外力强行打开，中国的社会结构开始发生转变，古老的中国进入了李鸿章所说的“三千年未有之变局”。这一时期，中国开始遭受到欧风美雨的侵袭，士大夫阶层在整个社会中的绝对地位也开始发生转变，部分士大夫开始睁眼看世界，了解和学习西方的先进文化，逐步完成了由传统的“士”向近代知识分子的转变。

到了五四新文化运动时期，知识分子精英一方面提倡民主与科学精神，另一方面对中国传统文化展开了猛烈批判。这表明，中国人对于救国救民道路的选择已经由洋务运动的器物层次、维新变法的制度层次逐渐深入到决定社会变革的思想文化层次。在这个过程中，中国知识精英群体在文化价值观上不再一味褊狭，认为中国文化与西方文化不会必然相互冲突，于是站在了更宽广的世界主义的角度上来认识异质文化，主张兼容并包。

20 世纪三四十年代，中国社会依旧内忧外患。中国知识分子对于世界的认识更加深入，在不断接触西方文化过程中，中国本位文化自觉产生。这一时期的知识分子更加关注中国社会的“自我认识”问题，开始思考“何谓中国社会”“如何改造中国社会”。

当学术界开始由西方中心观转向中国中心观，试图以自我的眼光来看待中国自身发展的时候，很多学者都提出了关于中国社会的独特的看法。其中的代表性思想，就是致力于寻求中华民族安所遂生之道的“位育”理念。

二　位育理念的生成轨迹

潘光旦在 1921 年至 1945 年发表了一系列阐释位育的文章，力图把人类文明中的中国和西方的认识贯通起来，把自然科学和社会科学的概念联系起来，并运用到实际生活中去解释和解决问题。这其中所涉及的领域很宽，接触的问题也很多，但都是社会生活和社会学人类学学科中的根本问题，如家庭、人口、教育、民族、精神文明建设等，小到每一个人的位育，大到整个民族的位育，完整体现了位育理念的生成轨迹。借助于潘乃谷先生对于潘光旦论述位育的文章梳理，我们将位育的生成轨迹划分为四个阶段。

（一）位育理念的草创

1926～1933 年，潘光旦在上海地区各大学任教，所讲授课程有心理学、优生学、进化论、遗传学、家庭问题等。他在这一时期所发表的论著中涉及“位育”的论述，侧重从生物学观点联系中国传统文化观念，阐述社会位育的概念，这一时期可以称为位育理念的草创阶段。

1926 年潘光旦写了《生物学观点下的孔门社会哲学》，文章发掘了孔门哲学思想，并结合社会生物学进行比较研究提出了社会位育概念，即：“西文 Social adjustment 为‘社会位育’。安所遂生适与生物学家研究生态学（e-cology）后所得之综合观念相吻合无间。”①

1930 年在《尚同与尚异》一文进一步阐释的社会位育思想：“社会的位育有两方面：一方面是位，即是秩序，秩序的根据是社会分子间相当的‘同’；一方面是育，即是进步，进步的根据是社会分子间适当的‘异’。‘同’而过当，社会生活便日趋保守，甚至于腐朽以死；‘异’而逾量，社会生活的重心不定，甚至消失，演成一种无政府的状态，二者都是不相宜的。为社会秩序计，‘同’非不可欲，然而不宜‘尚’，中国史实早已昭示于我们了。为社会进步计，‘异’当然可欲，然窃以为也不宜‘尚’，尚则也不免有流弊。”②

1932 年，潘光旦在其创办《华年》周刊第 2 期发表了《位育?》一文，对位育现象做了解释：“‘位育’，不错，是一个新名词，但却是一个旧观念……西洋自演化论出，才明了生物界所谓 adaptation 或 adjustment 的现象。我们很早（好像是跟了日本人）把他译做‘适应’或‘顺应’。适应的现象有两方面：一是静的，指生物在环境里所处的地位；二是动的，指生物自身的发育。地位和发育的缩写，便是‘位育’。生物，尤其是进入文化的人类，尤其是今日适当中西新旧之冲的中国青年，往往有不能安其位不能

① 潘光旦：《生物学观点下的孔门社会哲学》，《潘光旦文集》第 8 卷，北京大学出版社，2000，第 133 页。

② 潘光旦：《尚同与尚异》，《潘光旦文集》第 2 卷，北京大学出版社，2000，第 64 页。

遂其生的，这种现象以前叫做‘顺应失当’，如今我们叫做‘位育失当’。”①

1933年，潘光旦先生到金山中学以“忘本的教育”为题做讲演，提出位育的背景：“所位与所由育的背景，当然是环境，环境可分为二：一是体内的环境，一是体外的环境。体外的环境，就人而论，又可分为两种：一是横亘空间的物质的环境，二是纵贯时间的文化的环境。”②

（二）位育理念的发展

潘光旦1934年开始受聘在清华大学社会学系任教，除讲授优生学、家庭问题等课外，逐步开设西洋社会思想史、中国儒家社会思想等课程。自日本帝国主义发动侵华战争后，知识界对民族的前途命运十分关切，有很多的论争。潘光旦先生对于中华民族的前途和命运十分关心，在“民族”这个很广泛的题目上发表过不少文稿。1934～1936年，可以称为潘光旦位育理念的发展阶段，他在这个阶段主要是针对民族复兴问题谈论位育。

1935年潘光旦在燕京大学社会学会做题为“当前民族问题的另一种说法”的演讲。他认为当时救国、寻出路与复兴运动的种种论点和做法“纷乱、反复、浮躁”③，认为这是因为“根本没有把问题看清楚，也没有把问题说清楚”④，因此导致了“把一个囫囵的问题，割成许多零块，把一个很有余地的问题，看作非常狭窄，以至于窄得走投无路”⑤。针对这种思想混乱的状况，他提出了“民族位育”的问题：“这个囫囵的问题是什么？……它是一个民族位育的问题。‘位育’是一个生物的社会学的概念，后来社会学家也采用了这个概念。这些学说的最大目的就在帮助人类在社会环境中的位育。”⑥

---

① 潘光旦：《位育？》，《潘光旦文集》第8卷，北京大学出版社，2000，第439页。

② 潘光旦：《忘本的教育》，《潘光旦文集》第8卷，北京大学出版社，2000，第554页。

③ 潘光旦：《当前民族问题的另一种说法》，《潘光旦文集》第9卷，北京大学出版社，2000，第46页。

④ 潘光旦：《当前民族问题的另一种说法》，《潘光旦文集》第9卷，北京大学出版社，2000，第46页。

⑤ 潘光旦：《当前民族问题的另一种说法》，《潘光旦文集》第9卷，北京大学出版社，2000，第47页。

⑥ 潘光旦：《当前民族问题的另一种说法》，《潘光旦文集》（第9卷），北京大学出版社，2000，第47页。

1936年潘光旦针对究竟什么是民族复兴的中心问题继续阐释其“民族位育”的思想，题目是《民族的根本问题》。他重申：“我以为民族复兴的中心问题是：在扰攘的二十世纪的国际环境之内，在二三千年来闭关文化的惰性的拖累之下，我们的民族怎样寻求一个‘位育’之道。约言之，民族复兴的中心问题是：民族位育。”“民族的根本问题或中心问题就是：怎样在上文所说的环境之内、背景之前，求一个所以安所遂生之道。安所，属于生活的静的方面，换言之，就是民族秩序的维持。遂生，属于生活的动的方面，换言之，就是民族进步的取得。”①

同年，潘光旦先生把他在七八年间翻译和自著的三十多篇文稿，辑成了一个比较完整的文集《民族特性与民族卫生》。在这本书中潘光旦先生用生物学理论的眼光来看民族复兴问题，认为一个民族先有了一个比较稳固的生物基础，才能发展，而这一点恰恰是为时人所忽略的。他在此书中提出了位育的能力问题，认为一个真正健全的民族可以分能力与意志两层来说。能力一层，积极方面属于心理与智力的方面，是一个民族创造文化的力量；而消极方面属于生理与体力的方面，主要看适应自然环境的能力。一个民族应有的意志也有两部分，一是民族生存与团结的意识，二是民族维持与发展的企求。② 他在具体分析了能力和意志所包含的内容后，指出：“积极的创造力与消极的顺应力合在一起，再加上民族团结与发展的意志，又可以叫做位育的能力，一个健康无病的民族便是位育能力没有欠缺的民族。”③

（三）位育理念的深化

1937年“七七事变”后，潘光旦随清华大学南迁到昆明，在西南联大社会学系任教。1937～1941年这一段时期的著述，着重从理论阐明位育是西方演化论里最重要的一个概念，同时位育也是中国传统思想里最重要的一个部分。这一时期，可以称为潘光旦位育思想的深化阶段。

---

① 潘光旦：《民族的根本问题》，《潘光旦文集》第9卷，北京大学出版社，2000，第239页。

② 潘光旦：《民族特性与民族卫生》，《寻求中国人位育之道》，国际文化出版公司，1997，第371～373页。

③ 潘光旦：《民族特性与民族卫生》，《寻求中国人位育之道》，国际文化出版公司，1997，第373页。

在《演化论与几个当代的问题》一文中，潘光旦更深入和全面地阐述了位育的概念，并把它运用到了当时的国际大环境中。他指出：“位育是演化论里最重要的一个概念，也是中国旧有思想里很重要的一部分。《易经》的哲学里，最基本的一个概念是位：一部《左传》里有过不少次关于土宜的话。我们以往的错误，也许是过于重视了静的位，而忽略了动的育。如今演化论的思想，一面固然可以和位育的思想联系起来，一面更可以补正以前错误的不足。”[①] 他还说：“位育是一切有机与超有机物体的企求。位育是两方面的事，环境是一事，物体又是一事，位育就等于二事间的一个协调。世间没有能把环境完全征服的物体，也没有完全迁就环境的物体，所以结果总是一个协调，不过彼此的让步的境地有大小罢了。以前把位育叫做适应，毛病就在太过于含有物体迁就环境的意思：而根据适应的概念想来解决问题的人，所见便不健全，所提的解决办法，也就不适当。”[②]

（四）位育理念的完善

在1941年至1946年间，潘光旦又发表了一系列的文章，主要从教育、思想、文化、政治方面谈位育，这一时期是位育思想的完善阶段。位育不再是一个单纯的概念，而是一个可以指导社会实践的相对完善的理论模型。

从教育方面谈位育。1941年4月，潘光旦先生在担任西南联大教务长时，为梅贻琦校长起草《大学一解》。其中就教育之目的写道：“文明人类之生活要不外两大方面，曰己，曰群，或曰个人，曰社会；而教育之最大目的，要不外使群中之己与众己所构成之群各得其安所遂生之道，与夫共得其相位相育之道，或相方相苞之道；此则地无中外，时无古今，无往而不可通也。”[③] 1946年春，潘光旦先生到保山县协助修志工作，应邀做了《务本的教育》的演讲，以后发表了其中的一部分，题为《说乡土教育》。此文切实地分析了教育与位育的关系，从而讲明了教育的目的、什么是真正的教育。“教育的目的不止一个，而最概括的一个是促成此种位育的功

---

① 潘光旦：《演化论与几个当代的问题》，《潘光旦文集》第5卷，北京大学出版社，2000，第36页。

② 潘光旦：《演化论与几个当代的问题》，《潘光旦文集》第5卷，北京大学出版社，2000，第36页。

③ 潘光旦：《大学一解》，《潘光旦文集》第9卷，北京大学出版社，2000，第528页。

能，从每一个人的位育做起，而终于达到全人类的位育。”“讲求本末的教育才是真正的位育的教育，也才是真正的教育。不求位育，不讲本末的教育根本就不配叫做教育。”①

从思想、文化方面谈位育。1943 年 12 月《说“文以载道”》一文中讲道：“《中庸》在介绍性、道、教三大本体之后，不久便说到，中为天下之大本，和为天下之达道，而实践中和的结果，便是天地位而万物育，便是一切能安所而遂生。而诚能把握住同样原则的文，便是足以助长、推进、而发扬光大人生的文，也就是健全的文，文以载道之说，应作如是解释。”“至于何以知广义的道包括这些原则，又何以知这些原则确乎对人生有利，则近代学术的进展已经逐渐加以坐实；全部生物演化的历史，全部演化论的学说，生物统计学里常变的两大概念，近代生活过于专门化与技术化已经给我们的教训，全部优生淑种的理论，不都可以供我们参考么?”②

从政治方面谈位育。1945 年 5 月，为纪念“五四运动”26 周年潘光旦作《一种精神两般适用》。“政治的目的是在取得人与人之间的调适，特别是一时领导的人与民众之间的调适。领导的人好比科学家，而民众好比研究与运用的事物对象。政治家的任务就在清晰地观察与了解民众的本来面目，包括智能、兴趣、欲望、意向在内，从而有效地激发与运用民众中间蕴蓄着的无限力量，使群居生活的富强康乐与和平创造得以提高其程度，扩展其境界。”他在透彻地讲解了“一种精神两般适用”的道理后，联系当时科学与民主在中国的实际情形指出：“由于当初从事于新思潮运动的人没有能够把一种精神两般适用的道理清楚地见到，拳拳地服膺，不厌辞费地把它指点出来，使成为运动的核心而出现的种种问题。”他认为：“‘五四’与新思潮运动的失败在于科学的物观的客观精神没有能产生政治的民观的客观精神。二十六七年政治局面的未能清明，未能踏上民主的道路，便是失败的一个铁证。而失败的责任要由政治人物与科学家分别负担。而第二次世界大战的经验也是够再度给我们一个教训的，这就是单单注意技术的科学以至于单单提倡精神上不能和政治发生联系的科学，无论强勉的成功到何种程度，是无补于国家民族的危亡的。”③

① 潘光旦：《说乡土教育》，《正学最言》，观察社，1948 年。

② 潘光旦：《说“文以载道”》，《潘光旦文集》第 5 卷，北京大学出版社，2000，第 246 页。

③ 潘光旦：《一种精神两般适用》，《潘光旦文集》第 5 卷，北京大学出版社，2000，第 476 页。

位育理念经过草创、发展、深化、完善四个时期，终于形成了一个完整的理论框架。

三　位育理念的基本内涵

位育理念内涵丰富，总的来说，有位育的主体和客体、位育的中和境界、位育的三重层次等三个方面。

（一）位育的主体和客体

潘光旦认为：位育涉及主体和客体；而位育的主体是万物之灵——人。

人在根本上是一种社会存在物。这种社会不是由一些处于所谓“自然状态”中的独立的、单个的人机械地简单地凑合在一起的，而是人们有机结合起来的整体。人的社会群体是由人的合作及其关系形成的，因此人具有相互依存、相互作用，在社会交往中相互合作的属性。在社会中，每个人都有一定的归属或依附，或归属于某个民族、文化社区、家庭，或归属于某个阶级、政党、职业阶层。人的这种归属性一方面说明人都是社会的人，他需要他人，需要社会，只在一定社会群体中生活；另一方面又说明人的社会性无不是现实的、具体的。

人具有自觉意识，这种自觉意识是一种自我意识、是人的主体意识，它是主客体对象性关系形成的前提条件。正是人的自觉能动性，使人开始从自然界中提升出来，从动物界中分化出来，产生“物与我”的概念，使自然对象化，形成人与自然之间的主客体关系。正是人的自觉能动性，人开始把自己同自己的活动分开，产生“主体我和客体我”概念，把自己及其活动对象化，把人与自身的关系变成主客体关系。正是人的自觉能动性，人开始把他人对象化，分出“自我与非我”概念，把人与人之间的关系变成主客体关系。

由于客体的复杂性和主体的目的性，所以人在自然界和人类社会中的活动是一种有选择的活动。人的活动的目标、手段和方式，都是能动选择的结果。人在活动过程中应该根据客体的规律和主体的需要、目的进行。

人的选择主要是在诸多现实可能性中进行挑选，而人最高贵的品质则是具有创造性，创造则主要是对现实的一种超越。人无疑会受到活动客体的制约、限制，但人从不固于某种既定的客体，总能创造条件、改变环境、超越现实，即所谓创造世界。我们今天生活于其中的周围世界已经不是从来就存在的、亘古不变的自然环境，而是人类世世代代创造的人化自然和人类社会相统一的属人世界。人不仅通过实践创造自然界，而且通过实践创造人本身和人类社会。人成为主体，这不是天生的，他的“正常状态是和他的意识相适应的而且是要由他自己创造出来的”。依靠自己的创造活动，人把自己从动物界中分离出来，成为活动主体；依靠自己的创造活动，人离动物越来越远，主体性也随之越来越强。

作为位育主体，人的活动是自为性的。所谓“自为”简单地说，就是“为自”。不过这里的“自”并不仅仅指个人，它是相对于主体以外的客体而言的，客体是“它”或“他”，主体是“自”或“我”，它可以是个人，也可以是集体、社会、国家乃至整个人类。

位育学说中的客体，是指人生存和发展所依赖的环境——这个环境包括自然的环境和文化的环境。

自然环境横亘空间，是指人类生存与发展所依赖的各种自然条件的总和。它包括一定的地理位置、气候、地貌（地形、土壤）和各种自然资源。自然环境构成了人类社会赖以生存的基础，它不仅提供了人类生存与活动的场所，也为人类提供了生活资料和生产资料资源。自然环境直接影响社会活动和社会发展，自然环境的优劣对社会位育过程能起到加速或阻滞的作用。

文化环境纵贯时空，是人类社会、文化和生产活动的历时与共时的地域组合。它由经济、政治和文化等要素构成，是在自然环境的基础上，经人类长期有意识的社会劳动，加工和改造了的自然物质，创造的物质生产体系，积累的物质文化等所形成的环境体系，包括人口、民族、聚落、政治、社团、经济、交通、军事、社会行为等许多成分。文化环境既是人类精神文明和物质文明发展的标志，同时又随着人类文明的演进而不断地丰富和发展。文化环境最终决定着人类位育的过程。

（二）位育的中和境界

位育的客体是两种环境，自然也就存在着人与两种环境的两对关系。

先谈人与自然的关系。人首先是一个自然存在物，人来源于自然，人依赖于自然，人与自然具有割不断的联系。人类从自然界中获取生存必需的物质、能量和信息，经过加工、处理和转化来满足自身的需要；同时人类也向自然界输出物质、能量和信息，影响和改变自然界。人与自然的这种双向输入和输出的关系，就是人与自然的本质关系。

人不仅是自然存在物，具有自然属性，人更重要的是社会存在物，具有社会属性。在实践的基础上，人与人之间结成了一定的多种多样的关系，而社会是人与人的各种关系形成的结果。在人类实践发展过程中，人和社会是一个问题的两个方面，二者相互依赖、共生共存。社会是人的社会，人是社会的人，没有人就没有社会，没有社会也就没有人。人们在社会实践过程中，更多面临如何在社会环境中位育的问题。

通过潘光旦在《当前民族问题的另一种说法》一文的分析，我们可以发现位育存在着三种类型：积极的位育是人改变或者转移环境，取得人与环境的和谐；半消极半积极的位育是人选择环境中不同部分加以适应、迁就的过程；消极的位育是完全迁就环境，人任凭环境摆布。

由此，潘光旦认为："位育的过程，便是致中和。"真正的位育乃是作为位育主体的人如何与历史或环境取得和谐的关系，不是人无所不能，也不是听任历史或环境摆布，而自甘于一个卑微的身份。位育的过程，也就是人与环境取得和谐的过程，实现中和。

（三）位育的三重层次

潘光旦位育理念包含三重层次：个人的位育，家庭与家族的位育，民族社会的位育。

个人的位育。潘光旦对个人的位育非常重视，在《冯小青一件影恋之研究》《性心理学》《平等驳议》等均有涉及讨论。潘光旦认为个人层面的位育，核心在于培育健全的人格。个人位育主要是两个方面的内容：一是基于生物遗传的社会个体所具有的先天遗传特征与特性；二是在社会选择条件下以优生学为基础、以民族健康为意义而形成的个体人格。健全的人格体现在知、情、意的和谐发展而无所偏废。人格是在人性的基础之上形成的，即知、情、意三端与人性中的共通性、个性、男女性别三端交叉作用形成个体的人格。潘光旦认为只有本着一种客观精神去假"我"以成真我；去私"我"小"我"以成公我、大我；去阶级、派系、宗门……之

“我”以成社会之我；去偏蔽之“我”以成通达之我，才能形成健全的人格。由此可见，人格的形成，另一方面是遗传因素；一方面是后天教化。正因为如此，潘光旦一方面主张优生；另一方面主张教育的根本目的在于培养健全的人格。

家庭与家族的位育。潘光旦对于家庭与家庭位育论述着墨很多，讨论很丰富，在《中国之家庭思想》《姓、家庭、婚姻的存废问题》《新母教》《家制与政体》等文章中蕴含着重要的家庭与家族位育思想。家庭与家族介于个人与社会之间，家庭问题就是各个家人的位育问题，所以潘光旦关于家庭与家族位育的一切论述都围绕家人的地位问题而展开。因为，家庭问题归根是家人之间的关系问题，也是各个家人的地位的问题。地位适宜，关系也就得当。家庭之中，人人能安所遂生，问题自然解决。[①] 潘光旦认为，“儒家讲中庸之道，试以中庸来融贯，顾凡事思考问题以执中为本，反对个人主义与社会主义之类极端的思想。一个人要与身外的世界合而为一，要取得位育的效果，总得经过一番努力，这努力有格物、致知、诚意、正心、修身、齐家、治国、平天下八个步骤。这八个步骤，最居中心，而能兼筹并顾到个人与社会两个极端的，自然是齐家一个步骤。从格物到修身五个步骤，原是属于个人生活的，但要切实履行，也宜乎有一个良好的场合，这场合儒家以为是无过于家庭。治国平天下两个步骤虽属于社会生活，但其第一步的准备也应该有一个良好的地盘，这地盘也宜乎是家庭，齐家是社会化的起点，治国平天下是社会化的终点。”[②] 因此，潘光旦实际上肯定中国传统儒家关于“家”的认知，并试图以家作为个人与社会之间的中介，发挥其所持有的独特的作用，以此来平衡社会。

对于民族社会这一层次的位育，潘光旦自始至终都把它当作研究的重点之一，这应该与他对强国之道的不懈追求有关。在《演化论与当前几个社会问题》一文中，潘光旦写道：“海禁开放以来的中国问题可以说是一个大位育的问题。中国是一个有机与超有机的集体、而其环境是十九世纪以来竞争角逐的国际局势。中国怎样才能和这局势协调、维持它的国家与民

① 潘光旦：《祖先与老人的地位》，《潘光旦文集》第 9 卷，北京大学出版社，2000，第 354 页。

② 潘光旦：《家族制度与选择作用》，《潘光旦文集》第 9 卷，北京大学出版社，2000，第 324 页。

族的身份，再进而得到更丰富的生命；前者是位，而后者便是育了。在努力寻求位育的过程中，许多朋友曾经在文化方面提出过不少的意见，并且还引起了不止一番的论战。有主张全盘西化的、有主张所谓本位论的、也有主张择善节取的、而节取论者之中也有若干不同的见解。”潘光旦认为：“西化如何接受，在细节上尽管有许多疑难之点，在原则上，应当是不成大问题的。第一，我们要了解中国所以为物体的特质是些什么；第二，要了解世界所以为环境的特质又是一些什么。所谓物体的特质，指中华民族与文化的一切现状与造成此现状的生物与史地因缘。同样的，所谓环境的特质，大部分指的是西洋各民族文化的一切现状、造诣与所以有此现状、造诣的生物及历史地理因缘。主张西化与努力于西化的人也许对于西化的现状与造诣有很广的认识，但对于西化的生物历史地理往往未必有充分了解。明白了物体的特质，才知道什么是土宜，什么是非土宜；明白了环境的特质，才知道如何下手节取；要所节取的合乎土宜，或与土宜不太相违反，才真正可以收到位育的效果，否则徒然增添生活的纷扰而已。百年的中国历史，大部分就是这样一个纷扰的历史，切实的位育尚有待于我们的努力。”①

潘光旦将民族的位育放在一个大的自然与文化的环境之中，在这个条件下论述环境、制度与民族之间的关系。他认为这三者的出现按时间先后是环境、民族、制度。民族首先只受环境的影响，文化则受环境、民族的双重影响，但随着文化的发展，文化开始影响民族，乃至影响环境，于是三者之间互为影响。所以，民族的位育求得，一方面要考虑具体的自然环境与文化环境；另一方面又要主动地去改造自然环境，创造新的制度文化。而在此过程中，潘光旦认为，民族问题的核心是人口的位育，即一国人口与特定的经济文化环境相适应。因此，民族人口的优生优育始终是潘光旦最为关注的问题之一。

四　位育理念的社会继承

潘光旦的位育理念与我们现实关注的中华民族共有家园有着十分密切

① 潘光旦：《演化论与几个当代的问题》，《潘光旦文集》第5卷，第49页。

的联系，我们今天重读和研究位育理念，应用位育理念，就是发扬前辈的学术精神，秉承前辈的理想信念，在新的历史条件下寻求中华各民族共有家园的安所遂生。

（一）中华民族多元一体格局理论承自位育理念

潘光旦的位育理念是探究人与两种环境如何相处、如何求得顺利发展的学问。位育理念博大精深，跨越时间与空间、物质与精神、人文与自然，融汇自然科学与社会科学、中学与西学、传统与现代多重视角，涉及家庭制度、民族健康、国民教育、文化选择、民族精神重塑等多方面，从整体上思考中国民族复兴问题。面对民族危亡，潘光旦苦苦寻求中华民族位育之道，其思想体现着一个学者做学术研究强烈的实证精神、民族精神与人文情怀。潘光旦的学术成就和人生理想追求深深影响着后来人。

费孝通是我国著名的社会学家、人类学家、民族学家、社会活动家，中国社会学和人类学的奠基人之一。费孝通是潘光旦的学生，二人的学术、生活交往长达三十多年。树有根、水有源，费孝通在学术思想上敢于打破常规，探出新路，除了他个人的天资以外，也与他深刻地感受到上一代学人的学术风范，并以继承、发展前辈的学术精神为自己使命的意识密不可分。费孝通志在富民、先天下之忧而忧的崇高学术追求，一脉相承于潘光旦毕生寻求中国人中和位育、遂生乐业之道的学术观照。

1989 年夏，费孝通赴香港中文大学作一次学术讲演，题目是《中华民族多元一体格局》。在这篇文章中，费孝通系统阐述了中华民族多元一体格局的形成和发展。所谓“多元”，是指中华民族不是单质化的民族，而是由 56 个兄弟民族的血肉联系构成的生命共同体。所谓“一体”，是指 56 个民族谁也离不开谁的血肉联系。中国历史上各民族生息、繁衍，在历史舞台上扮演了不同角色，最终形成了多元一体的格局。费孝通的“中华民族多元一体格局”理论立足于中国历史，为处理中国疆域里 56 个民族之间的关系提供了一种可供参考的观察视角，为各民族发展和国家统一提供了一种中和位育的理论指导。

在中华民族多元一体格局理论中首先论述了中华民族聚居的地理环境，这是中华民族位育的客体。地理的生态结构决定着民族格局，中华民族的形成过程是这个现象的最好注脚。中华民族所聚居的这片大地是一块从西向东倾倒的斜坡，高度逐级下降，形成落差显著的三级阶梯；南北跨度又达 30 个纬度，温度和湿度的差距自然形成了不同的生态环境，给人文发展以严峻的桎梏和丰润的机会。中华民族就是在这个自然框架里形成的，这个自然框架也决定了中华民族位育的基本条件。

在中华民族多元一体格局理论中，费孝通论述了众多小的民族单位形成中华民族的历史过程，这些小的民族单位即是中华民族位育过程中的主体。中华民族作为一个自觉的民族实体，是近百年来中国和西方列强对抗中出现的，但作为一个自在的民族实体则是几千年的历史过程所形成的。它的主流是由许许多多分散孤立存在的民族单位，经过接触、混杂、联结和融合，同时也有分裂和消亡，形成一个你来我去、我来你去、我中有你、你中有我，而又各具个性的多元统一体。这也许是世界各地民族形成的共同过程。中华民族这个多元一体格局的形成还有它的特色：在相当早的时期，距今三千年前，在黄河中游出现了一个由若干民族集团会集和逐步融合的核心，被成为华夏，像滚雪球一般地越滚越大，把周围的异族吸收进入了这个核心。它在拥有黄河和长江中下游的东亚平原之后，被其他民族称为汉族。汉族继续不断吸收其他民族的成分而日益壮大，而且渗入其他民族的聚居区，构成起着凝聚和联系作用的网络，奠定了以这个疆域内许多民族联合成的不可分割的统一体的基础，成为一个自在的民族实体，经过民族自觉而成为中华民族。一部中华民族的形成史亦即一部中华民族的位育史。

潘光旦的位育思想和费孝通的中华民族多元一体格局理论都是始终以“人”作为其研究出发点和归宿，我们感叹他们师徒的博大精深思想，更景仰他们为提高中国人的智识水平、为富国强民而努力奋进，寻求中华民族共有家园位育之道的崇高精神。

（二）安所遂生正是各民族共有家园的位育之道

中华民族共有家园是一个多元一体的大系统，在国土上是由 34 个省区、334 个市、2851 个县、39888 个乡[①]等层层嵌套的各级单元构成的，在社群

① 民政部全国行政区划信息查询平台：《中华人民共和国行政区划统计表（截至二〇一七年十二月三十一日）》，xzqh. mca. gov. cn/statistics/2017. html。

上是由聚居在全国各地的不同民族共同构成的。百色民族家园正是中华民族共有家园系统中的一个小型系统。中华民族共有家园中每个小的民族家园各安其位、各尽其责，安所遂生、各美其美，构筑起良好的发展秩序，整个中华民族共有家园才会有最根本的保障，中华民族共有家园才可能建设好、维护好、发展好。

中华民族共有家园的安所遂生，根本之道是不同民族不分大小、不论发展程度高低，都要真诚团结，互相尊重、互相信任、互相支持，一起谋求发展进步。中华各民族共同团结进步，是中华民族共有家园的前途所在、力量所在、生命所在。

我国各民族在历经数千年的迁徙、贸易、婚嫁、交融中，形成了你中有我、我中有你，交错杂居、共生互补的格局，孕育了团结友爱的宝贵传统。特别是近代以来，国家积贫积弱，人民饱受欺凌。当时西方人普遍认为中国必然像奥匈帝国等多民族国家一样，分裂为无数的单一民族国家。但是，他们的预言失败了。中华民族不仅没有分裂，反而“用我们的血肉筑成我们新的长城”，打败了侵略者，赢得了民族的独立、自由和统一。中华民族之所以能够浴血奋战、浴火重生，一个重要原因就在于，各民族在反对共同敌人的斗争中形成了休戚与共、荣辱一体的命运共同体。在同仇敌忾、共御外侮的过程中，不仅民族团结友爱的优良传统得以空前的光大，而且中华民族从自在的联合走向自觉的联合，团结一致走上了通向伟大复兴的崭新征程。

我们探索中华各民族共有家园的位育图景，自觉把握中华各民族民族共有家园位育的中和路径，不仅有利于各族人民的幸福追求，也将有利于弄清其历史规律和未来走向，有利于“各族人民一家亲，同心共筑中国梦”的伟大事业。

两岸携手共建中华民族共有精神家园的“路径”*

——“海峡两岸处理民族问题的经验与路径”学术研讨会综述

刘　舸**

摘　要： 中华民族共有精神家园是一个系统的文化工程，建设中华民族共有精神家园，56个民族一个都不能少。从具体的实践层面讲，其构建的路径或方法是关键。2017年8月22日至23日，在秦皇岛举行的“海峡两岸处理民族问题的经验与路径”学术研讨会，不仅是两岸学者携手探索现代国家治理模式下的民族问题处理经验与路径的一次重要学术活动，而且这次讨论交流所体现的学者先行、优质交流、求同存异、凝集共识、携手共进的智慧与经验凝聚模式，也是两岸同胞在民族问题领域，对共同建设中华民族共有精神家园的路径的重要探索。

关键词： 海峡两岸　民族问题　经验　中华民族　精神家园

我国具有中国特色社会主义建设进入了新时代，实现中华民族伟大复兴的历史任务日益清晰地摆在全国各族人民面前。统一的多民族国家是我国的基本国情，56个民族在长期的历史发展进程中，既形成了中华民族多元一体的命运共同体，也凝聚了无数的物质财富和精神财富。在新时代实现中华民族伟大复兴的事业中，自觉地加强中华民族共有精神家园的建设，既决定着国家的向心力和凝聚力，也体现着国家的灵魂和精气神。中华民

* 本文为国家社科基金重大项目“构建中华各民族共有精神家园的少数民族视域研究”（17ZDA153）阶段性成果。

** 刘舸，博士，燕山大学文法学院政治学副教授，燕山大学两岸关系与地区发展研究所所长。

族共有精神家园是一个系统的文化工程，建设中华民族共有精神家园，56个民族一个都不能少。台湾的少数民族即高山族是我国56个民族大家庭中的一员，既是构建中华民族共同精神家园的主体之一，也是中华民族命运共同体的一个组成部分。从具体的实践层面讲，构建中华民族共有精神家园的路径或方法是关键。2017年8月22~23日，两岸学者在秦皇岛举行了“海峡两岸处理民族问题的经验与路径”学术研讨会，学者们围绕“两岸处理民族问题的时代变局和宏观策略”“大陆处理民族问题的经验与路径”“台湾处理民族问题的经验与路径”“两岸如何开展民族问题研究合作”等问题展开了坦诚而富有启发性的研讨与交流。在民族问题研究领域，充分体现了学者先行、优质交流、求同存异、凝集共识、携手共进的智慧与经验凝聚模式。论文反映了会议交流的形式、过程和学者们的思想观点，认为学者先行、优质交流、求同存异、凝集共识、携手共进的智慧与经验凝聚模式，也是两岸同胞在民族问题领域，对共同建设中华民族共有精神家园的路径的重要探索。

一　选好题目，学者先行

习近平总书记在2014年9月中央民族工作会议上深刻指出：“处理好民族问题、做好民族工作，是关系祖国统一和边疆巩固的大事，是关系民族团结和社会稳定的大事，是关系国家长治久安和中华民族繁荣昌盛的大事。”[①] 处理好民族问题、做好民族工作，科学的理论是根本，也要先行。从事民族问题研究的广大学者，是相关科学理论研究的先锋队，而选好题目，展开前期研究，然后进行阶段性会议交流讨论，则是社会科学研究人员获取真理性认识的正确方法之一。

随着经济全球化和人类政治、文化和社会的发展，全世界范围内的民族问题不断呈现出新的发展态势，中国的大陆和台湾也不例外。大陆有马克思主义指导下的民族理论不断丰富发展和民族区域自治制度实践不断完善等问题，台湾也有族群团结和少数民族各方面事务的处理问题，比如

① 习近平：《在中央民族工作会议暨国务院第六次全国民族团结进步表彰大会上的讲话》，http://cpc.people.com.cn/n/2014/0929/c64094-25762843.html，2014年9月29日。

“原住民族”[①] 的识别与认定问题、“原住民族”的土地问题，等等。选取“海峡两岸处理民族问题的经验与路径”为研究题目，拉动了两岸民族问题研究学者共同研究中国民族问题，也成为两岸同胞沟通民族理论与相关思想的桥梁。

2017年8月22~23日，由中国社会科学院民族学与人类学研究所主办，燕山大学承办，广西民族大学民族和谐素质建导中心协办的“海峡两岸处理民族问题的经验与路径”学术研讨会在秦皇岛举行。来自中国社会科学院民族学与人类学研究所、国家民委、厦门大学、西南大学、广西民族大学、燕山大学以及台湾地区的中国边政协会、大陆研究学会、中国文化大学、台东大学、中华科技大学、马偕医护管理专科学校等单位的两岸40余名专家学者参加了本次会议。会议主要围绕“两岸处理民族问题的时代变局和宏观策略”“大陆处理民族问题的经验与路径”“台湾处理民族问题的经验与路径”“两岸如何开展民族问题研究合作”等四个问题展开了坦诚而富有启发性的研讨与交流。在会议召开之前，会议主持者提前半年将会议讨论题目和主要研究方向通报给参会学者，并提请参会者准备研究论文、研究报告以及其他相关会议资料，这为学者在会议中的优质而深刻的讨论与交流做好了铺垫。

二　凝集共识：关于民族问题重要性和一般规律的判断

世界不同国家或不同地区的民族问题都有自身的特点，但同时也具有共同的特征和一般的存在与发展规律，两岸学者首先对民族问题的重要性和一般规律形成了相通与相似的判断。中国社会科学院学部委员郝时远研究员在题目为“2014：世界民族变局与中国抉择”的主旨报告中，援引英国学者尼克拉斯·鲍伊（Nickolas Boyle）在《2014：如何度过下一次世界危机》（2014：*How to Survive the Next World Crisis*）一书中提出的“在世界

---

① 台湾“原住民族”在大陆称为高山族或台湾少数民族，是指最初移居台湾的南岛语系族群（Austronesian）。关于台湾南岛语系族群的来源，学术界存在争议，但多数权威学者认为，其来源于中南半岛和中国南疆。参见李壬癸《台湾南岛民族的族群与迁徙》，（台湾）常民文化事业股份有限公司，2000，第51、64页；另见郝时远《当代台湾的“原住民”与民族问题》，《民族研究》2003年第3期，第27~42页。

历史进程过去的500年中，每个世纪的第二个10年中期，都会发生对世界产生重大影响的象征性事变”这一观点，认为就广义的民族问题而言，2014年对世界、对中国都是具有象征意义的一个特殊年份，因为这一年是突显世界民族问题变局的一年：克里米亚公投入俄、乌克兰内战、欧洲委员会欧洲民主、法治危机、西班牙加泰罗尼亚自治区宣布举行独立公投、恐怖主义极端组织“伊斯兰哈里发国”（ISIS）宣布成立、美国弗格森小镇事件引发此伏彼起的种族冲突事件、英国苏格兰民族党发动的独立公投付诸实施以及中国举行中央民族工作会议并阐明中国在新的历史时期处理民族问题的基本策略，等等。反思上述标志性事件，郝时远研究员认为，2014年是世界民族问题变局的标志性年份，其凸显的重要特征就是西方国家主体民族的身份失落和以中国为代表的东方因素的崛起。

国家民委研究室副主任、台湾少数民族研究会会长李红杰研究员认为，从全球视角来看，处理民族问题的根本路径无非两条：一条是西方的路径，一条是社会主义的路径；处理民族问题的社会主义路径将逐渐取代资本主义路径。李红杰研究员结合美国学者约翰·尼古拉斯（John Nichols）所著《美国的社会主义传统》（*The "S" Word: A Short History of an American Tradition...Socialism*）一书指出，美国立国之初就有社会主义传统，社会主义帮助美国渡过了历次重大历史危机；虽然美国号称最大资本主义国家，但是在它每一次历史转折的时候，都是从社会主义起兴的；脱离意识形态的争论，很多西方国家在解决民族问题的时候，都是通过社会主义路径来实现的；中国本身就是一个社会主义国家，处理民族问题更要坚持社会主义路径。

台湾中国边政协会秘书长刘学铫在主旨报告中，结合自身在“中华民国蒙藏委员会”40年的任职经历，分析了民国政府设置蒙藏委员会的重要意义以及中国边政学会成立的过程及其在研究中国边疆问题中所取得的重大成就。刘学铫秘书长回顾了台湾在“两蒋”时期坚持一个中国、反对西藏分裂势力分裂国家的立场以及处理蒙藏民族事务的经验和教训，指出很多台湾知名学者都认为，国家政权的陷落与没有处理好边疆民族问题有直接的联系。台湾中国边政协会副秘书长林遥鹏在发言中指出，中国的边疆地区就是少数民族地区，边疆问题和民族问题历来是干系国家长治久安的重要问题，这一点历来得中央政府的高度重视。真可谓“内地无边疆无以屏障、边疆无内地无以繁荣”，治国重在治疆，治疆的策略要从大处着眼，小处着手，政策要做得广，施行细则要做得不一样，以适应民族之间的差异。

台湾马偕医护管理专科学校李信成副教授认为，在中国历史上，清朝是治理边疆民族问题最成功的时期。清政府通过不同的方法和制度治理边疆民族。但到了清末，清政府却面对了新问题，这就是近代民族国家的建立要求划清疆界。本来将错综复杂的边疆民族问题治理得很好的清政府，可是碰到了近代主权国家要求疆界清楚的问题后，传统的治理理念和制度就陷入了被动局面。在列强入侵后，中国近代史就是疆界不断被划定。台湾“牡丹社事件”提出一个近代主权问题，即“番界”[①] 之外究竟是不是自己的国土？因此，李信成副教授提出两岸要注意研究历史的智慧和教训，把中国几千年形成的传统智慧，融入今天的民族问题处理之中。

三　求同存异，相互启发：两岸处理民族问题不同的经验与路径

大陆和台湾域内都有民族问题，各自都根据域内实际情况，采取了不同的处理路径并积累相关处理经验。两岸学者相互报告各自区域处理民族问题的经验与路径，并非要争论谁对谁错，而是为了相互给予启发。

郝时远研究员认为，中国大陆在少数民族聚居地区实行民族区域自治制度，是处理民族问题最成功的经验，是尊重民族差异、缩小民族差距的重要政策实践；民族区域自治制度是中国道路的基石之一，中国大陆将坚持这一制度不动摇；中华文化是各民族文化之集大成者，是各民族团结共进的精神支柱，认同本民族文化与认同中华文化并行不悖。在新的历史时期，“一带一路”倡议，将使传统的“边缘”“边疆”转变为“圆心”和“前沿”，边疆地区也将承担拓展和支撑国家发展新空间的历史责任。

---

① “番界”即清政府统治台湾时期，为阻止汉族移民、平地“原住民”与山地“原住民”之间的冲突，在双方居住区边界的重要通道上开挖壕沟，形成界线标志，亦称“土牛线”。清治台湾时期，将台湾的“原住民”称为“番”，汉族移民与“原住民”居住区之间的界线称为“番界”。由于“番”有贬义，此称谓受到台湾“原住民”的反对，现在岛内很少用。参见林清财、浦忠成《返来做番：原住民族的文化复振与正名》，新北市，斑马线文库出版社，2017，第20~21页；颜爱静、杨国柱：《原住民土地制度与经济发展》，台北，稻乡出版社，2004，第108~111页。

中国社会科学院民族学与人类学研究所所长王延中研究员认为，解决民族问题的政策和处理民族问题的路径，都离不可对少数民族经济与社会发展状况及时而准确的把握。王延中研究员介绍了近5年来所做的题为“21世纪初中国少数民族经济与社会发展综合调查”项目的进展情况，提出了做好少数民族区域经济与社会发展状况综合调查研究的四个基本原则：一是综合调查研究不是一种地方志，不是对少数民族地区的发展过程和发展成就进行简单的梳理和归纳；二是区域综合调查研究要特别关注所研究区域内自治民族与非自治民族的关系以及流动人口与自治人口的关系；三是综合调查研究要特别注意民族是一个政治现象，具有很强的政治性，不能仅仅从宗教、语言、文化角度研究；四是注意民族与国家之间多元一体的辩证关系。民族团结是不同群体之间、不同民族之间的关系，认同国家与认同民族之间存在不一致性，但统一于中华民族的国家建构。

中国社会科学院民族学与人类学研究所民族理论室王希恩研究员认为，中国大陆处理民族问题的理论主要有三个来源：一是传统的民族话语；二是马克思主义；三是大陆改革开放以来传入的西方民族理论。就中国民族理论的根本来说，是马克思主义民族理论。马克思主义民族理论主要有两块：一是经典马克思主义民族理论，即马克思、恩格斯、列宁和斯大林关于民族问题的论述；二是有中国特色的马克思主义民族理论。王希恩研究员指出，马克思和列宁等马克思主义经典作家所开创的处理民族问题的社会主义传统，特别是苏联建国后处理国内民族问题的政策和方法，对中国的影响很大，想避都避不了。未来的中国民族理论的发展，马克思主义处理民族问题的社会主义传统依然是根本。

厦门大学人类学系主任董建辉教授认为，民族身份认定是民族问题处理的重要内容，两岸民族身份的认定过程主要有三方面差异。一是认定的背景不同。大陆于20世纪50～70年代开始民族识别工作，主要是为了提高少数民族的社会地位，落实民族平等政策，保障国家统一稳定；而台湾地区于20世纪80年代开始少数民族身份认定，则主要是受国际“原住民”运动、台湾政治民主化和本土化、政党轮替和选举政治以及文化多元主义等因素的影响。二是认定的原则不同。大陆民族识别主要坚持的是斯大林关于民族的定义，强调主客观因素相结合，但更重客观标准；而台湾这边的认定原则虽然也有语言差异之类的客观标准，但更重要的是倚重主观因素和个人意愿。三是认定的结果不同。大陆民族识别工作从1950年开始到1979年基本结束，民族总数一直稳定在56个民族，这导致大陆出现一些民族的身份模糊的问题；而台湾这边少数民族的总数一直是动态的，从传统的九族增加到目前的十六族，很快又要增加，这也导致了某些被认定民族因人口太少而影响民族政策落实的问题。

广西民族大学龚永辉教授认为，民族识别是大陆处理民族问题的根本环节和重要经验。民族识别对于巩固政权、维护国家稳定具有重要意义。实际上，包括台湾“高山族”在内的中国56个民族，基本都不是纯粹的、真正符合斯大林的民族定义，而是以一个共同的族称作为多族群的标志。在实际认定上，有的根据语言，有的根据历史，有的根据信仰，有的还根据宗族，等等。因此，中国的各个民族都和台湾“高山族”一样，在统一的族称之下包括许多族系。与此同时，龚永辉教授还介绍了南宁市作为全国民族团结示范城市的经验。龚永辉教授认为，建设中国56个民族共有的精神家园，是民族团结进步的重要支撑，也是海峡两岸共同的事业。南宁市的少数民族人口将近400万，占城市总人口的58%。南宁市之所以能成为全国民族团结示范城市，关键在于南宁市形成了能够凝聚“和”与“壮”的城市精神，即“能帮就帮则和”，“敢做善成才壮”。正是这种城市精神，成就了南宁市民族和谐、团结进步的大好局面。

台湾铭传大学两岸研究中心主任杨开煌教授重点分析了蔡英文当局处理台湾少数民族（“原住民族”）土地问题的所谓“转型正义”（Transitional Justice）路径。杨开煌教授认为，正义具有历史性和阶级性，因而才会有“转型正义”的说法。然而，“转型正义”在实践中往往是以今日的“标准”去否定过去的作为；或更恶劣的，就是以“我的标准”去否定“他者的作为”。杨开煌教授认为，蔡英文执政以来处理台湾“原住民”问题的两个根本行动（一是在2016年8月1日代表政府向“原住民”道歉，二是在2017年2月14日公布“原住民族土地划设办法”），都是政治作秀行为，暴露了媚日、报复国民党以及缺乏逻辑和历史常识的本真面目。蔡英文的这些“善意”行为，不仅没有取得“原住民”族人的好感，反而被认为缺乏诚意，甚至侵害了“原住民族”的利益。

台湾中国文化大学的林冠群教授，在分析台湾处理民族问题的经验与路径时指出，在20世纪90年代之前，台湾并无民族问题，只有省籍问题。

当时“中华民国”不承认存在少数民族，认为只有生活习惯不同的族群。当时在台湾研究西藏和新疆问题的学者，只有“边疆民族”这个概念，没有大陆使用的“少数民族”概念。到了1990年前后，随着大陆与台湾交流不断密切，台湾才有“少数民族”的概念。“中华民国政府”长期不承认“少数民族”的政策，被认为是忽视“少数族群”的利益，因此遭到台湾“原住民”的强烈抗议，并引发持续不断的“原住民运动”。虽然台湾在处理“少数民族”问题时非常谨慎，但造成的社会问题还是很突出。目前民进党当局处理“原住民”问题的政策，无论是向“原住民”道歉，还是所谓“转型正义”，都是为了选票。

台湾中华科技大学罗中展副教授主要以兰屿岛的达悟族为案例，从公共政策的角度，总结了台湾处理“原住民”问题的经验和教训。罗中展副教授认为，公共政策强调的是社会成员的共同参与，彼此之间是相互协调，而不是上下级之间的强制。由于不同民族的生活习惯和文化价值观念等各有不同，处理民族问题很重要的一点就是平等沟通，以便准确了解对方的感受和需求。罗中展副教授指出，达悟族是台湾“原住民族”中唯一一个海洋民族，其居所和服饰等都是与其生产和生活环境相适应的。以前台湾省政府出于好意，认为达悟族半穴居式家屋以及男子裸体穿“丁字”裤都很落后，于是给族人修建了水泥玻璃房屋，给族人男子发放长裤，但族人并不喜欢，也不感激政府，因为长裤不利于作业时潜水，水泥房屋的玻璃窗不适应岛上的大风。随着达悟族人权利意识的不断觉醒，政府传统的“原住民”管理政策和方法越来越不被族人接受。罗中展副教授认为，其原因在于政府长期缺乏当地期盼的官方与民间透明的沟通机制，致使行政机关不能很好地与达悟族沟通，也不明白这个族的文化与习俗，强制推动不少令人哭笑不得的政策，行政机关也无法取信于族人。因此，罗中展副教授提出，采用公共政策的理论和方法，是化解这一问题的有效途径：即通过政府与族人的尊重、沟通，建立互信，然后制定公共政策，使之适应族人的实际需要。

台湾中国文化大学陈又新副教授根据自身工作经验，分析了台湾地区对藏族同胞从“藏胞”到“藏人”的称呼变化所包含的政治与族群关系意含。陈又新副教授认为，台湾政党轮替对于处理民族问题的方式产生了重要影响。在1949年“国民政府”败退台湾之前，台湾基本没有藏族人。

1949 年之后，特别是 1959 年 3 月达赖喇嘛叛逃外国之后，陆续有藏族人通过各种途径来到台湾，“中华民国蒙藏委员会”根据“中华民国”宪法，承认来台藏族人为“国民”，并称为“藏胞”，即“藏族同胞”之意。在 2000 年政党轮替之前，“藏胞”在台湾的权益是明确的，拥有定居身份。但在 2000 年民进党执政后，要求“蒙藏委员会”改革，开始将“藏胞”改称“藏人”，即“西藏地区的人”。陈又新副教授认为，“藏胞”概念源于“中华民国”，是一个政治范畴；而“藏人”概念源于“西藏地区”，是一个地理和文化范畴。因此，台湾对藏族同胞由“藏胞”到“藏人”称呼的改变，不仅意味着双方关系亲疏远近的变化，而且意味着国家认同与政治方向的变化。

四　携手共进：关于两岸如何开展民族问题研究合作

关于此次以两岸民族学、人类学和政治学领域的学者为主的民族问题研讨会的重要意义，李红杰研究员认为，会议的选题非常好，海峡两岸学者关于两岸处理民族问题的经验与路径的学术交流，既有分歧，也有共识，但无论是分歧，还是共识，都对探索有中国特色的民族理论体系有重要价值。今天，两岸都面临世界民族发展的新变局，在合作探索处理民族问题的经验和路径领域，依然还有很多工作要做。李红杰研究员希望，台湾与大陆学者能够在学术方面尽可能地找到共同点，在民族事务领域，建构具有汉语特点的话语体系，以突显中华民族的话语权。与此同时，李红杰研究员还希望两岸学者借助国家民委研究室管理下的“台湾少数民族研究会”这一民间组织，加强海峡两岸的相关学术交流与合作。

王延中研究员也指出，“中华民族”有很强的国家和政治属性，在海峡两岸还没有统一的情况下，两岸应该共同关注中华民族的未来走向，研究中华民族自身存在和发展规律。

西南大学人类学与民族学系主任田阡教授，结合本人关于中国大陆西南地区小流域山地少数民族的研究经验提出，要对所研究的对象有一个整体性把握，把台湾山地“原住民族”纳入对比研究具有重要的意义。近几年，田阡教授带领自己的研究团队，与台东大学合作，多次翻越台湾中央山脉，收集小流域“原住民族”的文化和历史发展资料，取得了两岸合作研究山地少数民族的宝贵经验。因此，田阡教授提出，希望借助大陆这边的“台湾少数民族研究会”及其主办的《台湾少数民族信息简报》这两个平台，推动两岸合作研究，并邀请两岸山地少数民族部落代表（如大陆的土家族和台湾的卑南族等）共同参与学术讨论，为研究提供客观的、第一手的研究材料，并实现两岸少数民族的交流与交往，建设共同的文化记忆。

台湾台东大学林清财教授关注到了两岸学术研究在概念上存在的落差，认为两岸学术界应该本着彼此包容、彼此接纳的原则，在研究和政策安排上，加深理解和交流，共同研究两岸社会发展中的少数民族问题。林清财教授以大陆学者坚持的“台湾少数民族”与台湾学者坚持的“台湾原住民族”两个概念为例，一方面说明了两岸学术交流中的概念差异，另一方面通过台湾“原住民族”生存和发展的现状及其权利意识的觉醒过程，说明了“台湾原住民族”这一概念形成的历史性和现实性根据。林清财教授简略回顾了台湾“原住民族”族群发展变迁历史过程，特别是二战结束以来，其生存与发展权益受到主流社会忽视以及“原住民族”知识精英带领族人实现权益觉醒的过程。林清财教授指出，台湾“原住民族”的权利运动过程，实际上展示了台湾独特的族群（民族）问题的处理模式，即族人在现代民主体制下，通过族群运动形式，自下而上地推动行政当局和社会主流尊重和保护族人应有的生存和发展权益的模式。林清财教授认为，台湾“原住民”问题可能被选举政治所利用，但以“原民会”为代表的“原住民”行政主管部门，却不是为了选票，而是真正为了解决“原住民”的生存和发展问题。目前，台湾“原民会”的工作人员，70%是“原住民”，而“原住民”乡镇的民意代表全部是“原住民”。因此，林清财教授建议，两岸学术界应该随着时代发展，站在两岸协同发展的立场上，加深交流与合作，以便共同研究两岸社会在发展中遇到的问题。

中国社会科学院民族学与人类学研究所民族理论室主任陈建樾研究员也在大会的总结发言中指出，台湾和大陆学者虽然从不同角度讨论了两岸的民族问题，但两岸学者其实还是有共识的。两岸学者都认为民族问题是一个很重要的问题，影响到国家的稳定，正如今天上午林遥鹏副秘书长提到的“内地无边疆无以屏障、边疆无内地无以繁荣”。两岸学者的发言都涉及一个根本问题，即现代国家体系是所有民族问题发生演变的环境。两岸都采取现代国家形式的治理模式，都面临多民族治理问题，都有各自处理民族问题的经验和教训，这就为两岸探索共识，开展民族问题领域的合作研究以及相互交流研究成果，提供了广阔的空间。

总之，本次会议围绕海峡两岸处理民族问题的经验与路径、世界民族问题变局等议题，拉动了两岸学者坦诚而富有启发性的研讨和交流。会议充分体现了两岸一家亲、共建中华民族美好未来的精神。两岸学者关于民族问题的理论共识以及两地处理民族问题的经验和教训，都将沉淀为中华民族共有精神家园的一部分。两岸同胞共同建设中华民族共有精神家园的事业，受到两岸关系发展的政治生态影响很大。目前在台湾民进党当局拒不承认“九二共识”的干扰下，两岸关系和平发展受到严重冲击。在此背景下，两岸学者在民族问题研究领域，率先加强学术交流，对于两岸同胞携手探索构建中华民族共有精神家园的“路径”，更具有直接的理论与现实意义。本次会议不仅是两岸学者携手探索现代国家治理模式下的民族问题处理经验与路径的一次重要学术活动，而且这次讨论交流所体现的学者先行、优质交流、求同存异、凝集共识、携手共进的智慧与经验凝聚模式，也是两岸同胞在民族问题领域，对共同建设中华民族共有精神家园的路径的重要探索。

《民族理论研究》稿约

《民族理论研究》由社会科学文献出版社出版，每年定期出版 2 辑。《民族理论研究》目前设置有马克思主义民族理论与中国化研究、中华民族共同体研究、民族工作研究、世界民族研究、学术史与研究动态等栏目。来稿要求如下。

（1）论文必须为首次发表。

（2）论文一般篇幅在一万字左右，需附中文摘要、关键词，摘要两百字左右。

（3）论文所涉及的课题如为各级基金项目，应在其首页地脚以“基金项目：……”作为标志注明基金项目名称，并在圆括号内注明其项目编号。

（4）论文中出现的外文专门名词（人名、地名、作品名称等），除了常见的以外，一律附外文原文，用圆括号标明。

（5）论文所引资料的注释必须规范，准确标明作者、著作（论文）名称、出版社或出版物的名称、出版或发表的时间、页码等。注释一律采用页下注“①……”。

（6）中文资料或中译本的注释一律使用汉语，例如：

札奇斯钦：《我所知道的德王和当时的内蒙古》，中国文史出版社，2005，第 95 页。

李靖主编《额济纳旗历史档案资料》第 1 册，内蒙古文化出版社，2014，第 163 页。

耿曙、陈玮：《“发展型国家”模式与中国发展经验》，《华东师范大学学报》（哲学社会科学版）2017 年第 1 期。

姚大力：《西方中国研究的“边疆范式”：一篇书目式述评》，《文汇报》2007 年 5 月 7 日第 6 版。

《五年来对敌斗争的概略总结》（1943 年 1 月 26 日），《邓小平文选》第 1 卷，人民出版社，1994，第 41 页。

毛泽东：《论联合政府》，中国共产党历次全国代表大会数据库，http://cpc.people.com.cn/GB/64162/64168/64559/4526988.html，最后访问日期：2018 年 6 月 1 日。

（7）外文材料的注释一律用外文原文，不必翻译成中文。书名与刊物名一律用斜体标出，文章名加引号，但不用斜体，例如：

Pierre Harmignie, "Note sur le principe des nationalités", Revue néo-scolastique de philosophie, 28e année, Deuxième série, 1926, pp. 23 - 36.

（8）来稿请注明作者姓名、工作单位、职称、研究方向、联系方式、电子邮件地址。

《民族理论研究》对所有来稿实行三审制，由执行编辑初审，同行专家复审，主编终审。来稿请自留底稿，三个月内未收到录用通知者可自行处理。

来稿请电邮至 jinghongzhou@sina.com。

《民族理论研究》编辑部

图书在版编目（CIP）数据

民族理论研究. 第一辑 / 龚永辉，陈建樾，刘泓主编. -- 北京 ：社会科学文献出版社，2018.9
ISBN 978 - 7 - 5201 - 3385 - 2

Ⅰ. ①民… Ⅱ. ①龚… ②陈… ③刘… Ⅲ. ①民族学 - 研究 - 中国②民族政策 - 研究 - 中国 Ⅳ. ①C955.2 ②D633.0

中国版本图书馆 CIP 数据核字（2018）第 204947 号

民族理论研究（第一辑）

主　　编 / 龚永辉　陈建樾　刘　泓

出 版 人 / 谢寿光
项目统筹 / 宋月华　周志静
责任编辑 / 袁卫华

出　　版 / 社会科学文献出版社 · 人文分社（010）59367215
　　　　　地址：北京市北三环中路甲 29 号院华龙大厦　邮编：100029
　　　　　网址：www.ssap.com.cn
发　　行 / 市场营销中心（010）59367081　59367018
印　　装 / 三河市龙林印务有限公司

规　　格 / 开　本：787mm × 1092mm　1/16
　　　　　印　张：21.25　字　数：337 千字
版　　次 / 2018 年 9 月第 1 版　2018 年 9 月第 1 次印刷
书　　号 / ISBN 978 - 7 - 5201 - 3385 - 2
定　　价 / 128.00 元